钢波纹板及其复合结构在大基建中的创新研究与应用

彭海涛　王兴平　徐　华　王兆建　雷景堂
尹智勇　李祥玮　高　勇　孙彦卓◎著
冯守中　韩静涛　王志杰　李德钦　江大兴◎主审

西南交通大学出版社
·成 都·

图书在版编目（CIP）数据

钢波纹板及其复合结构在大基建中的创新研究与应用 / 彭海涛等著. —成都：西南交通大学出版社，2021.10
ISBN 978-7-5643-8294-0

Ⅰ.①钢… Ⅱ.①彭… Ⅲ.①钢板 – 建筑材料 – 研究
②钢结构 – 研究 Ⅳ.①TU511.3②TU391

中国版本图书馆 CIP 数据核字（2021）第 217569 号

Gangbowen Ban Jiqi Fuhe Jiegou zai Dajijian Zhongde Chuangxin Yanjiu yu Yingyong
钢波纹板及其复合结构在大基建中的创新研究与应用
彭海涛 等 著

责 任 编 辑	刘　昕
封 面 设 计	王浣霖
出 版 发 行	西南交通大学出版社 （四川省成都市金牛区二环路北一段 111 号 　西南交通大学创新大厦 21 楼）
发行部电话	028-87600564　028-87600533
邮 政 编 码	610031
网　　　址	http://www.xnjdcbs.com
印　　　刷	四川玖艺呈现印刷有限公司
成 品 尺 寸	170 mm × 230 mm
印　　　张	22
字　　　数	394 千
版　　　次	2021 年 10 月第 1 版
印　　　次	2021 年 10 月第 1 次
书　　　号	ISBN 978-7-5643-8294-0
定　　　价	168.00 元

图书如有印装质量问题　本社负责退换
版权所有　盗版必究　举报电话：028-87600562

钢波纹板及其复合结构在大基建中的创新研究与应用

编写委员会

主任委员　彭海涛　王兴平　徐　华　王兆建　雷景堂
　　　　　　尹智勇　李祥玮　高　勇　孙彦卓　吴灵生

副主任委员　郭　春　冯冀蒙　段玉良　杨九明　卞玉刚
　　　　　　　梁　栋　张伟民　蒋　琳　李　健　寇　伟

委　员　滕文刚　曾江朋　高　山　狄海波　罗　勇
　　　　　寇宝文　白小东　李春枝　林贵满　冷德黔
　　　　　郭梦俭　邓文强　邹德强　孙红磊　韩　宇
　　　　　谯利锋　赵柯柯　冯秋喻　许劲松　孙润方
　　　　　殷开为　马　骏　章　轶　张　洋　蒋正华
　　　　　穆　程　刘洪林　江孝礼　徐海岩　徐连云
　　　　　彭　立　张　博　彭梓涧　郭　涛　陈益飞
　　　　　彭有宏　唐慧枝

钢波纹板及其复合结构在大基建中的创新研究与应用

审稿委员会

主　审　冯守中　韩静涛　王志杰　李德钦　江大兴
审　　赵建华　王志宏　战福军　曹宁宁　李向国

总 序

钢波纹板及其复合结构在大基建中的创新研究与应用

FOREWORD

　　交通运输部发布的《交通运输部关于推动交通运输领域新型基础设施建设的指导意见》提出，要想快速实现交通强国目标，需要以技术创新为新基建驱动，以数字化、网络化、智能化为主线，实现智慧公路、铁路、航道、港口、民航、邮政、枢纽、新能源新材料行业应用8个领域基础设施建设运营能耗水平的有效控制，各项技术应用要居于世界前列，以支撑一流设施建设与维护，让我国交通运输的高质量发展正式迈入实施阶段。

　　基建领域从过去的"铁公机"发展到大基建时代"陆海空 网智数"，提升了祖国经济发展的科技含量、推动科技与经济融合、赋能经济发展。在其中，钢波纹板及其复合结构为大基建建设减少资源浪费、能源消耗、碳排放，降低环保压力，提升国家整体实力起到积极的作用。

　　《钢波纹板及其复合结构在大基建中的创新研究与应用》全面介绍了钢波纹板及其复合结构在国内外的发展情况，系统地分析了钢波纹板及其复合结构与传统钢筋混凝土结构的优缺点，提出的耐久性和防腐蚀措施，能极大地提高产、学、研、用、管等方面的建设者去了解钢波纹板及其复合结构在科研、勘察、设计、建设、养护、运营管理等相关信息，有利于实现公路工程项目管理的精细化、规范化、便捷化、共享化、智慧化。

本书是基于钢波纹板及其复合结构科技创新、精细化设计、加工生产和建设管理团队多年来的生产实践、科学研究和施工管理的研发与应用，以全国大基建各领域的相关设计成果为基础，深入浅出地为大家打开一扇了解钢波纹板及其复合结构在各个工程领域的研发和推广应用的大门，无论是对于专业研究者还是普通工程技术人员，都是开卷有益。本书的新理论、新技术将有效提升我国大基建的建设与运营管理水平。

俄罗斯工程院工程生态与资源节约学部 外籍院士
天津大学、同济大学 教授、博导
国家交通运输科普基地道路绿色照明与安全防灾新材料试验室 主任

前言

钢波纹板及其复合结构在大基建中的创新研究与应用

PREFACE

2021年，我们踏上了国家经济发展"双循环"新征程。在新征程中，我们以新发展理念为引领，实践构建新发展格局，加快构建安全、便捷、高效、绿色、经济的现代综合交通运输体系；以新发展理念为根本，加快交通运输高质量发展，实现质量、结构、规模、速度、效益和安全相统一；紧紧围绕我国经济实力、科技实力、综合国力要大幅跃升的目标要求，要基本形成现代化综合交通体系，基本建成交通科技创新体系，显著提升交通国际竞争力和影响力；落实我国2030年前碳达峰、2060年前碳中和重大决策，形成交通与自然和谐共生的绿色发展模式。在新征程中，生态环境安全是国家安全的重要组成部分，破解生态安全威胁，意义重大。

保障国家生态环境安全，技术创新是关键，是抓好经济社会持续健康发展、落实生态环保建设发展理念的重要技术保障。在基建工程领域中，波纹板及其复合结构以其优异的受力性能、施工速度快、工程造价低、耐久性好等显著优势正在国内外获得广泛应用，特别适用于多年冻土、膨胀土、软土、湿陷性黄土、高填方路段及地震地区等不利地质条件下的公路、市政、铁路项目中修建涵洞、通道、桥梁、管廊和隧道工程等，尤其可以发挥其适应变形能力将桥梁工程改为填方工程消化大量土建工程弃碴。国内20世纪50年代修建青藏公路不冻泉段时，即将波纹管涵应用于抢修工程，90年代末我国逐步开展更多公路钢波纹管涵洞的研究和及应用、生产。近几十年来，钢波纹板结构发展迅速，已成功应用在涵洞通道工程、桥梁（加固）工程、隧道（加固）工程、房屋建筑工程、排水工程、管廊工程、水利工程、能源工程、军事工程、采矿工程等，内蒙古、河北、青海、云南等省（自治区）编制了涵洞通道、管廊、挡土墙等设计、施工、验收技术规程，行业标准《公路桥涵施工设计技术规范》（JTG/T 3650—2020）专篇描述了钢波纹板涵洞施工工艺要点，产品标准已上升到国家标准《冷弯波纹管》（GB/T 34567—2017），新版《公路涵洞设计规范》已将波纹板结构的设计纳入其中。

就应用案例而言，大跨径钢波纹板结构已在全世界普及应用，在国外，迪拜某立交桥采用主跨 32.39 m 的波纹板拱桥；加拿大最大跨径为 24 m，为重型交通桥，施工仅 6 周；韩国也在很多明挖隧道中采用钢波纹板复合结构。在国内，青海玉树钢波纹板复合结构拱桥跨径达 36 m、桥宽 12 m，为目前世界最大跨径；广梧高速某分离式立交桥跨径 10 m；最大的梨形结构位于河北邯郸某旅游区，该桥跨径 15.3 m；最大的圆截面结构，其跨径为 12 m。

展望未来，随着新材料、新结构、新工艺、新设备等新技术的发展，UHPC（超高性能混凝土）、耐候钢、泡沫轻质土、合金钢、高强钢、玄武岩纤维等材料将在波纹板复合结构中应用；钢-混复合结构、减荷结构、钢-格宾复合结构、波纹钢-型钢组合结构等新型结构体系将陆续研发；镀锌、镀锌铝、覆膜、敷塑等耐久性防护措施不断革新，使得其受力性能更优、耐久性更好、跨越能力更大、施工更快捷、材料更环保，让波纹钢结构焕发新机，相信该种结构在未来工业化建筑进程中，将会越来越展现其优势，也将在更多领域更广泛应用，发挥更大的经济效益、生态效益。

为便于大基建领域参建工作者更加全面地了解波纹板及其复合结构的相关信息和技术，中国钢结构协会冷弯型钢分会组织相关专家编著了本书。其间，波纹钢行业内众多知名单位、知名人士给予了大量帮助和支持，并提供了珍贵的素材，这些单位主要包括同济大学、西南交通大学、湖南大学、北京交通大学、北京科技大学、中交第一公路勘察设计研究院有限公司、中交第二公路勘察设计研究院有限公司、中交综合规划设计院有限公司、湖南省交通规划勘察设计院有限公司、四川省公路规划勘察设计研究院有限公司、四川天府机场高速公路有限公司、四川汶马高速公路有限责任公司、安徽中益新材料科技有限公司、利奥生态科技集团有限公司、西安世纪金属结构有限公司、衡水益通管业股份有限公司、南京联众工程技术有限公司、衡水奇佳工程材料有限公司、河北世纪金属结构有限公司、青海路拓工程设施制造有限公司、河北丞璐建设工程有限公司等，在此我们表示诚挚感谢，他们为行业的健康发展贡献了力量，为钢波纹板及其复合结构技术的进步提供了强有力的技术支撑，通过产学研结合，研究成果丰富，支撑了技术标准、设计规范、设计图库等技术文件编制，是波纹板行业的中坚力量！

  本书以具有典型意义的各类基建工程案例为主，通过大量具体案例的介绍和分析，让读者深刻理解钢波纹板（管）及其复合结构的优势和应用场景，通过精美图片的分享感受结构之美和工程之美。因著者水平所限、时间仓促，可能尚有不完善之处，欢迎读者批评指正。

北京科技大学材料加工工程学科 主任、教授、博导
中国科学技术协会第六届全国委员会 委员
中国金属学会 荣誉理事

目 录

1 绪 论 ··· 001
  1.1 基本概念 ·· 001
  1.2 受力特点及主要优势 ·· 003
  1.3 种类与规格 ·· 006
  1.4 适用范围 ·· 007
  1.5 规范和技术标准 ··· 008
  1.6 国外研究与应用现状 ·· 009
  1.7 国内研究与应用现状 ·· 020

2 主要结构设计与施工要点 ·· 040
  2.1 结构设计要点 ·· 040
  2.2 耐久性设计 ·· 046
  2.3 管涵主要施工工艺 ·· 061
  2.4 波纹钢拱桥设计计算与分析 ···································· 075
  2.5 钢波纹板拱桥主要施工工艺 ···································· 115
  2.6 小 结 ·· 118

3 大基建各专业领域的应用案例 ······································ 120
  3.1 桥涵工程创新应用案例 ··· 120
  3.2 隧道、棚洞工程创新应用案例 ································ 154
  3.3 综合管廊工程创新应用案例 ···································· 160
  3.4 其他工程创新应用案例 ··· 168

4 创新研究典型案例的论证与实践 ······ 176
4.1 钢波纹板加筋土轻型挡土墙工程应用案例 ······ 176
4.2 钢波纹板隧道初支结构 ······ 192
4.3 隧道通风平导中隔墙结构 ······ 209
4.4 方拱形装配式钢波纹板结构 ······ 251
4.5 旧桥加固拼宽一体化结构 ······ 263
4.6 动物通道应用案例 ······ 273
4.7 钢架加强型钢波纹结构 ······ 282
4.8 地下罐体结构应用案例 ······ 289

5 创新研究方向与应用展望 ······ 327
5.1 概述 ······ 327
5.2 钢-混组合结构 ······ 327
5.3 UHPC-钢波纹板组合结构 ······ 328
5.4 耐候钢、不锈钢波纹板结构 ······ 329
5.5 钢波纹板-格宾结构新型组合结构 ······ 330
5.6 隧道工程 ······ 330
5.7 敞口式金属波纹管涵洞洞口 ······ 331
5.8 大跨径钢波纹板隧道渐进式透光遮光棚 ······ 332
5.9 钢波纹板通道安全屋 ······ 335
5.10 开展超大跨径钢波纹板复合结构拱桥论证总结与推广应用 ······ 335

6 结 语 ······ 338

参考文献 ······ 339

1 绪 论

1.1 基本概念

钢波纹板是冷轧热卷板经波形成型后再进行热浸锌等防腐工艺技术处理后的板材。钢波纹板（管）是一种典型的空间薄壳柔性结构，波纹使其具有良好的受力性能（轴向和径向同时承载）和补偿横向位移等特征，能充分发挥钢材强度高、适应变形大等优点。钢波纹板（管）填土后可用来代替钢筋混凝土/圬工中小桥涵，其工作原理：钢波纹板（管）与周围填土发生相互作用，形成一个拱形结构和弹性层组合的复合结构，该结构既柔韧又结拱成型受力；弹性层能不断均衡土压力，将荷载分散到两侧的土体上；周围土体在钢波纹板（管）四周形成若干支撑点，提高了钢板的自身承载力；波纹板拱桥（涵）跨越河流、通道、管线两侧可以用弃土（石）填筑，可以大大减少桥梁长度、减少弃渣占地带来的土地占用及环保压力，还能避免桥头跳车等质量通病。钢板表面美观、光滑，镀锌层牢固，有优良的耐大气腐蚀性能；同时，钢板还有良好的焊接性能。与电镀锌薄钢板相比，热镀锌薄钢板镀锌层较厚，表面形成了铁锌合金保护层，耐腐蚀性很强。镀锌板（见图1.1）广泛用于公路、建筑、包装、铁路车辆、农机制造及日常生活用品等方面，近几年也用于地下围护结构、地下通风竖井、消防水管、城市管廊、防空洞、蓄水池、水泥存储罐、拱桥、结构物加固、全装配式桥梁等领域。

（a）镀锌钢波纹板

(b）彩色油漆钢波纹板

图 1.1　钢波纹板结构

钢波纹板复合结构是在钢波纹板结构基础上增加钢筋混凝土加劲肋（如CBS）、加筋条、加筋格宾、泡沫轻质土等加强构造，或者双层波纹板结构，使得其截面或结构承载能力更高，跨越能力更大，耐久性更好。钢波纹板复合结构扩大了钢波纹结构的应用范围，增强了其适应能力。目前，国内钢波纹板复合结构申请的专利数量较多，但应用案例不多，有些直接引进了国外成熟技术。

实际上，波形板结构在基建领域已经有广泛的应用，譬如用于路基防撞设施的波形护栏，用于桥梁工程中的波形钢腹板，用于楼板结构的波形钢板。这些波形板构件都属于预制拼装技术，在基建领域发挥了非常重要的作用，符合我国建筑工业化发展方向。此外，随着我国工程总承包趋势的日趋成熟，EPC项目会越来越多，EPC项目具备四大本质特征：① 单一责任主体；② 固定总价模式；③ 设计主导；④ 设计采购施工深度融合。因此，对于 EPC 项目固定总价模式而言，预制拼装技术具有施工速度快、施工质量好、工程造价低、设计与施工深度融合、吊装重量轻等优势，钢波纹板结构技术将会得到很好的发展。

在生产钢波纹板设备方面，初期一般采用进口，主要进口国家有加拿大、韩国等，目前国内能自我研制、生产，部分厂家通过改装既有机械进行生产，主要包括钢波纹板生产机组和螺旋管生产机组等。

典型的钢波纹板生产机组包括设备主机平台、轧辊基座、轧辊组部件、卷弧机组等几个部件。平直的波纹钢板通过轧辊基座逐个波形进行对称碾压。

典型的螺旋管生产机组包括设备主机平台、轧辊基座、轧辊组部件、咬合机头部件、模板部件、液压站、等离子切割组件、放料架、出料架几个部件。主机平台和轧辊基座主要是由框架结构焊接而成，然后整形打磨抛光。轧辊组共两套，主要使用墙板、上下轴、齿轮和轧辊组成。轧辊组部件由 12 和 13 个轧辊组两种规格组成。咬合机构部件主要是由上下咬合轮，压紧大梁和压紧油缸等部件组成。模板部件主要是由模板支撑架、模板、管道成圆挡轮组组成，此部件主要是减少工人操作技术要求，使工人更快速简单地掌握生产要领。液压站由油箱、油泵、液压阀等液压元器件组成，液压站主要是用于压紧咬合口。板材越厚压力越大，板材越薄压力越小。等离子部件是由等离子发生器、割枪、枪架、传感器移动台、除尘箱组成。料架的主要功能是稳定承托管道的重量，料架的工作是由电器控制自动放料，料架带有感应轮，可通过循环放料达到进料均匀的目的；放料架主要使用钢板进行框架式焊接，焊接完成后经过时效处理最后加工和安装；出料架是板料焊接拼装而成的框架结构，焊接完成后进行时效处理，去除应力。

1.2 受力特点及主要优势

1.2.1 受力特点

钢波纹板为典型的柔性结构，与结构性回填材料共同承担恒载和活载，通过竖向和横向变形，将竖向荷载传递给结构性回填材料，进而提高结构整体承载力。

1.2.2 主要优势

从工程质量、结构安全、经久耐用、施工周期、工程造价、环保施工、符合绿色交通与环保建设发展等要求出发，钢波纹板可有效解决高寒地区或冻土地区混凝土结构或砌体结构因寒冷、大温差、冻胀等因素造成施工困难、强度低、裂缝、变形、断裂、破坏等质量通病问题，还可有效解决桥台、涵台沉降及跳车问题。与传统的钢筋混凝土结构或砌体等圬工结构相比，因其独特的优越性，在经济、社会、环保等效益方面十分显著。具体优势如下：

（1）强度高，结构轻。

钢材强度高，结构尺寸小，自重轻。波形钢板仅为钢筋混凝土结构重量的 4%~22%，这给施工带来了极大的方便，采用小型起重机械即可安装。同时，转运和装卸费用也大大减少。

（2）受力性能好。

钢波纹板能充分发挥钢材抗拉强度高、抗变形能力强等特点，钢材受压和受拉性能基本一致，各向基本同性，对地基要求低，能够满足软土、膨胀土、湿陷性黄土、冻土、高填方、采空区和地震多发区等不良地质条件下不均匀沉降对结构变形的特殊需求。相比于圬工材料，钢材的抗拉能力特别优秀，在荷载作用下基本不存在开裂问题。同时，钢波纹板结构对地基扰动小，对土层的热扰动小，特别适用于高寒地区及冻土地区等工程。

（3）耐久性好。

大量工程实例表明，镀锌钢波纹板（管）使用寿命在 50～100 年及以上，目前仍有百年以上结构仍在使用，根据具体环境类别，采取多重防腐措施后寿命会大大延长，特别是采用覆膜工艺技术或者敷塑工艺技术，可显著提高其耐久寿命。对于常规的土木工程来说，其使用寿命完全可以满足要求。

（4）良好的抗震性能。

钢波纹板结构自重轻，依靠结构的柔性和土与结构的相互作用，可有效减小地震对结构的破坏。用于公路桥涵构造物时，有利于改善软土地基桥涵与路堤交界处的"错台"现象，提高行车的舒适度与安全性。

（5）生产效率高、周期短。

工厂加工与现场施工准备同时实施，大幅缩短工期 50%以上，且不受温度与环境的影响，延长了可施工期。钢波纹板结构通常在专业工厂集中加工制造成型管节、板件或板片，生产过程不受环境影响，并可确保加工精度和质量，降低成本，大大减少了现场的劳动投入量。

（6）运输安装都更方便安全。

钢波纹板结构的自重仅为同等条件下钢筋混凝土结构的 4%～20%，每片或每节只有 50～800 kg，吊装无需采用大型吊装设备。整体波纹钢管可以分节段圆管套装、分片钢波纹板、板件采用层叠捆扎方式运输。由于波形钢板结构的安装过程是简单的栓接和就位过程，因此，施工人员不必经过特殊培训即可操作。

（7）产品多样化，使用范围广。

充分利用钢材的可再加工特点，采用不同的壁厚、波形（波距×波高）、尺寸和结构设计等可生产不同形状的产品，满足不同的使用功能和要求。同时，可通过弯头、三通等制作弯曲、分岔等结构，适应不同的沟渠线性需求，适应或满足不同的强度或刚度要求及使用功能的构造物。

（8）低碳环保。

可大量利用钢产能资源，大量减少或降低了常规建材，如水泥、沙石及其开采、模板、钢筋、木材等的使用，不产生施工垃圾，有利于环境保护。

（9）质量缺陷易处理和修复容易。

可采取直接新装、套衬等措施加强有质量缺陷的板片。工后（运营阶段）病害少、养护成本低。

（10）装配化施工，工艺简单，方便快捷。

无须采用大型机械设备，可减少大量的施工作业人工（手工操作）和机械设备。与传统的钢筋混凝土结构或砌体结构相比，钢波纹板结构采用半成品现场拼装施工，施工速度快而简便，大幅缩短工期，工期可缩短50%以上，特别利于抢险救灾。

（11）工程造价低。

钢波纹板结构具备较强的变形适应能力，并且自重小，与同跨径的钢筋混凝土结构相比，从设计上可以简化基础工程的费用。使用钢波纹管，对地基进行简易处理，采用柔性的砂砾垫层作基础则可满足涵洞的使用要求，工期及费用可以大大缩减。工程实例表明，钢波纹板（管）及其复合结构拱桥的费用较同跨径其他钢筋混凝土或圬工桥涵低5%~30%（钢波纹板费用1.1~1.6万元/t），尤其在不良地质条件下，大大减少了基础处理费用，经济效益更为可观。钢波纹板应用在桥梁工程，可与不同高度路堤直接相连，利用隧道及路基挖方弃碴填筑路堤，桥梁长度可以大大减短，且取消了桥台，避免了桥头跳车的质量通病，减少大量临时占地，而大幅节省造价，降低环保影响。

1.2.3 主要缺点与问题

（1）钢波纹板及其复合结构的缺点。

① 施工专业度要求高，导致此项技术推广较慢。

② 成桥前变形较大，对实时监测要求较高，对填土质量和碾压工艺有严格要求，对填料的准备和操作技术人员素质要求比较高。某些项目反复强调填土质量和碾压工艺，仍然做不到位，导致施工质量较差，影响结构的安全性，甚至返工。

③ 对材料耐久性和防腐技术不是特别了解的人，不容易理解和接受。

（2）存在的主要问题。

① 产品质量同质化竞争趋势加强。随着国内应用越来越多，产品日趋成熟，同质化竞争趋势加强，产品利润趋低。只有部分厂家为保持竞争优势，积极谋求差异化竞争，如研究新型产品，申请发明专利，通过知识产权的保护，形成竞争优势。

② 国内已有主要生产厂家约30家，产品参差不齐，一般采用专业分包模式进行低价中标。部分厂家为谋取中标，甚至低于成本价，为了降低成本，

导致板材及连接件产品质量不达标，热浸镀锌擅自更改为喷锌或者涂刷，造成较为恶劣的影响，进而造成整个基建行业对波纹板结构的怀疑。

③ 部分项目工厂制造时，原材料不合格，个别公司技术力量落后，施工经验不足，安装时不熟练，有些部位安装不规范；缺少售后服务，没有指导、督促施工单位按设计图纸及施工规范要求施工。

1.3 种类与规格

钢波纹板（管）结构按截面形状可分为闭口截面和开口截面两大类，闭口截面包括圆形、竖向椭圆、梨形、管形拱、横向椭圆等，开口截面包括圆弧拱、低弧拱、高弧拱、梨形拱等。钢波纹板（管）结构断面形式的多样化，可适用于不同的使用环境，开口截面结构物可根据实际需要确定孔径。因此其用途十分广泛。

1. 主要断面形式及适用条件

（1）圆形：在各种功能状况下均使用良好，尤其是埋深较大的情况下，最大跨径 12 m。

（2）竖向椭圆：涵洞、雨水管、下水道、通道，埋深较大时使用较好。

（3）梨形：在取最小的埋置深度的情况时可作人行道、机动车道、自行车道使用。

（4）管形拱：净空较小，具有水利优势，可作涵洞、下水道、立交桥、雨水管。目前查到已知国内外最大跨径为 7 m，但矢高不到 3 m。

（5）横向椭圆：净空较小，具有水利优势，地基土较差时是个较好的选择。

（6）圆弧拱：净空较小，过水断面较大，形式优美，无损天然河床的环境友好型截面。

（7）低弧拱：涵洞、小桥、下水道，净空较小，过水断面较大，无损天然河床的环境友好型截面。

（8）高弧拱：涵洞、小桥、下水管，净空较大，无损天然河床的环境友好型截面。

（9）梨形拱：铁路通道或其他要求净空较大的情况。

（10）箱涵：净空较小，跨度较大，是小跨度桥梁的较好替代。

2. 产品结构形式

钢波纹板（管）按产品结构形式可分为环形钢波纹圆管、拼装式钢波纹板（管）涵和螺旋形钢波纹圆管，如图 1.2 所示。

（a）环形波纹钢圆管　　　　　　　（b）螺旋形波纹钢圆管

图 1.2　钢波纹圆管结构形式

环形波纹钢圆管常用孔径：0.5 m、0.6 m、0.7 m、0.75 m、1.0 m、1.25 m、1.5 m、2.0 m、2.5 m。

螺旋形波纹钢圆管常用孔径：0.3 m、0.4 m、0.5 m、0.6 m、0.7 m、0.8 m、0.9 m、1.0 m、1.2 m、1.4 m、1.6 m、1.6 m、1.8 m、2.0 m、2.2 m、2.4 m。

分片拼装波纹钢圆管宜选用 0.5 m、0.75 m、1.0 m、1.25 m、1.5 m、2.0 m、2.5 m、3.0 m、4.0 m、5.0 m、6.0 m、7.0 m、8.0 m、9.0 m、10 m 的标准孔径。

闭口截面结构物宜选用 0.5 m、0.75 m、1.0 m、1.25 m、1.5 m、2.0 m、2.5 m、3.0 m、4.0 m、5.0 m、6.0 m、7.0 m、8.0 m 的标准孔径，其中 0.75 m 以及 0.75 m 以下的孔径只适用于无淤积地区的灌溉渠。排洪涵洞孔径不宜小于 1.0 m。

1.4　适用范围

（1）软土地区涵洞通道工程。

（2）冻融土地区涵洞通道工程。

（3）中小跨径桥梁工程（5~32 m）。

（4）高填方涵洞通道工程。

（5）既有桥梁、既有涵洞、既有隧道承载力加固工程。

（6）新建明挖隧道、棚洞工程。

（7）地下工程。

（8）采矿工程。

（9）房屋建筑工程。

（10）雨水系统（海绵城市）工程。
（11）综合管廊工程。
（12）军事工程。
（13）水池结构（如小型水坝、养鱼池等）。
（14）基础工程。

1.5 规范和技术标准

1.5.1 国外主要规范和技术标准

（1）American Iron and Steel Institute，Modern Sewer Design（美国工业协会：排水设计）。

（2）Canadion Standards Association.Canadian Highway Bridge Design Codes-Section7：BuriedStructures（加拿大公路桥梁设计规范）。

（3）AASHTO.American Association of State Highways and Transportation Officials Loadand Resistance Factor Design.Section12：Buried Structures And Tunnel Liners（美国 AASHTO 设计规范）。

（4）Specifications for the Design & Construction of Burid Structuresusing Corrugated Steel Plates（韩国建设交通部、韩国道路公社编写的波形钢板结构物设计及施工指南）。

（5）UNE-EN ISO 10380—2013（西班牙标准化学会）。

（6）ISO 10380—2012（国际标准化组织）。

（7）EN ISO 10380—2012（欧洲标准化委员会）。

（8）NFE 29-834-2012（法国标准化协会）。

（9）CSNENISO 10380—2013。

（10）Corrugated Steel Pipe Design Manual（钢波纹管设计手册）。

（11）Buried Corrugated Metal Structures（钢波纹管结构）。

（12）National Corrugated Steel Pipe Association.Field Performance Evaluation of Polymer Coated CSP Structures in New York.

1.5.2 国内主要规范和技术标准

（1）《冷弯波纹钢管》（GB/T 34567—2017）。

（2）《波纹钢管涵洞设计与施工技术规范》（DB13/T 5079—2019）。

（3）《公路钢波纹管涵设计指南》（DB14/T 1022—2014）。

（4）《钢波纹板桥涵施工技术指南》（DB34/T 2378—2015）。

（5）《公路工程钢波纹管涵设计与施工技术规程》（DB34/T 2747—2016）。

（6）《道路钢波纹管（板）桥涵施工技术规范》（DB65/T 4010—2017）。

（7）《公路波纹钢管（板）桥涵工程质量检验评定标准》（DB15/T 1276—2017）。

（8）《公路涵洞通道用复合钢波纹涵管通用技术要求》（DB13/T 2585—2017）。

（9）《公路波纹钢管（板）桥涵设计与施工技术规范》（DB15/T 654—2021）。

（10）《波纹钢管涵洞设计与施工技术规范》（DB22/T 2419—2015）。

（11）《装配式钢制波纹管综合管廊工程技术规程》（T/CCIAT 0012—2019）。

（12）《公路钢波纹管涵设计与施工技术规程》（DB34/T 2747—2016）（安徽）。

1.6 国外研究与应用现状

1.6.1 国外研究现状

1. 主要研究情况

在美国、加拿大等一些发达国家，波纹管涵已广泛应用于公路工程建设和危桥加固中，并制定了设计、制造及施工安装手册，积累了较为成熟的波纹管涵的设计理论及修建和加固经验。尤其是在加拿大、美国、波兰等分布有多年冻土的国家，由于其良好的散热性能、较强的变形适应能力，更成为涵洞与管道修筑及危桥加固的主要形式，已广泛地应用于道路工程。

1886年，钢材工人詹姆斯受到包裹药瓶的波纹纸板的启发而发明金属波纹管。

美国对波纹钢结构的研究起步较早。1896年，美国交通部率先进行了钢波纹板的通道、涵洞及危桥加固的可行性研究，并首先应用于公路涵洞。

1913年，首条拼装式结构板波纹钢管涵洞应用于英国兰爱丁堡近郊的农田灌溉。

1923年，美国铁路工程协会在伊利诺伊州中央铁路进行测试。

1929年，加拿大首座波纹管应用于一煤矿中。

1931年，澳大利亚首次建成一座8 m跨径汽车通道。

在 20 世纪 30 年代以前，钢波纹管涵洞主要根据经验进行设计。40~50 年代，为深入了解钢波纹桥涵的受力性能，进行了相关试验研究。

1955 年，Armco 公司发行了钢波纹管设计尺寸和填土高度等设计参数表，但未提供具体设计方法；美国公路与运输协会（以下简称 AASHTO）依据已有经验和环形压力理论建立了设计计算方法，环形压力理论近似假定结构只受环形压力，该理论的成立依赖于结构周围材料有足够的密实度以形成拱效应，所以回填材料应满足一定条件。

1975 年，第一座钢波纹管箱型拱桥涵采用经验设计方法完成设计并建成，此后建成了几座同类桥涵。箱型桥涵非圆形受压结构，而是土体支撑的半刚性框架结构，其设计基于弯矩和塑性弯矩强度。大跨径箱型拱涵的需求不断增加，依靠经验设计方法不再适用。（AASHTO 公路桥梁设计规范第 12 章节提供了设计方法）

1978 年，美国钢铁学会 AISI 研究表明钢波纹管应用于雨水管时，81 道保持良好状况，其使用时间为 65 年。

1979 年之前，加拿大参考 AASHTO 的设计方法；由于 AASHTO 设计方法不满足发展需求，1976 年，加拿大安大略省决定研究并编写新的桥梁设计规范；1979 年，BaidarBakht 博士编写第一版安大略公路桥梁设计规范（以下简称 OHBDC），该规范基于极限状态设计方法，并第一次提出了"soil-mental（土-钢结构）"概念；随着最小填土高度、施工回填过程的试验方法、土拱效应系数等的提出，OHBDC 设计规范逐步形成和完善，且开发了第一套钢波纹涵洞 FEA 计算分析程序 CANDE。

1980 年，日本在《日本高等级公路设计规范》中对钢波纹板管涵有较为详细的规定，该规范给出了五种类型波纹管涵在不同管径和填土厚度条件下的波纹管管壁厚度查用表格、管段组合螺栓选用方法、对于半沟型和突出型两种背填材料方式的背景设计方法、基础和管端部的设计方法等。

1984 年，澳大利亚编写了《埋入地下的波纹金属构件》（AS2042：1984）。

1986 年，美国钢波纹管协会 NCSPA 与美国钢铁学会 AISI 合作，对钢波纹管排水管道进行研究，使用时间 74 年，结果表明涂装后的钢波纹管系列在一些土和水环境下可提供近 100 年的寿命。

1989 年，AASHTO 校仿 OHBDC 修改规范，该规范取名 AASHTO LRFD，于 1994 年出版，但仅应用一年时间；1995 年，安大略省与加拿大其他省份合作编写加拿大公路桥梁设计规范（简称 CHBDC），2000 年第一次出版，第二版在 2006 年出版。

1990 年，《日本高速公路设计规范》制定了波纹管设计技术规范。随着波纹管在世界各地安装使用，证明此种结构物在各种使用情况的通用性，而且其寿命已超过了设计寿命，同时在危桥加固方面对于结构补强的效果显著。

1993年，英国哥伦比亚21个结构板和有镀锌保护层的内壁，安装时间全部超过20年，试验估计除2个结构外，服务寿命超过100年。

1998年，澳大利亚和新西兰合作编写了AS/NZS 2041—1998，后更新为AS/NZS 2041—2011。

1998年秋，世界上同类中最大跨度的钢波纹板拱桥（23.3 m）在加拿大不列颠哥伦比亚省北部的公路上建成。由于其特殊的地理位置，加拿大主要将波纹钢应用在多年冻土区；由于其良好的散热性能、较强的变形适应能力，成为涵洞与管道修筑和危桥加固的主要形式，已广泛地应用于道路工程。北欧最具代表性的国家是波兰，1997—1998年的洪水，许多桥涵被水毁，波兰将波纹钢结构用于抢修工程。韩国自1997年开始研究应用钢波纹管涵洞，经过吸收国外的设计与施工技术，到2008年已有2000多座波纹钢涵洞，同时把波纹钢大量运用到桥梁加固领域。

2. 设计方法

美国、加拿大、韩国、波兰、瑞典等国家对波纹板桥梁的设计理论及用于危桥加固领域的设计施工方法比较成熟，相应地也建成了许多钢波纹板桥梁。国外关于波纹钢桥涵的设计方法包括

（1）爱荷华公式（The Iowa Formule）：这种用来估计柔性管变形的公式起源于早期确定管涵的合理承载力的研究（1930）。

（2）美国钢铁协会设计法（The AISI Method）：这种方法主要是环向压力设计法。

（3）美国试验与材料协会的方法（The ASTM Method）：采用了纯环向压力设计法。

（4）美国各州公路与运输官员协会设计法（The AASHTO Method）：公路桥梁设计规范第一部分设计的12章：波纹钢结构相互作用系统。这个规范包括"容许应力法与极限状态法"，类似于美国钢铁协会的方法。

（5）Armtec（专利的）大跨桥梁设计法（The Armtec Super-Span Method）：这种方法考虑了组合弯矩与拱顶处的轴向应力，同时也把顶推梁作为了横向支承。

（6）涵洞分析与设计程序（The CANDE Program）：有限元设计法。

（7）土-钢共同作用设计法（The SCI Method）：有限元设计法。

（8）UBC涵洞设计方法（The UBC Culvert Design Procedure）：这种方法

基于土-钢共同作用设计法，弯矩与压力以一定的安全系数进行验算，对连接强度与组合弯矩及轴向应力也进行了验算。

（9）安大略省公路桥梁设计规范（Ontario Highway Bridge Designcode）：这种设计法由安大略省交通厅于1979年首次发表，同时这也是北美波纹钢结构设计规范中首次使用极限状态设计法。

（10）加拿大公路桥梁设计规范（Canadian Highway Bridge Design Code）：其中波纹钢结构的设计条款基于安大略省公路桥梁设计规范，但是这些条款经过了重新修订以适用于加拿大全境。它同时包括了一些UBC的设计方法，特别是它在处理施工阶段的计算时取代了原来的经验性柔度系数法。新规范修订了其中关于公路活载与钢箱结构的条款。

国外对于覆土钢波纹板桥以及此种结构应用于危桥加固领域已有成熟的理论与可靠的有限元设计工具，并积累了大量施工经验与试验数据。出台了相关规范，制定了设计、制造及施工安装手册，积累了较为成熟的修建加固经验，如：日本标准《波形钢管及波形型材》（JISG 3471—1977）；美国钢铁研究会AISI结构设计规范，美国钢铁研究会AISI出版的 *Modern Sewer Design* （1999年版），系统地讨论了钢波纹管排水管道和涵洞的应用、设计、施工；加拿大 *Handbook of Steel Drainage & Highway Construction Products* （2007年版），系统地总结了钢波纹板涵的构造、应用、水力计算、结构设计、施工以及养护方法，特别是对大跨钢波纹板桥涵及各种特殊形式结构的施工、设计进行了详细地阐述。在高寒地区的工程中，应用金属波纹管涵洞更显其优越性。许多国家已经将钢波纹板作为对老桥梁的加固及替代方式。

从20世纪末至今，国外对于覆土钢波纹板桥涵的研究取得了一些新的进展。主要表现在对覆土的强度分析、增强结构承载力的措施、荷载效应与动力特性等几个方面。

国外对于覆土钢波纹板桥涵已有成熟的理论与可靠的有限元设计工具，并积累了大量施工经验与试验数据，对该结构的设计以及危桥加固等应用，跨度已能达到26 m以上。国外在修筑此类结构较大跨度时，发现已有设计方法的不足，目前，国外的研究集中在采用大钢波纹板对覆土与拱结构进行加强设计的大跨度结构，并开始关注结构的动力特性。

1.6.2 国外应用现状

1. 百年使用寿命涵洞

该涵洞位于加拿大某公路，于1933年建成，至今已服务90多年。其现场照片如图 1.3 所示。

2. 高速公路动物通道

如图 1.4 所示。

图 1.3　百年使用寿命涵洞

图 1.4　高速公路动物通道

3. 明挖隧道工程

双向四车道，拱顶设置了人行道爬山通道，如图 1.5～图 1.9 所示。

图 1.5 市政道路明挖隧道

图 1.6 隧道洞门段

图 1.7 双孔明挖隧道

图 1.8　市政明挖隧道

图 1.9　双跨明挖隧道

4. 桥梁工程（见图 1.10～图 1.14）

图 1.10　市政小桥

图 1.11 双孔桥梁

图 1.12 市政桥梁

图 1.13 怀特霍斯煤矿运输道路波形钢板拱桥（跨度 24 m）

(a)

(b)

(c)

(d)

(e)

(f)

（g）

（h）

（i）

图 1.14 韩国钢波纹板拱桥

图 1.14（a）中韩国的 18.0 m 跨径小桥，采用圆弧拱桥结构，侧墙采用预制块砌筑，两侧预制块通过对拉纤维板连接，增强其稳定性，桥梁上为双向两车道道路。

5. 立交桥

如图 1.15 所示为一座国外某波纹板拱型立交桥，由 Atlantic Industries Limited 公司建造完成，主体结构呈半圆形，两侧采用挡土墙与路基衔接，挡土墙外侧设置了装饰板，在蓝天白云的衬托下显得简洁大气。桥下道路为双向两车道，车行道外侧设置了波纹板防撞栏杆。

图 1.15 立交桥

1.7 国内研究与应用现状

1.7.1 国内研究现状

20 世纪 50 年代修建青藏公路不冻泉段时，将波纹管涵应用于抢修工程。新中国成立后由于诸多因素，波纹管涵未能广泛得到应用，至 20 世纪 90 年代末，我国才逐步开展公路钢波纹管涵洞的研究及应用、生产。

1965 年，云南公路局在缅甸公路的大修中曾挖掘出一段钢质波纹管的过水涵管，被证实为二战时期安装的（材料从美国进口），用于当时的军事便道。

为解决多年冻土地区涵洞工程病害，提高涵洞工程在多年冻土地区的使用寿命，改善青藏公路多年冻土地区路基横向排水条件，1997 年在青藏公路 K3278+200 与 K3280+915 处各修建波纹管涵一道，作为试验工程。

1998 年 9 月又在 K3263+094 修建波纹管涵一道作为对比研究，取得了初步成功。研究表明：相同围压时，波纹管与普通圆管的径向最大位移相当，但波纹管的轴向位移明显大于普通圆管，表现出波纹管具有轴向补偿位移的功能；波纹管的内部应力拉、压相间，充分发挥了金属材料各向同性的优良特性，而普通圆管内部拉应力较小，压应力较大。金属波纹管涵施工过程对地基扰动小，且不渗水，有利于保持多年冻土地区的水热平衡，达到了保护冻土、整治青藏公路涵洞工程病害的目的。

1998年，上海市政工程设计研究院和上海公路处在上海新开河对4 m直径钢波纹管（板）涵洞进行了荷载试验，结合试验采用有限元对波纹管结构进行了初步力学分析，其研究表明：最大拉应力和压应力均出现在上半圆两个45°方向上，最大拉应力在波峰，最大压应力在波谷。

2000年，中交第一公路勘察设计研究院（以下简称"中交一院"）的李祝龙对波纹管波进行热学与力学方面的研究与探讨，开展了交通部标准规范专题"公路钢波纹管涵洞设计与施工技术研究"，研究表明：使用钢质波纹管涵洞比钢筋混凝土盖板涵具有更优越的散热性能，对涵洞下地基或涵洞周围地基冻土上限的抬升较为有利；钢波纹管具有较明显的横向补偿位移的作用，钢波纹管比普通圆管有较大的延伸性。这些特性都更有利于结构的补强。并出版国内第一部钢波纹板领域的著作《公路钢波纹管涵洞设计与施工技术》。

2001年，北京交通大学季文玉教授承担了铁道部科研开发计划项目（2001Gool-F），进行了金属波纹管涵洞受力行为理论分析与试验研究，分别从理论分析、数值计算和结构试验三个方面出发，对波纹管的力学性能进行了研究，并测试了填土土压力和波纹管应力、变形的变化。

2003年，武汉理工大学彭述权在其硕士论文中按照耶梅里杨诺夫的计算模型，建立了钢波纹板桥涵和土的共同作用模型，将钢波纹板桥涵简化为固支拱结构，按平面应变问题进行计算；按E.B.seydel方法，将钢波纹板的几何正交异性转化为材料正交异性，计算了其等效材料常数；通过现场静载试验，从结构的静态应变、相对变形、基础沉降等多个方面，对钢波纹板桥涵的力学性能进行了分析。

2003—2006年内蒙古交通勘察设计研究院也针对工程需要开展了钢波纹管（板）涵洞荷载试验、施工工艺等研究。

到2005年底推广应用的涵洞超过800道，主要集中在青海、西藏、内蒙古、新疆、山西、河北、上海。新藏公路、青藏公路等改建工程中还将应用500道以上。

2006年，李祝龙出版了国内第一本专著《公路钢波纹管涵洞设计与施工技术》。该书是在7年研究的基础上进行系统总结，并对公路钢波纹管涵洞的设计内容和方法进行充分分析之后，同时参照了国内外该领域研究与应用情况，形成系统的目前可指导工程设计和施工的技术著作。

2006年，内蒙古交通设计研究院与北京交通大学共同承担了西部交通建设科技项目《波纹钢结构在小桥与涵洞上的应用技术研究》(项目编号：200631877245)。该项目的成果之一是：基于对国际最新钢波纹板桥涵设计规范的分析，提出了适用于我国材料、荷载标准与可靠度统一标准的公路钢波纹板桥涵设计方法，并编制了《钢波纹板小桥涵设计与施工指南》。该指南填补了国内该领域的空白，为修编相关标准规范提供了重要的基础技术资料。

2007年，内蒙古交通设计研究院与北京交通大学合作进行了波纹小桥模型试验。试验模型位于河北省衡水市景县，根据内蒙古某覆土钢波纹板拱桥按1∶2的比例微缩后建立，拱圈线型为圆弧形，跨度为3.7 m，拱高为1.25 m；模型使用钢波纹板波形为200 mm×55 mm×5 mm，拱脚采用100 mm×100 mm×10 mm角钢与基础连接；拱顶填土高度为90 cm，采用砂土回填，模型沿轴线方向两端有厚度为25 cm的混凝土挡土墙。试验中对施工过程中结构的应力和位移以及填土压力进行了详细的监测，并且进行了成桥后加载检测试验。试验结果分析中建立了两种ANSYS计算模型，对拱桥两侧混凝土挡土墙的影响进行了模拟，与试验各工况的结果进行了对比分析。

2005—2006年，中交一院组织开展了"公路钢波纹管涵洞设计软件"的研究与开发，通过程序嵌入有限元分析软件进行参数分析，以达到可视化的设计目的。

2007年，我国交通运输部对于波纹钢管涵桥涵的研究及应用给予了充分的重视和肯定，在颁布的《公路涵洞设计细则》(JTG/TD 60-04-2007)中就列出了波纹钢管(板)涵洞的适用跨径，对钢波纹管(板)涵洞的适用条件提出了建议，明确提出"4.2.7 钢波纹管涵洞适用于地基承载力较低，或有较大沉降与变形的路基"。

2008年交通部颁布了《公路桥涵用波形钢板》(JT/T 710—2008)。

2008年4月，河北省交通厅公路管理局编制发布了《圆形钢制波纹管涵》。

2009年，刘保冬等通过积分计算波纹钢板截面特性，并利用刚度等效的原则将其简化为平钢板，建立了平面二维土体与结构共同作用模型，计算分析了土体参数对结构受力的影响。采用有限元分析技巧，对一座实际波纹钢板拱桥的施工过程进行了模拟，计算分析了施工过程中关键截面的变形和内力变化规律；计算和分析结果表明，波纹板截面特性的积分算法具有很高的精度，通过刚度等效方法建立的土、钢共同作用模型可以考虑土与结构的相互作用；施工过程的模拟结果说明，覆土波纹钢板拱桥施工过程中变形和内力变化较大，施工中应严格分层，对称回填、压实，并应特别注意覆土回填至拱顶附近时的位移和内力变化。

2010年，中交一院等编写了《公路涵洞通道用波纹钢管(板)》(JT/T 791—

2010）。

2011年10月，南京联众建设工程技术有限公司更新了《波纹钢管涵通用图》。

2011年，骆志红通过对3种不同直径及不同壁厚的钢波纹管涵对应不同的填土高度进行有限元计算，得出钢波纹管涵最大等效应力、最大竖向变形随填土高度的变化情况，分析了钢波纹管涵及周边土体的等效应力分布规律。

2012年8月，衡水益通金属制品有限责任公司更新了《钢波纹管涵洞设计图》。湖南金迪波纹管业有限公司、湖南省交通规划勘察设计院有限公司、中交一院、中交第二公路勘察设计研究院有限公司（以下简称：中交二院）、中设设计集团等单位相继编制了通用图。通用图的编制进一步规范了设计图纸，提高了设计质量。

2013年，冯忠居、乌延玲通过室内模拟试验，对钢波纹管涵洞的力学性能、管周土压力及涵管变形规律进行了研究，分析了应变与应力、管周土压力及涵管变形的变化规律。

2013年，李晓勇、梁养辉、李祝龙等为研究钢波纹管涵在低路堤荷载作用下的力学性能，依托泗许高速安徽淮北段一处试验涵，对荷载分别作用于超车道、行车道、应急车道情况下管涵的切向应变进行现场测试。

2013年8月，中交二院编制发布了《波纹钢管涵洞设计通用图》。

2015年，蔡事廷、符锌砂等研究将钢波纹板结构应用于危桥加固。

2015年，内蒙古自治区颁布了地方标准《公路波纹钢管（板）桥涵设计与施工规范》（DB15/T 645—2015），给出了钢波纹管涵洞的构造、设计、计算方法和公式，较全面地列举了钢波纹板的规格。

2015年，大秦铁路股份有限公司田英等人总结了采用拼装钢波纹板加固大秦铁路一宽5.0 m、高3.6 m盖板涵洞的技术经验。该涵洞加固采用在原有盖板涵洞基础上植筋、现浇C30钢筋混凝土基础，并预埋设角钢作为钢波纹板内衬拱结构的拱座基础。钢波纹板内衬拱结构与原有盖板涵之间的空隙采用注浆填筑。钢波纹板结构加固涵洞施工便利，不需要大型机械作业，整个涵洞加固过程不中断原有铁路交通，具有很大的社会意义。

2015年，山西省交通规划勘察设计院桑明泰，总结了山西某高速一处3.5 m钢筋混凝土盖板过水涵洞采用拱形钢波纹板加固的技术方法。该加固工程在原有盖板涵洞内嵌入一道拱形钢波纹板，拱形钢波纹板台身采用钢筋混凝土结构，并且通过植筋与原有盖板涵洞台身连接，达到缩小嵌入台身尺寸的目的，降低对原有盖板涵洞净空间的影响。钢波纹板拱圈与原有盖板涵洞之间空隙采用预留导管注入膨胀混凝土，以保证加固钢波纹板内衬与原有盖板涵连接紧密。

2016 年，张阳、彭志辉等提出波形钢板周围换填泡沫水泥轻质土、波纹钢板顶部铺设柔性材料两种优化设计技术，并使用有限元分析软件 ANSYS 分析各方案的可行性及受力特点。

2017 年，张阳、宫俊飞、穆程、彭海涛等为了解双孔钢波纹管涵应用于高填方路基时径向土压力及变形特性，结合依托工程，通过现场试验，并采用精细化有限元建模方法对其进行分析。

2017 年，穆程、彭海涛通过资料收集、设计计算、调查研究等方面探讨钢波纹板结构力学性能、设计构造、密封方案、防腐措施等几个关键技术问题的处理方案，为类似工程设计、技术标准和设计规范的制定提供参考和依据。

2019 年颁布的《冷弯波纹钢管》(GB/T 34567—2017)产品行业标准，对钢波纹板（管）的规格及防腐要求进行了规定。

2019 年，贺文涛、刘保东等以某四跨简支板桥实际工程的加固改造方案为依托，对加固桥梁进行合理简化，建立了有限元分析模型。经过计算得到桥梁在加固后各关键截面的变形、内力和应力，将加固后桥梁在荷载作用下的反应与现行规范进行对比分析。

2019 年，中国建筑业协会发布《装配式钢制波纹管综合管廊工程技术规程》(T/CCIAT 0012—2019)。本规程是根据中国建筑业协会《关于开展第一批团体标准编制工作的通知》(建协函〔2018〕7 号文) 的要求，由中冶京诚工程技术有限公司会同中冶天工、衡水益通管业等相关参编单位共同编制。在编制过程中本规范编制组经广泛调查研究，认真总结了近年来装配式钢制波纹管综合管廊建设中的经验，参考有关综合管廊及钢波纹管公桥涵国家地方标准，并在广泛征求意见的基础上完成。本规程共分 6 章和 3 个附录，主要技术内容：(1) 总则；(2) 术语和符号；(3) 基本规定；(4) 设计；(5) 施工与验收；(6) 运行与维护。3 个附录内容：A.钢制管廊选型表；B.常用钢波纹板截面特性；C.密封带性能指标。本规程由中国建筑业协会科技应用与团体标准工作办公室负责管理及解释。

2020 年，李百建、朱良生、李勇、符锌砂等为了更好地了解波纹钢加固混凝土管涵的力学性能，采用钢筋混凝土管作为既有管涵，通过试验确定了 5 个试件的试验承载力，了解了波纹钢管的作用，分析了偏心加固对加固管承载力的影响，提出了一种估算偏心加固管承载力的方法。

2020 年，T/CHTS 标准《方拱型装配式钢结构公路箱涵与通道工程技术规程》、CECS 标准《装配式钢结构地下综合管廊工程技术规程》《装配式钢结构排水箱涵工程技术规程》《装配式钢结构水池工程技术规程》已经完成编写和多轮审查，即将正式发布。

中交一院、中交二院，以及江苏、江西、河北、内蒙古、广东等省部级公路设计院也纷纷编制了地方波纹钢管（板）桥涵设计通用图，对该新技术的应用和发展提供了有力的技术支持。随着这些钢波纹板（管）行业标准、规范的提出，对钢波纹板这种先进的新型桥涵结构在我国公路工程建设中的大范围推广应用创造了条件，并将产生巨大的社会效益和经济效益。

1.7.2 国内主要设计、科研及生产单位

（1）中交一院在国内研究起步较早，2001—2003年负责完成了交通部标准规范专题研究"公路钢波纹管涵洞设计与施工技术研究"，其成果填补了我国公路单管钢波纹管涵洞设计与施工领域的空白，总体处于国际先进水平。其中公路波纹管涵洞受力分析处于国际领先水平，获中国交通建设股份有限公司2005年度科学技术进步二等奖。该单位2005—2007年负责完成"公路钢波纹管涵洞结构计算软件"项目的研究与开发，获陕西省科学技术三等奖。授权专利1项：一种排水用钢质管，实用新型专利，ZL200520105937.1。2006—2009年负责完成"大孔径钢波纹管涵洞技术研究"获河北省科学技术二等奖。完成的"公路波纹钢涵洞关键技术"获中国公路学会科学技术二等奖。

（2）中交二院余顺新、卢傲等主持编著了《波纹钢埋置式结构设计施工手册》，该书在总结国内外研究成果和应用经验的基础上，着重介绍了波纹钢埋置式结构的制造工艺、结构构造、设计技术、施工方法，以及在检查、维护和修复方面的最新技术，内容丰富、全面。

（3）湖南省交通规划勘察设计院有限公司自2008年开始研究，承担了湖南省交通运输厅3项科研课题，分别是"湖南省钢波纹管涵洞通道通用图""大跨径钢波纹桥涵结构设计与施工成套技术""基于钢波纹板的危桥加固技术研究及应用"。还完成了"金属波纹管明洞设计与应用"自主课题研究。

（4）北京交通大学土木建筑工程学院波纹钢结构研发中心在波纹钢结构研究和应用领域有深厚的基础，主持和参与了国家自然科学基金、交通部西部交通科技项目、内蒙古和山东省交通厅等多项相关科技项目，发表了大量相关研究文章，并参与了国内第一部和随后多部相关规范的编制。初期联合内蒙古交通设计研究院有限责任公司、山东省交通规划设计院为技术支持单位，衡水益通管业股份有限公司、河北腾是达金属结构有限公司为试验和创新基地，共同组建产、学、研一体化团队，发挥各自优势，开展波纹钢结构相关科研项目的申请、实体工程项目咨询设计、应用新领域的拓展、国内外

学术交流等工作，促进波纹钢结构的进一步研发和应用。刘保东教授完成了自然科学基金项目"埋入式波纹钢板结构土-钢相互作用及设计理论研究"，建造了多座不同断面形式、不同刚度的波纹钢板桥涵模型，探讨了不同断面形式、不同刚度结构的受力特点，如图 1.16 所示。与内蒙古交通设计院合作完成了交通部西部交通科技项目"波纹钢结构在小桥和涵洞中的应用"，依据一座跨径 7.4 m 的波纹钢板圆弧拱小桥，如图 1.17 所示，根据理论研究和模型试验研究成果进行了实桥施工监测和成桥检测，并编写了《波纹钢板小桥涵设计与施工指南》。与内蒙古交通设计院合作完成了内蒙古交通厅科技项目"覆土波纹钢结构技术指标研究"，对高填方波纹钢板管涵进行监测，通过总结多年的科研成果和实际应用经验，制定了内蒙古地方标准《公路波纹钢管（板）桥涵设计与施工规范》。与山东省交通规划设计院合作项目"波纹钢管涵在公路工程中的研究与应用"，首次应用光栅光纤传感器对跨度 8.1 m、矢高 5.6 m 的管拱断面连拱波纹钢板桥，进行施工过程和运营阶段的受力性能监测，如图 1.18 所示。

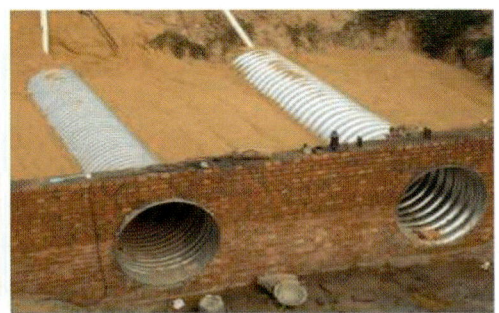

图 1.16　钢波纹板试验桥及涵洞

图 1.17　7.4 m 圆弧形钢波纹板试验桥

图 1.18　连拱型钢波纹板桥现场试验

（5）同济大学开展了将钢筋混凝土矩形框架棚洞优化为装配式钢波纹钢复合结构拱形棚洞的研究，并进行了受力性能试验研究，其成果应用于云南怒江美丽公路项目的棚洞工程，共实施三道棚洞以解决泥石流问题，大大节约了工程造价。该校还在云南思澜高速高山寨隧道开展波纹钢明洞工程应用研究。此外，该校丁文其主持了上海市 2020 年度"科技创新行动计划"社会发展科技攻关项目："既有隧道的高强柔性钢结构快速拼装修复关键技术研究及应用"。

（6）湖南大学的张阳长期从事钢波纹板结构技术研究，联合湖南省交通规划勘察设计院有限公司开展了厅级课题 2 项，开展现场试验研究，参与通用图编制，在大跨径钢波纹结构领域，开展受力性能研究，支撑新型结构的落地，获得发明专利多项。

（7）中国建筑第五工程局有限公司的市政、公路设计院自 2019 年初成立以来，开展了钢波纹板结构设计、施工等系列调研工作，开展了《钢波纹管涵洞通道设计施工验收成套技术》的编制，并针对 D1.5 m、D2.0 m、D3.0 m、D4.0 m、D5.0 m、D5.5 m、D6.0 m 直径的钢波纹板涵洞通道编制了设计通用图。该公司还在上饶、长沙综合管廊项目及雄安新区北部郊野公园配套给排水管线工程项目等中推广应用了钢波纹板（管）结构。典型工程案例如图 1.19 所示。

（8）西安世纪金属结构有限公司主要技术团队于 1995 年涉足钢结构行业，2014 年先后与中国交建、中国中铁、中国铁建、中国建筑、中国电建、中国中冶，以及各大路桥公司在大直径高填土钢波纹管涵洞项目上广泛合作；与中国交建、中国中铁、中国中冶等各大设计院一起探讨研发各类新科技桥涵技术；同长安大学、西南交大合作完成了多个项目的涵洞及中小桥科研项目；积极参编了中国公路学会标准《钢波纹管（板）涵洞设计与施工技术指南》、中国工程建设标准化协会标准《公路波纹钢结构桥涵加固技术规程》等。该公司完成的典型工程项目如图 1.20 所示。

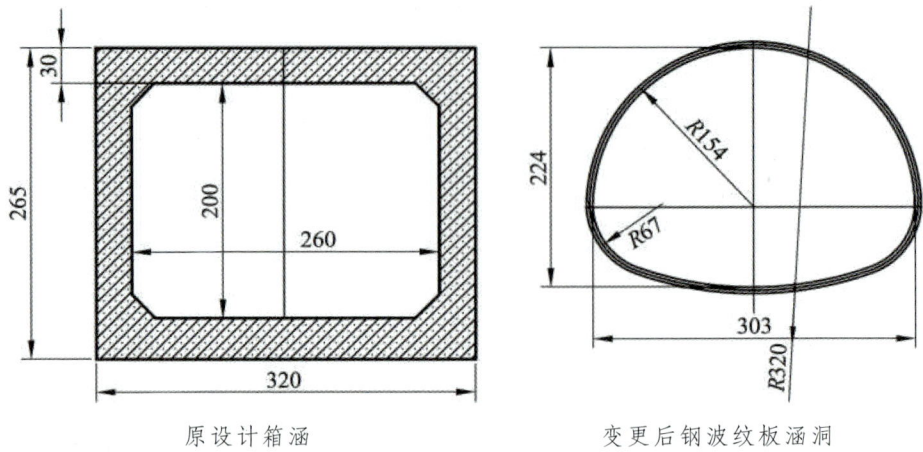

原设计箱涵　　　　　　　　变更后钢波纹板涵洞

图 1.19　雄安新区北部郊野公园配套给排水管线工程项目涵洞

（a）管涵

（b）天府机场项目一

（c）天府机场项目二

（d）汶马高速公路鹏鹉山隧道（左）与国道345线动物通道（右）

图1.20 应用案例（1）

（9）南京联众工程技术有限公司成立于1999年，是国家级高新技术企业。公司致力于钢结构产品在交通及市政工程中的研究和应用，主要产品：全装配式钢-混凝土组合结构公路涵洞通道、装配式钢结构地下通道、全装配式钢-混凝土组合结构拱桥、装配式钢结构城市地下综合管廊、钢波纹管公路涵洞、军用地下工程的钢结构防护装置、超大口径钢质输水管道（直径大于6 m）、装配式钢结构隧道衬砌。该公司生产的产品大部分拥有自主知识产权，已取得国际PCT专利9项，国家发明专利18项，实用新型专利50余项，其技术含量及先进程度在国际上领先。生产这些产品所需的专用设备及生产线，全部由该公司自行研制设计及制造。该公司参与了《公路涵洞通过波纹钢管（板）》（JT/T791—2010）的编写，参与"耐候钢在涵洞中使用的研究""钢波纹板在公路隧道穿越断层的应用""新型加固涵洞项目的研究"等课题十余项。

参与了江苏、云南、湖北、安徽、广东、江西、山西等省的高速公路、国省道、市政工程、城市管廊项目建设，典型工程案例如图1.21所示。

（10）衡水益通管业股份有限公司成立于1998年，一直致力于波形钢板结构产品的技术改进、开发和应用，集科研、生产和施工于一体，同交通部公路科学研究院、中冶京诚工程技术有限公司、中交一院、上海市政设计研究院、清华大学、北京交通大学、河北省交通规划设计院、内蒙古交通设计研究院有限责任公司等单位都有着多年的技术协作关系，并参与了多个省部级波形钢板桥涵的研究课题，是部颁行业标准的重点参与起草单位。2002年至今已先后获得钢波纹涵管产品专利30余项。2005年开展异形截面钢波纹涵管、波纹板通道的研究与应用，2006年参与制订《河北省公路桥涵通用图》的编制工作，2007年参与交通部西部课题研究并参与制定交通部部颁标准《公路桥涵用波形钢板》（XJT/T 710—2008）。该公司参与或主持完成的"公路大孔径波纹钢管涵技术研究""公路钢波纹管涵洞成套技术""波纹管结构在小桥与涵洞上的应用技术研究"等成果先后获得"河北省科学技术科技进步奖""中国公路学会科学技术二等奖""内蒙古自治区科学技术进步三等奖"。

图1.21　应用案例（2）

（11）衡水奇佳工程材料有限公司成立于2006年，研发了钢架加强的钢波纹板拱涵、伸缩式管节连接装置等多项新型产品，积极参编了中国工程建设标准化协会标准《波纹钢结构桥梁设计与施工技术规程》《波纹钢结构涵洞工程质量检验评定标准》。

（12）河北世纪金属结构有限公司成立于1985年，2003年获得英国NQA认证公司颁发的ISO 9001；2012年引进国内最先进波纹板生产线，年生产波纹涵管8万m；拥有热浸镀锌生产线两条，年生产12万t；为首批获国家技术监督检疫检验总局颁发的《生产许可证》企业。

（13）青海省正平股份有限公司长期从事波纹钢产品的工程应用技术研发与推广，在公路与市政等工程领域拥有丰富的工程实践经验，先后获得 2 项专利、1 项新技术应用奖、1 项部级科技创新成果奖和 1 项部级工法。该公司结合近年来实施的青海省省道 102 线平互大公路工程和扎隆沟至碾伯镇公路工程等项目的钢波纹板拱桥，为地方标准——《钢波纹板拱桥施工技术规程》（DB63/T 1733—2019）、《钢波纹板拱桥质量检验与评定技术指南》（DB63/T 1734—2019）、《钢波纹板拱桥设计规程》（DB63/T 1735—2019）、《青海省波纹钢综合管廊施工质量验收规范》（DB63/T 1846—2020）的编制提供了大量、翔实的实验数据和应用成果。钢波纹板拱桥地方标准的发布实施，结束了钢波纹板只有国家和行业产品标准，而无应用于桥梁工程设计、施工及质量检验评定标准的现状，将有效解决高寒区混凝土中小桥因寒冷、大温差、冻胀等因素造成的混凝土强度低、裂缝、变形、断裂以及养护成本高等问题，同时也为加速推广波纹钢产品工程应用提供了有力的技术支撑。

1.7.3　国内应用现状

（1）新建桥涵工程。

钢波纹板桥涵是以钢波纹管（或板）和回填土作为主要建筑材料，通过机械施工将土与波纹钢结构密切结合在一起，形成土-钢共同作用体系，共同承受自重及外荷载的新型桥涵结构形式。采用该技术的桥梁、涵洞，拼装速度快，结构承载力强，其洞口宽度和倾斜角度可随路线灵活调整。

1998 年以后，国内开始自主生产加工金属波纹管。国内经过十余年的研发、应用，总结了大量的应用资料。目前此种结构圆形截面结构的最大跨径成功应用到了 12 m，拱形结构成功应用到了 22 m，异型截面成功应用到了 10 m，个别管径波纹管的顶部覆土深度成功应用到了 60 m。目前波纹管广泛应用于公路建设中的排水涵洞、人行（车行）通道和中小跨径桥梁，使用效果良好。

（2）已有桥涵的加固维护。

随着我国汽车荷载标准不断提高，特别是中小跨径桥梁的荷载标准提高幅度较大，大批年代久远的桥涵已不能满足现行标准、规范要求，大量中小跨径桥梁已成为四、五类危桥，急需拆除重建或加固处治。拆除重建不但耗资巨大，并且会长时间中断交通，对社会造成严重影响。采用钢波纹板技术进行中小跨径桥梁加固不仅提高、改善了既有桥涵的受力状态，最大限度减少对桥涵上交通的影响，而且还能节省工程费用。

（3）隧道工程。

将波纹板技术应用于隧道的支护结构可以简化施工工序，工期也大大缩短，并且应用于隧道受力较大易产生变形的地区，还可以避免出现混凝土支护结构开裂、掉块的现象。此外钢波纹板的波形设计能吸附噪声以及尾气，可以减小城市隧道对周围居民的影响。

如图1.22所示为新型中隔墙技术方案及研究过程。隧道平导是平行于隧道主洞，为隧道施工而增设的辅助工作面。而隧道中隔墙是实现隧道空间分割的重要结构，目前其施工方法主要是采用预制方法和现浇方法。现浇方法采用钢筋混凝土，衬砌采用模筑混凝土施工，单侧加固施作二衬时预留钢筋以供中隔墙钢筋绑扎。而现有预制中隔墙的方法较为简单，施工应用较少，整体性较差。因此提出用采用钢波纹板材料修筑平导中隔墙的想法。该项目已成功运用于汶马高速公路鹧鸪山隧道出口路线左侧的一座通风平导（单洞），采用钢筋混凝土方案的原工期为5个月，但由于运营管理需要，需提前完成中隔墙修筑。在成都华川公路建设集团有限公司、西南交通大学和西安世纪金属结构有限公司与设计单位共同研究下确定了全拼装式钢波纹板新型结构方案。该方案施工工期仅需两个月，提前3个月完工通车，全工程按照瓦斯隧道调整预算，该项设计优化变更如能顺利获得批复，可减小一半工期。此外本项目的研究成果已总结申报发明专利、省部级工法各1项，论文2篇，是对新型中隔墙技术的重要实践。

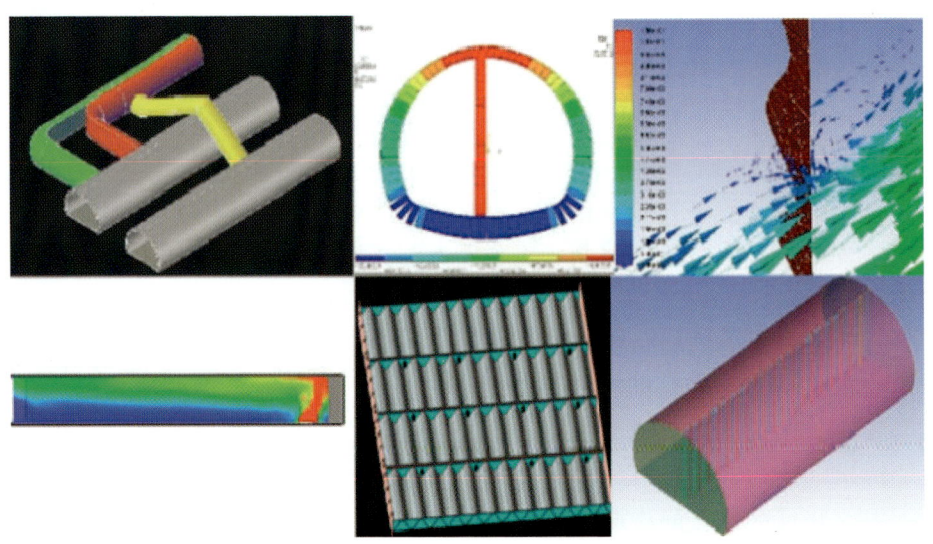

图1.22 新型中隔墙技术方案及研究过程

（4）路基挡防工程。

在公路建设中，无论是新建还是改建项目，都会出现填挖现象。挡土墙是挡防工程使用的主要构造物，其通常分为重力挡土墙和轻型挡土墙。

与重力式挡土墙相比较，轻型挡土墙可大大地减少用地面积，抗震性能好，对地基承载力的要求较低，且能承受一定的不均匀沉降。在经济性上，轻型挡土墙比重力式挡土墙节省成本约20%～30%，并且墙体越高，节省得就越多，因此轻型挡土墙较传统重力式挡土墙更具有优势。

钢波纹加筋土挡墙是一种新型的轻型挡土墙，采用钢波纹板与土中的筋带、锚定板或钢拉杆连接形成的一种挡土墙结构形式。由于钢板波形的存在，增大了钢波纹板的抗弯惯性矩，使其具有优良的受力特征和较高的承载能力和稳定性，轴向和径向同时分担因荷载引起的应力应变，可以更大程度地分散荷载的应力集中，更好地发挥钢结构的优势，因此较一般轻型挡土墙更具有优势，也具有更广阔的应用前景。

如图1.23所示为青海李坎公路边坡挡土墙项目路基挡防工程。由于地处高寒地区，使用传统挡土墙将严重拖延工程项目的进度和工期，因此该项目使用钢波纹板挡土墙。此外为保证该工程的安全、耐久、美观和快速施工，低挡墙背后具备压实条件的填料采用透水性材料填筑，征地困难、其他地形陡峻或狭窄不利于压实地段采用气泡混合沫轻质土作为路基挡墙台背填料。

（5）大跨径钢波纹板隧道遮光棚。

遮光棚按照结构材料主要分为钢结构遮光棚、钢筋混凝土遮光棚、钢-钢筋混凝土组合结构遮光棚等。钢结构遮光棚建设成本较高，耐火性差，且材料本身易锈蚀，需要在运营期间定期进行防锈维护工作，运维成本费用较高。钢筋混凝土遮光棚的建设周期长，结构自重大，结构抗拉强度低，易开裂，维修补强工作难度大。钢-钢筋混凝土组合结构遮光棚结合两种材料的优缺点互补，现在应用较为广泛。

图 1.23　钢波纹板路基挡防工程

鉴于钢波纹板这种新型材料的发展，并且其可塑性强，可选的波形多，强度大，适应性强，由此形成的大跨径钢波纹板隧道遮光棚不仅和钢-钢筋混凝土组合结构遮光棚的优点差不多，并且还可以根据结构需要设计成半开放式结构，与周围的景观融为一体，在满足隧道通风及防灾的同时，还能提高隧道的景观效果，起到节能、安全、景观的三重作用。大跨径钢波纹板隧道渐进式透光遮光棚效果与模型如图 1.24 所示。

图 1.24　钢波纹板隧道渐进式透光遮光棚

（6）应急救援。

在中国西部山区，山势陡峭，地质松散，路网单一。一旦发生地震、山洪等自然灾害，常会伴随山体滑坡，阻碍了救援通道。因此可以在靠近山体侧清开滑坡体，同时快速拼装波纹板结构，并采用滑坡体碎料或者碎石进行回填，外侧车道布置在坡脚以外。该方案施工速度快，能满足救援对时间的需求，最重要的一点是对滑坡体坡脚具有一定反压作用，大大提高了山体滑坡体的稳定性和安全性。该方案可作为我国抗震、抗洪应急救灾特种结构。如图 1.25 所示。

图 1.25　国道 213 线超大型坍方堆积体采用钢波纹板临时通道

当长隧道内突发如火灾、地震等紧急状况，司乘人员还在隧道中间段距离进出口很远时，他们的生命将受到严重威胁，逃离隧道又不切实际，此时则需要转移至隧道安全屋中保障自身安全并等待救援。在一般长隧道中，安全屋的设置个数较多，设置传统安全小屋施工时间长，造价较高，因此可以使用如图 1.26 所示钢波纹板制作的隧道安全屋。

图 1.26　钢波纹板隧道避难所（战时地下救护掩体防空洞）、隧道安全屋

（7）房建工程。

钢波纹板独具典型的波浪形流畅线条外观，搭配上水平、垂直或不同角度的安装方式用于民用建筑，能在大面积区域内给人营造出生动震撼的视觉

感受。并且随着钢波纹板建筑的结构优化和工期优化，现在仅需 30 万就可建一栋豪华房屋，工期也缩短到只有 1 个月。如图 1.27 所示为民用的横纹和竖纹的钢波纹板房屋。

图 1.27　民用钢波纹板房屋案例

由于钢波纹管柔性、高强度的特点，能够制成各种造型的房屋。这些房屋整体结构在强度有保证的同时，也兼具美观新颖的特性，因此也常被用于商用建筑。如图 1.28 所示某家咖啡厅，其由弧形钢波纹板穹顶与砖砌体端墙构成，造型别致，广受年轻人的喜爱。

图 1.28　钢波纹板咖啡厅

（8）钢波纹板地下综合管廊。

针对现有地下综合管廊，由于长期处于阴暗潮湿，二氧化碳浓度较高的封闭地下环境，钢筋混凝土不仅受到这些外部环境影响而发生化学腐蚀，混凝土自身碳化也会使内部钢筋锈蚀。根据《城市综合管廊工程技术规范》的强制性条文规定：管廊结构的使用年限应为 100 年，为此钢筋混凝土地下管廊需要将混凝土保护层厚度提高到普通混凝土保护层厚度的 1.4 倍，但是较厚的混凝土保护层厚度容易导致混凝土开裂，因此需要对钢筋混凝土进行耐久性质量控制。而经过防锈处理的钢波纹板能够满足使用年限的要求，并且对耐久性质量控制的条件相对容易。钢波纹板地下综合管廊如图 1.29 所示。

图 1.29　钢波纹板地下综合管廊案例

在地下管廊的建设中，防、排水是十分重要的环节，并且地下管廊的防水等级为二级，即不允许漏水，结构表面可有少量湿渍。现有的管廊主体结构采用防水混凝土加防水涂料及防水卷材等，而钢波纹板最初就是使用于桥涵工程中，不会发生渗水现象，并且波纹结构还能起到引导水流的作用，保证地下管廊的耐久性。以距今已有 74 年历史、建于德国耶拿市最早使用钢波纹管的管廊为例，管廊使用状态良好，内部无明显锈蚀、腐蚀痕迹，各项管道运作正常。

在产品的经济性上,以 4 m×3.5 m 钢筋混凝土管廊为例,其土建造价约为每千米 8 000 万元,而采用 ϕ4.5 m 圆形钢波纹板替代,使用功能完全可以满足工程需求,其土建造价为每千米 6 000～7 000 万元,造价节约 15%～25%,比传统混凝土结构具有明显优势。

利用钢波纹板技术形成的综合管廊能有效改善"马路拉链"现象,并且将这一概念融入城市建设中,与现在智慧城市管网相结合,为城市地下建设提供一条新思路,并且有利于绿色、现代、智慧、可持续发展的宜居城市建设。

(9)钢波纹板高速公路服务区。

近年来,我国高速公路飞速发展,与之而来的是沿线服务设施以及房建工程的发展。装配式建筑以其施工速度快、工程造价低等优势受政府支持,采用钢波纹板修建房屋也是装配式建筑的一种。将钢波纹板技术应用于高速公路服务区建筑设计中,不仅可以在缓解高速公路服务区建筑资源稀缺、难获取的问题,还能够体现绿色、节能、环保的高速公路设计思想,如图 1.30 所示。

图 1.30　钢波纹板高速公路服务区案例

(10)雨水蓄水池。

蓄水池亦可采用标准尺寸弧形波纹板片拼装,同时辅以镀锌防腐工艺,内侧采用塑料内膜热敷,满足防水要求。该类型蓄水池波纹板片在现场采用螺栓连接成整体,施工速度快,同时利用地下土地资源设置蓄水池,相比地上设置的蓄水池,土地成本更低,蓄水池上方还可以修建停车场、广场等场所,综合利用土地资源。如图 1.31、图 1.32 所示。

随着十九大提出建设安全、节能、环保、高效的现代化交通强国的战略,建设各方对节能环保意识的不断增强,同时还要克服工程造价高、施工工期长等问题,钢波纹板技术在节能、安全、快捷等领域的优势日渐明显。它不仅仅应用于上述领域,而且还可应用于其他领域,钢波纹板技术的应用前景十分广阔。

图 1.31 地下蓄水工程

图 1.32 直径 30 m 钢波纹板蓄水池案例

2 主要结构设计与施工要点

设计对于钢波纹板结构而言至关重要。

2.1 结构设计要点

2.1.1 材料选择

钢板一般采用 Q235、Q355 或者 Q420，其技术标准符合现行技术规范。

2.1.2 计算方法

钢波纹板目前计算方法有加拿大公路桥梁设计规范（以下简称 CHBDC）、美国公路桥梁规范（以下简称 AASHTO）、美国钢铁协会（以下简称 AISI）设计方法，或采用有限元程序建模分析。对于跨径小于 8 m 的波纹板结构，可采用 CHBDC 中的计算公式进行验算，对于跨径大于等于 8 m 的波纹板结构，应采用有限元进行分析模拟。目前，部分设计人员对于超过 8 m 的仍然采用规范公式进行计算，计算结果不能确保结构的安全性。

比较上述 3 种计算方法，CHBDC、AASHTO 基于极限状态设计法，而 AISI 采用安全系数法。3 种方法考虑的因素不尽相同，但将设计压力转化为管壁推力时，它们均基于环向压力理论。

为研究 CHBDC、AASHTO 和 AISI 3 种设计方法对结构设计的差异，以湖南省某高速 1-5.0 m 跨径钢波纹管涵洞设计为依托，分别进行验算，波形考虑 150 mm×50 mm、200 mm×55 mm 和 300 mm×110 mm，厚度考虑 3 mm、4 mm、5 mm、6 mm 和 7 mm。压应力限值与压应力比值计算结果如表 2.1 所示。

计算结果表明：AASHTO 和 AISI 计算结果基本不受波形影响，CHBDC 受波形影响较大。就厚度而言，3 种规范计算结果均受其影响较大。

对于管壁压应力，CHBDC 方法计算结果显示波形越大，钢板受力性能越好，所需钢板厚度也越小；而 AASHTO 方法和 AISI 方法计算结果仅跟荷载大小和单位长度面积相关。CHBDC 分析结果更趋于实际。总体看来，CHBDC 方法对波纹管管壁压应力控制最严、其次是 AASHTO 方法，最后是 AISI 方法。

表 2.1　不同设计方法、不同波形的压应力限值与压应力比值对比

板厚 t/mm	150 mm×50 mm			200 mm×55 mm			300 mm×110 mm		
	CHBDC	AASHTO	AISI	CHBDC	AASHTO	AISI	CHBDC	AASHTO	AISI
3	—	0.96	1.25	—	0.94	1.26	—	1.08	1.39
4	0.83	1.32	1.72	0.85	1.29	1.68	1.06	1.43	1.86
5	0.98	1.68	2.18	1.00	1.62	2.10	1.28	1.79	2.32
6	1.10	2.04	2.65	1.13	1.94	2.52	1.48	2.15	2.79
7	1.20	2.39	3.10	1.24	2.27	2.94	1.67	2.51	3.25

国内桥涵设计规范理论基于极限状态设计法，建议国内验算参考 CHBDC 方法，荷载组合系数根据《公路桥涵通用设计规范》确定。目前国内的地方设计规范主要引用 CHBDC 方法。

2.1.3　波形选择

波形是钢波纹管最重要的参数之一，对结构受力性能影响较大。我国于 2008 年颁布了交通行业标准《公路桥涵用波形钢板》（JT/T 710—2008）规定了 125 mm×25 mm、150 mm×50 mm、200 mm×55 mm、300 mm×110 mm、380 mm×140 mm、400 mm×180 mm 6 种波形。2010 年颁布了交通行业标准《公路涵洞通道用波纹钢管》（JT/T791—2010）规定了螺旋管（含 68 mm×13 mm、75 mm×25 mm、125 mm×25 mm 3 种波形）、环形整体管（含 125 mm×25 mm、150 mm×50 mm、200 mm×55 mm、145 mm×60 mm 4 种波形）、拼装钢波纹板件（含 68 mm×13 mm、125 mm×25 mm、150 mm×50 mm、200 mm×55 mm 4 种波形），共 11 种。根据《冷弯波纹钢管》（GB/T 34567—2017），波形包括 11 种，分浅波形、中波形、深波形、大波型 4 种，具体为 38 mm×6.5 mm、68 mm×13 mm、75 mm×25 mm、125 mm×25 mm、190 mm×19 m、150 mm×50 mm、200 mm×55 mm、230 mm×64 mm、300 mm×110 mm、380 mm×140 mm、400 mm×180 mm。

韩国建设交通部、韩国道路公社编写的波形钢板结构物设计及施工指南（Specifications for the Design & Construction of Burid Structuresusing Corrugated Steel Plates）规定了两种波形，即"标准型"（150 mm×50 mm）和"大波高型"（380 mm×140 mm），各国波形范围各有不同。

目前国外已开发 500 mm×237 mm 的大波形，主要应用在大跨径钢波纹板桥梁结构、深埋基坑项目中，譬如 2019 年建成通车的世界最大跨径钢波纹

板立交桥，跨径 32 m，位于迪拜。典型大波形与波形如图 2.1 所示。

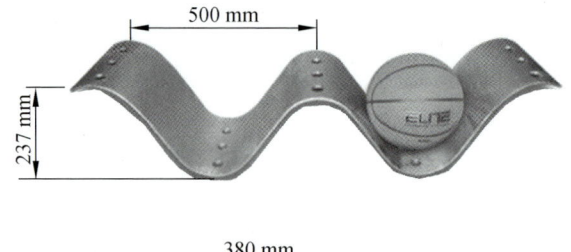

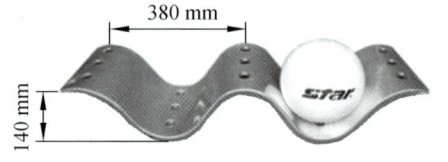

图 2.1　500 mm×237 mm 大波形与 380 mm×140 mm 波形

对于跨径较大（跨径大于等于 5.0 m），或覆土厚度较小的波纹管桥涵，在填土荷载、汽车荷载等作用下，弯矩所占比较大，应选择抗弯刚度较大的波形，如 380 mm×140 mm 和 400 mm×150 mm。孔径小于等于 5 m 的涵洞，建议选择小波形，如 200 mm×55 mm 和 150×50 mm。如湖南省，在多条高速公路项目上所选波形以小波形为主，其中以 200 mm×55 mm、150 mm×50 mm 的波形应用最多，从应用效果来看，其产品加工工艺较为成熟，板片间密切性好。

2.1.4　孔径选择

就结构设计而言，对于大于或等于 1.5 m 的涵洞通道，一般采用多片拼装式结构；小于 1.5 m 的采用螺旋波纹管结构。对于车行通道，根据道路等级确定净宽和净高，一般净高为 4.5 m 或 5.0 m。对于人行通道，一般宽度为 1.5 ~ 2.0 m，净高 2.5 m，跨径一般为 1.5 ~ 7 m，最大填土高度可根据跨径确定，如直径 5 m 的通涵，最大填土高度可达 36 m。钢板厚度最小 3 mm，最大 10 mm（150 mm×50 mm、200 mm×55 mm、300 mm×110 mm 波形）或者 12 mm（380 mm×140 mm、400 mm×150 mm 波形）。

各类截面适用的跨径范围如下。

（1）圆形：在各种功能状况下均使用良好，尤其是埋深较大的情况下。跨径适用范围 0.2 ~ 8 m。

（2）竖向椭圆：涵洞，雨水管，下水道，通道，埋深较大时使用较好。跨径适用范围 1.5 ~ 6.5 m。

（3）梨形：可作人行道，机动车道，自行车道使用。跨径适用范围 7.0 ~

9.5 m。

（4）管形拱：净空较小，具有水利优势，可作涵洞，下水道，立交桥，雨水管。跨径适用范围 5.0~7.0 m。

（5）横向椭圆：净空较小，具有水利优势，地基土较差时是个较好的选择。跨径适用范围 2.0~12.0 m。

（6）圆弧拱：净空较小，过水断面较大，形式优美，无损天然河床的环境友好型截面。跨径适用范围 6.0~25.0 m。

（7）低弧拱：涵洞，小桥，下水道，净空较小，过水断面较大，无损天然河床的环境友好型截面。跨径适用范围 6.0~25.0 m。

（8）高弧拱：涵洞，小桥，下水管，净空较大，无损天然河床的环境友好型截面。跨径适用范围 6.0~25.0 m。

（9）梨形拱：铁路通道或其他要求净空较大的情况。跨径适用范围 7.0~12.0 m。

（10）箱涵：净空较小，跨度较大，是小跨度桥梁的较好替代。跨径适用范围 5.0~10.0 m。

2.1.5 通涵洞口设计

常规通涵洞口形式主要有八字墙、削竹式、端墙式、延长式、走廊式、流线型或其他竖井构造。按变形大小，有刚性洞口和柔性洞口之分。浆砌片石、现浇混凝土等刚性洞口具有就地取材，方便施工等优势，如湖南省，其90%以上的波纹管通涵采用刚性洞口，但调查发现，对于孔径大于等于 5 m 的通涵，洞口端墙开裂较多，对于孔径小于等于 4 m 的涵洞通道，开裂较少。

钢波纹管是典型的柔性结构，相对于混凝土通道涵变形能力较强，而刚性洞口刚度大，约束了钢波纹管的变形，洞口圬工结构基本承担了洞口全部荷载，而传统的浆砌片石等圬工结构抗拉强度小，从而出现了开裂现象。针对这一问题，提出采用柔性洞口的解决思路，具体做法是根据工点需要，对于孔径大于等于 5 m 的通道涵，采用柔性洞口。柔性洞口主要有削竹式洞口、加筋格宾挡墙洞口或者预制钢结构八字墙洞口。结合多功能储能发光防腐涂料的研发和推广应用，通道涵将得以更为广泛地推广应用和方便车行和人行。

削竹式洞口直接采用钢波纹板加工而成，与涵洞洞身为一整体，只需再进行坡面防护即可，如图 2.2 所示，具有施工速度快、不开裂等优点。不足之处是相对于传统八字墙结构，洞口过水能力相对要小，钢板加工和安装有一定难度。加筋格宾挡墙在路基沉降较大、对有复绿要求的边坡应用较多，结构主要由石笼、填充石笼的石材、筋材三部分组成，挡墙由多层石笼叠加而成，格宾挡墙本身变形能力较强，与钢波纹管结构协调变形，共同受力，建成后的柔性洞口运营效果良好，值得推广应用。

图 2.2　削竹式八字墙洞口（左）和加筋格宾挡墙洞口（右）

2.1.6　接缝连接

就强度而言，一般接缝处整体性差，容易被破坏。设计规范一般要求接缝连接强度应不小于正常波纹板段强度，并保证一定安全储备，以确保结构受力的整体性能。

板片连接主要有螺栓连接和焊接两种。目前国内主要以螺栓连接为主，少数涵洞通道采用焊接连接，但效果较差，接缝未焊透或者焊接质量不满足规范要求，在外荷载作用下，接缝处易开裂，严重时钢板局部撕裂导致局部垮塌。

螺栓连接方式可根据需要进行加强，使得接缝强度大于非接缝处钢板强度，提高结构整体的稳定性。焊接连接难以实现接缝强度大于非接缝处钢板强度。焊接质量受工人技术熟练程度、焊接环境影响较大，焊接质量不易保证，而且焊接容易破坏钢板镀锌层，缩短了涵洞使用寿命。《公路涵洞通道用波纹钢管》（JT/T791—2010）第 6.2.3.2 条规定：钢波纹板件拼装时，板件之间应采用搭接，并用高强度螺栓连接，不得采用焊接。

2.1.7　涵底防冲刷层设计

作者团队调查了多道已建成运营的高速公路涵洞，发现山区易爆发山洪，流速较大，且携带大量砂石，对底部沥青、镀锌层和钢板造成一定冲蚀，降低了钢板的耐腐蚀能力，缩短了其使用年限。但设置了防冲刷混凝土层的涵洞，使用状况良好，如图 2.3 所示。考虑到砂石重度较水大，一般聚集在涵洞底部附近。因此，对于过水涵洞，建议在涵底 120° 范围内设置 C30 混凝土保护层或水泥砂浆层，保护层内设置 10 cm×10 cm 间距、直径为 5 mm 的镀锌焊接钢丝网，钢丝网保护层厚度不小于 3 cm。

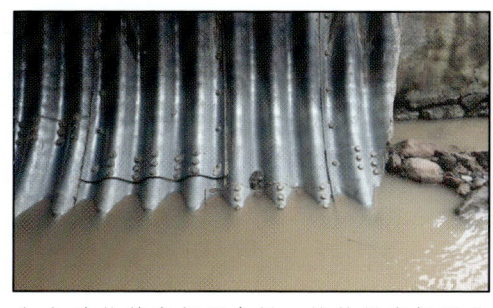 

（a）波纹管底部沥青层、镀锌层磨耗严重　　（b）波纹管底部设置保护层

图 2.3　防冲刷设计

2.1.8　高强螺栓副技术要求

强度等级可采用 8.8 级或 10.9 级，长度宜为 30～60 mm。钢波纹板纵向接缝处最外侧螺栓距离钢波纹板边缘距离不小于 50 mm。接缝钢板之间设置密封带，接缝边缘及螺栓口涂聚氨酯混合树胶密封。

推荐采用防盗型高强螺栓，该种螺栓在螺帽与螺栓连接处设置四道螺栓肋，螺栓拧紧时，螺栓肋可局部嵌入钢波纹板中，拧紧后仅施拧螺帽难以拧松。螺栓长度 L2 长度应适当，拧紧后螺栓丝扣外露应不少于 2 扣。

螺栓孔位于波峰和波谷处，因栓孔处为圆弧形钢板，若采用平垫圈，垫圈与钢波纹板之间存在一定间隙，受力面积减少，对螺栓受力不利。因此，垫圈采用凸凹型垫圈，凸凹垫圈弧面与波纹管弧面半径相等，在波峰位置，涵洞通道内侧采用凹垫圈，填土侧采用凸垫圈；在波谷位置，内侧采用凸垫圈，填土侧采用凹垫圈。垫圈防腐方式采用热浸镀锌，镀锌量不小于 350 g/m²。凸凹垫圈的位置不能装反，无论是波峰还是波谷螺栓，螺栓头均位于涵洞通道内侧，螺帽位于填土侧。施拧时应采取可靠措施避免凸凹垫圈随螺栓旋转偏位。

2.1.9　密封方案

波纹板涵为预制拼装结构，在板片搭接处（含横向搭接、纵向搭接、螺栓孔附近等）应采取可靠的密封措施。钢波纹板现场安装时，板片重叠部分（含横向搭接、纵向搭接）采用密封条填充。并在搭接处填土侧外边缘采用密封胶密封。在填土侧螺帽处，采用密封胶密封。密封胶可采用聚氨酯混合树胶、中性硅酮结构密封胶等，其耐久性能、黏结性能均应能满足设计要求。

2.1.10 洞口设计

主要洞口形式有八字墙、一字型、端墙式、削竹式等，按照材料分类可分为钢筋混凝土洞口、素混凝土洞口、浆砌片石洞口、格宾洞口、钢波纹板洞口等。其中钢筋混凝土洞口、素混凝土洞口、浆砌片石洞口属于刚性洞口，容易开裂。而格宾洞口、钢波纹板洞口属于柔性洞口，变形性能好，不易开裂，设计时建议采用柔性洞口。

2.2 耐久性设计

2.2.1 概述

从 19 世纪末开始，波纹钢管就被成功地运用在北美洲和世界各地的雨水管道和涵洞工程中。由于波纹钢管产品的多样性、对土体适应能力强、耐久性好等优点，该结构一直受到工程师们的青睐，其应用在国内外越来越广泛。耐久性描述了特定材料抵抗腐蚀、磨损、安装等造成的性能退化的能力。已有的耐久性研究表明：波纹钢管能够具有良好的耐久性。设计时，可根据工程具体情况选择不同的表面涂层或增加钢板厚度。

在国内，防腐蚀主要以镀锌为主，安装完毕后表面刷涂沥青、环氧富锌、彩色油漆等，少数工程采用覆膜技术，如图 2.4 所示。在国外，耐久性措施较多，特别是在过去 50 年来，钢波纹管结构为了适应各种自然条件，防腐措施也不断革新，镀铝是其中一个典型，其技术自 1948 年开始应用，将其应用在指定的环境中时，最小使用寿命为 75 年。20 世纪 80 年代，开发了一种覆膜技术，即在钢波纹管结构表面敷设一层有机聚合物层，将镀锌层与土壤、水体隔开，将其应用在指定的环境中时，最小使用寿命为 100 年。

（a）镀锌钢波纹板

（b）敷塑钢波纹板

（c）热熔塑钢波纹板　　　　　　　（d）刷涂环保油漆

图 2.4　防腐蚀钢波纹板

根据 CORRUGATED STEEL PIPE DESIGN MANUAL（2008 版），不同防腐措施对应的防腐年限如表 2.2 所示。

表 2.2　不同材质波纹管道的预估使用寿命

波纹管道材质	预估使用寿命	选址环境条件	备注
镀锌波纹钢管	平均 50 年	$6.0 \leqslant pH \leqslant 10.0$ $2\,000 \leqslant R$（电阻率）$\leqslant 10\,000\ \Omega \cdot cm$ 水硬度（百万分之五十 $CaCO_3$）	
镀铝波纹管道	最短 75 年	$5.0 \leqslant pH \leqslant 9.0$ $R > 1\,500\ \Omega \cdot cm$	
聚合物涂层波纹管道	最短 100 年	$5.0 \leqslant pH \leqslant 9.0$ $R > 1\,500\ \Omega \cdot cm$	
	最短 75 年	$4.0 \leqslant pH \leqslant 9.0$ $R > 750\ \Omega \cdot cm$	
	最短 50 年	$3.0 \leqslant pH \leqslant 12.0$ $R > 250\ \Omega \cdot cm$	

注意：聚合图层在每一侧的厚度是 2×10^{-4} m

2.2.2　钢材的腐蚀问题

钢材的腐蚀，是指钢铁跟接触的气体或液体，发生氧化还原反应而腐蚀损耗的过程。

钢材的腐蚀分吸氧腐蚀和析氢腐蚀两种。

（1）吸氧腐蚀。

吸氧腐蚀发生条件为钢材表面水膜溶有氧气，呈极弱酸性或碱性，氧气

得电子成为 OH^-。发生化学反应的公式如下：

$$2Fe - 4e^- = 2Fe^{2+}$$

$$O_2 + 2H_2O + 4e^- = 4OH^-$$

总式：$2Fe + O_2 + 2H_2O = 2Fe(OH)_2$

$Fe(OH)_2$ 在 O_2 和 H_2O 作用 $\rightarrow Fe(OH)_3$

$Fe(OH)_3$ 在 O_2 和 H_2O 作用 $\rightarrow Fe_2O_3 \cdot nH_2O$（铁锈）

（2）析氢腐蚀。

发生条件为钢材表面水膜呈较强酸性，有 H_2 析出。发生化学反应的公式如下：

$$Fe - 2e^- = Fe^{2+}$$

$$2H^+ + 2e^- = H_2 \uparrow$$

总式：$Fe + 2H^+ = Fe^{2+} + H_2 \uparrow$

Fe^{2+} 在空气中氧化 $\rightarrow Fe^{3+}$

Fe^{3+} 在 OH^- 作用下（溶液 pH$\uparrow$）$\rightarrow Fe(OH)_3$

$Fe(OH)_3$ 在 O_2 和 H_2O 作用 $\rightarrow Fe_2O_3 \cdot nH_2O$（铁锈）

2.2.3 影响钢波纹板（管）耐久性的因素

（1）土壤。

金属板（管道）在土壤中的耐久性包括土壤电阻率、土壤 pH（酸性）、含湿量、可溶盐类以及氧含量等在内的多种相互作用参数的函数。钢波纹管结构腐蚀过程都涉及电流从电极的一端流向另外一端。通过一种材料对电流的阻力用电阻率来衡量，电阻率越高，电流相应越小，这能够降低腐蚀的速率。电阻率是导电性的一部分。

土壤的 pH 是土壤中氢离子的密度的一个衡量。大多数土壤的 pH 为 6.0～8.0，这之间的土壤被视作中性，并且是有利于波纹钢管的耐久性。在降雨量较高的地区的土壤的 pH 一般较低，在这些地方腐蚀性更强，因此对管道涂层材料选择就应该更加重视。因此，土壤和水的 pH 是选择正确的管道防腐措施的重要因素。

土壤的湿度也是影响波纹钢管耐久性的一个重要因素，能快速排干管道填充物的颗粒状土壤，增强耐久性。湿度低于 20% 的土壤在土壤边侧对波纹钢管几乎没有腐蚀性。黏土能够吸附大量的水，因此与干燥的土壤相比其腐蚀性更强，如表 2.3 所示。

表 2.3　土壤类型通风排水情况表

土壤类型	详细描述	通风	排水
Ⅰ 没有腐蚀性	（1）砂（含泥量低）； （2）级配碎石	优秀	优秀
Ⅱ 轻微腐蚀性	（1）砂性土； （2）轻质盐土； （3）多孔渗透土或者黏性土	好	好
Ⅲ 中度腐蚀性	（1）砂性土； （2）盐土； （3）黏土	良	良
Ⅳ 重度腐蚀性	黏性土	差	差
Ⅴ 极度腐蚀性	（1）淤泥； （2）泥煤； （3）沼泽； （4）黏土和黄土	非常差	非常差

注意：第Ⅲ、Ⅳ、Ⅴ类土壤质量都比较差，不推荐用作填充土壤。

（2）水。

靠近水侧的管道更容易受到腐蚀，这种腐蚀比在土壤中要更严重，因为在管道内侧比填土侧更长时间暴露在固定或流动的水中。影响管道耐久性的常见因素有pH、电阻率、可溶性盐含量、水硬度以及磨蚀性。

一般而言，雨水的pH范围是6.0～8.0。雨水中化学物质主要从土壤中溶解出来，这些溶解性盐能够通过增加地下水的导电性。

在硬水中（碳酸钙含量大于百万分之五十），钢波纹管表面易形成水垢层，有利于减少腐蚀。因此，提高碳酸钙的含量能够保护管道，但是提高氧和二氧化碳的含量则会加快钢板的腐蚀速度，因为二氧化碳含量增加影响镀锌管道表面形成的碳酸钙保护层。

电阻率较高的水（$R > 10\,000\,\Omega \cdot cm$）则表明该水为软水（碳酸钙含量小于百万分之五十）。软水具有中和酸性的能力，这些酸性会加剧空气污染和酸雨。在这种环境中加上最小厚度的表层保护层将会极大地加速镀锌钢铁表面的腐蚀。

镀铝涂层在软水中表现出良好的性能，其在软水环境中会在管道壁上形成了一层铝氧化合物，这能够延长管道的使用寿命。在软水和严重腐蚀环境中，镀锌钢管表面的聚合物复合薄膜能够提供良好保护。

（3）磨蚀。

对于过水涵洞，纵向坡率较小时，流水对管壁的磨蚀较小。流水速度较大（大于 5 m/s）时，特别是携带大量沙石，管壁防腐层磨耗较大。

2.2.4　用于波纹钢管的涂层技术

用非耐候钢制造的波纹钢埋置式结构出厂前应覆涂以下任意一种或几种涂层。

1. 镀锌涂层

镀锌是指在金属、合金或者其他材料的表面镀一层锌保护层以起美观、防腐等作用的表面处理技术。现在主要采用的方法是热浸镀锌。

热浸镀锌是将除锈后的钢波纹板浸入 600 ℃ 高温熔化的锌液中，使钢构件表面附着锌层，锌层厚度对 4 mm 以下薄板不得小于 65 μm，对厚度大于 4 mm 的钢板不小于 86 μm。锌在液态下分 3 个步骤形成热浸锌层：铁基表面锌液熔解形成锌-铁合金层；合金层中锌离子进一步向基体扩散形成锌-铁互熔层；合金层表面包裹着锌层。

热浸镀锌的性能特点：

（1）具有较厚、致密的纯镀锌层覆盖在钢材表面上，可以避免基材与腐蚀环境的接触。

（2）在一般大气中，锌层表面形成一层很薄而致密的氧化锌层表面，它很难溶于水，故对基材起到一定保护作用。如果氧化锌与大气中其他成分生成不溶性锌盐后，则防腐蚀作用更理想。

（3）锌-铁合金层结合致密，在海洋性盐雾大气及工业大气中表现特有的抗腐蚀性。

（4）由于结合牢固，锌-铁互溶，具有较强的耐磨性。

（5）由于锌具有良好的延展性，其合金层与基材附着牢固，因此热镀锌后可进行冷冲、轧制、拉丝、弯曲等各种成型工序，不损伤镀层。

（6）钢结构热浸镀锌后，相当于一次退火处理，能有效改善基材的机械性能，消除钢件成型焊接时的应力，有利于对钢构件进行车削加工。

该材料一般在高速的连续涂装线上完成，以保证涂层质量和分布具有高度的一致性。热浸镀锌应采用《锌锭》（GB/T 470—2008）规定的 1 号锌和 0 号锌，钢表面处理的最低等级为 Sa2.5。

2. 铝-锌合金涂层

铝-锌合金涂层在国外应用较为广泛，其原理是铝微粒在混合体涂层间构成网状骨架，阻止了先于铝腐蚀的锌的腐蚀生成物（$ZnCl_2$、ZnO）的聚积和流失，反过来锌的腐蚀生成物把铝的网状构件中的小孔堵塞，且铝的氧化物（Al_2O_3）比较致密，这两种因素使将进入涂层更深层次的介质大大减少，从而提高基体结构的耐腐蚀性能。

国内锌-铝合金涂层目前还没有相应的标准支持，因此在钢结构防腐领域应用较少。

美国材料和试验协会标准 ASTMA 929 规定了两种铝-锌合金涂层：Zn-5Al-MM（含 5%Al、95% Zn、还有微量的稀土元素）和 55Zn-Al（含 52%～58%的 Al、最大 2%的 Si，其余为 Zn），并给出了最小涂层质量和厚度。

钢波纹板结构一般采用 55Zn-Al 涂层，可在高速生产线上多点电喷涂装。一般要求钢板表面的涂层质量不小于 214 g/m^2，且单面的涂层厚度不小于 30 μm。

3. 纯铝涂层

美国材料与试验协会标准 ASTMA 929 规定了两种铝镀层：Al-Type2（含最大 3%的铁、0.35%的硅、0.5%的镁，其他不超过 0.2%的稀土元素，其余为铝）和 Al-Type1（含 5%～11%的硅，其余为铝），并给出了最小涂层质量和厚度。

钢波纹板一般采用 Al-Type2 涂层，可在与镀锌产品相同类型的生产线上多点电喷涂装。一般要求钢板表面的涂层质量不小于 305 g/m^2，且单面涂层厚度不小于 50 μm。镀铝层波纹钢管至少具有 75 年的使用寿命。

4. 铝-镁-锌涂层

韩国开发了一种新型合金镀金法（Al+Mg+Zn），是普通镀锌防腐能力的 3 倍以上。

5. 沥青涂层

沥青作为增强防腐性能的补充措施，广泛用于一般腐蚀环境下的波纹埋置式结构，一般采用涂装或喷涂方法敷涂。

采用涂装时，涂装材料的品种、规格、性能等应符合《公路桥梁钢结构防腐涂装技术条件》（JT/T 722—2008）的规定。涂装总厚度应不小于 1.3 mm，表面应均匀光滑、连续，无肉眼可见的小孔、空隙、裂缝、脱皮及其他缺陷。

采用喷涂时，内外壁分两遍均匀喷涂沥青漆或乳化沥青。沥青涂层的厚度应不小于 1 mm，涂层应均匀光滑、连续，无肉眼可分辨的空隙、裂缝、脱皮及其他缺陷。

目前湖南省内一般项目均采用沥青涂层，对于涵洞，内外均敷涂沥青。

对于通道，仅通道外侧表面敷涂沥青。

6. 聚合物涂层

聚合物涂层在波纹钢管上的首次应用始于 20 世纪 70 年代，它能有效提升波纹钢管的耐腐蚀和耐磨蚀能力。聚合物涂层是一层坚固的、粗糙的薄膜，在波纹钢管成型前附着在钢波纹板的内壁和外壁，提供腐蚀和磨蚀的一层屏障。薄膜通常由两层组成，总厚度一般为 250 μm。关于聚合物涂层的介绍，可参见 ASTMA 742 和 CSAG 401。

国外的钢波纹管制造商、交通主管部门、工程企业针对聚合物涂层开展了大量的实验室试验和现场试验。这些研究验证了带聚合物涂层的波纹钢涵洞通道结构的使用寿命超过 80 年的结论。

聚合物涂层的有效寿命即为其阻止金属基层向腐蚀性环境大量暴露所需的时间。如表 2.4 所示给出了国外制造商研究建议的聚合物涂层应用的环境限制。

表 2.4 带聚合物涂层的钢材应用的环境限制（用于土和水中）

环境参数	环境限制建议		
	50 年设计寿命	75 年设计寿命	100 年设计寿命
pH	3~12	4~9	5~9
电阻率/(Ω·cm)	>250	>750	>1 500

腐蚀或者化学侵蚀是涂层破坏的另一个因素。研究表明，聚合物涂层根据腐蚀条件能提供大于 80 年的有效寿命。如表 2.5 所示给出了不同等级下聚合物涂层的附加寿命。

表 2.5 聚合物涂层的有效附加寿命

磨蚀等级	聚合物涂层的有效寿命/年
1 级（无磨蚀）	>80
2 级（轻微磨蚀）	>80
3 级（中度磨蚀）	70
4 级（严重磨蚀）	（不建议使用）

近年来，国内部分制造商开始研究通过高频高压技术对镀锌钢板表面热熔一层高密度聚乙烯（HDPE）膜，以增强其耐腐蚀性和抗磨蚀性能。具体应用如图 2.5 所示。

（a）云南宣曲高速某涵洞（6.5 m 半圆截面）

（b）敷 PE 膜的 PL 波纹钢管

（c）聚乙烯卷材（加入炭黑）

图 2.5　镀膜耐腐蚀的钢波纹板应用

HDPE 膜内外厚度一般均为 0.5 mm，或内层根据实际情况加厚至 0.7 mm、1.0 mm、1.25 mm、2.0 mm、3.0 mm。热熔 HDPE 涂层质量应符合如表 2.6 所示。

表 2.6 热熔 HDPE 涂层质量要求

检查项目	要　　求
均匀性	热熔 HDPE 层应均匀光滑、连续，无肉眼可分辨的小孔、空洞、孔隙、裂缝、脱皮及其他有害缺陷
附着性	热熔 HDPE 层应附着良好，经剥离试验后，热熔 HDPE 层不断裂、不剥离，剥离强度大于 30 N/cm
耐磨性	热熔 HDPE 层按《塑料滚动磨损试验方法》（GB/T 5478—2008）试验规定的方法，经 1 000 转磨损试验后塑料层未磨穿
耐冲击性	经《塑料薄膜和薄片抗冲击性能试验方法自由落标法第一部分：阶梯法》（GB/T 9639.1—2008）试验后，除抗冲击部位外，热熔 HDPE 层无破裂、开裂或脱落现象
耐化学药品性	经《塑料耐液体化学试剂性能的测定》（GB/T 11547—2008）试验后，热熔 HDPE 层无起泡、无软化、丧失黏结等现象
耐候性	经《色漆和清漆人工气象老化和人工辐射曝露滤过的氙弧辐射》（GB/T 1865—2009）试验后，热熔 HDPE 层不允许产生裂缝、破损等现象
耐湿热性	经《漆膜耐湿热测定法》（GB/T 1740—2007）试验后，除划痕部位任何一侧 0.5 mm 内，热熔 HDPE 层无起泡、剥离和生锈等现象
塑料层拉伸强度	大于 10 MPa
塑料层断裂伸长率	大于 300%
直角撕裂强度	大于 100 N/mm

该技术的关键是聚合物涂层与镀锌层之间的黏聚性能。该技术在现有波纹钢管的优点基础上强化了耐腐蚀性和耐磨蚀性，材料层依次为钢板、镀锌层、黏结性 PE 树脂、中间混合树脂、HDPE 膜。可用于城市污水管道。目前一些发达国家的技术已基本成熟，实践证明这种管道能提供超过 100 年的使用寿命。目前国内部分厂家掌握了该技术，为我国推广钢波纹管技术提供了强大的技术支撑。

7. 高强度纱网薄膜涂层

在镀锌板表面采用高强度纱网薄膜，以明显延长波纹钢管的寿命。材料层依次为钢板、镀锌层、黏结性 PE 树脂、植入网状 PE 树脂，如图 2.6 所示。

图 2.6 高强度纱网薄膜涂层波纹钢管

2.2.5 耐久性评估研究现状

(1) 美国各州的研究。

加利福尼亚调查了几百道电缆管的情况,同时提出了一种基于 pH 和电阻率的使用寿命的评估方法,并编制了一张基于 pH 和电阻率的设计图表。在佛罗里达、爱达荷、佐治亚州以及内布拉斯州的调查表明,这种方法偏于保守。相反,在美国的北方地区、西北方地区和加拿大北部地区比较适用,因为这些地区大量存在的软水(碳酸钙化合物的含量在百万分之七十以下)。美国各地土壤条件各异,设计时应根据场地条件确定防腐设计参数。尽管如此,加利福尼亚预测公式仍然是比较通用的方法。

加利福尼亚研究包括土壤腐蚀、水腐蚀、磨蚀的组合作用,且钢波纹管结构进行正常养护。加利福尼亚预测公式以 pH 等于 7.3 为界线进行研究。在高山地区,pH 一般都小于 7.3,钢波纹管有较大磨损。调查结果表明,至少有 70% 的波纹管的使用寿命大于设计图表所预测的寿命。

在 pH 大于 7.3 的地区,如加利福尼亚州南部沙漠、半沙漠地区,钢波纹管在这种环境的耐久性一般非常好,使用寿命取决于填土侧的耐久性,因为在这里年降雨量小于 250 mm,流水通过钢波纹管结构时间较短。

(2) AISI 研究。

1978 年,美国钢铁协会对坐落于佛罗里达州、明尼苏达州、南达科他、尤他、加利福尼亚州、俄克俄州、印第安纳州、南卡罗来纳州、弗吉尼亚州、马里兰州以及堪萨斯州等 81 道雨水管道做了调查。研究结果表明:其中 77 道使用状态良好,这些雨水管的使用年限在 16~65 年,其余 4 道需要进行养护,平均使用年限有 32 年。其中 1 道在严重腐蚀的环境下使用,电阻率仅 260 Ω·cm。

（3）美国州港务局及美国钢铁协会联合研究。

在1986年的时候，州港务局联合美国钢铁协会任命一家坐落于俄克俄州麦地那市的腐蚀顾问公司——Corrpro公司，对波纹技术雨水管道和电缆管道进行耐久性调查。这些波纹管结构分布全美国22个州，使用年限为20~74年，土壤电阻率为1 326~77 000 Ω·cm，pH为5.6~10.3。

调查结果表明，绝大多数钢波纹管结构填土侧的腐蚀程度相对于管体内部要轻，管内侧管底有较为明显的腐蚀。基于统计数据形成耐久性预测指南。针对管底腐蚀问题，可采用管底铺砌，可采用现场浇筑或工厂预制，可大大增加附加耐久性。这些调查数据表明，钢波纹管结构在不同土壤和水环境下适用寿命可达到100年。

（4）加拿大研究。

早在1967年，戈尔德在西南部安大略省进行了耐久性调查，证实了加利福尼亚预测方法比较适合安大略省。1993年，英国哥伦比亚交通与高速公路部门调查了21处钢波纹板结构和镀锌挡土墙，使用年限均大于20年，最早施工的是1933年。测试方案要求从结构上取37 mm直径的试验样品，在试验室检测镀层的厚度，并要求测试土壤的电阻率和水的pH。除开两处结构外（已严重磨蚀），其余结构预测使用寿命均超过100年。

1988年，在亚伯特省做了一个很综合性的研究，检测了201道钢波纹管结构的镀锌层损失、土壤电阻率和水的pH。该研究形成了完善的数据报告，该报告包括平均期待的使用寿命为81年，其中最小使用年限为50年，已完成了83%的寿命。若要获取更长的使用寿命，应现场检测土壤电阻率和水的化学成分，以预测平均寿命，从而选择适当的防腐措施，如选取合适表面涂层、加厚钢板厚度等。

（5）韩国。

2001年，韩国将直径300 mm的PE波纹钢管进行抗磨损和耐久性试验，将涵洞放置在室外做展示试验，如图2.7所示。

图2.7　室外耐久性试验（2001年，直径300 mm、厚度1.6 mm、长度5.4 m）

2.2.6 无覆膜的热镀锌钢波纹管防腐寿命的预测

(1) 无覆膜的热镀锌防腐寿命的预测。

影响钢波纹管结构耐久性重要的因素是土壤电阻率、pH 和含水率，如表 2.7 所示。

表 2.7 按土壤电阻率评价土壤腐蚀性

腐蚀性等级	严重 五级	重 四级	中 三级	较轻 二级	轻微 一级
土壤电阻率/ ($\Omega \cdot cm$)	<1 000	1 000~2 000	2 000~5 000	5 000~10 000	>10 000

用电阻率评价土壤腐蚀性时，当土壤含水量<5%时，即使电阻率低、土壤中空气容量大，也不易发生较强的腐蚀。

采用国际通用的 AISI 预测方法。

① 当 pH<7.3 时，$Y = 27.58[\log_{10}R - \log_{10}(2\,160 - 2\,490\log_{10}pH)]$。

② 当 pH>7.3 时，$Y = 2.49R^{0.41}$。

其中，Y—防腐寿命，年；

R—土壤电阻率，$\Omega \cdot m$。

根据波纹管的厚度和规格，计算值还要乘以修正因子 F，如表 2.8 所示。

表 2.8 修正因子 F 取值表

厚度/mm	1.3	1.6	2.0	2.8	3.5	4.2
Gage	18	16	14	12	10	8
修正因子 F	1.0	1.3	1.6	2.2	2.8	3.4

上表适用于双面热镀锌、单面为 305 g/m² 的镀锌碳钢波纹管。

我国生产的波纹管厚度都在 3 mm 以上（3~10 mm），按照镀锌量为每面 620 g/m²，是美国波纹管镀锌量的两倍以上，因此，可以保守地采用修正因子 $F=2$，如表 2.9 所示。

表 2.9 我国土壤中镀锌波纹钢管的防腐寿命预测数据

土壤种类		电阻率/($\Omega \cdot m$) (平均值)	pH	防腐蚀寿命/年
滨海盐土及 滨海盐化土	Ⅰ	920~1 300	7.0~10.2	67
	Ⅱ	710~970	7.8~9.2	86
滨海盐土与内陆盐土 交界或插花分布		880	7.6~8.3	94

续表

土壤种类		电阻率/(Ω·m)（平均值）	pH	防腐蚀寿命/年
内陆盐土（盐化潮土）	Ⅰ	1 070	7.6	>102
	Ⅱ	2 290	7.1~8.5	>96
	Ⅲ	1 160	8.3~8.7	>106
黄潮土	Ⅰ	2 500	8.4~8.9	>145
	Ⅱ	1 200	7.8~7.9	>107
砂姜土、棕壤		3 690	7.7~8.6	>170
黄垆土褐土		5 340	8.5~8.8	>198
栗钙土		9 650	8.5~8.9	>252
鳝血水稻土		1 570	7.2~7.5	>98
红壤性水稻土		23 550	—	>85
赤红壤性水稻土及赤红壤		39 040	4.7~7.7	>105
沼泽性水稻土		5 280	5.7~6.3	>70

由计算结果可知，无塑料覆盖层的热镀锌/碳钢波纹波纹钢管在我国土壤中的防腐寿命至少为 67 年。

如表 2.10 所示，镀锌量越多，防腐寿命越长，两者呈线性关系。表中的 600 g/m² 是双面镀锌的量，联众的镀锌量为单面大于 600 g/m²，所以可以推知，镀锌波纹管在海岸地区、郊外地区、市内地区的防腐寿命分别可达 100 年、208 年、60 年。

表 2.10 大气环境中锌层的防腐寿命

大气环境	镀锌厚度					
	400 g/m²（57 μm）		500 g/m²（71 μm）		600 g/m²（86 μm）	
	年腐蚀量/(g/m²)	使用年数/年	年腐蚀量/(g/m²)	使用年数/年	年腐蚀量/(g/m²)	使用年数/年
海岸地区	10.8	33	10.9	41	10.8	50
郊外地区	5.4	67	5.2	86	5.2	104
市内地区	17.5	21	17.7	25	17.7	30

（2）覆膜的热镀锌防腐寿命的预测（以 HDPE 为例）。

用 PE 加工的电缆，20 世纪 40 年代初就铺设在大西洋底，至今尚在使用，说明 PE 在海水中的使用寿命大于 60 年。

北京水科院结构材料研究所在 1958 年 10 月把 PE 片材埋在混凝土试件中，放在室内，并曝晒 27 个月（3 个夏季），前后历时约 31 年，强度和断裂伸长率只损失 1/3 左右，说明 PE 在混凝土中的使用寿命大于 31 年。

基于各种现有工程应用实践的事实，欧洲标准 EN253-2009 就规定，直埋式预制保温管的外套 PE 材料的使用寿命在内管温度 115 °C、管外温度（23±2）°C 的条件下大于 50 年。PE 管如图 2.8 所示。

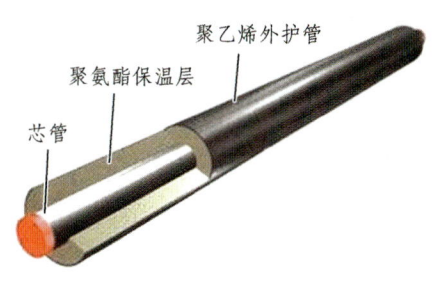 

图 2.8　PE 管

氧化降解是 HDPE 土工膜在土壤中最主要的降解类型。
① 氧化降解可分为 3 个阶段。
a. 阶段一：抗氧化剂消耗的过程。
b. 阶段二：主要为氧化降解诱导期。
c. 阶段三：氧化降解期（先交联，再断链）。
d. 3 个阶段所需时间基本在一个数量级上。
② 由于氧化降解时间太长，目前只有阶段一被深入研究。
③ 研究方法：浸泡试验和模拟衬垫试验。
④ 研究结论：各类研究的最低结果如下。

在填埋场底部温度为 30 ~ 40 °C 时，HDPE 在模拟垃圾渗滤液中，阶段一的降解时间为 46 ~ 426 年。

非常保守地预测，HDPE 土工膜在土壤中的氧化降解阶段一是 46 年，阶段二和阶段三的时间都是 10 年，HDPE 土工膜在土壤中的防腐寿命至少为 66 年（包括阶段一、阶段二及阶段三寿命）。

聚乙烯本身就有较好的抗紫外线能力，美国著名的 AT&TBell 实验室 1985 年就得出结论，聚烯烃抗紫外线和抗自然老化的能力超过 45 年。

而炭黑对 HDPE 更有优异的光屏蔽作用，在 PE 中加入含量为 2% ~ 3% 的碳黑时，会大幅度提高 HDPE 的抗紫外老化能力。

复合波纹管作公路用埋地涵洞或桥梁时，与空气接触面的 HDPE 土工膜由于背光，只接受少量的散射光，主要是热降解作用。

化学工业合成材料老化质量监督检验中心对复合波纹管进行老化性能测试并推断老化时间为 70 年。

根据 AISI 经验方法，得到 HDPE/热镀锌/碳钢复合波纹管的防腐寿命≥117 年（67 年+50 年）。

根据 AISI 计算方法将 HDPE 土工膜层当作一类特殊的土壤介质层，这样就可以用 AISI 方法对 HDPE/热镀锌/碳钢复合波纹管的防腐寿命进行直接预测。

根据相关文献和手册，保守采用 1×10^{16} Ω·cm 作为 HDPE 土工膜的体积电阻率。把 HDPE 土工膜按酸性（pH=1 极限条件）处理，根据式

$$Y = 27.58[\lg R - \lg(2\,160 - 2\,490 \lg pH)] \quad (pH < 7.3)$$

计算得到，若以 HDPE 土工膜层当作一类特殊的土壤，HDPE/热镀锌/碳钢复合波纹管的防腐寿命等于 690 年。

根据叠加方法，HDPE/热镀锌/碳钢复合波纹管的防腐寿命=HDPE 土工膜的防腐寿命+无塑料覆盖层热镀锌/碳钢复合波纹管的防腐寿命。所以，HDPE/热镀锌/碳钢复合波纹管的防腐寿命≥133 年（66 年+67 年）。

综上 3 种预测方法，以最小结果计，保守预测 HDPE/热镀锌/碳钢复合波纹管土壤接触面的防腐寿命至少为 117 年。

2.2.7 小　结

1. 钢波纹板（管）防腐设计

（1）钢波纹板（管）内外表面须进行热浸镀锌。强腐蚀环境单面镀锌量≥600 g/m²，中等腐蚀性和弱腐蚀性环境单面镀锌量≥300 g/m²。

热浸镀锌所用的锌为《锌锭》（GB/T 470—2008）规定的 1 号或者 0 号锌，钢表面处理的最低等级为 Sa2.5。

（2）二次防腐可采用涂装或喷涂沥青等非金属覆盖层。

① 用于低腐蚀环境时，镀锌后的钢波纹板（管）现场安装完成后，宜在管节内外管壁均匀喷涂沥青漆或乳化沥青两遍，涂层厚度不小于 0.5 mm，涂层应光滑、连续。

② 用于中等腐蚀环境时，在内外管壁表面覆膜。

③ 用于严重腐蚀环境时，宜适当增加管壁厚度（按 0.5 mm 模数增加），并相应增加热浸镀锌及防腐涂层的厚度，必要时改用耐候钢。

连接件防腐设计：螺栓、螺母镀锌≥350 g/m²。

2. 钢波纹板（管）防冲刷设计

（1）在内管壁表面覆膜。

（2）在内表面敷设复合水泥砂浆或者喷高性能组合纤维混凝土，设置范围为管底 120°，厚度不小于 40 mm，内部设置间距为 10 cm×10 cm、直径为 5 mm 的镀锌钢丝网。

2.3 管涵主要施工工艺

2.3.1 概　述

钢波纹管结构是典型的柔性结构，在竖向荷载作用下，管顶产生轴向压力和弯矩，并产生竖向变形和横向变形。横向变形使得管侧壁受到周围土体约束限制其管壁外移，从而提高钢波纹管的承载能力。因此，管壁与周边填土共同受力，理想的受力状态是在管周形成土拱效应，从而将更多的荷载传递给管周填土，土拱效应的形成取决于填料的选择和施工质量。有关研究表明，在其他条件相同的情形下，路基填筑的土拱效应要比反开挖填筑的土拱效应要小，所以施工质量是发挥钢波纹管结构受力性能的关键。

2.3.2 施工准备

1. 一般规定

（1）根据设计文件进行现场核对，设计文件与现场涵洞所处的地形、地质、地面标高、涵底坡度、斜交角度及桩号是否相符，发现的问题是否已得到设计代表的补充修改并按相关程序予以批复。

（2）编制切实可行的施工组织设计，并报监理工程师审批，业主备案。其内容应包括

① 现场施工平面图；

② 施工工艺及流程；

③ 施工进度计划（包括进度图表）；

④ 机械设备进场计划；

⑤ 人员进场计划；

⑥ 材料准备情况及采供计划；

⑦ 施工质量、安全及文明施工管理措施，并明确责任人。

（3）分项工程开工报告已得到批复。

2. 技术准备

（1）熟悉相关规范、图纸，掌握波纹钢管涵的设计要求。
（2）放样出基础的平面位置控制点，根据控制点放出管涵位置线。
（3）核对高强螺栓和波纹钢管涵产品的质量合格证明文件及检验报告。
（4）施工前向施工班组及技术人员进行书面技术、安全、环保交底。

3. 机具、材料、设备准备

（1）钢筋钩子、撬棍、扳子、墨斗、螺丝刀、尺子、千斤顶、钢丝绳等已备齐。
（2）挖掘机、装载机、振动压路机、汽车吊、运输车、发电机等已进场。
（3）波纹钢管（板）涵、高强螺栓、水泥、碎石、砂等已进场并检验合格。

4. 人员进场准备

（1）现场施工管理人员到位。
（2）波纹钢管涵安装技术人员（厂家专业安装队伍）到位。

5. 清理场地

（1）机械平整施工场地，以满足测量定位、放线及涵洞施工要求。
（2）清除地表杂物，将原地面树木、石头、废物、草皮清理干净，便于施工过程中材料运输。
（3）做好临时排水沟，防止地表水进入基坑内。

2.3.3 测量放样

1. 平面测量

（1）进行涵洞的中心桩、纵横轴线、开挖边线、放坡点位放样，保证桩位准确，坐标偏差满足施工设计规范要求。
（2）将涵洞中心点坐标引出控制桩至路基之外，并进行保护，便于在施工时进行复核。
（3）所放桩位必须经监理工程师验收后方可进行施工。

2. 高程测量

（1）严格按照测量工程师提供的水准点在施工中进行高程控制。
（2）随着开挖进程及时检查，保证边坡的正确开挖，及时测绘开挖断面。

涵洞位置、中心轴线和中点。

（5）管身安装前准确放出管涵的轴线和进、出水口的位置，拼装时要注意端头板片和中间板片的位置，管涵的安装必须按照正确的轴线和图纸所示的坡度敷设。

2. 管身安装

（1）管身安装必须由波纹钢管生产厂商指派专业安装队伍现场安装，承包人不得另行聘请其他队伍进行安装。

（2）管身安装应紧贴在砂砾垫层上，使管涵能受力均匀。基础顶面坡度与设计坡度一致。

（3）管身采用热轧钢板几块连接一周整体成型后再进行纵向连接。由中心向两端对称进行安装。安装时先安装底片，然后分别向上拼接。相邻节段的周向搭接缝必须错位布置，严禁接搭处有4层或4层以上的重叠。

（4）每节拼装成型后要检查截面形状，达不到标准应及时调整，每安装5 m进行一次管节的圆度和位置校正。如出现偏位，采用千斤顶、定位拉杆或其他有效的方式进行纠偏和调整。保证整道涵管保持在已标识的设计要求位置的中心轴线上。

（5）管节安装需在管节内外搭设施工脚手架，以方便施工操作。

（6）管节全部拼装完成后，应检查管节位置是否符合设计要求。并在管身内侧所有钢板拼缝处采用密封胶进行密封防止泄漏、渗水。

（7）涵管拼装全部完成，用定扭气动扳手，按预紧力扭矩270~410 N·m紧固所有螺栓，依次序，不得遗漏，紧固后底螺栓用红漆标示。所有螺栓（包括纵向和环向接缝）应在回填之前拧紧，保证波形的重叠部分紧密地嵌套在一起。

（8）为了保证达到螺栓扭矩的要求值，在回填之前随机抽取结构上纵向接缝上2%的螺栓，用定扭扳手进行抽检试验。如果有任一试验值扭矩范围达不到要求，则应抽检纵向和环向接缝所有螺栓的5%。如果上述试验90%以上满足要求，则认为安装是合格的。否则应重新复核设计，以确定得到的扭矩值是否满足要求。

（9）涵管拼装完毕后，在管外壁均匀涂刷两遍沥青，管内壁1/2管径以下范围内均匀涂刷两遍沥青；非闭合截面波形管在内外管壁均匀涂刷两遍沥青。沥青可为热沥青或乳化沥青或其他防腐涂料。一般沥青涂层的厚度要达到0.3~1 mm。

（10）波纹钢管拼装施工过程中应文明施工，禁止野蛮作业，禁止抛摔、锤击、锐器刺划管体或钢波纹板，以避免表面防护层破坏。

3. 现场密封防腐处理

（1）波纹钢管涵敷设就位、拼装完成后，在结构板重叠搭接处、圆管端部接合处、紧固件连接的螺栓孔空隙处用耐候胶填封，可通过专用胶枪注、涂。固化后以提高整体密封性。

（2）仔细检查波纹钢管涵内外表面，对于表面损伤点进行清理除锈后采用喷锌、喷涂环氧树脂、涂刷沥青等不同的方式补救处理，以避免整道涵洞防腐耐久能力的降低。

（3）涵管拼装完毕后，在管外壁均匀涂刷两遍沥青，管内壁 1/2 管径以下范围内均匀涂刷两遍沥青。沥青可为热沥青或乳化沥青或其他防腐涂料。一般沥青涂层的厚度要达到 0.5~1 mm。

4. 管身检查与验收

（1）基本要求。

①每道涵管必须由监理工程师现场见证取样，送省质量技术监督局出具钢材检验报告。

②钢波纹板件的材料采用碳素结构钢时，其性能应符合 GB/T 700 要求，抗拉强度不小于 350 MPa。

③钢波纹板件所用的钢板、钢带应符合 GB 912 或 GB/T 3274 的规定，其尺寸、外形、重量及允许偏差应符合 GB/T 709 的规定。

④采用连续热镀锌钢板及钢带加工波纹钢管、钢波纹板件时，其性能、尺寸、外形、重量及允许偏差应符合 GB/T 2518 规定，抗拉强度不小于 350 MPa。

⑤镀锌层应均匀完整、颜色一致，无漏镀缺陷，表面光滑，不允许有流挂、滴瘤或结块。

⑥钢波纹板构件切口平直，无明显锯齿状。

⑦管节铺设直顺。

⑧接口表面应密实光洁，无开裂现象。

（2）实测项目，如表 2.14 所示。

表 2.14　管身实测项目

项目	允许误差	检查方法和频率
管径	标准管径的±2%	尺量：每延 5 m 测一个断面
波距	±3 mm	钢直尺：每 5 m 抽查 4 处
波高	±3 mm	钢直尺：每 5 m 抽查 4 处

续表

项目	允许误差	检查方法和频率
螺栓紧固力矩	≥300 N·m	力矩扳手：每5 m抽查8处
涵长	−10 cm +20 cm	尺量：4个位置
通道轴线	±10 cm	全站仪：每5 m测2点
管壁厚	标准厚度的+5%	厚度尺：每5 m抽查4处
镀锌层的平均厚度	≥84 μm	镀锌层测厚仪，随机抽取总数1%，每件检查不少于8处
管道密封	密封胶涂抹均匀，无漏涂	目测
沥青涂层厚度	0.5~1 mm	目测

注：
① 拼装型波纹管的密封胶涂抹位置要求：板缝内外全涂，螺栓全涂，涂抹要均匀，严禁漏涂。
② 沥青涂层波纹管外管壁全涂，如无法测量涂层厚度可采用目测的方法，从外观看管壁均匀涂成了黑管即可。

2.3.8　回填施工工艺

1. 结构性回填区域

地下结构的回填区域可分为影响钢板结构物受力的结构性回填区域和其外围的一般回填区域，结构性回填区域的范围大小受设计填土高度、基础性质、路基填土类型、沟槽类型等的影响。采用路基法施工（相对于反开挖回填施工），且基础平整时，其典型的填土布置如图2.10所示。就起拱线外侧最小横向距离而言，当采用反开挖施工，且沟槽两侧天然土质较好时，最小横向距离取 2.0 m 和 $D_h/2$ 中较小值；当采用反开挖施工，且沟槽两侧天然土质较差时或采用路基法施工时，最小横向距离取 5.0 m 和 $D_h/2$ 中较小值，且不小于矢高和 $D_v/2$ 中的较小值。

就最小覆盖层厚度而言，对于高速公路上孔径小于 3 m 的涵洞，最小覆盖层厚度不小于孔径的 1/6，且不小于 300 mm。对于高速公路上孔径大于 3 m 的涵洞，最小覆盖层厚度不小于 $\dfrac{D_h}{6}\left(\dfrac{D_h}{D_v}\right)^{0.5}$ 和 $0.4\left(\dfrac{D_h}{D_v}\right)^2$，且不小于 300 mm，其中 D_h、D_v 分别为有效跨径和有效高度。当覆盖层大于上述最小覆盖层厚度时，结构受力性能趋于稳定，后续回填可按照常规路基的施工工艺进行。

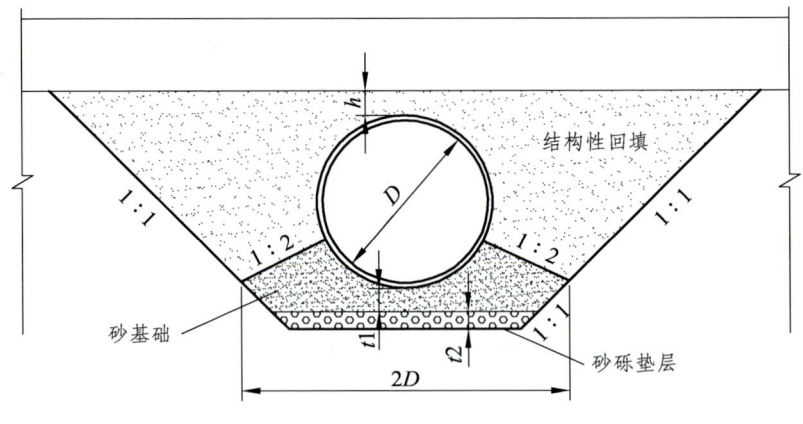

图 2.10　典型的结构性回填区域

2. 基础施工

钢波纹管涵洞通过两侧填土和基础传递荷载，其适应变形能力强，对基础材料要求相对低，不采用混凝土等刚性基础。合理的基础形式应为波纹管提供可靠的竖向和侧向支撑，可减少不均匀沉降，减少结构变形，以及在不均匀荷载作用下不致管壁应力集中。

对于非经筛分的砂、砂石、砂砾或砂质土等理想地基，清除 10 cm 以上的石块等硬物后直接安装波纹管。对于一般性土质地基，可设置一定厚度的换填基础，也可以将原状土经严格夯实以后直接置于地基上。对于软弱基础，需对软土路基进行处理，然后在其上填一层大于 60 cm 的优质砂砾垫层，并严格夯实。对于岩石基础，不能直接置于岩石基床，因为过于刚性的支撑，会限制管壁本身所具有的良好柔性，从而降低涵管的承载能力，应采用级配良好的填料进行 3D 宽度的换填，并严格按照规范夯实。对于岩石地基与非岩石地基并存的基础，岩石地基换填材料可选取松散的砂或轻微夯实的土，以防止波纹管纵向不均匀沉降而引起结构破坏，如图 2.11 所示。

接触波纹管结构底部的基础部分称为垫层，根据结构的大小和类型，垫层可设计为平的或有一定形状的。垫层可压缩性应大于管侧填土，以利土拱效应的形成，减少管壁受力。对于整管预制吊装的小孔径钢波纹管，采用平垫层，上部 5~15 cm 采用相对松散的材料，以便钢波纹管结构就位，与管壁接触的填土应不含冰块、高塑性土块、有机物或其他有害杂质。对于管拱或大孔径涵洞，垫层应尽可能设计成与结构底部形状一致（如 V 形），以提供相对均匀的支撑，如图 2.12 所示。

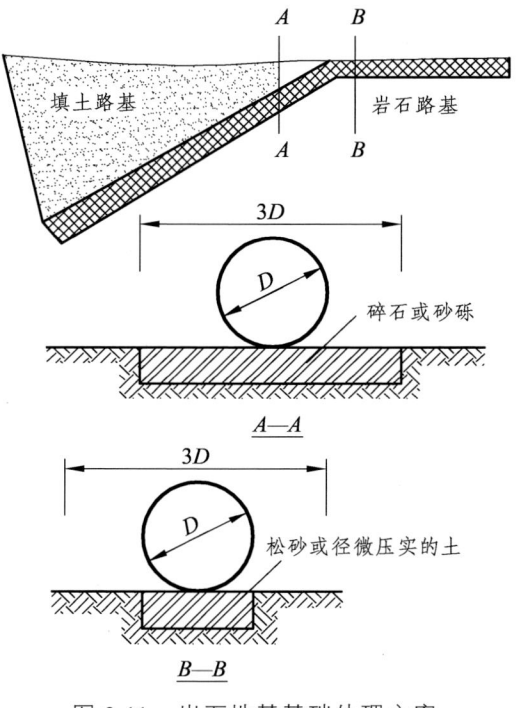

图 2.11 岩石地基基础处理方案

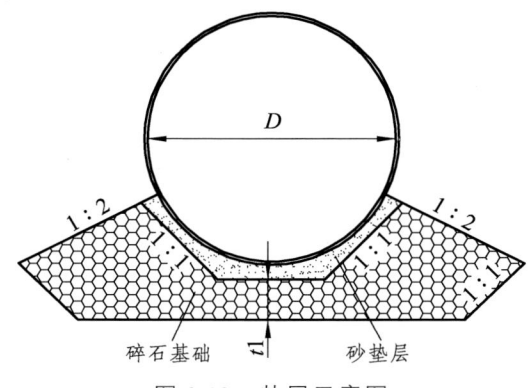

图 2.12 垫层示意图

3. 管周填土施工

管周填土包括楔形部填土、管侧填土和管顶填土。

楔形部施工时一般采用铁铲取土、人工夯实工艺，由于空间的限制，其施工质量难以控制，是整个施工过程中的重点和难点，施工时应选择受力性能好且与钢波纹管底部管壁接触紧密的材料，以避免楔形部存在空洞或薄弱部位，影响结构的整体受力性能，如图2.13所示。就夯实设备而言，对于楔形部位波谷处等一些小的区域，可采用铁杆或截面尺寸为 50 mm×100 mm 木棒。采用手夯锤夯实水平填土层时，其质量不小于 9 kg，且夯实面不大于 150 mm×150 mm。

图 2.13　楔形部回填（左）和台背回填（右）

管侧施工时一般采用机械摊铺、机械夯实工艺，回填分层夯实厚度为 150～300 mm，具体厚度可根据回填材料、夯实设备或夯实方法确定。每一层应夯实到位，波纹管两侧应对称施工，并保持高度基本一致，最大高差不大于一倍夯实厚度。就压实设备而言，对于滚筒式夯实机，羊蹄式、轮胎式等类似的夯实设备均可使用，但夯实设备与钢波纹管结构的距离有一定要求，以防止滚筒式夯实设备撞击波纹管结构。重型夯实设备应在钢波纹管结构 1 m 以外，可根据现场变形结果来予以确定。钢波纹管外侧波谷和邻近钢波纹管结构的区域采用人工轻型夯实方法（如采用手提式夯实设备）。对于振动式夯实设备，适用于采用颗粒状回填土的夯实，但不能用于黏土等塑性土。具体采用何种夯实设备须根据现场的条件确定。

为了确保回填材料的夯实到位，而又使填土对钢波纹管管壁的压力最小，须遵循的规则为在回填土高度达到 0.75 倍涵洞高度之前，压实方向与钢波纹管涵洞方向平行。

当填土高度接近钢波纹管结构顶面时，要求填土摊铺厚度合理，夯实仔细，且填土连续，使用轻型夯实设备，夯实时垂直涵洞长度方向碾压。

钢波纹管涵洞的最不利受力状态可能并不是在成桥运营后，而是在施工过程中。管顶填土厚度小于 50 cm 时，不得使用大于 6 t 的压路机械碾压，也不允许施工机械通行或在管体上方堆放重物。管顶填土第一层厚度以 30 cm 为宜，采用小型机具夯实或 8 t 以下的手扶压路机压实，以上各层以 20 cm 厚度压实，直至达到管体直径或跨径要求的最小填土厚度后采用振动式压路机碾压，可允许施工机械通行。

对于多孔并列的圆管涵和连跨的拱涵，因为空间原因管间距设置较小时，其管间空隙下部也可采用素混凝土或气泡混合轻质土填实，待其固化后再实行上部和顶部的正常回填。

4. 变形控制

钢波纹管相对混凝土结构来讲刚度较低，施工时有两种变形可能发生，第一种是管顶凸起，主要是由于两侧土压力过大，第二种是管壁滚动式侧移，主要是由于两侧压力不均。回填施工过程中，结构任何方向的变形应控制在管径的2%以内。如果变形超过限值，应将回填土卸走，钢波纹管通常会恢复变形，除非变形过大。对于削竹式或斜交洞口，管壁为悬臂状态，管壁可能不能抵抗重型夯实机械等的压力，因此，如果重型夯实机械需要靠近洞口时，在回填施工前应在钢波纹管洞口斜面上设置临时水平撑。

钢波纹管在竖向荷载作用下，一般会产生侧向位移，同时涵顶产生竖向位移。水平侧向位移使得侧面填料产生被动土压力。采用合理的回填方案，变形一般不会超过涵洞竖向高度的2%。如果管侧填料压实不达标，侧向位移过大，可能导致竖向变形超过限值，波纹管可能发生屈曲破坏。对于小孔径圆管涵，竖向变形为管径的20%时，涵顶发生屈曲破坏。当填土高度大于管径时会产生土拱效应，如果涵顶土柱的压实度相对小于两侧填土，涵顶土柱与两侧填土的接触面上产生竖直向上的剪应力，可有效转换涵顶荷载，是一种有效的涵洞减荷措施。

5. 回填检查与验收

（1）基本要求。

①结构物两侧保持对称均匀、分层摊铺、逐层压实；

②压实后路基表面应平顺，保持平整。

（2）实测项目，如表2.15所示。

表2.15 回填实测项目

检查项目	规定值或允许偏差	检查方法和频率
回填层厚/mm	150~200	尺量：回填一层检查一次，每次每侧检查5点
压实度	≥96%	按《公路工程质量检测评定标准》（JTG F80/1—2004）中附录B检测，每200 m每车道两处
两侧回填高差/mm	≤300	水准仪：每层测3次
坡度	不大于设计值	尺量：检查3处

2.3.9　洞口处理

1. 一般要求

（1）波纹钢管涵能与现有的洞口形式很好地衔接，常用的洞口形式有八字式、端墙式、锥坡式、平头式、直管或直管延长式等，具体处理方式按设计图纸施行。

（2）洞口铺砌及护坡防护，应选择几何尺寸相对长和短的石块交错在同一层使之形成错锁结构，保证错缝砌筑，不得出现竖缝、通缝。

（3）外露面要选择石块质地适当，细致色泽均匀，无风化剥落无裂纹的大石块进行凿面凿纹，以确保工程外露面的平整和准确的几何尺寸。

2. 其他要求

（1）为防止填土完毕后端墙出现裂缝，严禁在波纹钢管涵体顶部回填还没有完成前砌筑上下游端墙。

（2）端墙基础完成后，上下游的片石砌筑高度和砂砾基础上顶面标高一致，在管体安装就位完毕、波纹钢管涵的填土填至路顶面标高十五日后再砌筑端墙。

（3）波纹管安装就位完毕后，可以将两端端墙砌至与波纹管管顶齐平就不再砌筑，波纹管管顶部未砌筑的部分片石可以排列两排沙土袋来挡土，等到波纹管管顶填土填至路基最大设计标高十五日后再将沙袋清理掉砌筑上下游的端墙。

（4）对于有流水冲刷的涵洞进出口处沟床和小桥两端处河床需设置相应的调治构筑物，同时依两侧地形条件做必要的保护处理，以降低洞口冲刷，防止波纹钢管端口和底部垫层的流失，保证流水畅顺的同时提高波纹钢管涵的耐久寿命。调治保护构筑物的基础和构筑应在波纹钢管涵基础施工起同步进行。

3. 洞口检查与验收

（1）基本要求。

① 砂浆所用的水泥砂、水的质量应符合有关规范的要求，按规定的配合比施工。

② 砌块的强度、规格和质量应符合有关规定。

③ 地基承载力及基础埋置深度必须满足设计要求。

④ 砌块应分层错缝砌筑，坐浆挤紧，嵌填饱满密实，不得有空洞。

⑤ 抹面应压光、无空鼓现象。

⑥ 砌缝完好，无开裂现象，勾缝平顺，无脱落现象。

⑦砂浆抹面平整、直顺，无麻面、裂缝，色泽均匀。
（2）实测项目，如表2.16所示。

表2.16　洞口实测项目

检查项目	规定值或允许偏差	检查方法和频率
砂浆强度/MPa	在合格标准内	按《公路工程质量检测评定标准》（JTG F80/1—2004）中附录F检查
平面位置/mm	50	经纬仪：检查墙两端
顶面高程/mm	±20	水准仪：检查墙两端
底面高程/mm	±20	水准仪：检查墙两端
竖直度或坡度/%	0.5	吊垂线：每墙检查2处
断面尺寸/mm	不小于设计	尺量：各墙两端断面

2.3.10　总体检查与验收

1. 基本要求

（1）洞身顺直，进出口、洞身、沟槽等衔接平顺，无阻水现象。
（2）一字墙或八字墙等应平直，与路线边坡、线形匹配，棱角分明。
（3）涵顶路面平顺，无跳车现象。

2. 实测项目

如表2.17所示。

表2.17　涵洞总体实测项目

检查项目	规定值或允许偏差	检查方法和频率
截面形状变化/%	2~3	尺量检查，每20 m检测水平垂直尺寸一次，量测值与设计值差值除设计值为偏差，最少不得少于10组
轴线偏位/mm	50	仪器测量检查，每20 m检测一次，最少3点

2.4　波纹钢拱桥设计计算与分析

2.4.1　概　述

波纹钢拱桥结构的设计方法是逐渐由半经验的马斯顿-斯潘格勒法与环

向压力理论演化为更精细的方法，该方法通过压屈和失稳来识别受压破坏，而随着波纹钢拱桥设计方法及应用的不断发展，管径和填土的不断增大，人们开始关注以下的性能限值：①过度的环向变形或管道被压扁；②连接构件的破坏；③大直径管的环向压应力（管壁压溃或弹性屈曲）。同时人们还考虑了运营阶段与施工阶段桥涵结构受力的不同（主要是外部荷载来源不同），为了最大限度发挥波纹钢的强度性能和更全面地考虑内力作用，研究了弯矩和塑性铰对于波纹钢桥涵结构的影响，至此波纹钢埋置式桥涵结构的设计从最开始的容许应力法演变为了极限状态法（见表2.18），波纹钢埋置式桥涵设计承载力极限主要包括了4个方面，分别为结构屈曲破坏、营运阶段塑性铰破坏、施工阶段塑性铰破坏、连接破坏。

表2.18 设计方法适用范围

结构类型	跨径/m	设计方法
整体式波纹钢	≤3	容许应力法或极限状态法
	≥3	极限状态法
装配式波纹钢板	≤3	容许应力法或极限状态法
	≥3	极限状态法

2.4.2 波纹钢埋置式桥涵结构设计方法理论及其发展

波纹钢埋置式桥涵结构设计方法理论主要基于环向压力理论，环向压力理论是20世纪60年代初美国犹他州立大学学者Reynold在美国钢铁协会（American Iron and Steel Institute，AISI）的资助下研究、发展并逐步完善的一种设计方法。Reynold发现，对于深埋的圆弧形结构，土压力分布对结构壁推力大小和分布影响不大。对于柔性的波纹钢埋置式结构体系，土与结构之间存在着相互制约，在竖向荷载的作用下波纹钢结构发生变形，使得管道截面由最初的圆形转变为椭圆形，变形后的结构进而挤压两侧的土体，结构两侧的土体受到挤压后产生被动土压力。随着结构变形量的增加，荷载在土壤和管壁上进行重新分配，使得管壁周围的土压力趋于均匀。这种分布状态使得垂直荷载无论如何增加，管道周围压力始终保持均匀状态，从而减小了管道截面所受到的弯矩，有助于提高管道承载能力。同时，土与结构体系中，周围土体约束着结构，可认为提供了附加环向支撑，也提高了管壁的稳定性。如图2.14所示。

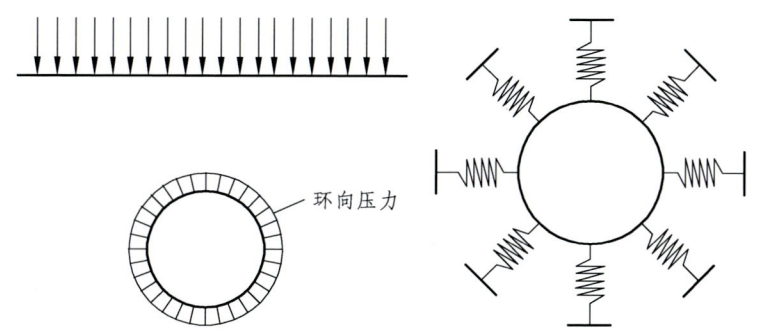

图 2.14　环向压力示意图

1967年，经过不断的试验与研究工作，波纹钢板结构的设计方法逐渐走向标准化，美国钢铁学会率先发布了《钢制排水产品与公路建设产品手册》(Handbook of steel drainage & highway construction products)，该手册给出了基于环向理论和容许应力法波纹钢埋置式结构的设计方法，简称为 AISI 法。针对于波纹钢埋置式结构设计有了阐述，随后美国各州公路与运输官员协会代表美国制定了国家规范 The AASHOTO Method，这个规范采用了纯环向压力设计法，其中第 12 章有"容许应力法与极限状态法"，包含的波纹钢埋置式的设计方法被称为 AASHOTO 法。类似于美国钢铁协会的方法，随后加拿大也推出了《安大略省公路桥梁设计规范》(Ontario Highway Bridge Design Code)，后来在此基础上又修订完善了国家标准《加拿大公路桥梁设计规范》(Canadian Highway Bridge Design Code)，其中包含的波纹钢埋置式的设计方法就被就被称为 CHBDC 法。

波纹钢埋置式结构的设计在国内的研究属于落后阶段，国内主要参考国外的设计方法，主要包括了美国的 AISI 法、AASHTO 法和加拿大的 CHBDC 法。

传统的 AISI 法基于容许应力法和环向应力理论，一般适用于直径或跨径小于 3 m 的埋置式波纹钢结构设计，目前国内对于直径或跨径小于 3 m 的埋置式波纹钢结构设计多采用美国的 AISI 法。对于直径或跨度大于 3 m 的结构，则可使用美国 AASHTO 法和加拿大的 CHBDC 法，目前国内主要采用的是 CHBDC 法中的设计理论方法。而针对于波纹钢埋置式桥涵结构的连接计算部分，考虑了我国钢结构设计的基本情况，国内主要还是采用《钢结构设计规范》(GB 50017—2017)的相关规范，未采用国外的相关规定。

2.4.3　波纹钢埋置式结构的破坏模式

根据目前波纹钢埋置式结构破坏的案例，本节总结了一些典型的破坏模式,并归纳分析了波纹钢埋置式结构的破坏机理。

(1) 管壁压溃。

对于埋置在紧密压实(大于临界孔隙比)土壤中的波纹钢管,管壁压溃常常是表示达到性能限值的首要指标。波纹的轻微凹陷是最先可见的危险信号。凹陷并非性能极限,但预示着管壁发生破裂的位置。这种破裂通常发生在拱肩部位。深波纹与浅波纹相比,出现凹陷的时间相同或稍早,但是管壁普遍压溃出现在相等的或稍高的压力下。一般情况下,管壁压溃从波纹凹陷开始,然后发展成折叠现象,如图 2.15 所示。

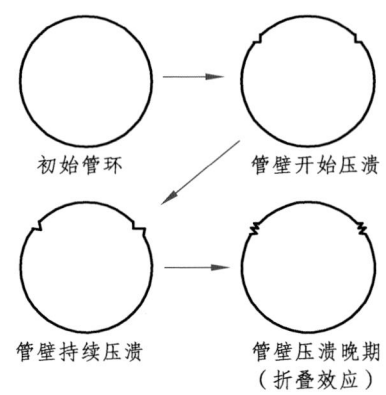

图 2.15 管壁压溃机理

(2) 曲率反转。

随着荷载增大,管环的某一段可能有扁平的趋势,然后曲率反转,如图 2.16 所示。曲率反转通常有两类:① 在极松散的土中(密度小于临界孔隙比),随着土壤受压下沉,波纹钢管有变成椭圆的趋势,此时在管侧形成较大的弯曲应力。这些应力与环压力组合会引起塑性铰。如果这种变形达到极限,管顶将向下凹陷引起曲率反转,从而在顶部中心形成第三个塑性铰。② 另一种类型的反转发生在密实土中,也可称为局部压曲。这种曲率反转通常发生在拱肩部位,也有的发生在下拱腋,而两侧则从未发现过。

(3) 连接破坏。

波纹钢结构破坏一般分两种:一种是主体结构达到承载能力极限而发生破坏,而另一种则是连接构件达到极限承载力而发生破坏。

目前,国内的波纹钢拱桥设计的连接部分主要还是采用螺栓连接,对于结构变形需要严格控制的一般采用摩擦型螺栓,对结构变形不需严格控制的可采用承压型高强螺栓和普通螺栓。对于摩擦型高强螺栓,其破坏模式就是截面剪力超过了摩擦力而发生破坏。对于普通螺栓和承压型高强螺栓其破坏形式主要有两种：一是孔壁承压破坏；二是螺栓剪切破坏。

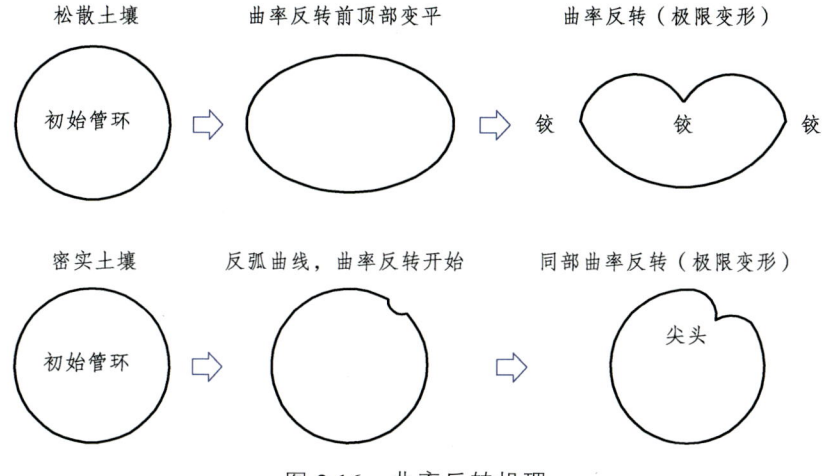

图 2.16　曲率反转机理

2.4.4　设计依据、规范

波纹钢埋置式桥涵结构设计规范，目前尚未出现国家标准，主要还是以地方标准或指南手册为主，目前国内仅有湖北省、吉林省、内蒙古、青海省等几个省（自治区）出台了相关规范、指南，本章波纹钢埋置式桥涵结构设计规范主要有以下几种：

《公路波纹钢埋置式桥涵设计与施工规范》（DB42/T 1195—2016）（湖北省）；

《波纹钢管涵洞设计与施工技术规范》（DB22/T 2419—2015）（吉林省）；

《公路波纹管（板）桥涵设计与施工规范》（DB15/T 654—2021）（内蒙古自治区）；

《公路波纹钢管（板）桥涵工程质量检验评定标准》（DB15/T 1276—2017）（内蒙古自治区）；

《波纹钢板拱桥设计规程》（DB 1735—2019）（青海省）；

《波纹钢管涵洞设计与施工技术规范》（DB13/T 5079—2019）（河北省）；

《公路涵洞通道用波纹钢管（板）》（JT/T 791—2010）；

《冷弯波纹钢管》（GB/T 34567—2017）。

除此之外，波纹钢埋置式桥涵结构设计还需依照《公路桥涵通用设计规范》（JTG D60—2015）进行活载及荷载组合计算，按照《钢结构设计规范》（GB 50017—2017）相关要求进行连接设计（螺栓）。

2.4.5 波纹钢板拱桥设计验算过程

1. 公路钢波纹管（板）涵洞结构设计——容许应力法（跨径小于 3 m）

（1）最小填土高度。

$$H \geqslant H_{\min} = \max\{0.3\text{m}, D_h/4\} \quad (2\text{-}1)$$

式中　D_h——计算跨径（自波纹截面中性轴起算，即起拱线处净跨径+波高）；

D_v——计算矢高（自波纹截面中性轴起算），按《波纹钢板拱桥设计规程》（DB63/T 1735—2019）5.15.1.2 条的定义界限取值。

（2）荷载作用计算。

① 恒载计算。

管顶填土的荷载效应为作用在波纹钢结构顶部的压力，按结构顶部以上包括路面在内的所有恒载计算：

$$T_D = \sum \gamma_i h_i, H = \sum h_i \quad (2\text{-}2)$$

式中　γ_i——涵顶各结构层的重度，kN/m^3；

h_i——涵顶各结构层的厚度，m。

② 活载计算。

$$T_L = \min(0.5 D_h \sigma_L m_f, 0.5 l_t \sigma_L m_f) \quad (2\text{-}3)$$

$$\sigma_L = \frac{A_L}{ab} \quad (2\text{-}4)$$

$$\mu = 0.4(1.0 - 0.5H) \quad (2\text{-}5)$$

式中　σ_L——可变作用产生的管顶压力，kPa。

a, b——沿车道横向和纵向扩散至结构顶部的尺寸，m。

A_L——跨径长度范围内布置的设计车辆荷载总轴重，kN，应考虑车道数。在施工过程中，按实际施工机械及车辆总轴重验算。

m_f——多车道折减系数，根据《公路桥涵通用设计规范》（JTG D60—2015）表 4.3.1-5 选取。

车辆荷载计算过程中，车轮按其着地面积的边缘向下 30°分布。当几个车轮的压力扩散线相重叠时，扩散面积以最外边的扩散线为准。车辆荷载横向分布宽度计算如图 2.17 所示，车辆荷载纵向分布宽度计算如图 2.18～2.20 所示。

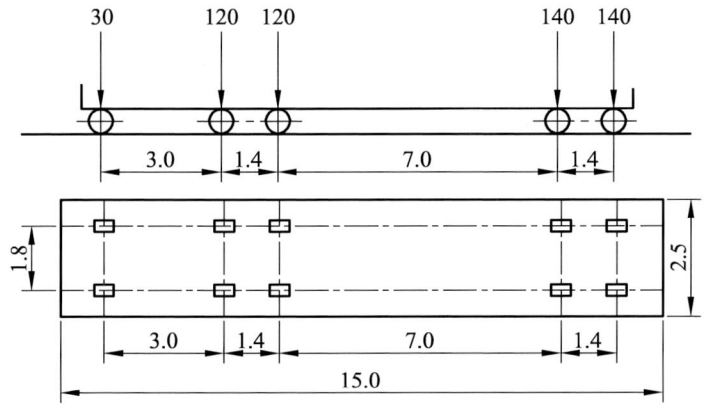

图 2.17 车辆荷载立面、平面布置示意图

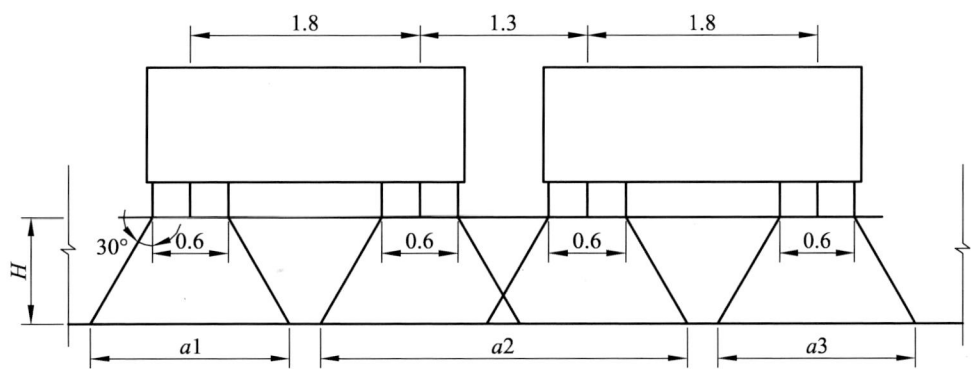

$a=a1+a2+a3$

图 2.18 车辆荷载横向分布宽度压力扩散线部分重叠

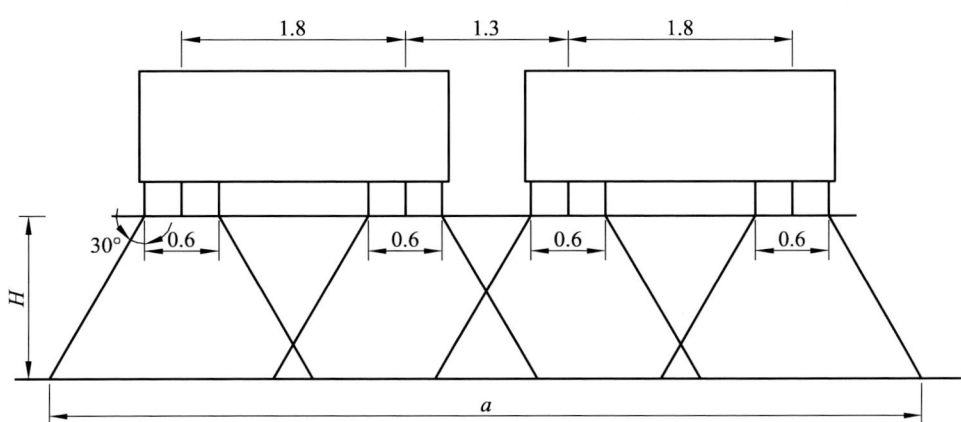

图 2.19 车辆荷载横向分布宽度压力扩散线全部重叠

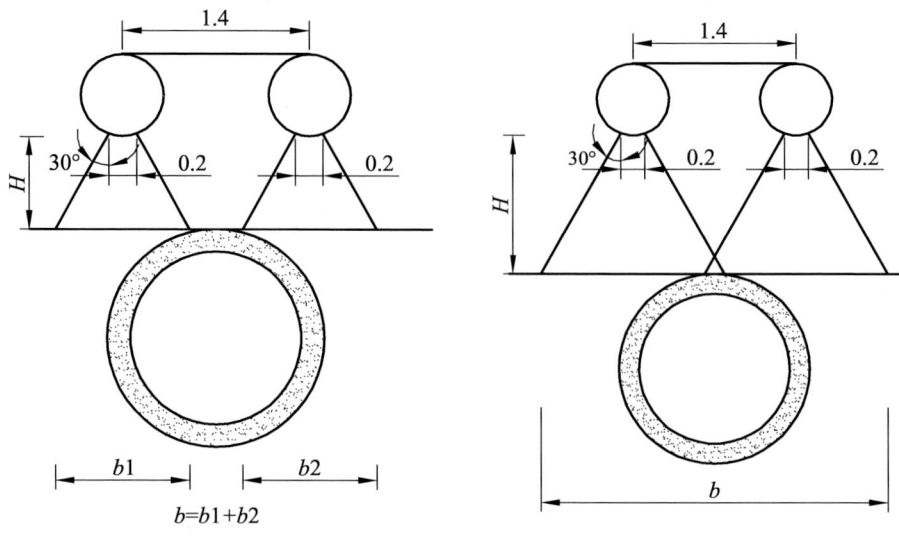

（a）压力扩散线部分重叠　　　　　　（b）压力扩散线全部重叠

图 2.20　车辆荷载纵向分布宽度计算图

③ 地震作用。

进行抗震设计的波纹钢结构分类与极限状态法的分类相同，对波纹钢拱桥结构一般至少考虑竖向作用，竖向地震作用计算如下。

$$E_V = T_D \times A_{VP} \tag{2-6}$$

$$A_{VP} = \frac{A_V}{1.4} \tag{2-7}$$

$$A_V = 0.7 A_h \tag{2-8}$$

式中　E_V——容许应力下的竖向地震作用；

A_V——极限状态下地震加速度竖向分量；

A_{VP}——容许应力下地震加速度竖向分量；

A_h——水平向设计基本地震动加速度峰值，查《建筑抗震设计规范》（GB 50011—2010）表 3.2.2，即如表 2.19 所示。

表 2.19　抗震设防烈度和设计基本加速度值对应关系

抗震设防烈度	7	8	9
A_h	0.1～0.15g	0.2～0.3g	0.40g

（3）设计压力（荷载组合）。

容许应力法的设计内力应取管顶填土和车辆荷载的效应组合，考虑地震作用，应取管顶填土和车辆荷载组合效应值与管顶填土和地震荷载组合效应的较大值。

① 管顶填土和车辆荷载在结构顶部产生的内力计算。

$$P_V = \max \begin{Bmatrix} P_V = K(T_D + T_L), H \geqslant S \\ P_V = T_D + T_L, H < S \end{Bmatrix} \quad （2-9）$$

② 管顶填土和地震荷载在结构顶部产生的内力计算。

$$P_V = K(T_D + E_V) \quad （2-10）$$

式中　P_V—设计压力，kPa；
　　　K—荷载系数，如表 2.20 所示；
　　　T_D—恒载，kPa；
　　　T_L—活载，kPa；
　　　S—跨径，m。

表 2.20　荷载系数 K 的取值表

荷载系数	填土高度小于跨径（孔径）	填土高度大于跨径（孔径）			实际工程中一般采用90%以上的压实度，对应的荷载系数取 0.75、0.65
		85%	90%	95%	
K	1	0.86	0.75	0.65	

（4）管壁强度验算。

① 环向压力。

对于圆形波纹钢管，管壁中的压力（称作环压力）等于作用于管壁的径向压力乘以圆管半径：

$$C = P_V R \quad （2-11）$$

对于顶拱接近半圆弧的埋置式结构，则用跨径的一半代替半径：

$$C = P_V \frac{S}{2} \quad （2-12）$$

式中　C—环向压力，kN/m；
　　　P_V—设计压力，kPa；
　　　R—圆管半径，m；
　　　S—跨径或直径，m。

② 管壁抗压强度验算。

管壁抗压强度验算如下：

$$f \leqslant f_c \tag{2-13}$$

式中　f——管壁压应力，kPa；

　　　f_c——管壁容许压应力，kPa。

③ 管壁压应力计算。

环向压力作用下管壁压应力计算如下：

$$f = \frac{C}{A} \tag{2-14}$$

式中　f——管壁压应力，kPa；

　　　C——环向压力，kN；

　　　A——管壁面积，mm²/m。

④ 管壁极限压应力。

管壁极限压应力按下式计算，其分别代表 3 个性能区，由上至下分别为管壁压溃或屈服区（f_b 取规定的钢材屈服强度）、屈服与环屈曲的过渡区、环屈曲区。各阶段计算公式如下：

$$\begin{cases} f_b = f_y = 230, & \dfrac{D}{r} < 294 \\ f_b = 279.6 - (574.3 \times 10^{-6})\left(\dfrac{D}{r}\right)^2, & 294 \leqslant \dfrac{D}{r} \leqslant 500 \\ f_b = \dfrac{34 \times 10^6}{\left(\dfrac{D}{r}\right)^2}, & \dfrac{D}{r} > 500 \end{cases} \tag{2-15}$$

⑤ 管壁容许压应力。

管壁极限压应力除以安全系数 Ω 得到管壁容许应力 f_c：

$$f_c = \frac{f_b}{\Omega} \tag{2-16}$$

式中　Ω——安全系数，对于位于刚性基础上的 $D_h < S_s/2$ 的拱，$\Omega = 2.67$；对于其他情形，$\Omega = 2$。

　　　D_h——对于圆管，为有效直径（到波纹的中性轴）；对于管拱、拱和特殊形状，为有效矢高（到波纹的中性轴），mm。

　　　S_s——对于圆管，为净内径（到内侧波谷）；对于管拱、拱和特殊形状，为净跨径（到内侧波谷），mm。

⑥ 结构管壁面积。

计算公式如下，根据计算机选取合适的波纹钢波形及壁厚（不包括涂层）。

$$A = \frac{C}{f_c} \qquad (2\text{-}17)$$

式中　A—波纹钢拱桥结构管壁面积，mm^2/mm；

（5）管身刚度验算。

① 施工阶段的刚度。

AISI 根据经验建立了无需特殊形状控制措施的便于运输和安装的最低管身刚度要求，并用柔度系数 FF 来表示：

$$FF = \frac{D^2}{EI} \qquad (2\text{-}18)$$

式中　E—波纹钢弹性模量，以 200 GPa 为单位；
　　　D—直径或跨径，mm；
　　　I—管壁的惯性矩，mm^4/mm。

对于普通圆形波纹钢管，建立 FF 最大容许值如下。

a. 68 mm×13 mm 波纹：FF<0.245 mm/N。

b. 125 mm×25 mm 波纹：FF<0.188 mm/N。

c. 376 mm×25 mm 波纹：FF<0.188 mm/N。

d. 152 mm×51 mm 波纹：FF<0.114 mm/N。

对于管拱与拱形钢波纹板拱桥结构，FF 最大容许值可适当放大。

a. 管拱：FF<1.5×等代直径圆管的 FF。

b. 拱：FF<1.3×等代直径圆管的 FF。

② 运营阶段挠度。

虽然环向挠度确实发生，但在管结构设计时通常不考虑。试验和现场应用表明，如果颗粒回填土压实到规定的压实度的 90%时，在总荷载作用下管的变形将不影响管的整体强度。

（6）钢波纹板拱桥设计验算过程（容许应力法），如图 2.21 所示。

2. 公路钢波纹管（板）涵洞结构设计——极限状态法（跨径大于 3 m）

（1）填土层最小厚度。

波纹钢板拱桥主体结构建成后，覆土层最小厚度计算如下。

$$H_{min} = \max\left\{0.6\,\text{m}, \frac{D_h}{6}\left(\frac{D_h}{D_v}\right)^{0.5}, 0.4\left(\frac{D_h}{D_v}\right)^2\right\} \qquad (2\text{-}19)$$

式中　D_h—计算跨径（自波纹截面中性轴起算，即起拱线处净跨径+波高）；
　　　D_v—计算矢高（自波纹截面中性轴起算），按《波纹钢板拱桥设计规程》（DB63/T 1735—2019）5.15.1.2 条的定义界限取值。

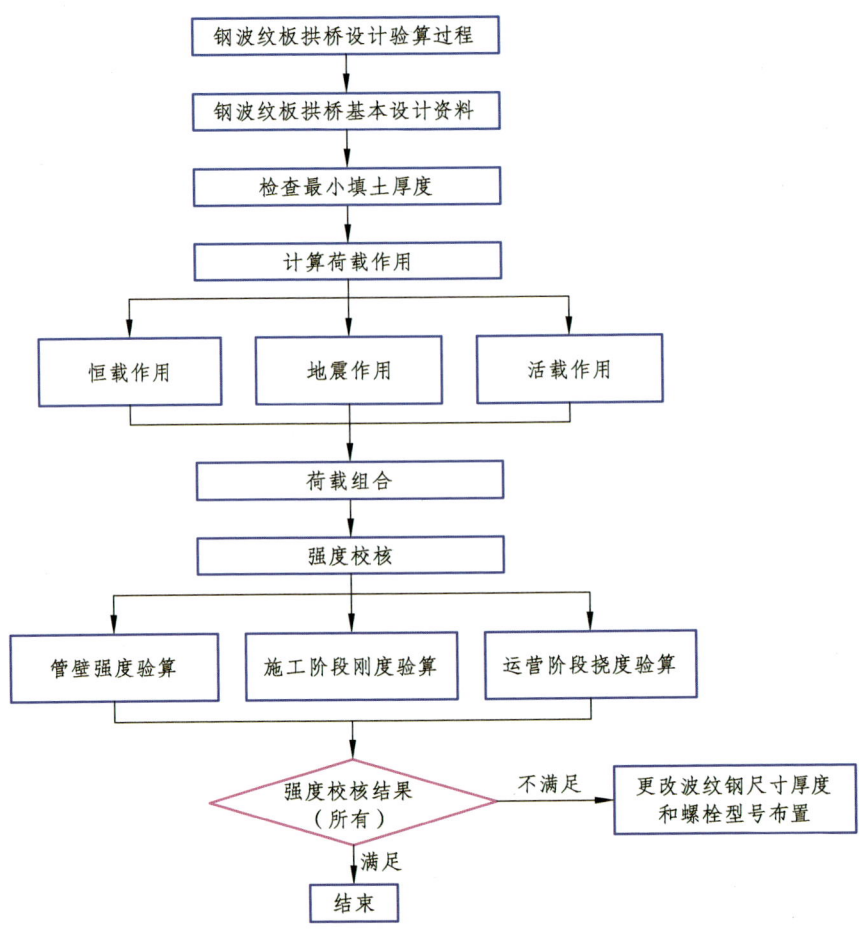

图 2.21 容许应力波纹钢管（板）拱桥设计验算

注：波纹钢板拱顶结构性回填厚度，对于深波形（波高或波深≥100 mm）波纹钢板拱结构，其最小填土厚度应取上式计算的最小填土厚度与 1.5 m 两者的较小值。因此，对于跨径≤8 m 的圆弧拱顶的最小填土厚度取上式计算结果的较大值；对跨径>8 m 的圆弧拱顶的最小填土厚度应不小于 1.5 m。

计算矢高和计算矢径取值如图 2.22 所示。

（2）荷载作用。

① 恒载作用。

作用在钢波纹板（管）上的恒载主要为上部填土重力和路面的自重，因路面自重占比较小，基本忽略不计，主要考虑上部填土重力。

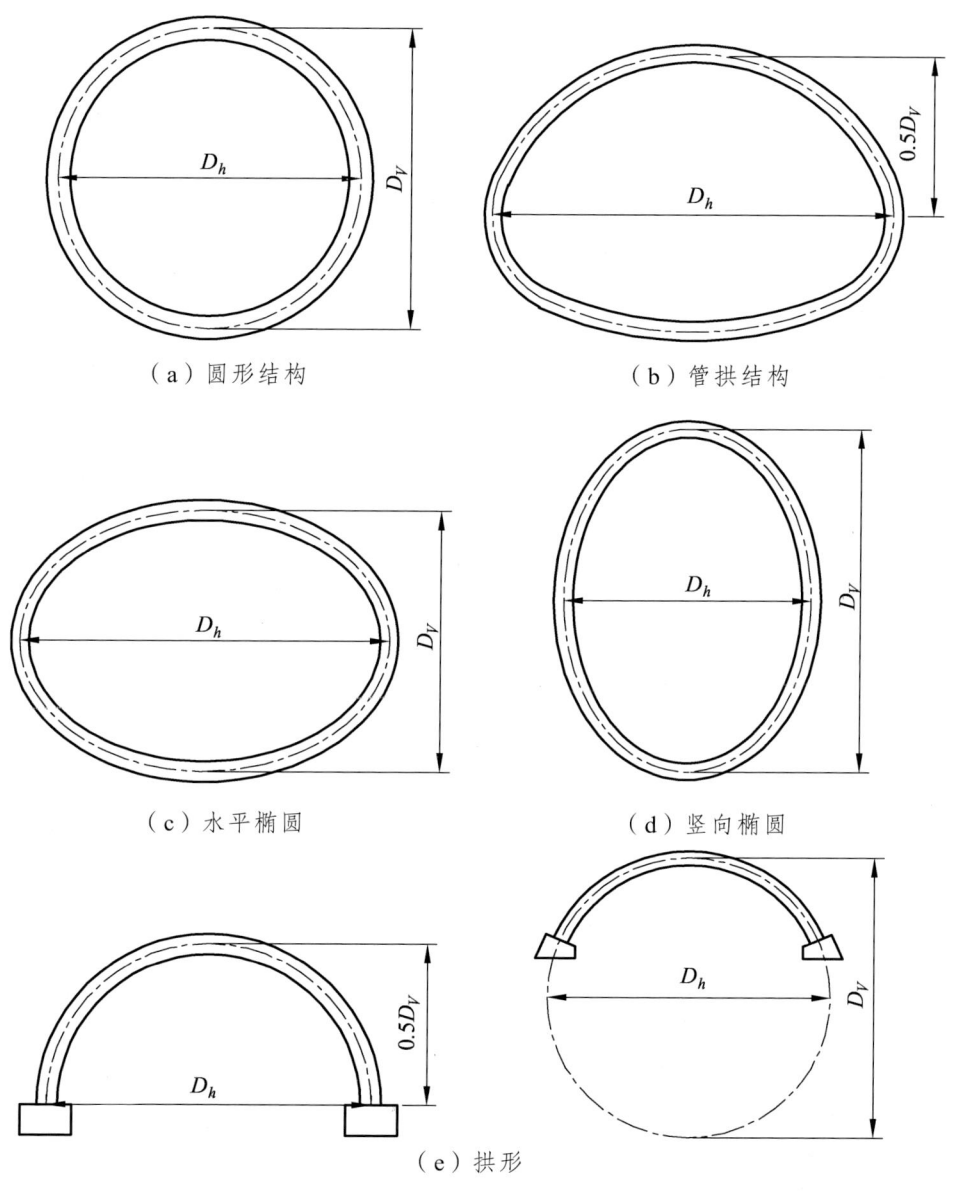

(a) 圆形结构　　　　　　　　　　(b) 管拱结构

(c) 水平椭圆　　　　　　　　　　(d) 竖向椭圆

(e) 拱形

图 2.22　钢波纹管（板）涵洞的计算跨度和计算矢高图示

$$T_D=0.5(1.0-0.1C_S)A_fW \qquad (2\text{-}20)$$

$$C_S = E_S D_V /(EA) \qquad (2\text{-}21)$$

$$W=\gamma D_h(H+0.1075D_V) \qquad (2\text{-}22)$$

式中　T_D——静载推力，kN/m；

C_s —轴向刚性参数；

A_f —土拱系数，m，如表 2.21 所示；

W —每延米回填土的重力，kN/m；

E_s —土壤割线模量，如表 2.22 所示；

E —钢的弹性模量，以 200 GPa 为单位；

A —钢波纹轮廓的截面积，mm^2/mm，查《冷弯波纹钢管》（GB/T 34567—2017）；

γ —回填土的容重，kN/m^3；

H —回填高度，m。

表 2.21　土压力增大系数 A_f

A_f	D_h/D_v				
	0.8	1.0	1.2	1.4	≥1.6
$H=1.2D_h$	1.34	1.20	1.12	1.07	1.02
$H=1.0D_h$	1.30	1.19	1.10	1.05	1.02
$H=0.8D_h$	1.31	1.19	1.11	1.06	1.03
$H=0.6D_h$	1.34	1.20	1.12	1.07	1.04
$H=0.4D_h$	1.40	1.23	1.15	1.10	1.05
$H≤0.2D_h$	1.60	1.28	1.20	1.15	1.10
$H≤0.1D_h$	1.74	1.30	1.23	1.18	1.12

注：A_f 不能通过查表得到时，通过线性内差取值

表 2.22　土体的压缩模量 E_s

类型	标准普式压实度/%	竖向应力 σ_v/MPa					
		7	35	70	140	280	420
Ⅰ（粗）	100	3.2	23.8	29.0	37.9	51.7	64.1
	95	8.8	17.9	20.7	23.8	29.3	34.5
	90	13.8	10.3	11.2	12.4	14.5	17.2
	85	16.2	3.6	3.9	4.5	5.7	6.9
Ⅱ（中）	95	9.8	11.5	12.2	13.0	14.4	16.4
	90	4.6	5.1	5.2	5.4	6.2	7.7
	85	2.5	2.7	2.8	3.0	3.5	4.8

续表

类型	标准普式压实度/%	竖向应力 σ_v/MPa					
		7	35	70	140	280	420
Ⅲ(细)	95	3.7	4.3	4.8	5.1	5.6	6.2
	90	1.8	2.2	2.4	2.7	3.2	3.6
	85	0.9	1.2	1.4	1.6	2.0	2.4

注：(1) σ_v—平均竖向土壤应力，$\sigma_v = \gamma(H+H')$。
(2) H'—从结构管顶到起拱线的竖向距离的一半

② 活载作用。

$$T_L = \min(0.5D_h\sigma_L m_f, 0.5l_t\sigma_L m_f) \quad (2-23)$$

$$\sigma_L = \frac{A_L}{ab} \quad (2-24)$$

式中　T_L—活载推力，kN；

σ_L—可变作用产生的管顶压力，kPa；

a, b—沿车道横向和纵向扩散至结构顶部的尺寸，m，参考《公路钢波纹管（板）涵洞设计与施工技术指南》A.1.4 节相关规定取值；

A_L—跨径长度范围内布置的设计车辆荷载总轴重，kN，应考虑车道数，在施工过程中，按实际施工机械及车辆总轴重验算，查《公路桥涵通用设计规范》（JTG D60—2015）4.3 节；

m_f—多车道折减系数，根据《公路桥涵通用设计规范》（JTG D60—2015）表 4.3.1-5 选取。

③ 地震作用。

$$E_V = R_0 M \delta \quad (2-25)$$

式中　E_V—竖向地震作用，kN/m；

R_0—竖向地震作用与水平地震作用比值函数，取 0.65；

δ—地震动水平加速度峰值，按表取值；

M—拱上填土每延米的质量，t/m，取土体重力除于重力加速度 g。

④ 荷载组合（总推力）。

$$T_f = \max[\alpha_D T_D + \alpha_L T_L(1+\mu), \alpha_D T_D + \alpha_E E_V] \quad (2-26)$$

$$\mu = 0.4 \times (1.0 - 0.5H) \quad (2-27)$$

式中　T_f—总推力，kN/m；

α_D——静载分项系数，取 1.2；

T_D——静载推力，kN/m；

α_L——活载分项系数，取 1.4；

T_L——活载推力，kN/m；

α_E——地震作用分项系数，取 1.0；

E_V——竖向地震作用，kN/m；

μ——车辆冲击扩大系数，填土厚度大于 2 m 时，不考虑荷载冲击作用。

（3）结构屈曲破坏。

① 波纹钢极限抗压强度计算。

承载能力极限状态下钢波纹管壁的轴向压应力：

$$\sigma = T_f / A \leqslant f_b \tag{2-28}$$

$$A = A_0 - \frac{2 \times d \times t}{Q} \tag{2-29}$$

式中　σ——极限状态应力，MPa；

T_f——总推力，kN/m；

A——钢波纹轮廓截面积，mm²/mm，对于高强度螺栓连接的波纹钢板，应扣除螺栓孔截面面积；

A_0——波纹钢毛面积，mm²/mm；

Q——埋置式结构横截面周长，mm；

d,t——螺栓直径、钢波纹板厚，mm，根据螺栓型号确定；

f_b——临界屈曲应力，MPa。

② 临界屈曲应力（应对上下两部分分别验算屈曲破坏 θ_0）。

结构管壁应根据两条对称的半径线分为上下两部分，从竖直线到半径线的夹角 θ_0（影响曲率半径 R 的取值），应对上下两部分分别验算屈曲破坏。计算过程如下：

$$f_b = \begin{cases} \varphi_t F_m \left[f_y - \frac{f_y^2}{12E\rho} \left(\frac{KR}{r} \right)^2 \right], & R \leqslant R_e \\ \dfrac{3\varphi_t \rho F_m E}{\left(\dfrac{KR}{r} \right)^2}, & R > R_e \end{cases} \tag{2-30}$$

$$\theta_0 = 1.6 + 0.2\log\left[EI / (E_m r)^3 \right] \tag{2-31}$$

$$R_e = \frac{r}{K} \left(\frac{6E\rho}{f_y} \right)^{0.5} \tag{2-32}$$

$$\rho = \left(\frac{H+H'}{R_c}\right)^{0.5} \leqslant 1.0 \tag{2-33}$$

$$\lambda = 1.22\left[1.0+1.6\left(\frac{EI}{E_m R_c^3}\right)^{0.25}\right] \tag{2-34}$$

$$E_m = E_s\left[1-\left(\frac{R_c}{R_c+H+H'}\right)^2\right] \tag{2-35}$$

$$F_m = 0.85 + \frac{0.3S}{D_h} \leqslant 1.0 \tag{2-36}$$

$$K = \lambda\left(\frac{EI}{E_m R^3}\right)^{0.25} \tag{2-37}$$

$$I = \left(\frac{A}{A_0}\right)^2 I_0 \tag{2-38}$$

式中　f_y—波纹钢板材屈服强度，MPa；

φ_t—波纹钢材料抗力系数，取 0.8；

R—波纹钢结构计算部分的曲率半径，mm，以波纹截面的中性轴计算，根据计算部位分别取值；

R—波纹钢板材回转半径，mm，查《冷弯波纹钢管》(GB/T 34567—2017)；

R_c—拱顶处的曲率半径，mm；

ρ—屈曲折减系数（从管顶到管侧土壤刚度变化的系数）；

K—结构与周围土体相对弯曲刚度系数；

F_m—多跨结构屈曲应力折减系数，对于单跨结构，取 1.0；对于多跨结构，按照上式计算；

E_m—土体平均压缩模量的修正值，MPa，对于结构的两侧和下半部分，分别取 $E_m = E_s$，上半部分按上述计算公式计算；

R_e—等效半径，mm；

E—波纹钢板材的弹性模量，MPa；

λ—计算 K 的一个系数，对于除 $R_s < D_V/2$ 且 $D_V/D_h < 0.4$ 的圆拱结构之外的所有结构均按上式计算；其余情况下，取 1.22；

R_s—对于圆管，为有效直径；对于管拱、拱和特殊形状，为有效矢高（到波纹钢板截面中性轴的距离），mm；

I_0—波纹钢板初始惯性矩，mm⁴/mm，查《冷弯波纹钢管》(GB/T 34567—2017)；

I—考虑螺栓孔折减后波纹钢板材的惯性矩，mm^4/mm；

H'—拱顶至起拱线垂直距离的一半，m；

S—多跨结构之间的最小间距，m；

E_s—回填土的弹性模量；

E—波纹钢材的弹性模量。

（4）施工阶段强度验算（施工阶段结构塑性角破坏）。

在任何施工阶段，由未乘系数的恒载和指定施工设备产生的未乘系数的活载共同引起的弯矩和轴向推力的组合效应，都不能超过乘系数的截面塑性抗弯承载力。组合弯矩和轴向推力计算如下：

$$\left(\frac{P}{P_{Pf}}\right)^2 + \left|\frac{M}{M_{Pf}}\right| \leqslant 1.0 \quad (2\text{-}39)$$

$$P = T_D + T_C \quad (2\text{-}40)$$

$$P_{Pf} = \varphi_h A f_y \quad (2\text{-}41)$$

$$M = M_1 + M_B + M_C \quad (2\text{-}42)$$

$$M_1 = K_{M1} R_B \gamma D_h^3 \quad (2\text{-}43)$$

$$M_B = -K_{M1} R_B \gamma D_h^2 H_c \quad (2\text{-}44)$$

$$M_C = K_{M3} R_L D_h L_c \quad (2\text{-}45)$$

$$L_C = A_C / k_4 \quad (2\text{-}46)$$

$$N_f = E_s (D_h)^3 / EI \quad (2\text{-}47)$$

$$K_{M1} = \begin{cases} 0.004\,6 - 0.001 \lg N_f, N_f \leqslant 5\,000 \\ 0.000\,9, N_f > 5\,000 \end{cases} \quad (2\text{-}48)$$

$$K_{M2} = \begin{cases} 0.018 - 0.004 \lg N_f, N_f \leqslant 5000 \\ 0.003\,2, N_f > 5000 \end{cases} \quad (2\text{-}49)$$

$$K_{M3} = \begin{cases} 0.12 - 0.018 \lg N_f, N_f \leqslant 100\,000 \\ 0.030, N_f > 100\,000 \end{cases} \quad (2\text{-}50)$$

$$R_B = \begin{cases} 0.67 + 0.87\left(\dfrac{D_V}{2D_h} - 0.20\right), 0.20 \leqslant \dfrac{D_V}{2D_h} \leqslant 0.35 \\ 0.80 + 1.33\left(\dfrac{D_V}{2D_h} - 0.35\right), 0.35 \leqslant \dfrac{D_V}{2D_h} \leqslant 0.50 \\ \dfrac{D_V}{D_h}, \dfrac{D_V}{2D_h} > 0.50 \end{cases} \quad (2\text{-}51)$$

$$R_L = \left[0.265 - 0.053\lg N_f\right]/(H_c/D_h)^{0.75} \leqslant 1.0 \qquad (2\text{-}52)$$

$$M_{Pf} = \varphi_h M_P \qquad (2\text{-}53)$$

$$M_P = Zf_y \qquad (2\text{-}54)$$

式中　P——波纹钢板截面所受轴向压力，kN/m。计算包含两部分，分别为土的重力和汽车荷载（考虑施工机械）引起的压力，按上述相关公式计算；当 $H_c/D_h < 0.2$ 时，$P=0$。

T_D——土的重力（恒载）引起的波纹钢板压力，kN/m，计算过程见恒载计算。

T_C——汽车荷载（考虑施工机械）引起的波纹钢板压力，kN/m。

P_{Pf}——波纹钢板截面考虑塑性抵抗系数的设计（极限）压力，kN/m。

φ_h——波纹钢板材抵抗塑性铰的抗力系数，不同规范对其取值不同，一般为 0.7~0.9，常取 0.9。

A——波纹钢板材单位长度横截面面积，mm²/mm，需查《钢结构设计规范》(GB 50017—2017) 与《冷弯波纹钢管》(GB/T 34567—2017)，对于高强度螺栓连接的波纹钢板，应扣除螺栓孔截面面积。

M——波纹钢板截面所受弯矩，kN·m/m。

M_1——波纹钢板拱结构在土体均布力作用下跨中截面的弯矩，kN·m/m。

M_B——施工阶段由于周边土体的支撑作用，使波纹钢板拱结构跨中截面减小的弯矩，是负值，kN·m/m。

M_C——施工机械荷载引起的波纹钢板拱结构跨中截面的弯矩，kN·m/m。

D_h——波纹钢板拱结构计算跨径，m。

H_c——施工过程中压路机开始使用面以上的填土厚度，由压路机使用情况决定，m。

L_c——施工过程中作用于结构上的施工机械（包括汽车荷载）的等效荷载值，kN/m。

A_c——施工过程中的车辆轴重（由压路机形式决定），kN。

k_4——等效线性荷载参数，m，如表 2.23 所示。

N_f——波纹钢板柔度系数，对于高强度螺栓连接的波纹钢板，截面惯性矩应扣除螺栓孔面积。

E_s——结构性回填土的弹性模量，MPa。

E——波纹钢板的弹性模量，MPa。

I——波纹钢板材的惯性矩，mm⁴/mm，对于高强度螺栓连接的波纹钢板，截面惯性矩应扣除螺栓孔面积。

R_B——施工阶段计算弯矩的参数。

R_L——施工阶段计算弯矩的参数。

M_{Pf}——波纹钢板截面考虑塑性抵抗系数的设计弯矩，kN·m/m。

M_P——波纹钢板截面可承受的塑性弯矩，即考虑材料极限抗拉强度时截面能承受的最大弯矩，kN·m/m。

Z——截面塑性模量，mm³/mm。

表2.23　计算等代线荷载时采用的系数 k_4 值

填土厚度/m	每轴2轮	每轴4轮	每轴8轮
0.3	1.3	1.5	2.6
0.6	1.6	2	2.8
0.9	2.1	2.7	3.2
1.5	3.7	3.8	4.1
2.1	4.4	4.4	4.5
3.0	4.9	4.9	4.9

（5）运营阶段结构验算（运营阶段塑性铰破坏）。

波纹钢板拱桥施工完成后的运营阶段，应对波纹钢板拱结构进行校核验算，承载能力极限状态下的弯矩和轴向压力的组合效应不大于截面的塑性抗弯承载力。

$$\left(\frac{T_f}{P_{Pf}}\right)^2 + \left|\frac{M_f}{M_{Pf}}\right| \leqslant 1.0 \quad (2\text{-}55)$$

$$M_f = \left|\alpha_D M_1 + \alpha_D M_D\right| + \alpha_L M_L(1+\mu) \quad (2\text{-}56)$$

$$M_1 = K_{M1} R_B \gamma D_h^3 \quad (2\text{-}57)$$

$$M_{Pf} = \varphi_{he} M_P \quad (2\text{-}58)$$

$$M_P = Z f_y \quad (2\text{-}59)$$

$$M_D = -K_{M2} R_B \gamma D_h^2 H_e \quad (2\text{-}60)$$

$$M_L = \frac{K_{M3} R_U D_h A_L}{k_4} \quad (2\text{-}61)$$

$$H_e = \min\{H, D_h/2\} \quad (2\text{-}62)$$

$$R_U = \frac{0.265 - 0.053 \lg N_f}{(H/D_h)^{0.75}} \leqslant 1.0 \quad (2\text{-}63)$$

$$K_{M1} = \begin{cases} 0.0046 - 0.001\lg N_f, N_f \leqslant 5\,000 \\ 0.0009, \ N_f > 5\,000 \end{cases} \quad (2\text{-}64)$$

$$K_{M2} = \begin{cases} 0.018 - 0.004\lg N_f, N_f \leqslant 5\,000 \\ 0.0032, N_f > 5\,000 \end{cases} \quad (2\text{-}65)$$

$$K_{M3} = \begin{cases} 0.12 - 0.018\lg N_f, N_f \leqslant 100\,000 \\ 0.030, N_f > 100\,000 \end{cases} \quad (2\text{-}66)$$

$$R_B = \begin{cases} 0.67 + 0.87\left(\dfrac{D_V}{2D_h} - 0.20\right), 0.20 \leqslant \dfrac{D_V}{2D_h} \leqslant 0.35 \\ 0.80 + 1.33\left(\dfrac{D_V}{2D_h} - 0.35\right), 0.35 \leqslant \dfrac{D_V}{2D_h} \leqslant 0.50 \\ \dfrac{D_V}{D_h}, \dfrac{D_V}{2D_h} > 0.50 \end{cases} \quad (2\text{-}67)$$

式中　T_f——承载能力极限状态基本组合下由恒载和活载引起的波纹钢板结构的轴向内力，kN/m；

φ_{he}——运营阶段波纹钢板材抵抗塑性铰的抗力系数，一般取 0.85；

M_f——波纹钢板拱桥运营阶段结构截面所受弯矩，kN·m/m；

M_{Pf}——波纹钢板截面考虑塑性抵抗系数的设计弯矩，kN·m/m；

α_D, α_L——恒载、活载分项系数，分别取 1.2、1.4；

H_e——取 H 和 $0.5D_h$ 的较小值，m；

M_1——波纹钢板拱结构在土体均布力作用下跨中截面的弯矩，kN·m/m；

M_D——波纹钢板拱顶和拱肩由恒载产生的弯矩之和，kN·m/m；

M_L——波纹钢板拱顶和拱肩由汽车荷载产生的弯矩之和，kN·m/m；

μ——车辆活载冲击系数；

R_U、k_{M2}、k_{M3}、k_B——计算参数；

γ——结构性回填材料的重度，kN/m³；

A_L——跨径长度范围内布置的设计车辆荷载总轴重，kN；

H——波纹钢板拱顶以上填土厚度，m；

k_4——等效线性荷载参数，m；

N_f——波纹钢板柔度系数，对于高强度螺栓连接的波纹钢板，截面惯性矩应扣除螺栓孔面积。

（6）钢波纹板拱桥设计验算流程（极限状态设计），如图 2.23 所示。

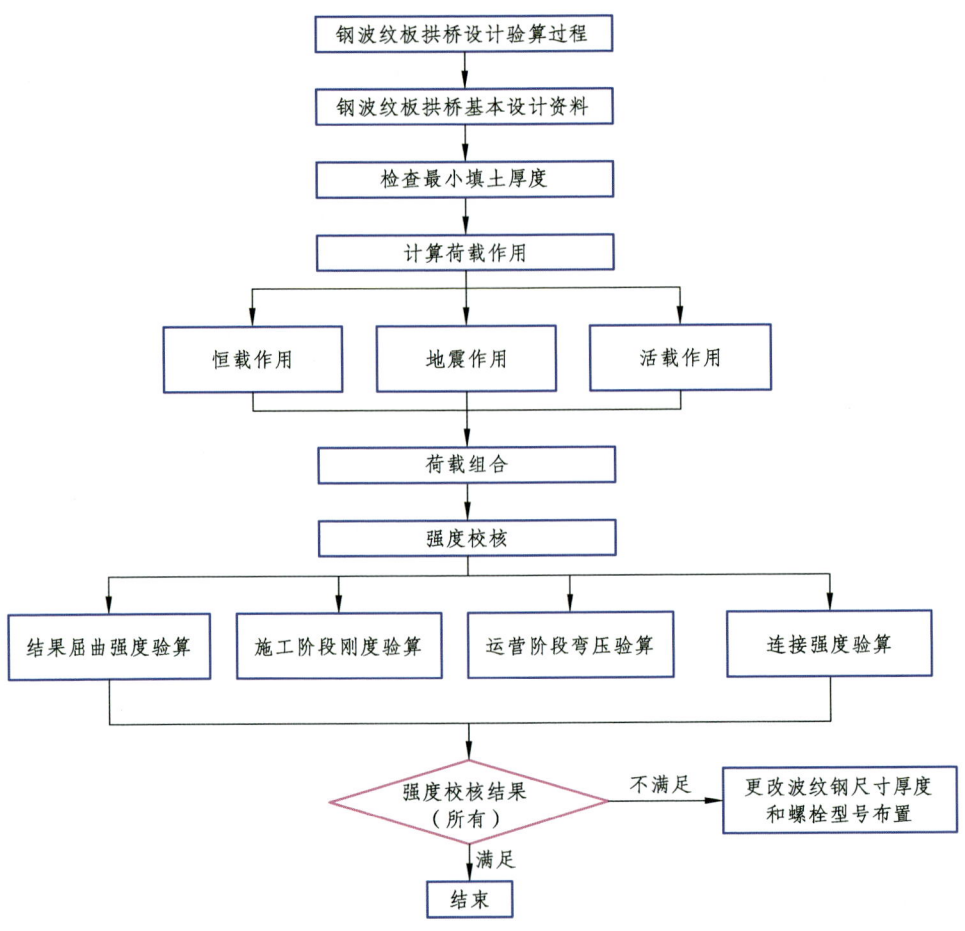

图 2.23　极限状态法钢波纹板拱桥设计流程

3. 公路钢波纹管（板）涵洞结构连接设计

目前，国内对于跨径不同的钢波纹拱桥其连接计算都是按照《钢结构设计规范》（GB 50017—2017）相关规定进行验算，连接验算部分目前与美国和加拿大的计算方式有所不同，国外规范只是采用接缝连接，而目前国内对于接缝的强度的统计还有欠缺。本节主要阐述跨径大于 3 m 采用极限状态法设计下的拱桥连接件强度校核验算过程，国内钢波纹板拱桥常用连接方式——高强螺栓连接；对于跨径小于 3 m 的，通常螺栓受力不会超过其承载能力，故不做阐述，少部分荷载过大的，也可按照本节内容进行验算。

因施工阶段和运营阶段荷载发生变化，且中国钢结构的内力荷载计算不考虑荷载系数，考虑到每波纹螺栓对波纹壁的折减效应，以及波纹钢板与平面钢板在连接效率方面的差异,所有承载力均乘以0.9的折减系数。只需验算施工阶段和运营阶段的构件连接强度,故连接强度验算分为施工阶段和运营阶段两部分进行验算。

(1)承压型高强螺栓计算过程。

① 螺栓承载力设计值。

承压型高强螺栓基本承载力设计值包括了受剪承载力设计值、螺栓承压承载力设计值、螺栓受拉承载力设计值。

受剪承载力设计值:

$$N_v^b = n_v \frac{\pi d^2}{4} f_v^b \qquad (2\text{-}68)$$

承压承载力设计值:

$$N_c^b = d \sum t f_c^b \qquad (2\text{-}69)$$

受拉承载力设计值:

$$N_t^b = \frac{\pi d_e^2}{4} f_t^b \qquad (2\text{-}70)$$

式中 n_v ——受剪面数目;

d ——螺杆直径,mm;

$\sum t$ ——在不同受力方向中一个受力方向承压构件总厚度的较小值,mm;

f_v^b、f_c^b ——螺栓的抗剪和承压强度设计值,N/mm²;

d_e ——螺栓或锚栓在螺纹处的有效直径。

② 承压型高强螺栓承载力验算。

钢波纹板拱桥在外部荷载的作用下同时受到弯矩和拉力的共同作用,使得连接钢波纹板的高强螺栓同时承受剪力和轴向拉力的共同作用,根据《钢结构设计规范》(GB 50017—2017)12.5.3条规定,承压型高强螺栓应符合如下要求。

$$\sqrt{\left(\frac{N_v}{0.9 N_v^b}\right)^2 + \left(\frac{N_t}{0.9 N_t^b}\right)^2} \leqslant 1.0 \qquad (2\text{-}71)$$

$$N_v \leqslant \frac{N_c^b}{1.2} \qquad (2\text{-}72)$$

式中 N_v、N_t ——某个高强螺栓所承受的剪力和拉力。

承压型高强螺栓受剪承载力设计值、螺栓承压承载力设计值、螺栓受拉承载力设计值与普通螺栓计算公式相同，按公式（2-71）、（2-72）计算。

③ 施工阶段螺栓内力计算。

施工阶段外荷载引起的内力按如下公式计算，计算结果代入公式（2-71）、（2-72）。

$$P = \begin{cases} T_D + T_C, & H_c/D_h \geqslant 0.2 \\ 0, & H_c/D_h < 0.2 \end{cases} \quad (2\text{-}73)$$

$$M = (M_1 + M_B + M_C)\chi/1000 \quad (2\text{-}74)$$

$$N_t = \frac{My}{\sum y_i^2} \quad (2\text{-}75)$$

$$N_v = P \quad (2\text{-}76)$$

式中　　P——波纹钢板截面所受轴向压力，kN；

M——施工阶段钢波纹板截面每延米一个波长所受弯矩，kN·m；

M_1——波纹钢板拱结构在土体均布力作用下跨中截面的弯矩，kN·m/m；

M_B——施工阶段由于周边土体的支撑作用，使波纹钢板拱结构跨中截面减小的弯矩，是负值，kN·m/m；

M_C——施工机械荷载引起的波纹钢板拱结构跨中截面的弯矩，kN·m/m；

H_c——施工过程中波纹钢板拱顶以上的填土厚度，m；

χ——钢波纹板波长，mm；

T_D——静载推力，kN/m；

T_C——汽车荷载引起的波纹钢板压力，kN/m，由施工机械决定；

y——最外侧螺栓中心距螺栓群形心的距离，mm；

y_i——第 i 个螺栓中心距螺栓群形心的距离，mm。

④ 运营阶段螺栓内力计算。

$$T_f = T_D + T_L \quad (2\text{-}77)$$

$$M_f = (M_1 + M_D + M_L)\chi/1000 \quad (2\text{-}78)$$

$$N_t = \frac{M_f y}{\sum y_i^2} \quad (2\text{-}79)$$

$$N_v = \frac{T_f \chi}{1000n} \quad (2\text{-}80)$$

式中　　T_f——运营阶段阶段波纹钢板截面所受轴向压力，kN/m；

M_f——运营阶段阶段波纹钢板截面所受弯矩，kN·m/m；

M_I—波纹钢板拱结构在土体均布力作用下跨中截面的弯矩，kN·m/m；
T_L—活载推力，kN/m；
M_D—波纹钢板拱顶和拱肩由恒载产生的弯矩之和，kN·m/m；
M_L—波纹钢板拱顶和拱肩由汽车荷载产生的弯矩之和，kN·m/m。

⑤ 承压型高强螺栓设计验算过程如图 2.24 所示。

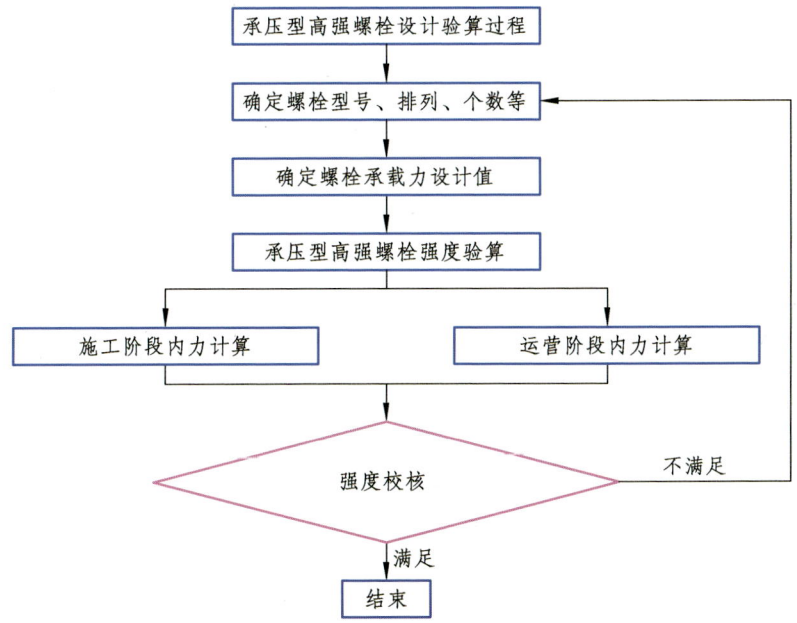

图 2.24　承压型高强螺栓设计验算过程

（2）摩擦型高强螺栓计算过程。

钢波纹板拱桥在外部荷载的作用下同时受到弯矩和拉力的共同作用，使得连接钢波纹板的高强螺栓同时承受剪力和轴向拉力的共同作用，根据《钢结构设计规范》（GB 50017—2017）12.5.2 条规定，摩擦型高强螺栓强度验算应符合下式的要求。

$$\frac{N_v}{0.9N_v^b}+\frac{N_t}{0.9N_t^b}\leq 1.0 \tag{2-81}$$

$$N_v^b=0.9kn_f\mu P_c \tag{2-82}$$

$$N_t^b=0.8P_c \tag{2-83}$$

式中　N_v^b—摩擦型高强螺栓受剪承载力设计值，kN；
N_t^b—摩擦型高强螺栓受拉承载力设计值，kN。

① 施工阶段螺栓内力计算。

$$P = \begin{cases} T_D + T_C, & H_c/D_h \geqslant 0.2 \\ 0, & H_c/D_h < 0.2 \end{cases} \quad (2-84)$$

$$M = (M_1 + M_B + M_C)\chi / 1000 \quad (2-85)$$

$$N_t = \frac{My}{\sum y_i^2} \quad (2-86)$$

$$N_V = P \quad (2-87)$$

式中　P——波纹钢板截面所受轴向压力，kN；
　　　M——施工阶段钢波纹板截面每延米一个波长所受弯矩，kN·m/m；
　　　H_c——施工过程中波纹钢板拱顶以上的填土厚度，m；
　　　χ——钢波纹板波长，mm；
　　　T_D——静载推力，kN/m；
　　　T_C——汽车荷载引起的波纹钢板压力，kN/m，由施工机械决定；
　　　y——最外侧螺栓中心距螺栓群形心的距离，mm；
　　　y_i——第 i 个螺栓中心距螺栓群形心的距离，mm；
　　　Pc——高强度螺栓预拉力，kN。

② 运营阶段螺栓内力计算。

$$T_f = T_D + T_L \quad (2-88)$$

$$M_f = (M_1 + M_D + M_L)\chi / 1000 \quad (2-89)$$

$$N_t = \frac{M_f y}{\sum y_i^2} \quad (2-90)$$

$$N_v = \frac{T_f \chi}{1000n} \quad (2-91)$$

式中　T_f——运营阶段波纹钢板截面所受轴向压力，kN/m；
　　　M_f——运营阶段波纹钢板截面所受弯矩，kN·m/m；
　　　χ——钢波纹板波长，mm；
　　　T_L——活载推力，kN/m；
　　　M_D——波纹钢板拱顶和拱肩由恒载产生的弯矩之和，kN·m/m；
　　　M_L——波纹钢板拱顶和拱肩由汽车荷载产生的弯矩之和，kN·m/m。

③ 摩擦型高强螺栓设计验算过程，如图 2.25 所示。

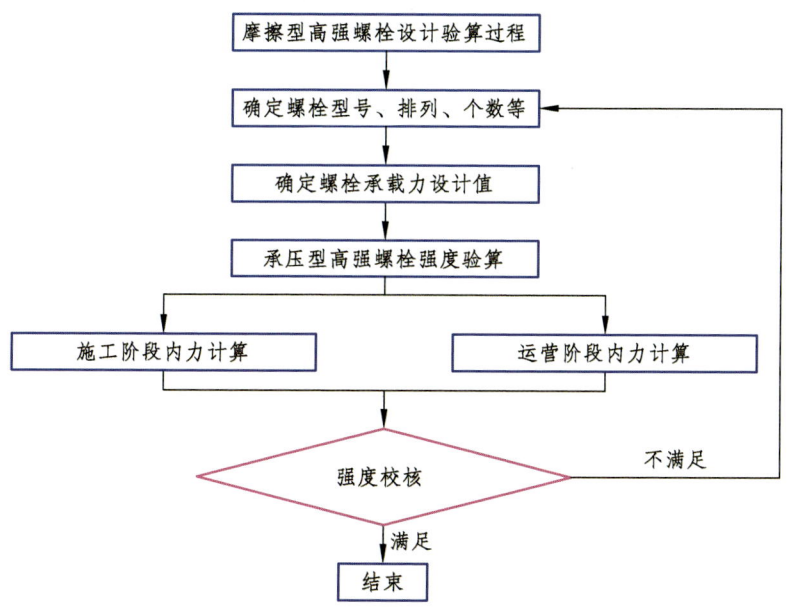

图 2.25　摩擦型高强螺栓设计验算过程

4. 公路钢波纹管（板）涵洞结构地基及基础设计

关于公路钢波纹板桥涵结构地基及基础设计在《波纹钢埋置式结构设施施工手册》已有了较为全面的介绍，建议读者在看完本章节后对公路钢波纹板桥涵结构地基及基础设计有了初步了解后，再去阅读《波纹钢埋置式结构设施施工手册》5.6 节相关内容。

（1）地基沉降。

对于有沉降发生的地基，应使得开口结构的沉降略大两侧填土（A 区）的沉降，沉降差应不大于 25 mm，如图 2.26～图 2.27 所示。

$$\Delta \leqslant 0.01 \frac{S^2}{R} \qquad (2\text{-}92)$$

式中　Δ——两侧基础之间的沉降差，mm；
　　　S——开口结构的跨径，m；
　　　R——开口结构的矢高，m。

（2）地基承载力。

开口结构的基础（拱座）可采用钢筋混凝土或圬工结构扩大基础，也可采用钢结构扩大基础。拱座支承面的宽度应不小于波形钢板的波幅尺寸。

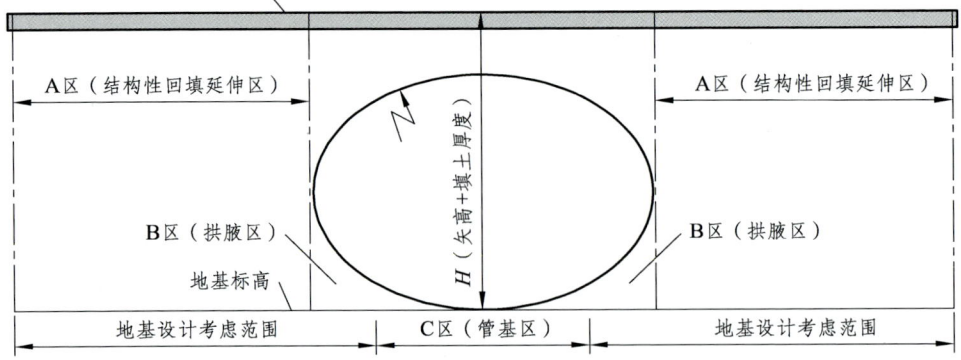

图 2.26 闭口结构

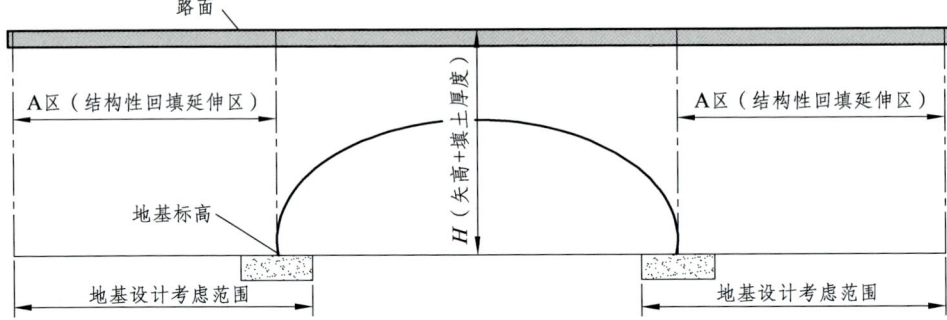

图 2.27 开口结构

开口结构的基础应能与结构一起产生共同的沉降,从而减轻拱板上的荷载,促进土壤的成拱作用,因此不建议使用桩基础。

对于过水结构,基础的埋深应考虑最大冲刷深度,并采取措施避免底部冲刷。

① 恒载计算。

对于圆弧拱(基础顶面与起拱线齐平)或小圆弧拱(基础顶面位于起拱线之上),每侧基础顶面作用的恒载计算如下。

$$DL = [\gamma(H''S - A) + P]/2 \tag{2-93}$$

式中 DL —— 每侧基础顶面作用的恒载,kN/m;

γ —— 土的重度,kN/m;

H'' —— 基础顶面至路面高度,m;

A —— 开口结构过水面积,m²;

P —— 结构每延米自重,kN/m,通常忽略不计。

对于多圆弧拱或基础顶面位于起拱线之下的开口截面,计算基础顶面恒载时，通常忽略起拱线与基础顶面之间土体的重力。因此上式中的 H'' 取为起拱线至路面高度，S 为最大跨径（两侧起拱点之间距离），A 则为起拱线以上过水面积，如图 2.28 所示。

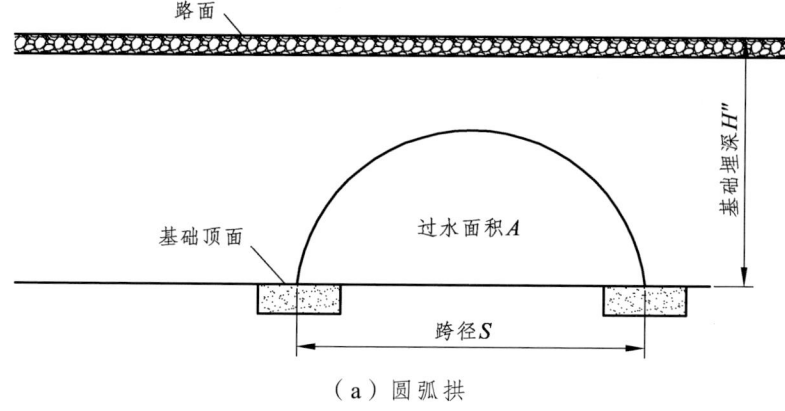

（a）圆弧拱

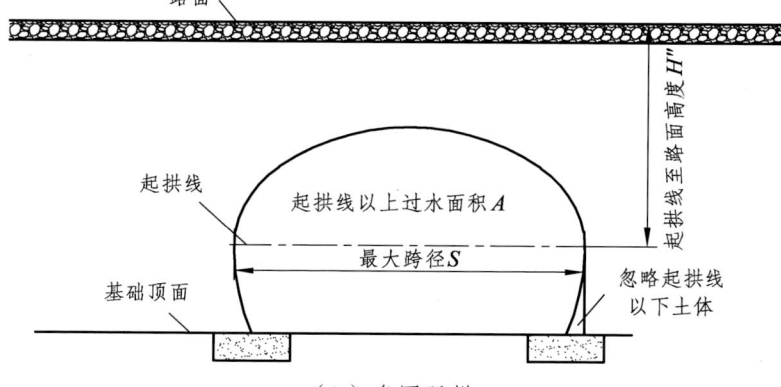

（b）多圆弧拱

图 2.28 基础顶面恒载计算图

② 活载计算（见图 2.29）。

a. 单车道活载。

作用于基础顶面的活载按下式计算：

$$LL = \frac{140}{2.4 + H''} \quad (2\text{-}94)$$

b. 双车道活载。

作用于基础顶面的活载按下式计算：

$$LL = \frac{280}{2.4 + H''} \quad (2\text{-}95)$$

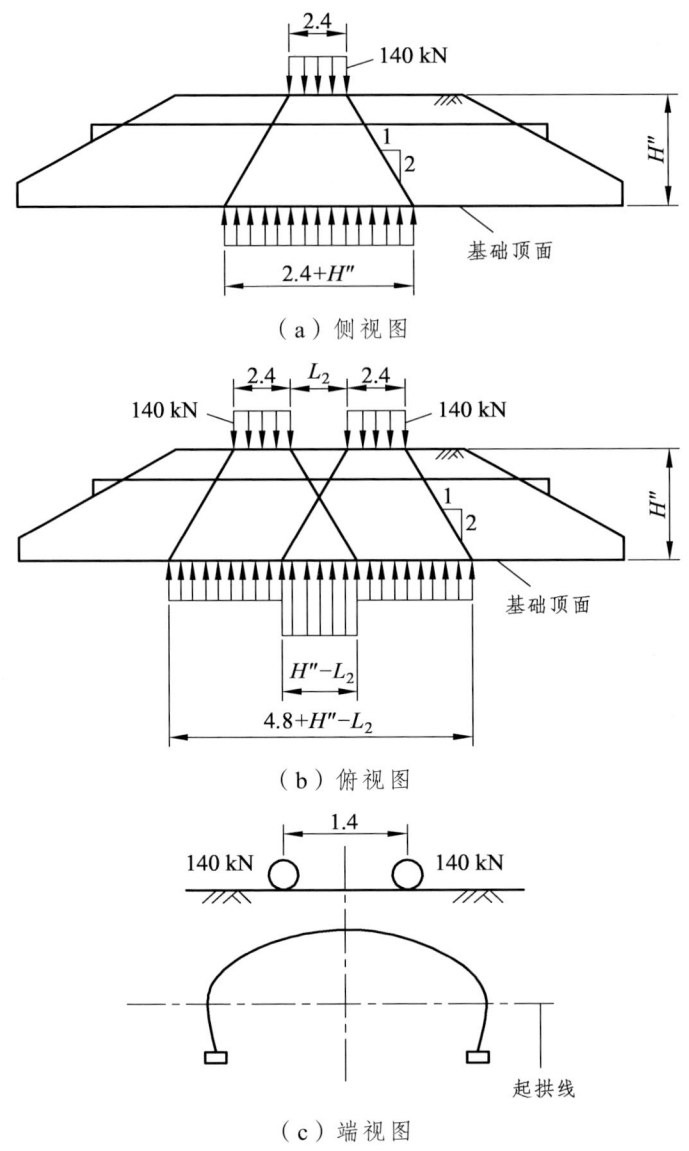

图 2.29 基础顶面汽车荷载分布图

③ 基础反力。

作用于基础顶面的总荷载为恒载与活载的代数和。对于埋置式结构的基础设计，不考虑活载的冲击系数。

对于半圆弧拱，基础顶面的反力即为作用于基础顶面的总荷载，即

$$V = DL + LL \tag{2-96}$$

对于非半圆拱，一般拱脚与竖直面成一夹角（θ 角，向内或向外），这时基础顶面的反力为

$$R_H = V\sin\theta \tag{2-97}$$

$$R_V = V\cos\theta \tag{2-98}$$

式中　V——起拱线处的竖向反力；

R_H——基础顶面反力的水平分量；

R_V——基础顶面反力的竖向分量。

④ 基础设计。

基础设计应根据基础反力选择基础形式和尺寸，验算地基承载力、抗倾覆及抗滑稳定性、沉降及冲刷等。对于公路波纹钢埋置式桥涵，基础设计按《公路桥涵地基与基础设计规范》（JTG 3363—2019）执行。

2.4.6　四川某公路工程钢波纹板桥梁设计实例计算

1. 设计资料

深波纹结构板拱：跨径×矢高=10 000 mm×5 000 mm。

填土厚度：1.67 m（该拱桥为 3 跨桥，各跨计算过程一致，取填土厚度最小的作为计算案例）。

采用波纹剖面：波距×波高×壁厚=380 mm×140 mm×10 mm，Q345 波纹钢板桥。

波纹管对应设计参数：

$D_h = (10\ 000+140)/1\ 000 = 10.14$（m）；

$D_v = (10\ 000+140)/1\ 000 = 10.14$（m）。

拱冠半径：$R_c = (10\ 000+140)/2 = 5\ 070$（mm）。

选用钢波纹管：初始截面积 A_0=12.983 mm²/mm；

　　　　　　　　初始惯性矩 I_0=30 710.01 mm⁴/mm；

　　　　　　　　初始塑性截面模量 Z_0=561.994 mm³/mm；

　　　　　　　　回转半径 r=48.636 mm。

回填材料：砂砾石；压实度：不小于 96%。

回填土重度：γ=22 kN/m³。

弹性模量：E_s=100 MPa。

活载：汽车 1 级荷载。

波纹钢板材料：Q345。

施工车辆轴载=254 kN（振动轮）。

振动轮整体宽度=2 134 mm。

屈服强度：f_y=345 MPa。

弹性模量：E=200 000 MPa。

采用承压型高强螺栓，螺栓等级为 10.9s，螺栓型号为 M24，每波长内有 n=6 个螺栓，纵向螺栓沿涵洞径向的间距为 e=70 mm。

2. 设计依据

《公路波纹钢埋置式桥涵设计与施工规范》（DB42/T 1195—2016）（湖北省）；

《波纹钢管涵洞设计与施工技术规范》（DB22/T 2419—2015）（吉林省）；

《公路波纹管（板）桥涵设计与施工规范》（DB15/T 654—2013）（内蒙古自治区）；

《公路波纹钢管（板）桥涵工程质量检验评定标准》（DB15/T 1276—2017）（内蒙古自治区）；

《波纹钢板拱桥设计规程》（DB 1735—2019）（青海省）；

《波纹钢管涵洞设计与施工技术规范》（DB13/T 5079—2019）（河北省）；

《公路涵洞通道用波纹钢管（板）》（JT/T 791—2010）；

《钢结构设计规范》（GB 50017—2017）；

《公路桥涵通用设计规范》（JTG D60—2015）；

《冷弯波纹钢管》（GB/T 34567—2017）。

3. 设计计算

案例中钢波纹板拱桥跨径大于 3 m，因此采用极限状态设计法。

（1）最小填土厚度。

对于波纹结构板结构，取下列各值中的最大值：

① 0.6 m；

② $\dfrac{D_h}{6}\left(\dfrac{D_h}{D_v}\right)^{0.5}$=1.69 m；

③ $0.4\left(\dfrac{D_h}{D_v}\right)^{2}$=0.4 m。

对于深波形（波高 100 mm 以上）波纹钢板结构，其最小填土厚度应取上式计算的最小填土厚度与 1.5 m 两者的较小值。故最小填土厚度 $H_{\min}$=1.5 m，左跨拱桥实际波纹钢顶部回填高度 H=1.67 m，满足要求。中跨拱桥跨度大于 8 m，所以最小填土厚度不得小于 1.5 m，满足要求。

（2）恒载推力。

计算公式如下：

$$T_D = 0.5(1.0 - 0.1C_S)A_f W$$

$$C_S = E_S D_V / (EA)$$

$$W = \gamma D_h (H + 0.1075 D_V)$$

由内插法得到：查表 $A_f=1.278$，其中，$E_s = 100$ MPa，$E = 200\,000$ MPa。

采用 10 mm 板厚，初始板面积 $A_0=12.983$ mm²/mm，初始惯性矩 $I_0=30\,710.01$ mm⁴/mm。使用每波纹 6 个螺栓，螺栓等级为 10.9 s，螺栓型号为 M24。假定拱截面环向由 3 片板拼装而成，因此共有 2 条纵缝。

考虑螺栓孔对波纹钢板截面造成的折减效应：

由于每波纹 6 个螺栓，则螺栓在波峰波谷均为 3 个，又因有 2 条纵缝，则最不利环向截面有 3×2=6 个螺栓。

因此折减板面积：

$$A = A_0 - \frac{2 \times d \times t}{Q}$$

其中，d 为螺栓直径，此处为 24 mm；t 为波纹钢板壁厚，此处为 10 mm；Q 为埋置式结构横截面周长（即半圆周长），此处为 15 700 mm。得出 A=12.891 mm²/mm。

由于惯性矩单位为面积单位的二次方，可近似计算折减后的惯性矩：

$$I = \left(\frac{A}{A_0}\right)^2 \times I_0 = 30\,277.635 \text{ mm}^4/\text{m}，因此求得$$

$$C_s = \frac{E_s D_v}{EA} = 0.393$$

又因为 $W = \gamma D_h (H + 0.1075 D_V)$，所以 $W = 615.712$ kN/m，因此，$T_D = 380.628$ kN/m。

（3）活载推力。

$$T_L = \min(0.5 D_h \sigma_L m_f, 0.5 l_t \sigma_L m_f)$$

$$\sigma_L = \frac{A_L}{ab}$$

根据汽车荷载布置情况，在跨径长度范围（12.8 m>10.14 m>9.8 m）内，结构上方路面上按荷载最大的原则放置车轴。结构上布置各轴重，施加最大的总荷载 $A_L = 120+120+140+140 = 520$（kN），本桥车道宽度 9.5 m，共计 3 车道，多车道折减系数取 0.78。所以，

$$b = 9.8 + 0.2 + 2 \times 2.31 \times \tan 30° = 12.66 \text{（m）}$$
$$a = 1.8 + 1.3 + 1.8 + 1.3 + 1.8 + 2 \times H \times \tan 30° = 11.26 \text{（m）}$$
$$\sigma_L = 12.422 \text{（kPa）}$$
$$T_L = 49.123 \text{ kN/m}$$

（4）地震作用。
$$E_V = R_0 M \delta$$

式中　R_0——竖向地震作用与水平地震作用比值函数，固定取为 0.65；
　　　δ——地震动水平加速度峰值，取为 $0.15g$；
　　　M——拱上填土每延米质量，$M = \dfrac{W}{9.8} = 62.827 \text{ t/m}$。

得出 $E_V = 60.032 \text{ kN/m}$。

（5）乘系数的总推力。
$$T_f = \max\left[\alpha_D T_D + \alpha_L T_L(1+\mu), \alpha_D T_D + \alpha_E E_V\right]$$
$$\mu = 0.4 \times (1.0 - 0.5H)$$

填土高度为 1.67 m 时，对应冲击扩大系数为 $\mu = 0.4 \times (1.0 - 0.5 \times 1.67) = 0.066$，$T_f = \max\left[\alpha_D T_D + \alpha_L T_L(1+\mu), \alpha_D T_D + \alpha_E E_V\right] = 530.065 \text{ kN/m}$。

（6）承载能力极限状态下的抗压应力。
$$\sigma = T_f / A \leqslant f_b$$

① 临界屈曲应力。
$$f_b = \begin{cases} \varphi_t F_m \left[f_y - \dfrac{f_y^2}{12E\rho}\left(\dfrac{KR}{r}\right)^2 \right], R \leqslant R_e \\ \dfrac{3\varphi_t \rho F_m E}{\left(\dfrac{KR}{r}\right)^2}, R > R_e \end{cases}$$

结构管壁应根据两条对称的半径线分为上下两部分，从竖直线到半径线的夹角 θ_0（影响 R 的取值），应对上下两部分分别验算屈曲破坏。

② 检查上部区域压缩作用下的壁强度。
$$\theta_0 = 1.6 + 0.2\log\left[EI / (E_m r^3)\right]$$
$$R_e = \dfrac{r}{K}\left(\dfrac{6E\rho}{f_y}\right)^{0.5}$$
$$\rho = \left(\dfrac{H + H'}{R_c}\right)^{0.5} \leqslant 1.0$$

$$\lambda = 1.22\left[1.0 + 1.6\left(\frac{EI}{E_m R_c^3}\right)^{0.25}\right]$$

$$E_m = E_s\left[1 - \left(\frac{R_c}{R_c + H + H'}\right)^2\right]$$

$$F_m = 0.85 + \frac{0.3S}{D_h} \leqslant 1.0$$

$$K = \lambda\left(\frac{EI}{E_m R^3}\right)^{0.25}$$

其中， E_s =100 MPa， $R_c = \frac{10.14}{2} = 5.07$ m， $H = 1.67$ m， $t=10$ mm； $H' = 0.25 \times 10.14 = 2.535$（m）， $I = 30\,277.635$ mm^4/m， $S = 1.2$ m。

将上述已知量代入公式可得

$E_m = 70.12$ MPa， $\theta_0 = 55.247°$， $\lambda = 1.533$， $K = 0.246$； $\rho = 0.707$， $R_e = 9\,806$ mm， $F_m = 0.886$。

可得 $f_b = 211.739$ MPa， $\sigma = \frac{T_f}{A} = 41.118$ MPa $\leqslant f_b = 211.736$ MPa，满足校核。

③ 检查下部区域压缩作用下的壁强度。

$E_m = E_s = 100$ MPa， $\lambda = 1.22$， $R = 5\,070$ mm， $\rho = 0.707$， $F_m = 0.886$，则 $K = 0.242$， $R_e = 9\,967$ mm。

可得拱桥下部： $f_b = 211.787$ MPa， $\sigma = \frac{T_f}{A} = 41.118$ MPa $\leqslant f_b = 211.787$ MPa，满足校核。

（7）施工过程中的强度验算。

施工阶段计算公式如下：

$$\left(\frac{P}{P_{Pf}}\right)^2 + \left|\frac{M}{M_{Pf}}\right| \leqslant 1.0$$

$$P = T_D + T_C$$

$$P_{Pf} = \varphi_h A f_y$$

$$M = M_I + M_B + M_C$$

$$M_I = K_{M1} R_B \gamma D_h^3$$

$$M_B = -K_{M2} R_B \gamma D_h^2 H_c$$

$$M_C = K_{M3} R_L D_h L_C$$

$$L_C = A_C / k_4$$

$$N_f = E_s D_h^3 / (EI)$$

$$K_{M1} = \begin{cases} 0.0046 - 0.001 \lg N_f, N_f \leqslant 5000 \\ 0.0009, \ N_f > 5000 \end{cases}$$

$$K_{M2} = \begin{cases} 0.018 - 0.004 \lg N_f, N_f \leqslant 5000 \\ 0.0032, N_f > 5000 \end{cases}$$

$$K_{M3} = \begin{cases} 0.12 - 0.018 \lg N_f, N_f \leqslant 100000 \\ 0.030, N_f > 100000 \end{cases}$$

$$R_B = \begin{cases} 0.67 + 0.87\left(\dfrac{D_V}{2D_h} - 0.20\right), 0.20 \leqslant \dfrac{D_V}{2D_h} \leqslant 0.35 \\ 0.80 + 1.33\left(\dfrac{D_V}{2D_h} - 0.35\right), 0.35 \leqslant \dfrac{D_V}{2D_h} \leqslant 0.50 \\ \dfrac{D_V}{D_h}, \dfrac{D_V}{2D_h} > 0.50 \end{cases}$$

$$R_L = \left[0.265 - 0.053 \log(N_f)\right] / (H_c / D_h)^{0.75} \leqslant 1.0$$

$$M_{Pf} = \varphi_h M_P$$

$$M_P = Z f_y$$

假定 H_c=1.5 m 时开始使用压路机,因此,$\dfrac{H_c}{D_h} = 0.148 < 0.2$ 时 $P = 0$。施工阶段波纹钢板材抵抗塑性铰的抗力系数取 0.9。

假定施工轴载使用 12 t 振动压路机,其振动轮的激振力 A_c 为 254 kN,确定施工机械的每轴轮数,考虑振动压路机最接近每轴 8 轮的情况。因此,查得 $k_4 = 4.213$。

振动轮的线荷载:

$$L_c = \frac{A_c}{k_4} = 61.714 \text{ kN}$$

$M_P = Zf_y$,根据波纹钢埋置式结构设计施工手册,截面塑性模量 $Z_0 = 561.944 \text{ mm}^3 / \text{mm}$。

考虑螺栓孔对波纹钢板截面的削弱后,根据量纲考量得

$$Z = Z_0 \times \left(\frac{A}{A_0}\right)^{1.5} = 561.944 \times \left(\frac{12.891}{12.983}\right)^{1.5} = 417.566 \text{ mm}^3/\text{mm}$$

$$E = 200\,000 \text{ MPa},\ E_s = 100 \text{ MPa},\ D_h = 10.14 \text{ m}$$

由已知量，计算可得

$$N_f = E_s D_h^3 / (EI) = 17\,217$$

得 $K_{M1} = 0.000\,9$，$K_{M2} = 0.003\,2$，$K_{M3} = 0.043\,7$。又得 $R_B = 0.999\,5$，回填土容重 $\gamma = 22 \text{ kN/m}^3$。所以

$$M_1 = 20.633 \text{ kN}\cdot\text{m/m},\ M_B = -10.852 \text{ kN}\cdot\text{m/m},\ M_c = 4.648 \text{ kN}\cdot\text{m/m},$$

$$M = 18.428 \text{ kN}\cdot\text{m/m},\ M_P = 145.600 \text{ kN}\cdot\text{m/m},\ M_{Pf} = 131.040 \text{ kN}\cdot\text{m/m},$$

$$R_L = \left[0.265 - 0.053 \lg(N_f)\right] / (H_c / D_h)^{0.75} = 0.170 < 1.0,$$

$$P_{Pf} = 4\,002 \text{ kN/m}$$

强度校核：

$$\left(\frac{P}{P_{Pf}}\right)^2 + \left|\frac{M}{M_{Pf}}\right| = 0.110 < 1.0$$

满足校核。

（8）运营过程中的强度验算。

波纹钢板拱桥施工完成后的运营阶段，应对波纹钢板拱结构进行校核验算，承载能力极限状态下的弯矩和轴向压力的组合效应不大于截面的塑性抗弯承载力。

$$\left(\frac{T_f}{P_{Pf}}\right)^2 + \left|\frac{M_f}{M_{Pf}}\right| \leqslant 1.0$$

$$M_f = \left|\alpha_D M_I + \alpha_D M_D\right| + \alpha_L M_L (1+\mu)$$

$$M_I = K_{M1} R_B \gamma D_h^3$$

$$M_{Pf} = \varphi_{he} M_P$$

$$M_P = Z f_y$$

$$M_D = -K_{M2} R_B \gamma D_h^2 H_e$$

$$M_L = \frac{K_{M3} R_U D_h A_L}{k_4}$$

$$H_e = \min\{H, D_h / 2\}$$

$$R_U = \frac{0.265 - 0.053\lg N_f}{(H/D_h)^{0.75}} \leqslant 1.0$$

$$K_{M1} = \begin{cases} 0.0046 - 0.001\lg N_f, & N_f \leqslant 5000 \\ 0.0009, & N_f > 5000 \end{cases}$$

$$K_{M2} = \begin{cases} 0.018 - 0.004\lg N_f, & N_f \leqslant 5000 \\ 0.0032, & N_f > 5000 \end{cases}$$

$$K_{M3} = \begin{cases} 0.12 - 0.018\lg N_f, & N_f \leqslant 100000 \\ 0.030, & N_f > 100000 \end{cases}$$

$$R_B = \begin{cases} 0.67 + 0.87\left(\dfrac{D_V}{2D_h} - 0.20\right), & 0.20 \leqslant \dfrac{D_V}{2D_h} \leqslant 0.35 \\ 0.80 + 1.33\left(\dfrac{D_V}{2D_h} - 0.35\right), & 0.35 \leqslant \dfrac{D_V}{2D_h} \leqslant 0.50 \\ \dfrac{D_V}{D_h}, & \dfrac{D_V}{2D_h} > 0.50 \end{cases}$$

部分参数已在前面部分求得，如 $K_{M1}=0.0009$，$K_{M2}=0.0032$，$K_{M3}=0.0437$；$N_f=17217$，$R_B=0.9995$，$T_f=633.006$ kN/m；$M_P=145.600$ kN·m/m，$P_{Pf}=4002$ kN/m，$\mu=0.066$。

根据 $H_e = \min\{H, D_h/2\}$，得 $H_e = 1.67$ m。

恒载和活载（汽车荷载）分项系数分别为 $\alpha_D=1.2$，$\sigma_L=1.4$。

运营阶段波纹钢板材抵抗塑性铰的抗力系数取 $\varphi_{he}=0.85$。计算得

$$R_U = \frac{0.265 - 0.053\lg N_f}{(H/D_h)^{0.75}} = 0.157 \leqslant 1.0$$

求得 $M_{Pf}=123.760$ kN·m/m，$M_f=11.053$ kN·m/m，

$$\left(\frac{T_f}{P_{Pf}}\right)^2 + \left|\frac{M_f}{M_{Pf}}\right| = 0.109 \leqslant 1.0$$

满足校核。

（9）连接破坏验算。

中国钢结构的内力荷载计算不考虑荷载系数，另外只考虑了每波纹 6 个螺栓对波纹管壁的折减效应。查钢结构设计规范表 5.4.4，Q345 的钢波纹钢板的承压强度为 510 MPa；MU24 螺栓，$f_v^b=310$ MPa，$f_t^b=500$ MPa，有效直径 $d_e=21.1875$ mm。

根据受剪承载力设计值 $N_v^b = n_v \dfrac{\pi d^2}{4} f_v^b = 140.241$ kN，承压承载力设计值

$N_c^b = d\sum tf_c^b = 141.6$ kN，受拉承载力设计值 $N_t^b = \dfrac{\pi d_e^2}{4} f_t^b = 176.287$ kN。

① 施工阶段验算。

$$P = \begin{cases} T_D + T_C, H_c/D_h \geqslant 0.2 \\ 0, H_c/D_h < 0.2 \end{cases}$$

$$M = (M_I + M_B + M_C)\chi / 1\,000$$

$$N_t = \dfrac{My}{\sum y_i^2}$$

$$N_v = P$$

计算得出一个波长的弯矩 $M = 5.483$ kN·m；最外层螺栓所受最大拉力 $N_t = \dfrac{My}{\sum y_i^2} = 34.733$ kN；则 $N_v = P = 0$。代入验算：

$$\sqrt{\left(\dfrac{N_v}{0.9 N_v^b}\right)^2 + \left(\dfrac{N_t}{0.9 N_t^b}\right)^2} = 0.219 \leqslant 1.0$$

$N_v = 0 \leqslant \dfrac{N_c^b}{1.2} = 118$ kN，满足要求。

② 运营阶段验算。

$$T_f = T_D + T_L$$

$$M_f = (M_I + M_D + M_L)\chi / 1\,000$$

$$N_t = \dfrac{M_f y}{\sum y_i^2}$$

$$N_v = \dfrac{T_f \chi}{1\,000 n}$$

由上式计算得

$M_f = 17.128$ kN·m，$N_t = 0.041$ kN，$T_f = 530.065$ kN，$N_v = 33.570$ kN；验算：

$$\sqrt{\left(\dfrac{N_v}{0.9 N_v^b}\right)^2 + \left(\dfrac{N_t}{0.9 N_t^b}\right)^2} = 0.266 \leqslant 1.0$$

$N_v = 35.570$ kN $\leqslant \dfrac{N_c^b}{1.2} = 118$ kN，满足要求。

4. 拱桥设计图

如图 2.30 所示为设计的某拱桥图。

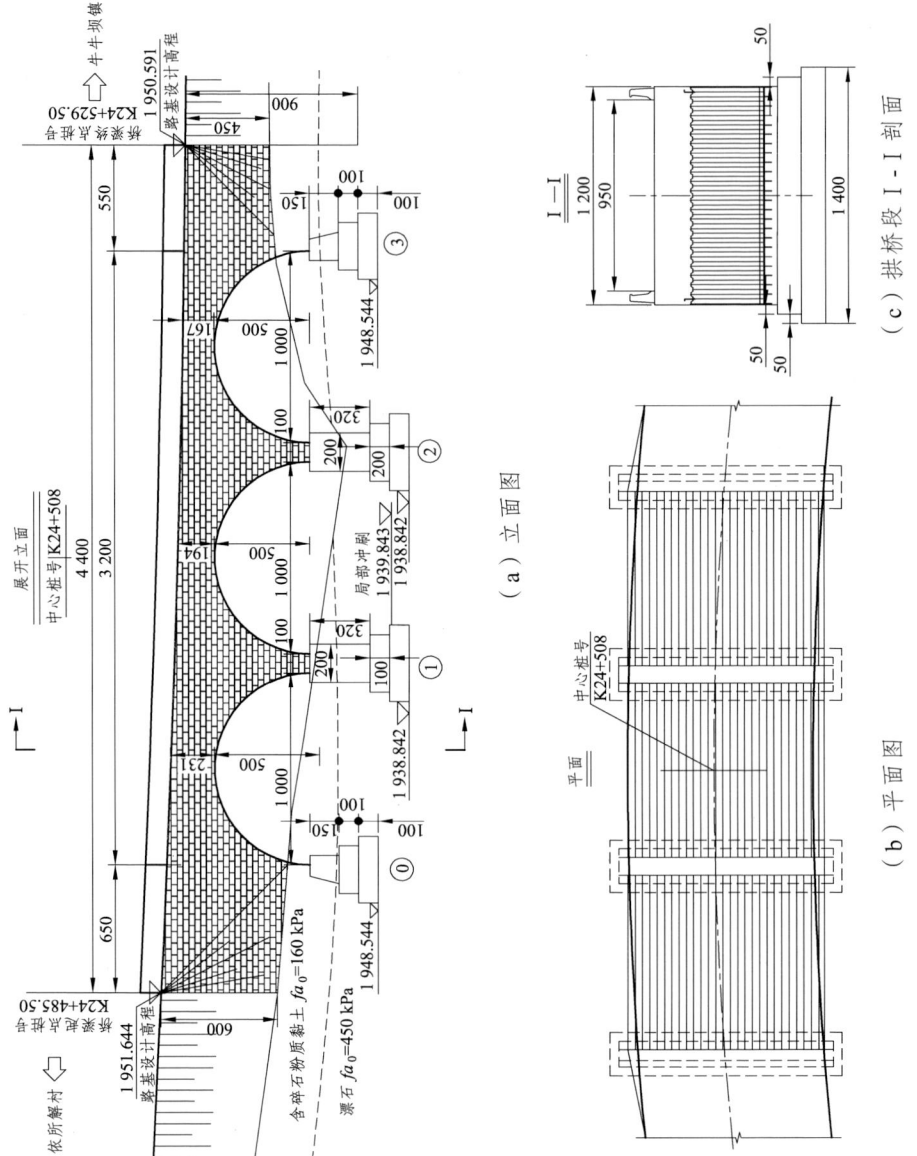

图 2.30 某公路钢波纹板拱桥 K24+508 段

2.5 钢波纹板拱桥主要施工工艺

2.5.1 主要施工

钢波纹板拱桥的施工工艺流程：

施工准备→测量准备→基础施工及检测→拱座施工及检测→钢波纹板拱安装→拱形测控及校正、螺栓扭矩检测→拱檐施工及检测→钢波纹板拱防腐防水及涂装处理→结构性回填及隔水土工膜铺设、分层检测→其他附属工程施工及检测→现场清理→检测验收。主要施工工艺描述如下。

2.5.2 下部结构施工

（1）基础、下部结构钢筋混凝土施工，钢管桩及桩上钢结构施工，应符合 JTG/T F50 和 JTG F80/1 的有关规定。

（2）基础施工完成后，应及时进行回填。在结构性范围内的基坑回填。

2.5.3 拱座施工

（1）在拱座施工前，应对拱座下的基础或墩台进行测量复核，并准确计算和测量放样，确保坐标、高程、跨径等准确无误。

（2）拱座钢筋和混凝土施工，应符合设计 JTG/T F50 和 JTG F80/1 的有关规定。

（3）拱座上预埋的槽钢锚筋或螺栓及与槽钢的连接、预埋的拱脚处后浇混凝土钢筋应检查合格。

（4）槽钢上的螺栓孔与钢波纹板件波峰中心线的螺栓孔应对应一致。

（5）混凝土拱座横桥向应水平，横桥向中心线应与拱座、拱脚槽钢平行。

（6）槽钢底面应与钢波纹板拱脚处切线垂直。箱形拱和矢高大于拱半径的非半圆弧拱的拱脚槽钢安装向拱内倾斜的角度应与设计相符。矢高与半径相等的半圆弧拱的拱脚槽钢安装应水平。

（7）当拱座上预埋槽钢需接长焊接时，应符合 JTG/T F50 的有关规定。施工现场焊接后，对焊接处的镀锌层损坏部位，应进行冷喷锌等防腐处理。

2.5.4 钢波纹板拼装

（1）钢波纹板拱安装前，应对各项安装施工准备工作进行全面检查，确保符合安装施工条件要求。

（2）钢波纹板件、连接件（槽钢、螺栓、密封条）等，凡在装卸、运输、安装过程中造成变形、损坏、镀锌层脱落等，应处理合格。

（3）钢波纹板件安装前，必须对基础、拱座及预埋件、坐标（中线）、高程、槽钢（控制跨径）及槽钢螺栓孔位置、槽钢角度等进行全面检查，发现问题应及时处理。

（4）钢波纹板拱的安装，应严格按照设计文件、专项施工技术方案、钢波纹板件生产厂家提供的安装图等规定要求进行钢波纹板拱安装。当现场安装场地、安装吊装设备能力、安全、质量等满足要求时，可对跨径小于或等于10 m的钢波纹板拱采用整体拱或一片钢波纹板宽度的整环拱的吊装安装方法安装，可对跨径大于10 m的钢波纹板拱按一片钢波纹板宽度的整环拱的吊装安装方法安装，否则钢波纹板件应采用分片安装方法安装。

（5）钢波纹板拱（拱肩、拱顶）背面钢波纹板件加劲肋板安装，应采用与主拱结构相同波形和壁厚的钢波纹板件，利用主拱高强度螺栓，在主拱安装的同时按照设计施工图和安装图同步安装加劲肋板。其他加筋肋安装施工，按设计施工图执行。

（6）钢波纹板件连接搭接缝之间的防渗密封垫螺栓孔应与钢波纹板连接孔一致。密封衬垫厚度应能填满搭接板之间所有的空隙，长度应与缝长一致、宽度与钢波纹板件搭接宽度一致（拱下不得宽出搭接板宽）。密封衬垫应平整顺直、严密，不得加厚衬垫或漏衬、扭曲变形或损坏。

高强度螺栓连接应符合以下规定：

① 钢波纹板件采用高强度螺栓连接时，均不得采用焊接连接。

② 钢波纹板件连接安装的一副高强度螺栓连接副，由一个螺栓、一个螺母和两个凸凹钢垫片组成。

③ 现场安装时，螺栓应能自由穿入钢波纹板件的螺栓孔，不得强行穿入。若螺栓不能自由穿入时，严禁强行将螺栓打入螺栓孔而损伤螺纹，可采用铰刀或锉刀修整螺栓孔。不得采用气割扩孔，扩孔数量应征得设计同意，修整后或扩孔后的孔径不应超过螺栓直径的1.2倍，否则应更换螺栓孔，将符合要求的钢波纹板件重新安装。

④ 钢垫片的凸面朝向波谷，凹面朝向波峰，平整面与螺杆两端的螺帽接触套装于螺杆上，拧紧的螺帽应位于拱顶（背）面。高强度螺栓应在钢波纹板件安装精度调整后进行拧紧。

⑤ 螺栓施拧用的扭矩扳手使用前应进行校正，其扭矩相对误差不得大于±5%。校正用的扭矩扳手和检查终拧后扭矩用的扳手，其扭矩相对误差均不

得大于±3%。

⑥螺母施拧应分初拧和终拧，初拧扭矩可取终拧扭矩的70%。

⑦螺栓拧紧应采用合理的施拧顺序，螺栓每拧一遍时，边拧边对拧过的螺母涂画，每拧一遍用相同的颜色标记。螺栓连接副的初拧、终拧应在 24 h 内完成。

⑧螺栓连接紧固后应进行下列质量检查：

a. 检查终拧颜色标记，同时用约 0.3 kg 小锤敲击螺母对螺栓进行逐个检查，以防漏拧。

b. 螺栓终拧扭矩的检测，按一片板宽的横桥向搭接缝（含槽钢螺栓连接）为一个连接节点、一道纵桥向搭接缝为一个连接节点计算一孔（跨）的螺栓连接节点数，对每个连接节点的螺栓终拧扭矩按 25%抽查，且每个连接节点抽查不应少于 5 个螺栓。

c. 检查时先在螺杆端面和螺母上画一直线，然后将螺母拧松约 60°；再用检查用的扭矩扳手重新拧紧，使螺杆端面和螺母上的两线重合，测得此时的扭矩在上表规定的螺栓对应值范围内为合格。

d. 若发现有不符合规定或终拧后的扭矩不合格时，应再扩大 1 倍的检查数量；若仍有不合格者，则整个节点的螺栓应重新施拧。超过扭矩要求的螺栓必须更换，不得重复使用。

e. 螺栓终拧后的扭矩检查宜在螺栓终拧 1~24 h 之前完成。

（7）钢波纹板件安装过程中，通常以脚手架或临时支撑装置等方法来维持螺栓终拧前的设计截面形状。纵桥向每一环钢波纹板拱拼装完成后，应在分离脚手架或临时支撑条件下测定一次截面形状，达到设计截面形状再继续拼装下一环拱，否则应及时调整。纵桥向每一环拱的钢波纹板件拼装合拢时，测定截面形状采用定位拉杆固定，调整预紧螺栓，拼装顶部钢波纹板件。

（8）钢波纹板拱拼装完成、螺栓扭紧后，安装施工质量应符合规定。拱形截面形状变化超过规定值时，应拧开螺栓校正形状后重新拼装。

2.5.5　防腐、防水施工

（1）钢波纹板拱除镀锌防腐层外，安装完成后需进行现场二次防腐、防水或涂装。在进行二次防腐、防水或涂装前，对所有螺栓螺母上采用螺丝锁固剂处理，螺栓螺母及垫片与周围采用双组分聚硫密封胶或其他符合要求的密封胶对螺栓处密封防渗处理合格。

（2）钢波纹板拱背（顶）面、高强度螺栓接缝及连接处采用聚氨酯防水

（防腐）时，涂层厚度宜大于 1.5 mm。钢波纹板拱顶面采用环氧沥青或改性沥青涂层防腐（防水）时，涂层总厚度宜大于 1.0 mm。

当钢波纹板拱背（顶）面如有轻质混凝土（发泡混凝土或泡沫水泥轻质土）回填层、钢筋混凝土加强层时，应在其层面上喷涂环氧沥青或改性沥青防水层，涂层总厚度宜大于 1.0 mm。宜采用专用机械喷涂，每一遍喷涂厚度应均匀、无漏喷涂部位，涂层表面应连续、均匀光洁、无肉眼可分辨的小孔、孔隙、裂缝、脱皮及其他缺陷。每一涂层干燥后再进行下一层喷涂施工。沥青层晾干后方可进行结构性回填。

（3）钢波纹板拱腹（外露面）、钢管桩及其下部钢结构等，采用涂装防腐时，普通型涂装总干膜厚度不小于 210 μm、长效型涂装总干膜厚度不小于 240 μm；钢波纹板拱干湿交替区域或水下区域部位的涂装总干膜厚度应不小于 450 μm。涂装工艺、质量等应符合现行行业标准 JT/T 722 有关规定。

2.5.6　侧墙施工

钢波纹板拱上的侧墙钢筋混凝土施工，应符合设计要求和 JTG/TF 50、JTGF 80/1 等有关规定。

2.5.7　其他附属工程施工

（1）钢波纹板拱桥相关的进出口构造、护栏构造、锥坡、排水、河床加固及防护等施工、质量检查与质量标准，应符合设计和 JTG/T F50、JTG F10、JTG F80/1 等有关规定。

（2）当钢波纹板拱跨径较大或不阻断交通通行、作业现场不能满足机械安装时，采用拱支架法安装施工时，应符合 JTG/T F50 的有关规定。

2.6　小　结

本章分析不同管径钢波纹管涵洞在不同填土荷载作用及施工工艺条件下的受力与变形特性。利用数值模拟计算，分析不同填土荷载、管径、地基土模量、波纹参数对钢波纹管涵洞受力与变形特性的影响研究，车辆荷载对涵管影响的临界填土高度；不同类型涵管的受力与变形特性，提出或者复核设计中适用于不同填土荷载下的钢波纹管参数。基于弹性理论，推导出钢波纹管涵洞竖向变形计算公式。结合工程实际，经计算、复核、设计提出钢波纹管涵洞结构具体参数，提出合理的施工工艺。

施工单位必须具备严谨专业的作业技能，能严格依照设计规范及厂家的技术指导控制工序、规范施工，尤其是楔形部位的回填。因波纹钢独特的柔性受力特点，需严格控制产品及施工质量，需要在专业的厂家指导下配合施工单位共同完成作业，才能有效避免结构变形、破坏等风险，使钢波纹涵管替代圆管涵、盖板涵、箱涵和小桥的优势完全发挥，为项目缩短工期，节约大量资金，带来明显的经济效益。

3 大基建各专业领域的应用案例

3.1 桥涵工程创新应用案例

目前，钢波纹板结构在桥涵工程中应用最广泛，下面介绍几种应用案例。

3.1.1 新建圆管涵典型应用案例

波纹钢管涵是一种具有较高承载力和较强变形适应能力的地下柔性结构，它依靠结构与周围土体之间相互作用来共同抵抗荷载。

1. 加劲型涵洞

在超高路堤作用下，普通钢波纹管本身承受极大的竖向土压力，会出现很明显的竖向变形。当变形超过管径的20%左右时，结构反向屈曲，最后可能导致结构破坏，为了满足结构受力要求，可通过加大波形、加大钢板厚度，或者减荷措施来解决。本书介绍一种加强方案——管体局部双层波纹结构，如图3.1所示，这种加劲技术在国外已经成熟，被写进了技术规范。近年来，该种方案在山区高速公路项目的大跨径高填方涵洞中得到了应用。但是该种方法对产品供应商的工艺要求较高，否则，拼装会存在误差，影响工程质量。

2. 高填方涵洞

湖南武靖高速公路波纹钢通道，直径6 m，波距380 mm、波高140 mm，壁厚9 mm，管顶填方高度27 m。如图3.2所示。

（a）加劲型涵洞

（b）加劲细部

图 3.1 管体局部双层波纹结构

图 3.2 高填方涵洞

3. 倒虹吸

倒虹吸管是用以输送渠道水流穿过河渠、溪谷、洼地、道路的压力管道，由进口段、管身段、出口段 3 部分组成。传统工艺采用钢筋混凝土及预应力钢筋混凝土材料制成，也有用混凝土、钢管制作的，主要根据承压水头、管径和材料供应情况选用。但由于钢筋混凝土管承压较低，受使用环境影响较大，长时间使用后其抗裂性、抗渗性不稳定，为设计和施工人员带来了很大的困扰。

波纹钢管涵是近 20 年来，我国新兴的结构用管道。波纹钢管是将 1.6～10.0 mm 薄钢板压成波纹后，制成管节或弧形板片，采用高强螺栓连接，修建成的建筑物。利用波纹增加钢板的抗弯惯性矩，具有较高的承载能力和稳定性。通过土与结构的相互作用来承担荷载。波形钢板桥涵具有强度高、耐久性好、受力性能好、抗变形能力强、施工简便、工期短、美观、建成后无须养护等工程特点，近年来在公路、市政、水利、矿山等领域得到了广泛应用。

湖北省宜张高速农业灌溉倒虹吸工程，跨径 1.0 m、矢高 1.0 m，波形参数：波距 125 mm、波高 25 mm；钢板壁厚：3 mm；涵管长度：30 m；管顶填土为 2~3 m，如图 3.3 所示。

图 3.3　倒虹吸涵洞

倒虹吸管的关键技术点在于密封的处理，目前使用波纹管节作为倒虹吸时，最为有效的密封工艺是采用 CSPS 管廊专用密封胶作为波纹钢管的密封材料，由于该材料的开发最初是使用在城市地下管廊项目，其优异的性能能够在确保密封效果的前提下，使用年限达到 100 年以上。

4. 敞口型涵洞

敞口型涵洞类似有排水边沟，但与常规排水边沟有较大区别，其特殊性在于圆周向开口方向在侧面，而常规结构开口方向在底面。涵洞存在较大偏压。设计在开口段竖向和横坡方向设置两根型钢支撑，间距约 1 m，与波纹管铰接，相当于横着摆放的敞口式波纹板结构，这种涵洞具备两个主要功能：① 排水或输水功能；② 支护或挡土功能。建成后维护非常方便。

如图 3.4 所示为国外某敞口型涵洞。

图 3.4　敞口型涵洞

5. 渗透型涵洞（见图 3.5）

图 3.5　渗透型涵洞

6. 大纵坡涵洞

我国西部山岭重丘区分布广泛，为满足修筑公路中的排水问题，要么在高填方上修筑涵洞，要么修建大纵坡涵洞。

对于高填方涵洞，存在工后沉降较大的问题；对大纵坡涵洞，存在冲刷大的问题。本节介绍一种技术方案——阶梯式波纹管涵。

工程案例为云南大戛高速公路，横穿道路的某山沟纵坡竟然高达 30%，为了解决纵坡问题，工程师提出了阶梯式波纹管涵技术方案。该方案波纹管涵洞直径 2.5 m，每隔一段设置一处跌水，在涵洞内设置耗能措施，有效解决了冲刷问题。同时，为了便于施工，设计力求标准化，横向管及竖向管为一个组合单元，该涵分别由四个标准组合单元铺设完成。为防止竖向管压缩，管体设置了型钢竖向增强肋，如图 3.6 所示。

图 3.6　大纵坡涵洞

7. 天然气保护涵

广西大浦高速公路项目某天然气管保护拱涵，跨径 15.0 m，矢高 7.5 m，波距 380 mm、波高 140 mm、壁厚 9 mm，如图 3.7 所示。相比较采用传统钢筋混凝土框架结构或者桥梁结构，钢波纹板结构具备施工速度快的显著优势，可快速拉通施工纵向便道，大大节约工期。

图 3.7　天然气保护涵

8. 古井保护涵

某高速公路路基占用了既有的古井，村子里的人世代用这口井取水，对古井很有感情，虽然现在通了自来水了，这口井也闲置，但已经成了村里人的情怀和在外游子的牵挂。项目公司采用钢波纹管涵做古井保护，如图 3.8 所示。

图 3.8　古井保护涵

9. 涵洞接长快修

石太二通道 6 m×5 m 箱涵水毁后，采用波纹钢管接长快修，直径 8 m，波距 380 mm、波高 140 mm、壁厚 7 mm，如图 3.9 所示。

10. 矿山排洪渠道

延安某矿山排洪通道，主沟涵管直径为 3.0 m，支沟涵管直径为 2.5 m，偏沟涵管直径为 1.5 m。如图 3.10 所示。

图 3.9　涵洞接长快修

图 3.10　排洪渠道

11. 临时便道涵洞

河北京雄高速廊坊段施工便道快修工程，直径 3 m、2 m，波距 200 mm，波高 55 mm，壁厚 4 m，如图 3.11 所示。

12. 抗洪抢险涵洞

2018 年 8 月 3 日，青海省海东市乐都区突降暴雨，造成省道 226 线通往乐都区蒲台乡中坝水库的一座小桥垮塌，致使水库库区唯一一条与外界沟通的道路中断，库区内 2 万余人受困，且水库水位的不断上涨也带来了严重的威胁。

灾情就是命令。根据青海省交通厅公路局、海东市交通局和乐都区交通局的紧急部署，8 月 4 日上午 10 时许，直径 3 m、总长 8 m 的钢制波纹涵管已运至现场。由于洪水冲刷和渣土车碾压，导致小桥大部分梁板已坍塌，渣土车也掉入河中。按照紧急商定的救援步骤，先将渣土车吊运上岸，拆除坍塌的梁板，再对波纹管进行拼装，并放置于河道内，最后进行回填。

（a） （b）

（c） （d）

图 3.11 临时便道涵洞（京雄高速）

通过紧张有序的施工，截至 8 月 5 日早上 6 时，应急涵洞已完成修筑，道路也已恢复通车。钢制波纹涵管运输方便、安装快捷的特点在此项目中一览无遗。

建成的涵洞如图 3.12 所示。

图 3.12 抗洪抢险涵洞

3.1.2 新建中小跨径桥梁应用案例

1. 箱型拱桥

青海省西宁乐都区的扎碾公路上修建了一座跨河桥——和谐桥。

该桥采用波纹板结构拼装成箱型拱,降低了拱体高度的同时加大了过水断面,侧面设置侧墙,采用砌体面砖装饰,整体与环境十分协调。波形采用大波型横向分 7 片进行拼装,表面刷涂了蓝色油漆,如图 3.13 所示。

图 3.13　和谐桥

当道路填土高度受限时,也可采用钢波纹板箱型拱桥(见图 3.14),箱型拱桥一般填土高度较小,但桥下净空较大,该种结构受力有 3 个设计控制截面,即拱脚、拱肩和拱顶,设计时主要控制受力断面为拱顶和拱肩。对于箱型拱桥的计算,目前国内尚无设计规范和相应设计公式,可根据加拿大公路桥梁设计规范进行设计内力的计算。

图 3.14　低拱型桥

2. 星寨桥

星寨桥位于重庆市秀山土家族苗族自治县清溪场镇星寨村,这里是土家族、苗族等少数民族聚居地,历史悠久,风光秀丽,"秀山花灯"闻名全国。为方便老百姓出行,茅以升科技教育基金会、北京交通大学教育基金会、秀山土家族苗族自治县交通局、清溪场镇人民政府四方合力建造爱心公益桥——星寨桥,它是我国首座薄覆土钢波纹板拱桥,如图3.15所示。

图 3.15 星寨桥

本桥为单跨10 m的钢波纹板上承式拱桥,桥梁最大长度为16.5 m,桥宽5.7 m。拱圈中心线半径为6.25 m,拱圈夹角为106.26°。拱圈矢高2.5 m,矢跨比1/4。主拱圈截面形式为板拱桥,结构体系为无铰拱。拱圈采用等截面波纹钢,波纹钢波形尺寸为380 mm×140 mm×5.75 mm(波长×波高×板厚),上覆填土。桥台采用重力式桥台,基础为扩大基础。桥面照明设施采用以光伏板供电为主的太阳能路灯。栏杆采用石栏杆,涂有荧光材料。

3. 大跨径梨形波纹板桥

案例一:河北邯郸某旅游区的大跨径梨形波纹板桥,该桥跨径15.3 m,此外,桥梁矢高10.6 m,采用381 mm×140 mm大波形,钢板厚度9.0 mm,桥梁总宽度9.0 m。桥涵底部回填1 m高混凝土,中间留1.0 m×1.0 m排水沟。

结构断面为梨形,截面下宽上窄,对于通道工程而言有着独特优势,但拱脚的受力较为不利,需要严格的受力分析和特殊的构造措施处理。如图3.16所示。

案例二:青海省玉树州交通局示范项目曲麻莱县梨形钢波纹板桥全长

30 m，桥面宽 6.5 m，桥梁共 2 跨，单跨长 7.5 m，拱形结构采用大波距板型钢波纹板拼装而成，侧墙为钢波纹板夹筋土挡墙，如图 3.17 所示。

图 3.16　大跨径梨形波纹板桥（1）

图 3.17　大跨径梨形波纹板桥（2）

该座桥梁位于海拔 4 600 m 左右的三江源自然保护区内，主要采用了冷弯轧制的热浸锌钢波纹板为基础材料，具有强度高、柔性好、使用寿命长、施工工期短、环境亲和度高，以及建设成本及维护费用低等优点，是替代钢筋混凝土结构的新型材料。

4. 大跨径圆弧拱桥

该项目位于印度，为分离式立体交叉项目，桥梁结构共布置两跨，桥下通行汽车，净高 6.5 m，采用单孔单向通行方式，如图 3.18 所示。

桥梁上为新建公路，双向两车道（宽度布置为 2 m×3.5 m，共 7.0 m），车行道横坡 2%，外侧设置 1.5 m 宽度的土质边坡，边坡内设置波形防撞护栏，外侧各设置 1.5 m 宽的人行道。人行道外侧设置护栏，护栏外侧设置 1.0 m 宽度的高压线电杆。

主要设计参数：跨径 13.0 m，拱高 8.5 m，波形 400 mm×150 mm，覆土高度约 3.5 m，长度 44.3 m。波纹板顶面半径 6.5 m，拱肩半径 9.3 m，两跨之间的净距为 2.0 m。

图 3.18　大跨径圆弧拱桥

5. 多段圆弧拱桥

案例一：大跨径波纹板结构在国外特别是发达国家已广泛应用，实际上，国内在大跨径波纹板结构应用方面也早有尝试，现简要介绍一座广东湛江某项目工程应用。跨径布置为 2 m×10 m，桥下为双向四车道公路。为有效扩大桥下通行净空，减少结构跨度，该项目截面形式采用双圆弧形式，其横断面如图 3.19 所示，拱顶覆土高度为 1.83～2.0 m。波形采用 380 mm×140 mm，波纹板片之间采用 M20 高强螺栓连接，每个横向接缝设置 3 排螺栓，纵向接缝为单排螺栓。防腐采用镀锌防腐工艺，镀锌量单面不小于 600 g/m²。

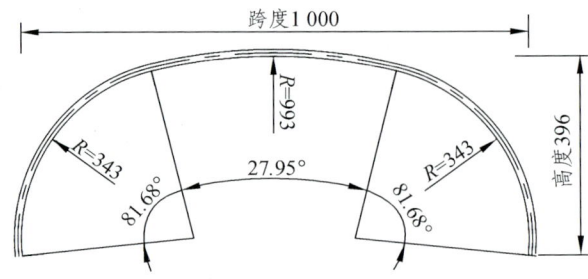

图 3.19　波纹板构造图

桥梁基础采用钢筋混凝土倒 T 形扩大基础，两跨之间共用一个扩大基础，波纹板片之间空间狭小，为提高填料的密实度和抗压刚度，采用 5%水泥稳定碎石或轻质土。剖面如图 3.20 所示。

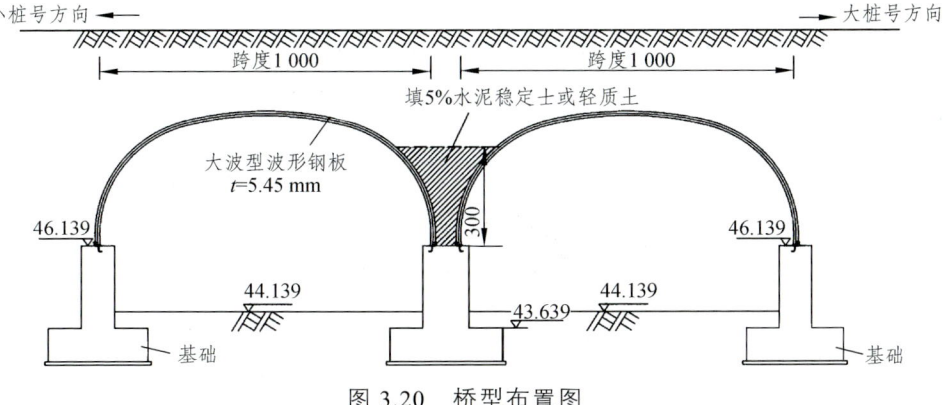

图 3.20 桥型布置图

洞口采用削竹式洞口，洞口周围采用钢筋混凝土加劲肋进行加强处理，以提高洞口的抗变形能力。两侧及拱顶土层按分层填筑、分层碾压或夯实的原则进行，波形钢板前后 10 m 及顶部的土层压实度要求达到 96%。

现场施工照片如图 3.21 所示。

（a）

（b）

（c）

图 3.21 施工照片

案例二：广梧高速项目。

广梧高速公路是中国国家高速公路网中广昆高速公路的一段，其起点设在广东省肇庆市高要区马安镇，终点设于广西梧州市苍梧县，全长 158.324 km。由广云高速公路、云梧高速公路和苍郁高速公路 3 部分组成。

广梧高速公路波形钢板拱桥，跨度 10 m，位于广梧高速公路河口至平台段第八合同段 K66+265.5 处，基础采用扩大基础，上部结构为大波型钢板安装成型的金属结构。

现场施工照片和建成后的照片如图 3.22 所示。

图 3.22 广梧高速项目

案例三：韩国某拱桥。

该桥跨越城市内一条小溪，跨度约 10 m，采用多段圆弧波纹板结构以适应路面标高的限制，以钢筋混凝土扩大基础，端部采用钢筋混凝土实体墙，墙面设置了花纹，提高了景观效果，其中水流入口处的端部与波纹钢板跨度方向垂直，水流出口处的端部与波纹钢板跨度方向斜角。现场照片如图 3.23 所示。

（a）水流入口

（b）水流出口

图 3.23　韩国某拱桥

6. 斜交桥

2017 修建阜平通惠桥，跨径 8 m，矢高 4 m，填土高度 2~3 m，波形参数 400 mm×150 mm，壁厚 7 mm，如图 3.24 所示。

图 3.24　双孔斜交桥

7. 重载交通桥

如图 3.25 所示为内蒙古某煤矿立交通道,跨径 10 m,矢高 5 m,波距 381 mm,波高 140 mm,钢板壁厚 7.75 mm。

图 3.25 重载交通桥

8. 多跨拱桥

山东新泰洛沟至马赵公路桥涵工程,10 孔并排替代桥,斜交 60°,跨径 8.1 m,矢高 5.6 m,波距 200 mm,波高 55 mm,钢板壁厚 6 mm,涵管长度 44 m,管顶填土 2~3 m,如图 3.26 所示。

图 3.26 多跨拱桥

9. 大跨度高填方斜交桥梁

某新建城市主干道,设计速度 60 km/h,路基宽度 50 m,设计荷载为城 A 级。

拟新建钢波纹板桥梁跨越小河,为满足桥下行洪要求,计算跨径和计算失高为 15.0 m×6.0 m,为圆形断面,倒 T 形桥台、扩大基础,斜交 44°。

钢波纹板拱圈波形采用 380 mm×140 mm,厚度 9.0 mm,材质 Q345,采用 3 排 M24 高强螺栓接缝连接,钢波纹板与扩大基础采用角钢进行连接,角钢与扩大基础采用地脚螺栓连接。

为了能够尽量保证斜交钢波纹板桥梁沿线路方向两侧在水平方向上的土压力平衡,施工过程中尽量保证两侧填土高度一致,合理进行修坡,斜交钢波纹板桥梁两侧填土如图 3.27 所示。

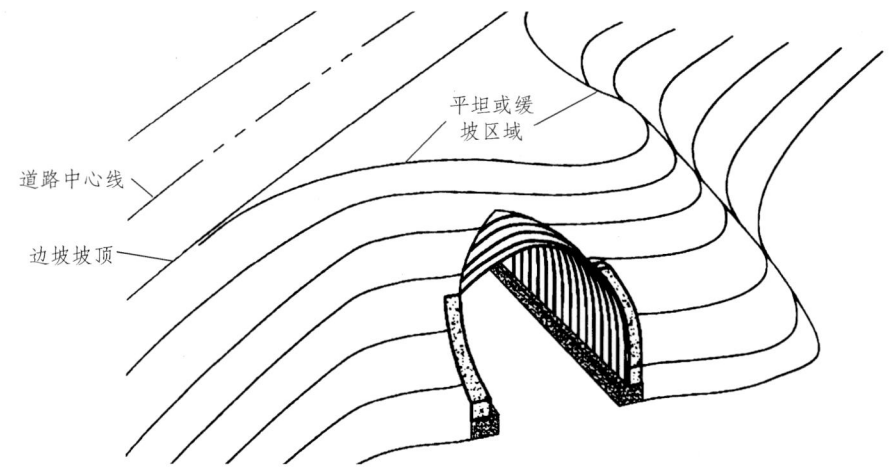

图 3.27 斜交钢波纹板桥梁两侧填土示意

为了能够更好地抵抗钢波纹板的变形,增强钢波纹板的刚度,沿钢波纹板桥梁中心线每隔 1.5 m 设置一道钢架。洞口采用削竹式洞口。为缓解削竹式洞口刚度偏弱问题,洞口往外侧延伸 1 m,并设置 50 cm×50 cm 混凝土加强圈梁。钢波纹板桥立面图如图 3.28 所示。

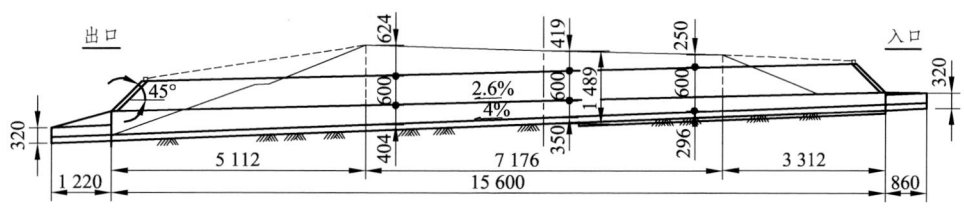

图 3.28 钢波纹板桥立面图

钢波纹板桥标准横断面如图 3.29 所示。

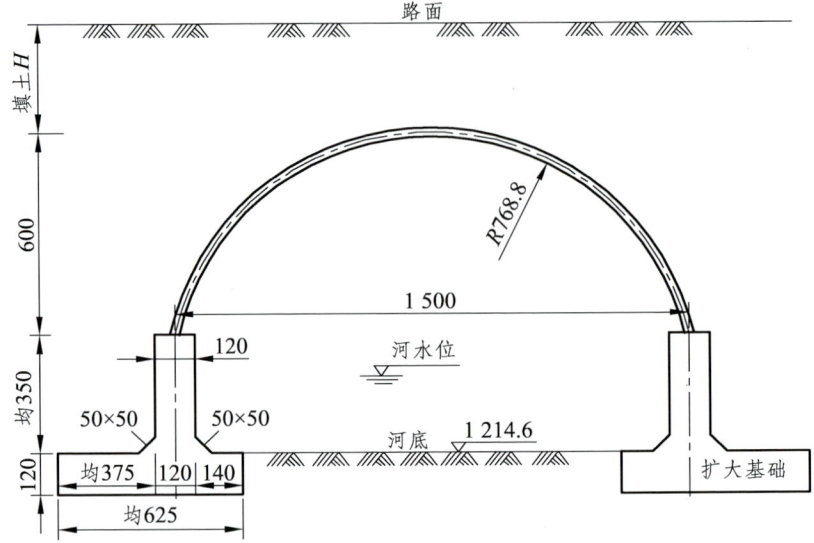

图 3.29　钢波纹板桥标准横断面

10. 农村小桥

湖南某道路跨越天然溪流,拟修建一座桥梁跨越溪流。

综合技术、经济和工期,推荐采用波纹板拱形结构。

主要施工过程:

(1)施工扩大基础,同期在工厂内预制钢波纹板结构,并在岸边上拼装首段波纹钢板结构,如图 3.30 所示。

(2)吊装岸边拼接完成的波纹板结构后,拼装剩余部分,如图 3.31 所示。

图 3.30　在河边拼装首段波纹板结构

图 3.31　在桥位处拼装

（3）拼装完成后，开始施工钢筋混凝土侧墙和桥面板，如图 3.32、图 3.33 所示。

图 3.32　拼装完成

图 3.33　侧墙施工完成

11. 农村公路涵洞

河北景县农村公路小桥双孔波纹钢管，直径 5 m，波距 200 mm，波高 55 mm，壁厚 5 mm，如图 3.34 所示。

图 3.34　农村公路涵洞

3.1.3　新建通道典型应用案例

1. 圆截面通道（一）

广东某项目跨越一乡道，原设计为改移乡道并设 1 孔 25 m 中桥，乡道改路从桥下经过，改路路面宽度为 7 m。乡道连接 3 个较大自然村（常住人口约 1.8 万人），地方群众反映原设计改路不能满足当地出行需求。为长远考虑，在原有道路处增设孔径不低于 1-8 m×5.5 m 的通道，经综合比较采用 1-10 m 钢波纹管通道方案，如图 3.35 所示。

图 3.35　圆截面波纹板通道

钢波纹管通道和路线夹角为 42°，涵长 120.68 m（包括洞口部分钢波纹管），涵洞进出口为削竹式+八字墙，涵洞兼排水。为减少涵长，提高洞内亮度，一级边坡坡率由1∶1.5调整为1∶1，二级边坡由1∶1.75调整为1∶1.5并取消二级平台，路基内增设钢塑格栅，在保证路基整体稳定的前提下，尽量缩短涵长，如图3.36所示。

图3.36　圆截面波纹板通道

波纹管采用极限荷载法进行结构计算，土重按土柱重理论计算，活载不考虑板顶土柱和周围填土间的摩擦力，采用角度分布法计算，半无限弹性体理论核算。

钢波纹管壁厚按填土高度不同进行了分段设计，其中洞口及填土较低的部分壁厚为8 mm，中部填土较高的部分壁厚为10 mm。

钢波纹管波形尺寸为400 mm×150 mm，涵管采用外圈包内圈安装方式，内外圈均由6片波纹板组成。

2. 圆截面通道（二）

临离高速1 m×12 m圆截面钢波纹管结构，如图3.37所示。

图3.37　大跨径圆截面波纹板通道

3. 圆截面通道（三）

2008年修建内蒙古赤朝高速公路，直径8 m，填土高度2 m，波形参数200 mm×55 mm，如图3.38所示。

图3.38　圆截面通道（三）

4. 车行通道

宁波至东莞国家高速公路福建段，1 m×9.3 m 钢波纹板车行通道，高速公路上跨。通道长度75 m，填土高度2~4 m，如图3.39所示。横断面采用开口断面，跨径9.3 m，矢高6.5 m，下部结构采用倒T形钢筋混凝土扩大基础。波形采用380 mm×140 mm，壁厚8 mm，材质Q235。实景如图3.40所示。

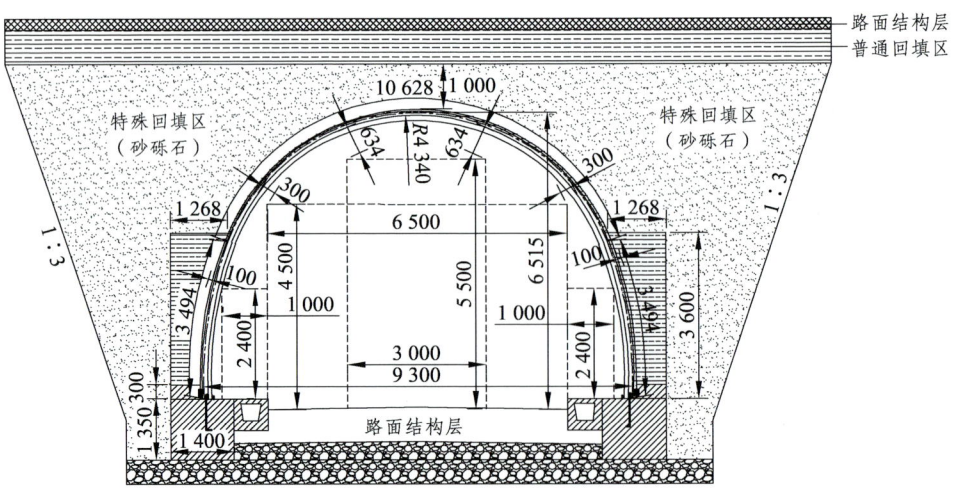

图3.39　通道断面设计图

图 3.40 通道实景照片

5. 框架式通道（见图 3.41）

图 3.41 框架式通道

3.1.4 桥涵加固应用案例

1. 石拱桥加固

云南省丽江市松坪傈僳族彝族乡位于五郎河的东岸，彝族、傈僳族、纳西族等少数民族众多，全乡 8 个村 10 000 多名村民出行仅靠五郎河上一座长近 50 m、宽不足 5 m 的五郎桥，这是通往永胜县的必经之路。这座石拱桥始建于 1957 年，结构和防护都比较简单，由于长期缺乏保养已成危桥。

综合技术经济比较，采用波纹板结构进行拱底加固。跨径 7.8 m，矢高 3.9 m，波距 200 mm，波高 55 mm，壁厚 6 mm，如图 3.42 所示。

本项目建成后，承载力得到大大提高，工程造价得到了有效控制。随着我国公路桥梁进入大规模养护期，这种新型旧桥加固方案具有承载力高、耐久性好、工期短、造价低等显著优势，已经在国内很多旧桥加固拼宽工程中应用，取得了很好的经济和社会效益，值得推广。

图 3.42 加固前后对比

2. 其他石拱桥加固（见图 3.43）

（a）圆弧拱

（b）石拱桥加固（圆弧拱）

(c)石拱桥加固(半圆拱)

(d)梨形结构

(e)多孔圆形结构

图 3.43　石拱桥加固

3. 石拱涵加固

案例一：某项目涵洞原设计采用 4 m×3 m 圬工（浆砌块石）拱涵，涵长 38 m，填土厚度 6~7 m。由于结构采用圬工砌体结构，荷载等级低，整体结构受力差，在车辆轮荷载直接反复作用下产生了下挠变形，主要部件（如墙身、基础、顶板）及拱形构造物主要部件（如拱墙、环形拱顶）均出现多条影响使用安全功能的竖向、横向裂缝或环形裂缝，有的裂缝宽达 1 cm 以上，严重地影响涵洞的使用功能。

该涵洞经检测评定为三类涵洞。

经过前期综合比较，既有拱涵采用钢波纹板结构进行加固，拱涵延长段同样采用钢波纹板结构，均采用 200 mm×55 mm 波形钢板，下部结构采用钢筋混凝土基础。既有拱涵与加固钢波纹板之间填充 C30 自密实混凝土。钢筋混凝土基础与既有拱涵侧墙之间采用植筋连接。钢波纹板与钢筋混凝土基础之间采用槽钢连接，如图 3.44 所示。

图 3.44　涵洞加固前后对比图

案例二：某穿镇公路是沪昆高速公路的一条重要连接线，该公路于 2012 年进行改造，公路等级为三级，交通量较大，路基宽 8.5 m，水泥混凝土路面宽 7.0 m。

石江小桥位于该条公路上，建于 1976 年 5 月，无设计文件、施工文件及竣工文件。2012 年公路改造时，进行了加高，现桥梁全长 7.4 m，桥宽 8.5 m，桥面净宽 7.2 m，两侧桥头路基宽 8.5 m，路面宽 7.2 m。桥梁上部结构为无铰板拱，跨径为 5.0 m，拱圈厚度 40 cm，矢跨比 1/3，浆砌片石桥台，扩大基础。设计荷载等级为汽车-15 级，洪水频率为 1/25，不通航。

设计上对原有圬工拱桥全部保留，并采用钢波纹板结构进行加固，拓宽区采用波纹板拱型结构，拱形钢波纹板两侧拱脚采用平直钢波纹板连接，拱形钢波纹板与平直钢波纹板之间采用槽钢和高强螺栓连接，连接之前对拱形波纹板拱脚进行切角，以匹配连接槽钢，老桥主拱圈与加固钢波纹板之间填充 C30 自密实混凝土。

如图 3.45 所示。

图 3.45　石拱涵加固前后

案例三：广东河源木棉桥旧桥改造项目，老桥为 6 m 石拱桥，运营多年，老桥桥台开裂，不能满足日益增长的交通量的要求，2012 年对本桥采用钢波纹板技术进行加固。从图 3.46 中可以反映出，施工效果和运营状况良好。

图 3.46　石拱涵加固

案例四：文竹桥为单跨实腹式石拱桥，全桥长 7.4 m，净跨径为 5.5 m，桥面净宽 6.3 m。拱上建筑为实腹填料，沥青混凝土铺装，重力式桥台，扩大基础，基底为坚硬的岩石。该桥于 1970 年 7 月建成，桥下有河流，如图 3.47 所示。

图 3.47　老桥实景图

老桥基础冲刷严重，翼墙开裂。如图 3.48 所示。

图 3.48　老桥结构图

加固方案为采用半圆形钢波纹板结构作内衬对拱圈进行加固，波纹钢板与既有拱圈之间灌注混凝土，同时对老桥桥面、桥台及基础进行加固。2014年加固后，目前运营状况良好。如图 3.49 所示。

图 3.49　成桥后实景图

4. 混凝土拱桥加固（见图 3.50）

图 3.50　混凝土桥加固

5. 圆管涵加固

浙江丽水钢筋混凝土圆管涵加固采用波纹钢管,直径 1 m,波距 125 mm,波高 25 mm,壁厚 3 mm,如图 3.51 所示。

图 3.51 圆管涵加固

3.1.5 桥涵加固拼宽应用案例

一座桥梁原设计为圬工拱桥,原加固方案为拆除重建,但需中断交通,桥位附近受民房、地形等影响,临时便道修筑困难。经反复论证,拟采用钢波纹板结构进行旧桥加固和拼宽。

上部拱圈采用钢波纹板结构进行加固,拓宽区采用波纹板拱型结构,采用 200 mm×55 mm 波形钢板,拱形钢波纹板两侧拱脚通过槽钢与两侧条形基础连接。

老桥主拱圈与加固钢波纹板之间填充 C30 自密实混凝土。

施工时先施工条形基础,同期,钢波纹板在工厂内生产、镀锌,并进行预拼装,然后安装条形基础与钢波纹板之间的 U 形槽。

在两侧的条形基础上拼装波纹板,拼装一定长度后往旧桥方向顶推,直至拼装完成。安装完成后对填土侧钢波纹板进行涂装,涂装材料采用沥青漆。拼宽段端部设置钢筋混凝土端墙,端墙与钢波纹板采用锚栓进行连接,然后进行钢筋绑扎、立模浇筑,如图 3.52 所示。

3.1.6 通道加固

既有钢筋混凝土箱型通道工程,可采用开口断面的箱型钢波纹板结构进行承载能力加固,如图 3.53 所示。

图 3.52　旧桥加固拼宽前后对比图

图 3.53　通道加固案例

3.1.7　桥梁承插构造应用案例

随着桥梁工业化的不断发展，对于"全"预制拼装桥梁而言，预制桥墩的连接方式是最为关键的部位之一，常规的有预应力连接、连接套筒、承插式连、现场湿接缝连接等，这里介绍一种新型的承插式连接技术，即采用钢波纹板的特殊构造作为连接的槽口侧壁，提高预制墩柱与承台的连接性能。

目前常规桥墩的承插深度一般为 $1.0D \sim 1.5D$，通过预留槽和墩柱表面设置波形剪力槽和灌浆料，承插深度为 $0.7D$，经试验验证，其受力性能完全能满足规范要求。该方案在湖北省江北高速公路东延线项目中得到成功应用，该种新型构造为桥梁工业化提供了一种新方案，也为钢波纹板的应用提供了一种新的领域，如图3.54~图3.56所示。

图3.54 传统双柱式结构优化为预制拼装结构

图3.55 波纹管承插结构

图3.56 现场吊装施工照片

3.1.8 桥墩应用案例（见图3.57~图3.58）

图3.57 桥墩应用案例照片

图 3.58　桥墩加固前后应用案例照片

3.1.9　弃土场深埋涵洞

巫山县早阳新城白子溪库岸综合治理工程——支流改造（弃土场）项目，该项目共设置 3 处泄水涵洞，其中位于白子溪冲沟底部的涵洞为 1-2.1 m 钢波纹管涵，涵洞全长 835 m，白子溪钢波纹管涵顶远期回填最大高度为 50 m，波形采用 300 mm×110 mm，设计钢板厚度 9.75 mm，采用 Q460 热轧钢板制作，圆周向接缝采用三排 M22 高强螺栓紧固。

位于龙王庙沟底部的涵洞为 1-2.1 m 钢波纹管涵，涵洞全长 409 m。龙王庙钢波纹管涵顶远期回填最大高度为 43 m，波形采用 300 mm×110 mm，设计钢板厚度 9.75 mm，采用 Q355 热轧钢板制作，圆周向接缝采用三排 M22 高强螺栓紧固。

在两涵洞汇流后进入白龙钢波纹管涵，采用 1-3 m 钢波纹管，涵洞共长 168 m；白龙钢波纹管涵顶远期回填最大高度为 25 m，波形采用 300 mm×110 mm，设计钢板厚度 8.0 mm，采用 Q355 热轧钢板制作，圆周向接缝采用三排 M22 高强螺栓紧固。

主要技术标准：汽车荷载等级：城市-B 级；地震动峰值加速度系数：小于 0.05 g；涵底地基承载力不得小于 280 kPa；涵洞设计使用年限 50 年。

钢制波纹板涵管加工后须采用热镀锌等防腐处理 600 g/m²，镀锌层的平均厚度大于 84 μm。采用镀锌钢板加工的，在加工后必须进行二次处理。管连接法兰采用角钢、钢板制作。紧固件采用国标中的标准紧固件，垫片与紧固件相配。螺栓与螺母均采用热浸镀锌处理。管壁及配套附件均经过热浸镀锌处理，其镀锌层的平均厚度大于 84 μm。涵管运至施工现场后，工地现场涂刷两层含有石棉纤维厚沥青涂料。密封材料采用耐久性能较好的橡胶密封圈或方形石棉盘根密封条。

该项目于2020年实施完成，其现场照片如图3.59所示。

图3.59 巫山县早阳新城白子溪库岸综合治理工程-支流改造项目

3.1.10 高填方涵洞

湖南山区某城市主干路兼一级公路项目，该项目跨越一沟谷，沟谷纵坡较大，沟谷内有一天然水沟，采用涵洞满足过水需求。为满足城市开发需求，山沟需要回填平整，回填最大高度达30 m，考虑到纵坡过大，在沟底设置涵洞不合理，经论证拟采用填筑一定高度路基后再新建涵洞，涵洞底面距离天然沟底最大约12 m。为解决上述涵洞由于路基不均匀沉降导致的开裂问题，拟采用钢波纹板结构，波纹板结构刚度相对很小，拉压强度大，结构变形性能优。其本身固有的波纹状截面，不仅提高了结构环向刚度，而且减少了纵向刚度，纵向类似弹簧的性质，波纹板结构能同路基一起沉降，而又不过大增加结构内力，确保了结构性能。

施工时，首先对既有山沟进行挖填，采用碎石盲沟临时排水。同期在工程内预制波纹板片结构。板片重叠装运，大大节约了运输次数，节约了工程成本。施工速度快，工期节约了30%，从目前运营的情况来看，状况良好。如图3.60所示。

图 3.60　基底高填方地区涵洞工程

3.1.11　战时公路涵洞

我国钢波纹板结构的应用历史也有将近 100 年，典型的就是著名的滇缅战时公路项目。1965 年，云南公路局在滇缅公路腾冲段的大修中，挖掘出一段钢质波纹板的过水涵管，被证实为二次世界大战时期安装的。被挖出的波纹管保存在展览馆，当时情况特殊，相关设计资料缺失。值得肯定的是，在"时间就是生命""时间就是胜利的关键"的战争时期，为了满足快速运输和快速建造的要求，钢波纹管涵洞是完美之选。同样，在和平年代，对于抗洪救灾、抗震救灾的生命通道，也是完美之选。保存于云南某博物馆的涵洞结构如图 3.61 所示。

图 3.61　中国战时公路涵洞

3.1.12 钢筋混凝土复合结构连拱拱桥

成都新机场高速公路龙泉山 1 号和 2 号隧道建成了 2-10 m、长 198 m 的钢筋混凝土复合结构连拱拱桥，如图 3.62 所示。

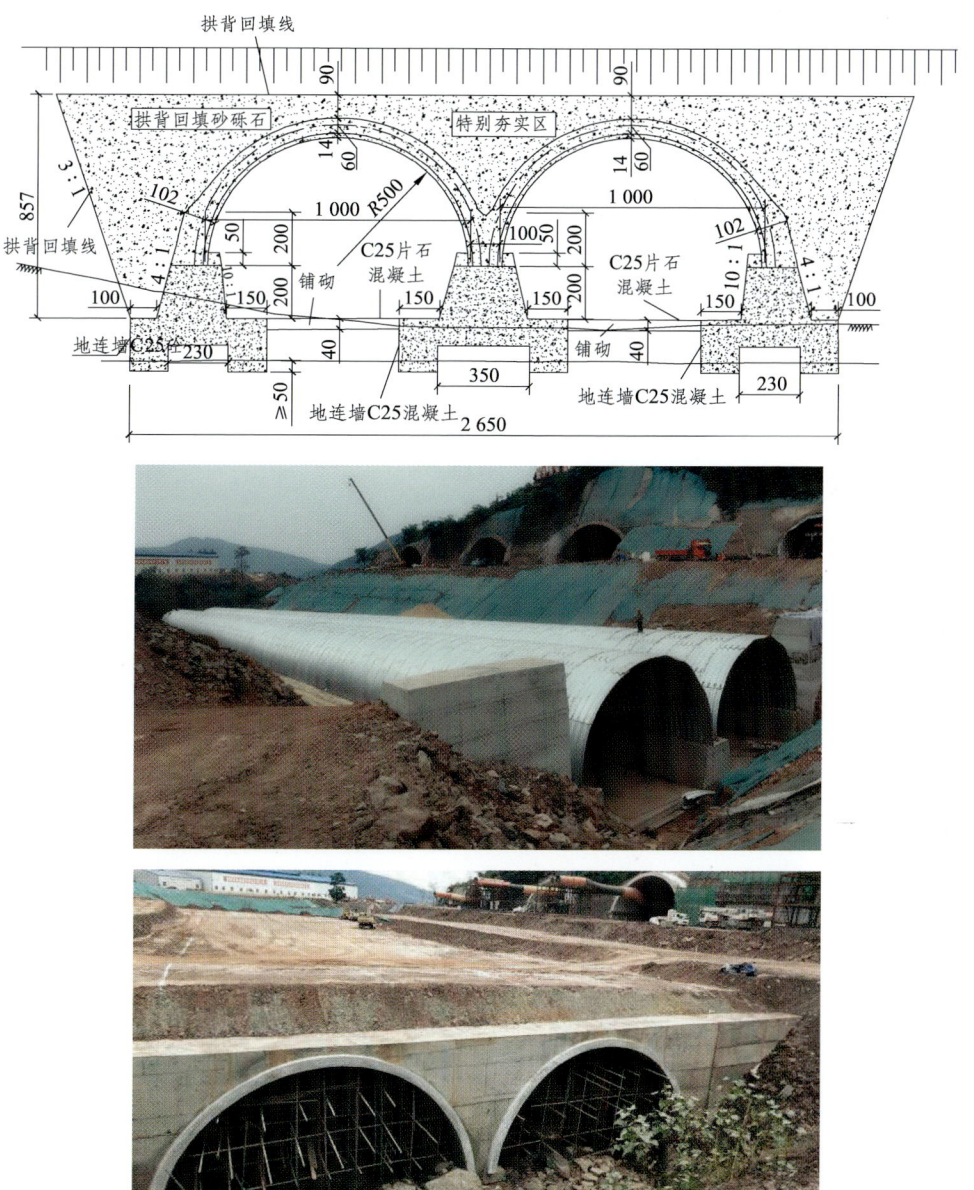

图 3.62 成都新机场高速公路钢波纹板钢筋混凝土复合结构拱桥施工照片

3.2 隧道、棚洞工程创新应用案例

3.2.1 概　述

隧道洞口的处理一直是隧道施工的关键所在，如何安全地处置"咽喉"问题是隧道设计和施工研究的热点。作为隧道的外延，明洞是业界普遍认可的安全进洞手段。然而，一般的隧道明洞采用钢筋混凝土材料，需要经过开挖、边仰坡支护、基础处理、绑扎钢筋、搭设模板、混凝土灌注、达到强度后拆模、回填土石等步骤，施工工艺复杂，建设周期长，施工质量难以控制。最重要的是，长时间的施工工期，使得隧道边、仰坡等临时工程长时间暴露，易引起垮塌等工程事故。如能有一种明洞能快速搭设成型，并能达到设计强度，必然会减少边坡暴露时间，保护作业面的施工人员，从而达到安全、经济的效果。

3.2.2 新建明挖隧道工程应用案例（见图 3.63）

（a）高拱形　　　　　　　　　　　　　　（b）梨形

图 3.63　铁路明挖隧道工程

3.2.3 山岭隧道初期支护结构应用案例

1. 钢波纹板作为隧道初期支护的技术优势

波纹钢作为隧道初期支护是切实可行的。结合波纹钢在公路涵洞中体现出的优秀性能，波纹钢用作隧道初期支护将具有以下优点：① 施工简单、快捷；② 降低施工成本；③ 在高寒地区应用可以避免混凝土的冻融破坏；④ 使隧道初期支护能够标准化设计生产，便于质量控制；⑤ 代替复杂的钢拱架+

喷锚的复合式初期支护，简化初支型式，便于规范化设计。鉴于目前我国隧道"经验施工""经验设计"的实际情况，若能成功研发出装配式波纹钢初期支护隧道施工新方法，将会对隧道工程的发展做出极大的贡献，并且带来可观的经济效益。应用实例如图 3.64 所示。

图 3.64　山岭隧道初期支护结构应用实例

2. 钢波纹板作为隧道初期支护的结构形式

波纹钢管涵结构表现出的优良受力和变形性能与波纹钢板的截面形式有关。钢波纹板是将一定厚度的钢板压成波纹形状以增加其强度，由于波纹的存在，单位面积的波纹钢的惯性矩、回转半径都远超平板形式，其抗压能力和抗弯能力都是等面积的平板强度的 10～30 倍。波纹钢板应用到隧道初期支护，根据采取隧道截面形式的不同，进行相应的波纹钢拼装模块预制，并在施工现场采用高强螺栓连接纵向与环向接头的形式完成波纹管片的拼装。波纹钢用于隧道初期支护的横断面类型主要有椭圆形拱（见图 3.65）、梨形拱（见图 3.66）、单圆弧拱、双圆弧拱等。

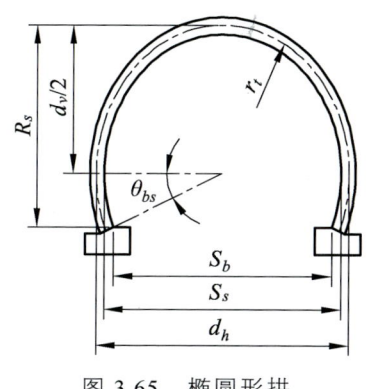

图 3.65　椭圆形拱

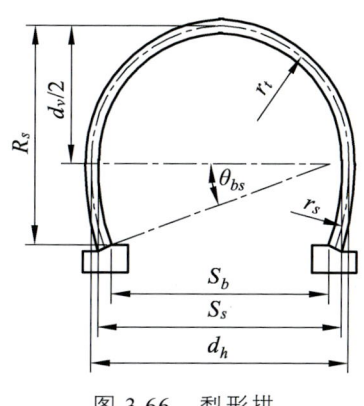

图 3.66　梨形拱

3. 钢波纹板作为隧道初期支护的适用情况

钢波纹板由于具有施工工艺简单、施工周期短、变形适应能力强等突出优点，常用于处治包括隧道软弱围岩大变形、岩溶塌方、涌水突泥等隧道地质灾害。钢波纹板除了在隧道初期支护中应用以外，还较多应用于隧道工程的后期加固。

隧道建设过程中，初期支护对于提升隧道围岩稳定性及施工安全性有着至关重要的作用。传统的初支结构在面对如岩溶、湿陷性黄土、软土等特殊地质情况下，其施作时间不可避免地有所增大，且无法很好地保证隧道安全施工。而波纹钢结构是一种具有较高承载力和较强变形能力的柔性结构，通过对围岩的弹性约束和变形实现围岩应力的重新分布，利用围岩与波纹钢初支结构的相互作用来分散上部荷载，可有效地提高隧道围岩的自稳能力。

波纹钢产品具有多样化，可根据隧道断面形状制造出适用于隧道断面的波纹钢形状；具备装配式结构的优点，可根据围岩压力选择不同截面参数，能适用于不同围岩等级的隧道初期支护。

波纹钢初结构施作完成后，可形成整体式初支，对隧道防渗效果也有着极大的增强，尤其适用于渗透性强、软弱富水的复杂地质。

工厂化生产的拼装式波纹钢板，极大减少了在隧道中的施工时间，更适用于如岩溶、软弱围岩、湿陷性黄土等对初支施作时间有着更高要求的复杂地质，也有利于降低隧道施工成本。同时，波纹钢结构对地基要求低，且具有较强的变形能力，能充分发挥钢材抗拉强度高、抗变形能力强的特点。

3.2.4 棚洞工程应用案例

公路棚洞工程在山区较为常见，传统采用混凝土结构，主要作用是提高边坡稳定性，提高抗落石能力，综合提高公路综合运营安全能力，现国内已建成一些钢波纹板棚洞结构。这些工程为棚洞建设提供了一种新的解决方案，如图 3.67 所示为云南怒江美丽公路项目棚洞工程，分别是保登棚洞、老虎跳棚洞和自把棚洞，棚洞工程端墙进行了绘画艺术设计，增强了景观效果，使得枯燥的混凝土结构更具活力。

其中保登棚洞跨径 9.5 m，矢高 4.5 m，波距 380 mm、波高 140 mm，壁厚 5 mm。

相比于传统的隧道钢筋混凝土明洞，隧道金属波纹板明洞能将绑扎钢筋、搭设模板、混凝土灌注、达到强度后拆模等步骤简化为集中生产，现场装配，大大减少施工时间，将回填土石方工程施工提前，缩短边仰坡暴露时间，快速而有力地对施工人员进行保护。采用金属波纹板代替主体部分的钢筋混凝土材料，同时还能有效地缩短工期，降低人工成本，装配式的预制管片也能减少现场施作引起的缺陷。根据相关资料，比原设计现浇棚洞相比较每米节省投资 20 157.78 元（22.6%）。

（a）保登棚洞（长度 10 m）

（b）老虎跳棚洞（长度 15 m）

（c）自把棚洞（长度 150 m）

图 3.67　云南怒江美丽公路项目棚洞工程

3.2.5　既有隧道加固工程应用案例

既有隧道加固，特别是铁路隧道，加固方案要满足不中断现状交通的需求，设计难度非常大，一种钢波纹板隧道加固新技术已经诞生，并率先在国内应用。加固基本原理：隧道加固结构采用钢波纹板内衬连接而成，钢波纹板内衬在工厂内预制完成，进行预拼装，预拼装合格以后将板片运输至现场。波纹板内衬之间现场采用高强螺栓拼接，波纹板加固结构与既有隧道壁之间灌注自密实混凝土，施工速度快，加固效果好。加固在夜间进行，不中断铁路交通，值得推广应用。方案缺点是对隧道的净宽和净高有一定要求。

东北某高铁隧道采用内接式波纹钢板拱加固，跨径 12.5 m，矢高 8.8 m，波距 300 mm，波高 110 mm，壁厚 6 mm，如图 3.68 所示。

图 3.68　铁路隧道加固工程

另外,槐树关隧道加固工程采用钢波纹结构进行加固,如图 3.69 所示。

图 3.69　槐树关隧道(跨径 8.1 m,矢高 6.1 m)

3.2.6　抗风棚洞工程应用案例

科技发达的当今社会,在海底、湖底、山体中建隧道,已经不再罕见,而在露天公路上建一条隧道却几乎没有应用实例。

省道 S201 新疆塔城地区玛依塔斯路段上,一条仿隧道防风雪棚洞建成。塔城地区空气质量好、风景优美、人文风情独特,历来是人们向往的旅游胜地。进出塔城要走省道201线，这条路上有一个长达40 km的玛依塔斯风区，年平均大于或等于8级的大风天气有150余天，最多可达180天，最高风速40 m/s。一旦遇到下雪天，大风吹起雪花就会挡住视线，风吹雪形成的积雪最高可达7~8 m，使得道路交通被迫封闭，给人们出行带来极大不便。

这座棚洞位于风力最强的省道201线额敏至铁厂沟段。棚洞的外观类似一个隧道，高8.4 m，宽13 m，全长300 m，由118根水泥立柱、挡风墙和钢波纹板顶棚构成，主体采用钢筋混凝土框架结构，可抗12级大风，主体使用年限为50年。同时，围绕棚洞还建设了330 m的防雪网和510 m的挡雪板。

玛依塔斯风区防风雪棚洞为试验工程，于2018年冬投入使用。

此棚洞是新疆首个在公路上运用的防风雪工程，用于研究棚洞工程对玛依塔斯风雪灾害治理的效果。通过2018—2019年一个冬季的观察效果后，棚洞工程将在玛依塔斯风吹雪路段全段推广，彻底解决阻碍广大人民群众冬季交通出行的问题，如图3.70所示。

图3.70　抗风棚洞工程

3.2.7　动物通道应用案例

国道345线升级改造二级公路项目梅花鹿保护动物通道钢波纹板拱桥(13 m坦拱，海拔2 500 m)，位于G345线迭部川甘界至若尔盖麦溪至甘肃玛曲段公路改建工程需要穿越铁布省级自然保护区，相比传统明洞结构造价和工期节省一半以上，视觉和景观效果更好，如图3.71所示。

绥芬河至满洲里国家高速公路海拉尔至满洲里段公路工程 K1524+850（2-13 m）动物通道采用波纹钢拱，波距380 mm，波高140 mm，壁厚10 mm，施工速度快，造型美观，如图3.72所示。

图 3.71　梅花鹿保护动物通道钢波纹板拱桥

图 3.72　动物通道

3.3　综合管廊工程创新应用案例

　　为了解决城市管线埋设管养问题,近年来综合管廊成为基础建设的热浪。随着综合管廊政策、法规、设计规范等相继出台,综合管廊作为一个新兴的行业,受到了国家、地方政府的高度重视,因此,积极开展综合管廊方面的技术研究,并在实际工程中寻求突破点。管廊结构主要有钢筋混凝土现浇结构,预制钢筋混凝土结构,钢波纹管结构,木结构等等。目前应用最多的是现浇钢筋混凝土结构,其次是预制钢筋混凝土结构,钢波纹管管廊结构。对于现浇钢筋混凝土结构，其适应性较强，但施工速度相对较慢。对于预制钢筋混凝土结构，考虑到吊装重量和接缝数量问题，一般采用单箱单室断面，采用预应力筋进行接缝预压对接。在国外，钢波纹管结构已成功应用在综合管廊中，因此，钢波纹板结构与综合管廊的结合无疑成为研究、应用的新热点。

近年来，为了解决钢材产能过剩问题，钢材价格低，国务院发文要求基础设施领域推广钢结构。在公路市政领域推广钢结构桥梁、钢结构涵洞等，在部分地区，跨越既有道路的桥梁工程优先采用钢结构桥或者钢-混凝土组合桥，有些项目全线推广钢结构桥梁，这为波纹板桥涵的推广奠定了基础。

2015年，国务院研究制定了推进城市地下综合管廊建设的指导意见，进一步明确了推进城市地下综合管廊建设的总体要求。住房城乡建设部、财政部共同确定了沈阳等10个城市开展试点，计划3年内建设地下综合管廊389 km（2015年开工190 km），总投资351亿元；据初步统计，2015年，全国共有69个城市启动地下综合管廊建设项目约1 000 km，总投资约880亿元。通过五项举措全面推动地下综合管廊建设：一是抓紧编制规划；二是明确建设要求；三是加强入廊管理；四是保障管廊质量；五是创新投融资机制。2015年5月22日新版国家标准《城市综合管廊工程技术规范》颁布。

2017年3月31日，河北省住房与城乡建设厅发布《波纹钢综合管廊工程技术规程》[DB13(J)/T 225—2017]，主要内容包括总则、术语与符号、基本规定、材料、规划、总体设计、结构设计、管线设计、附属工程设计、施工与验收、管理与维护。

2019年4月，由中国建筑标准设计研究院和中国钢结构协会冷弯型钢分会共同组织制定的中国工程建设协会标准《综合管廊波纹钢结构技术规程》征求意见稿。主编和参编单位包括中国建筑标准设计研究院、中国建筑科学研究院、北京交通大学、北京科技大学、山东建筑大学、北京工业大学、浙江大学、西安建筑科技大学等科研单位与高校。《综合管廊波纹钢结构技术规程》的制订，使综合管廊建设具有全国统一的评价标准与机制，以促进我国综合管廊建设向高速化、规范化发展，也必将使我国波纹钢结构在综合管廊中的应用走向新的台阶。

就截面形式而言，钢波纹板综合管廊有圆截面、圆弧拱截面、梨形截面、方拱形截面、方形截面等，其中以方拱形断面最为可靠，最为节约空间，适应性更好。

钢波纹板综合管廊需要解决好以下关键问题：

（1）根据钢波纹板综合管廊的受力特点、材料特性，确定其适用范围。

（2）从结构主体造价、施工工期、后期维护等综合分析比较钢波纹板综合管廊与混凝土综合管廊经济效益。

（3）钢波纹板综合管廊断面形式与管线综合关键技术研究。

（4）钢波纹板综合管廊强度设计、波形选择、板厚选型等关键技术研究。

（5）钢波纹板综合管廊结构防水、防腐、防火、抗浮等关键技术研究。

（6）吊装口、出入口、通风口等特殊部位设计研究。

（7）基础处理、拼装工艺、防水施工工艺等关键技术研究。

（8）钢波纹板综合管廊验收方法，检测指标。

3.3.1 圆截面综合管廊应用案例

1. 山东日照综合管廊

山东日照机场航站区市政工程中成功应用了波纹管工程，断面如图 3.73 所示。

图 3.73 山东日照机场航站区波纹管综合管廊

采用单仓断面，直径为 2 200 mm，钢板厚度为 2.7 mm，纳入给水管道、消防水管道、电力电缆、通讯电缆。最小覆土厚度为 1.5 m，管廊长度为 1 200 m，其中投料口、分支口采用现浇混凝土浇筑而成。检查口、进风口、排风口、排烟口、集水坑由波纹管制作而成。200 m 左右设置防火墙。

2014 年动工修建，历时 4 个月，总造价约 1 200 万元。

2. 棋盘山波纹管管廊工程

棋盘山国际会议中心室外包括给水、取暖、消防、空调等各类市政管线，为减少道路开挖、便于管线维护管理、提高地下空间综合利用率，拟在该区段设置综合管廊，其中干线管廊起始于员工生活用房，终止于餐饮娱乐中心，共 360.5 m，并有 7 处支线管廊，共 180.5 m，综合管廊总长为 541.0 m。

综合管廊采用镀锌钢波纹管，直径均为 2 000 mm，管壁厚 2 mm，管道内两侧立柱地步中间铺设 5 mm 厚人字钢板用作人行通道，人行道宽度为 600 mm，通道下方为排水通道。

综合管廊纳入的管线包括消防管线 4 根（DN159）、空调管线 2 根（DN259）、生活热水管 2 根（DN110）、采暖管线 2 根（DN125）。每根管线利用角钢支架，沿管廊纵向每隔 2 m 设置一处支架。

沟外最小填土为 1.5 m。

共设置检查井 5 座，主要供维修、检修作业人员以及抢险时进出，同时可兼作自然通风孔。

每隔 80 m 设置一处通风孔，共设 3 处通风孔，带有通风罩的进出风筒高出地坪 300 mm。

内设 1 台潜水排污泵，将积水抽出排入管廊外雨水井内，如图 3.74～图 3.75 所示。

图 3.74　三通管廊图

（a）　　　　　　　　　　　　　（b）

图 3.75　管廊实景图

3. 海东市综合管廊工程

海东市实施了 1 km 钢波纹管综合管廊试验段，纳入了电力、电信和给水管，如图 3.76 所示。

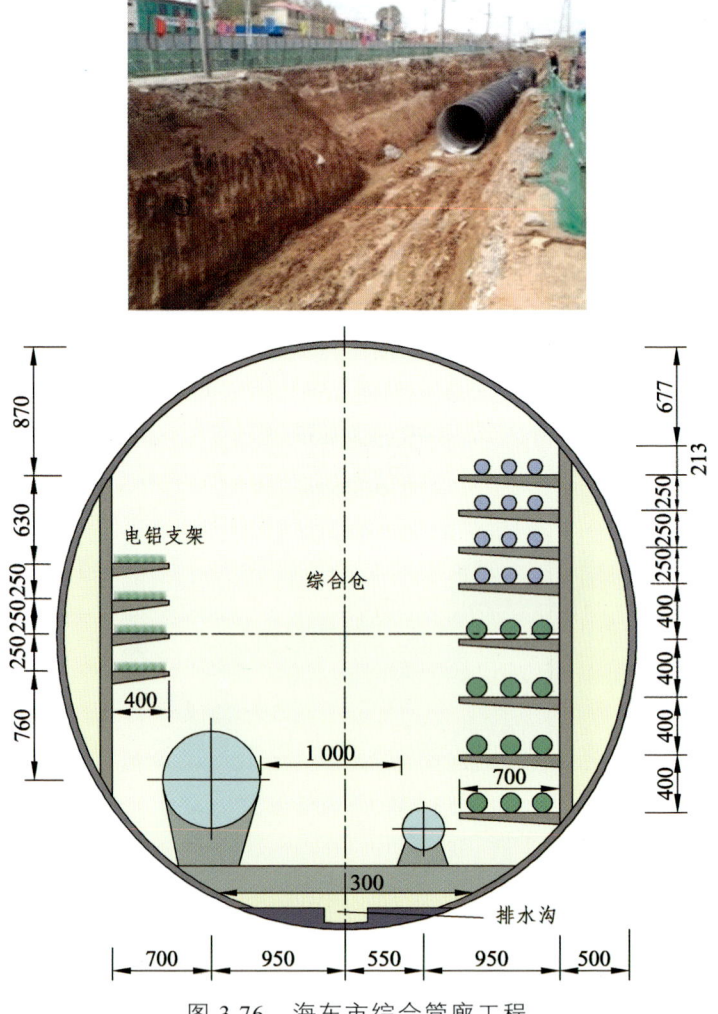

图 3.76　海东市综合管廊工程

3.3.2　圆弧拱管廊应用案例

国内第一条波纹钢管廊，建于 2001 年，该管廊位于广州市天河区猎德村的污水处理厂，场地南邻珠江河道，该厂的污泥脱水机房设有 3 条高压污泥管，从脱水间南敷设直到珠江污泥码头，以供装船外运，污泥管采用 20 号无缝钢管 D426×18 mm，输道长度 214.86 m，管内压力为 3.4 MPa，为便于检查、维修及更换污泥管，特设置了跨度为 3 m 的拱形波纹管廊连体 3 座，管廊底部标高为-3.32 m，顶部标高为-1.05 m，珠江常水位为-2.3～-1.82 m。管廊顶部地面一条公路，结构承受土体及行车的静动荷载。施工总工期约 3 个月，工程总费用 726.5 万元。位于软土区，采用碎石桩加固地基，设计的复合地基承载力不小于 120 kPa，基础底板厚 30 cm，C30 混凝土 880 m³，C10 混凝土 1 800 m³，钢筋约 100 t。

波形采用 200 mm×55 mm，内径 R=1 467 mm，最大跨度 S=2 934 mm，钢波纹板厚度 t=3 mm，如图 3.77 所示。

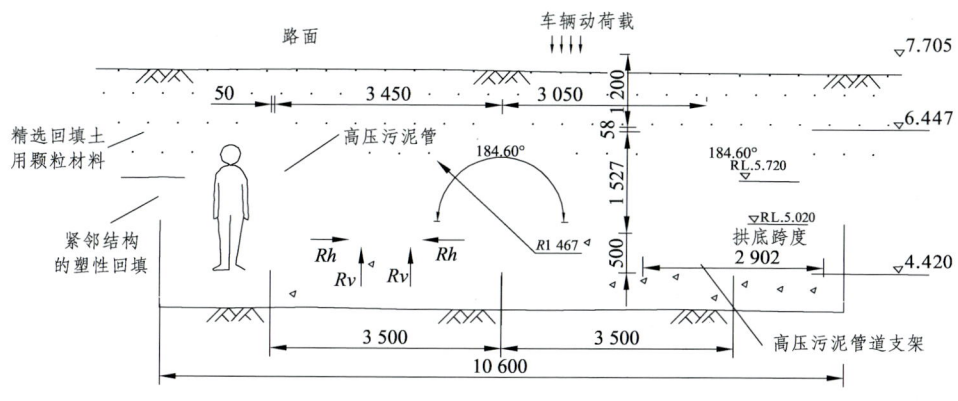

图 3.77　广州猎德污水处理厂钢波纹板管廊断面

3.3.3　梨形综合管廊应用案例

1. 德国综合管廊案例

最早的钢波纹管管廊应用于德国耶拿市，建于 1945 年，至今已使用 74 年，采用热浸镀锌防腐，使用状态良好，国内已有多批专家前往考察参观。

该综合管廊直径 2.7 m 圆形拼装波纹管，总长度 3 200 m，总造价 400 万德国马克（折合人民币 4 000 万元），主体结构全部采用波纹钢管，通风口采用直径 80 cm 的镀锌圆形波纹钢管，1992 年动工兴建，历时 1.5 年完成，内部容纳多种管线，水、气、电、通信、供暖所用管线。廊道内，管线可放置在底部，也可用支架等固定在墙上，如图 3.78 所示。由于受到廊道保护，管线几乎不受土壤压力、地面交通负荷等外部因素影响。

吊装口、出入口、通风口的设计是钢波纹板结构综合管廊的难点，如图 3.79 所示。

图 3.78　德国耶拿市综合管廊项目

图 3.79　国外某项目综合管廊口部

2. 衡水市管廊工程

衡水某综合管廊模型，断面尺寸 8.1 m×5.6 m，每圈由 9 片波纹板拼装而成，钢板厚度 6 mm，镀锌厚度 84 μm，内支撑 H 型钢采用 150 mm×150 mm，外壁密封防腐采用美国航天技术材料，厚度 1 mm，内壁防火材料，喷涂厚度 4.9 mm。内部可容纳管线：内底部设置 ϕ0.6 m 给水管、ϕ0.6 m 中水管、ϕ0.8 m 污水管、ϕ0.8 m 雨水管和预留管位 ϕ0.4 m 两个，上部设置电力电缆和通信电缆等，强弱电分开布置。顶部安装照明、监控、消防喷淋等配套设置。衡水益通公司综合管廊模型如图 3.80 所示。

图 3.80　衡水益通公司梨形综合管廊模型

随后，在河北武邑东昌街等项目中应用波纹钢综合管廊，跨径 6.5 m、2 m 拱形结构，波距 200 mm，波高 55 mm，壁厚 6 mm，如图 3.81 所示。

图 3.81　武邑东昌街等项目波纹钢综合管廊

3.3.4　方形综合管廊

重庆某公司展示的钢波纹板综合管廊，如图 3.82 所示。

3.3.5　小　结

综上所述，国内均有成功案例，成功关键不仅在于其受力性能是否满足设计要求，而且在于其防水性能和耐久性能是否满足要求。今后若推广，应在防水性能、耐久性能、防火性能等方面需要继续深入研究。

图 3.82　方形钢波纹板综合管廊模型

3.4　其他工程创新应用案例

3.4.1　概　述

钢波纹板结构适应性强，通过加工可以适应不同工程要求，属于轻型工业化建筑，已经在众多领域得到应用。本节将介绍其在挡土墙、采矿工程、海绵城市、储料设施、地下结构工程、屋顶工程、水坝工程、仓库工程、排水边沟、水池工程、基础工程等领域工程案例，以开拓设计视野，为工程人员提供参考。

3.4.2　挡土墙工程应用案例

钢波纹板作为面墙的挡土墙结构，具有施工速度快等显著优势，大大减少了传统材料的用量，特别适用于缺乏石料和水泥等地区，属于装配式挡土墙，所需的人力资源少，如图 3.83 所示。

3.4.3　采矿工程应用案例

内蒙古通辽市扎鲁特旗扎哈淖尔煤业有限公司因为跨传送胶带修建运煤道路，需建造 3 道跨胶带拱桥，3 道拱桥桩号分别为煤 101 带式输送机、煤 112 带式输送机、剥离 B11 带式输送机，如图 3.84～图 3.85 所示。采用波纹钢拱型号分别为 HG-6 m-7.75 mm/HG-6 m-7.75 mm/HG-7 m-7.75 mm，波距 381 mm，波深 140 mm，壁厚 7.75 mm，拱桥纵坡 20%，运煤车辆荷载 2×10^6 N。

图 3.83 挡土墙工程案例

图 3.84 运煤通道工程

图 3.85 砂石等材料传输通道设施

3.4.4 海绵城市工程应用案例

为应对城市内涝问题,海绵城市概念逐渐被重视,在城市建设中应用越来越多。采用钢波纹结构修建蓄水池已成功应用,如图 3.86 所示。

图 3.86　储水罐

3.4.5　仓库、储料设施应用案例

大跨径钢波纹板仓储结构具有施工速度快，造价低，耐久性好等显著优点。屋面设置了多道透光玻璃，以达到节能效果。

韩国某厂采用钢波纹板结构，如图 3.87 所示。

图 3.87　仓库工程

储料管可储存粮食、水泥、水等。该种结构采用钢波纹板拼装而成，接缝采用高强螺栓进行连接，表面采用镀锌防腐工艺，其波纹状的罐壁抗弯刚度大，较普通钢板罐壁大 20 倍左右。设计时波纹板片均为标准半径、宽度和长度。因此，预制时也非常方便，质量可控。安装时采用分片拼装，吊装质量轻。运输时单片波纹板可叠在一起，大大节约运输空间。储料罐可一次性运输完成，完成施工任务后，波纹板可拆卸，重复利用。综上所述，该种技

术具有生产便利、安装方便、运输方便、受力性能好等显著优势，如图 3.88 所示。

（a）

（b）

图 3.88 储料设施

3.4.6 地下结构工程应用案例

在灾难、战争、罪犯面前，个体显得多么无助，能做的也许就是充足的准备。一直以来，房屋建设中设置防空避难所是行业强制性要求。对于高楼大厦，一般地下停车场可作为避难场所。但对于别墅，单独设置地下停车场不太现实。为了满足这一现实要求，国外采用镀锌波纹管建造地下避难所，内部豪华程度堪比酒店。波纹管地下避难所采用螺旋管，以减少接缝渗漏问题，整体在工厂内制作完成，然后运输至现场基坑内，如图 3.89 所示。

避难所设置两个出入口，一个设置在房屋内部，一个设置在室外。避难所内部设置了厨房、沙发、电视机、餐桌、厕所、澡堂、衣柜等，能满足人们的基本需求，一个避难所可容纳 8~10 人。

(a)

(b)

图 3.89 地下避难所

3.4.7 污水处理厂顶棚应用案例

污水处理厂顶棚采用波纹板结构，具有施工快捷，性能好，造价低等显著优点，如图 3.90 所示。

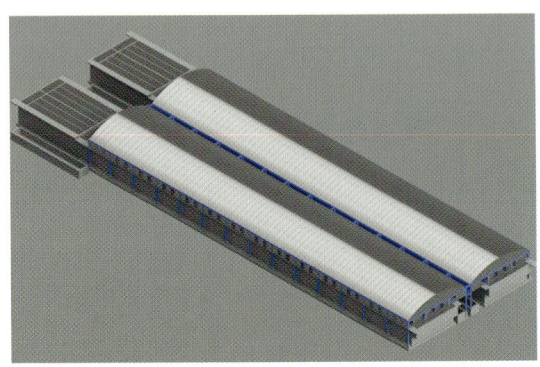

图 3.90 污水处理厂顶棚

3.4.8 水坝工程应用案例

如图 3.91 所示。

图 3.91 水坝工程

3.4.9 排水边沟工程应用案例

排水边沟在公路工程中广泛使用，敞开式排水边沟截面形式多以矩形、倒梯形为主，建筑材料通常采用素混凝土、浆砌片石等，在石材缺乏地区、缺水地区，可采用钢波纹板结构修筑排水边沟。如图 3.92 所示为国内某高速公路钢波纹板排水边沟。

图 3.92 高速公路排水边沟

3.4.10 水池工程应用案例

对于水池结构，常规采用钢筋混凝土、PE 等材料制作。对于钢筋混凝土水池结构，可采用现浇或者预制拼装工艺，但存在施工速度慢，造价高等劣势，若地质条件较差，还需进行地基处理，费用甚至更高。对于 PE 水池结构，受模具和运输条件等控制，直径一般不能超过 3 m。这种水池结构主要包括底板、池身、顶盖和连接构造等。其中底板采用现浇钢筋混凝土结构，池身采用钢波纹板结构，采用尺寸较小的标准弧形波纹板片拼装而成，波纹板片在工厂内加工成型，采用镀锌防腐工艺，然后整齐叠成一叠，大大节约了空间，运输十分方便，波纹板片在现场采用螺栓连接成整体，施工速度快，如图 3.93 所示。

图 3.93　水池结构

3.4.11　基础工程应用案例

能源一直是国家的发展战略，新能源、清洁能源是我国发展的重要方向。在苍茫的大西北戈壁滩，气候极度干旱，人烟稀少，但风能储备巨大。国家投入了大量经费用于建设风力发电站，为东部、南部和中部发达地区输送电能。然而，由于极度缺乏水和砂石材料，用于建设风塔基础的混凝土难以生产，加之人力资源缺乏，施工条件也十分恶劣。

为了解决上述系列问题，工程师们潜心研究，研发了一种镀锌钢波纹管风塔基础，如图 3.94 所示。与钢波纹管涵洞不同的是，风塔基础为竖直设置，内外侧均填满了土，这种基础具有施工速度快、免混凝土浇筑、工程造价低、抗弯承载能力大、耐久性好等优势，其中基础长细比一般控制在 2 以内，其抗弯承载扭矩可高达到 $8 \times 10^7 \sim 1.2 \times 10^8$ N·m。

图 3.94　风力发电基础工程

3.4.12　小　结

综上所述，钢波纹板结构已经在工程界广泛应用，研发了很多创新产品，解决了工程界很多技术问题。

4 创新研究典型案例的论证与实践

4.1 钢波纹板加筋土轻型挡土墙工程应用案例

4.1.1 概述

传统重力式挡土墙的稳定性主要依靠墙身自重来保证，具有墙身断面大、圬工量大、占地多、不能充分发挥建筑材料强度的特点。高寒地区，传统挡土墙施工速度慢，施工周期长，混凝土不易浇筑，严重制约了工程项目的进度和工期。完工后，传统挡土墙沉降、开裂、变形等破坏形式大量存在。钢波纹板挡土墙是一种新型的轻型挡土墙，较一般轻型挡土墙更具有优势，也更具有广阔的应用前景。钢波纹板加筋挡土墙采用波纹状钢板通过与土中的筋带、锚定板或钢拉杆连接形成的一种挡土墙结构形式。由于钢板波形的存在，增大了钢波纹板的抗弯惯性矩，使其具有优良的受力特征和较高的承载能力和稳定性，轴向和径向同时分担因荷载引起的应力应变，可以更大程度上分散荷载的应力集中，更好地发挥钢结构的优势。另一方面，与传统的加筋土挡土墙相比，加筋土挡土墙面板整体性差，抗弯能力有限，而钢波纹板整体性好，具有较好的抗弯能力，使得挡土墙的安全性和耐久性比一般加筋土挡墙更优。

从经济角度考虑，对于同一工程，轻型挡土墙比重力式挡土墙节省投资约 20%~30%，墙体越高，节省得就越多。轻型挡土墙可大大地减少用地面积，对地基承载力的要求较低，且能承受一定的不均匀沉降，其抗震性能明显优于重力式挡土墙。轻型装配式挡土墙上部结构在工厂制作，下部结构在现场施工，并完成整体拼装，具有施工方便、快速、外形整齐、简洁的特点。装配式挡土墙的投入使用可大大缩短设计和施工周期。如图 4.1~图 4.2 所示。

2017 年，钢波纹板挡土墙在海东市临空工业园区星光路上首次应用，之后又陆续应用于李家峡水电站至坎布拉公路、S312 线玛多至色吾沟公路、湟中县至平安区公路等工程上。目前《公路波纹钢板挡土墙设计规范》(DB63/T 1850—2020)、《公路波纹钢板挡土墙施工技术规程》(DB63/T 1851—2020) 和《公路波纹钢板挡土墙质量检验评定指南》(DB63/T 1852—2020) 3 项地方标准获青海省市场监督管理局批准发布，并将于 2020 年 12 月 31 日起正式实施。

图 4.1　单级钢波纹板挡土墙

图 4.2　多级钢波纹板挡土墙

青海某省道采用钢波纹板加筋土对道路进行拓宽改建（见图 4.3），有效解决了高寒高海拔地区传统混凝土挡土墙或砌体挡土墙，因低温、温差大、冻胀等因素引起的强度低、裂缝、变形、破坏，以及施工工期长、养护成本高等问题。

图 4.3　施工中的钢波纹板加筋挡土墙

青海某道路在陡斜坡路段采用钢波纹板挡墙（见图 4.4），大大减少了混凝土材料坏工量，起到了保护环境的作用，且与原方案采用桥梁工程相比，大幅节省工程投资，具有明显的经济效应，大幅缩短施工周期。

图 4.4　填筑完成的钢波纹板加筋挡土墙

四川某水坝工程采用钢波纹板加筋土挡墙替代传统的土石坝工程，减少了工程的用地和填、挖方量，同时还利用钢波纹板的不透水性解决了传统土石坝在长期渗流条件下可能发生渗流破坏的问题，并提高了高海拔地区工程水坝建设的施工效率。

4.1.2　钢波纹板加筋土挡土墙优化设计方案

（1）工程概况。

某公路左侧边坡位于构造侵蚀低中山地貌，地形起伏变化较大，自然横坡大多平缓，局部呈约30°的斜坡，该段表层以第四系全新统崩坡积层的稍密至中密的含粉质黏土块碎石为主，厚度 2.0～3.0 m，下伏基岩为吕梁期第三期侵入闪长岩，全风化层一般厚 5～6 m，强、中风化基岩岩体较完整。

原设计左侧采用桩基托梁挡土墙收坡，挡墙材料为 C20 混凝土，挡墙高度 9～12 m，以桩基承台为持力层，如图 4.5 所示。

（2）优化方案。

将桩基托梁中的重力式挡墙替换为钢波纹板加筋土挡土墙，具体为在路堤边坡外侧设置一道波纹状钢板，尺寸为 300 mm×110 mm×4 mm 镀锌波纹板，在桩基承台上设置钢波纹板基座，基座宽 1.5 m，高 0.5 m，C30 混凝土现浇，和承台之间采用两根 25 mm 的钢筋连接，钢筋总长 1.0 m，进入承载 0.6 m，进入基座 0.4 m，最下面一块钢波纹板伸入基础 0.3 m，待钢波纹板就位后再浇筑基座。

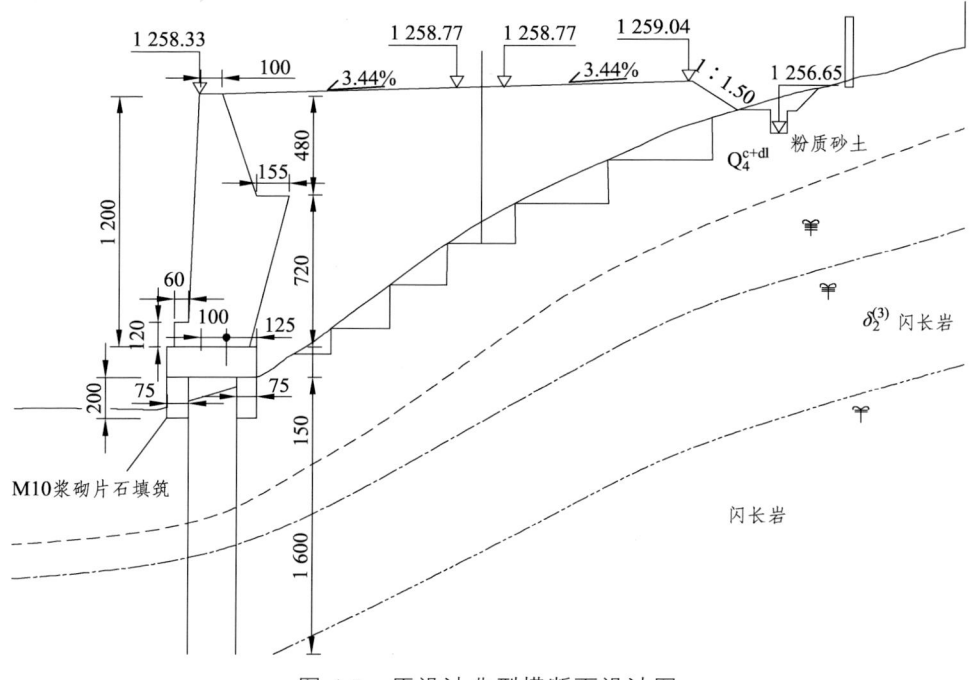

图 4.5 原设计典型横断面设计图

土工格栅与钢波纹板相连,自下而上铺设钢塑土工格栅,第一层土工格栅位于基座以上 0.1 m,垂直间距 0.4 m,水平间距 0.5 m;其中下部 5.6 m 高度的土工格栅长均为 10 m,上部土工格栅长均为 14 m,直到路床以下。第一层土工格栅下铺设 10 cm 的砂砾石垫层用于梳排地下水,砂砾石垫层下部设 10 cm 的 C20 小石子混凝土隔水层,隔水层与原始地面线之间采用 8%石灰土回填。由于内侧为一斜坡,对于底部横向宽度存在不足 10 m 的,在保证砂砾石垫层铺设的情况下,开挖 L 宽度后采用 1∶0.75 的临时边坡开挖,如图 4.6 所示。

(3)桩基托梁与钢波纹板加筋土挡土墙对比。

采用钢波纹板加筋挡土墙替换原衡重式挡土墙,在外侧设置一道波纹状钢板,通过与土中的筋带连接形成一种挡土墙结构形式。由于筋带的存在,增大了钢波纹板的抗弯惯性矩,使其具有优良的受力特征和较高的承载能力和稳定性,轴向和径向同时分布因荷载引起的应力应变,可以更大程度上分散荷载的应力集中,更好地发挥钢结构的优势。在墙背土体设置拉筋带施加拉力,通过筋带与墙背土体的摩擦作用提供给立板拉力,即在立板上施加水平向土体一侧的拉力,拉力将产生逆时针向弯矩,从而平衡部分侧向土压力产生的弯矩,使得底板与立板交接处受到较小的弯矩。

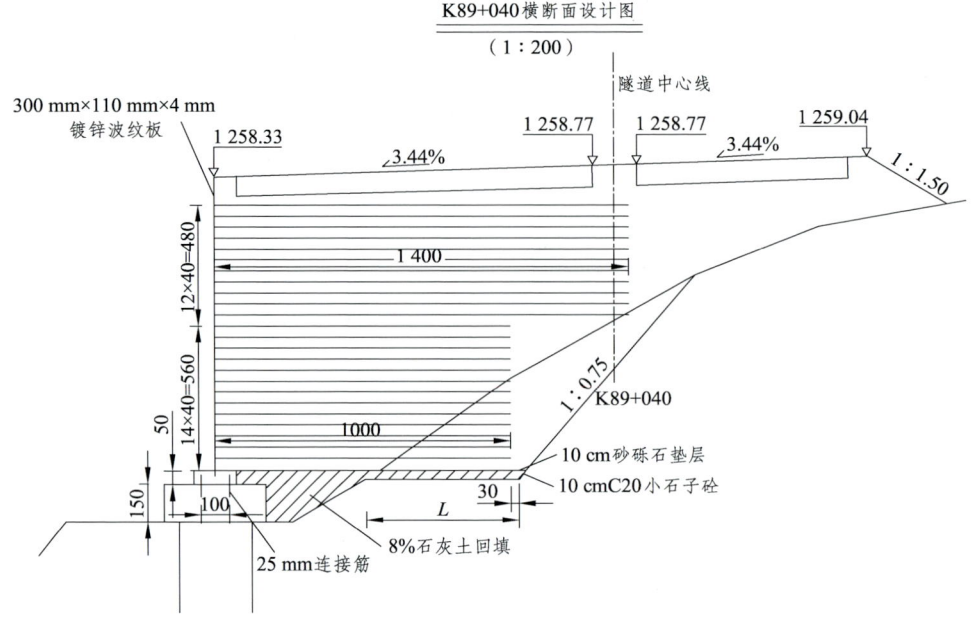

图 4.6 钢波纹板加筋挡土墙典型横断面图

与衡重式挡墙相比,钢波纹板加筋土挡墙节省了混凝土等材料的用量,施工快速,同时加筋土对地基与桩基托梁承载力的要求更低,整体大幅减少工程建设投资和建设周期。

(4)现场监测。

虽然国内已有诸多加筋土挡墙成功应用的实例,但采用钢波纹面板的加筋挡土墙可借鉴的相关工程经验十分有限。加之该工点为斜坡路基且挡墙高度较高,在施工过程中及工后的结构变形及稳定性问题十分重要。通过开展现场监测试验,不仅可以对施工过程及工后的结构受力变形、稳定性等进行实时监控,其试验成果还可以对今后类似结构的设计、施工及推广应用等提供重要参考。

该监测方案根据工点的实际情况,结合类似工程的相关监测方案经验,共布置了6种监测仪器,以充分反映钢波纹板加筋土结构的受力及变形状况。钢波纹板应变计用于监测钢波纹面板的受力变形情况;土应变计用于监测板后土体的侧向变形情况;分层沉降计用于监测板后土体的竖向沉降情况;柔性位移计用于监测土中筋带的受力变形及分布情况;竖向和侧向土压力盒分别用于监测竖向土压力和墙背侧向土压力分布情况;孔隙水压力计用于监测加筋土体中的孔隙水压力情况;监测桩结合水准仪可监测钢波纹板加筋土结构顶面的变形情况。各监测仪器的组合及布设位置考虑了监测数据的协同及结构受力变形分析的需要而确定,现场共选取两处典型断面进行监测仪器布置。布设方案及监测仪器工程数量表如图4.7。

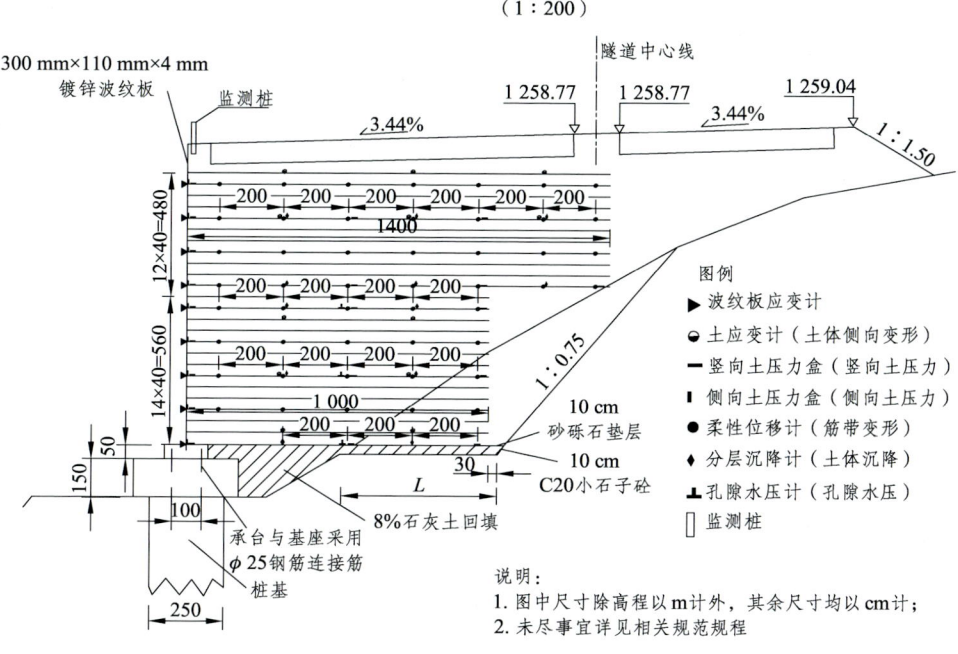

图4.7 K89+040典型断面监测仪器布置图

4.1.3 钢波纹板挡土墙数值模拟稳定性分析案例

(1)材料及参数。

以四川某公路钢波纹板挡土墙工程为例,存在两组典型断面,分别为墙高6 m的一级挡土墙和第一级挡土墙高5 m,第二级挡土墙高4 m,平台宽2.5 m的两级挡土墙。

设置挡墙模型宽度为3 m。蓝色部分为路基填料,绿色为原地层(见图4.8)。一级挡墙模型单元总数为12 360个,二级挡墙模型单元总数为24 700个。岩土体参数如表4.1所示。

表4.1 岩土体参数

土体参数	密度/(kg/m³)	体积模量/Pa	剪切模量/Pa	内摩擦角	黏聚力/kPa
原地层	1 780	2.2×10^7	1.4×10^7	30°	5
填料	1 820	2.6×10^7	1.6×10^7	32°	10

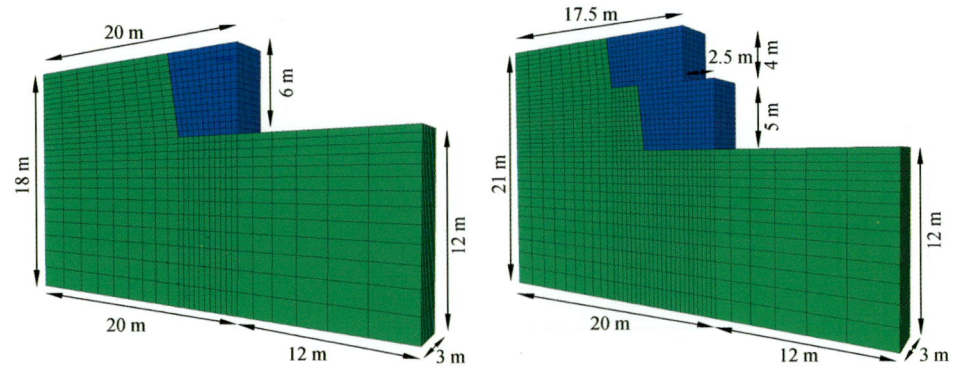

图 4.8　钢波纹板挡土墙路基土体模型

钢波纹板采用 300×110×4 型波纹板,其截面形式如图 4.9 所示,其钢波纹板具体几何参数如表 4.2 所示。

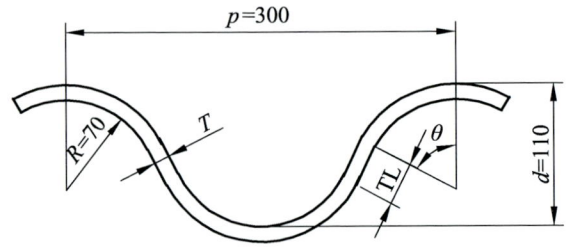

图 4.9　波纹板截面图及截面特征参数

表 4.2　钢波纹板几何参数

参数	壁厚 T/mm	切线长度 TL/mm	正切角度 θ	截面积 /(mm²/mm)
钢波纹板	4	54.04	56.660°	5.238

在 FLAC3D 中,采用 liner 单元建模。两级挡墙路基模型的钢波纹板第一级板高 5 m、宽 3 m;第二级板高 4 m、宽 3 m(见图 4.10)。钢波纹板的计算参数参考《冷弯波纹钢管》(GB/T 34567—2017)规范取值,如表 4.3 所示。

表 4.3　钢波纹板参数

参数	壁厚/mm	弹性模量/GPa	泊松比	密度/(kg/m³)
钢波纹板	4	200	0.3	8 000

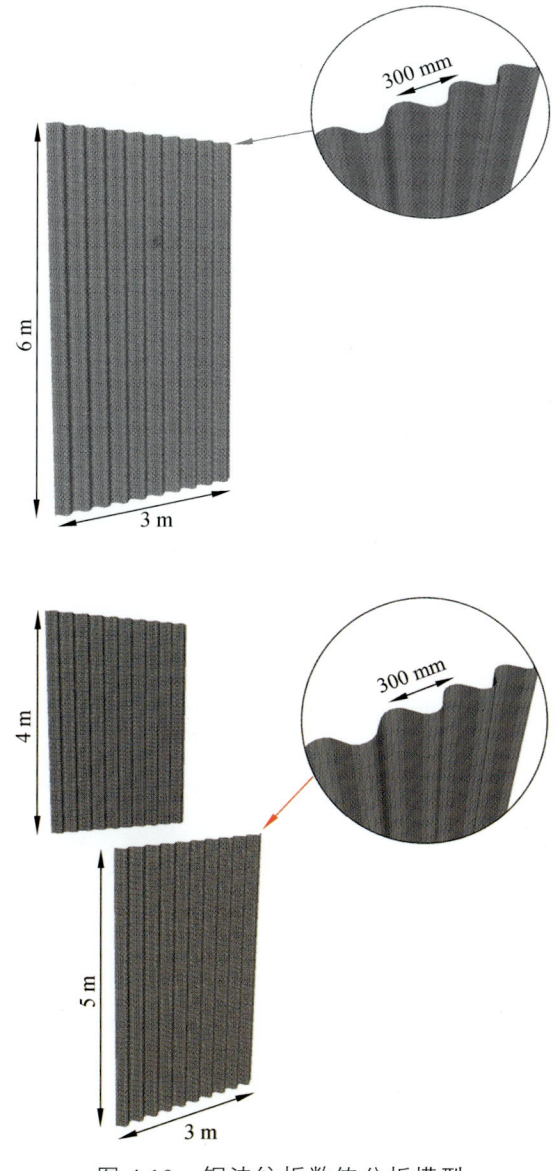

图 4.10 钢波纹板数值分析模型

在数值模拟中,可将单根的筋带简化为整片的土工格栅单元。一级挡墙路基的筋带模型长度 6 m,竖向层间距为 0.5 m。两级挡墙路基中,第一级挡墙的土工格栅长度 7 m,第二级挡墙的土工格栅长度 6 m,竖向层间距均为 0.5 m(见图 4.11)。筋带材料为钢塑复合拉筋带,具体参数如表 4.4 所示。

表 4.4　筋带参数

参数	厚度/mm	弹性模量/GPa	泊松比	密度/(kg/m³)	耦合弹簧刚度/(N/m³)	耦合弹簧摩擦角
筋带	4	200	0.3	8 000	2.3×10^{6}	30°

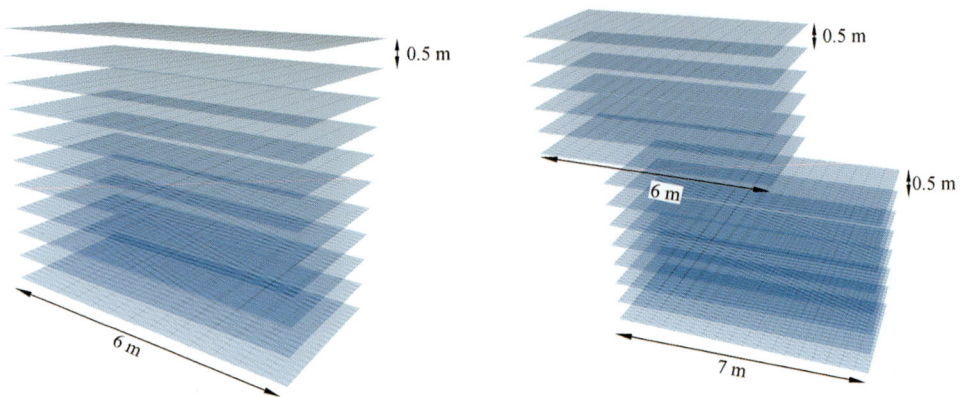

图 4.11　挡墙路基模型土工格栅单元

由土体、钢波纹板和筋带组成的一级挡墙路基模型和两级挡墙路基模型如图 4.12 所示。

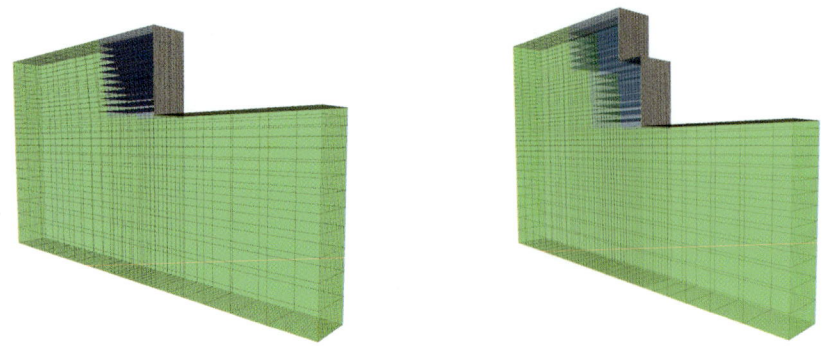

图 4.12　钢波纹板挡土墙路基模型

（2）一级钢波纹板挡土墙稳定性分析。

在没有加钢波纹板和筋带的情况下，路基安全系数为 0.53，远小于《公路路基设计规范》(JTG D30—2015) 表 3.6.8 中 1.35 的要求。从位移云图[见图 4.13（a）]可以看出路基有显著的变形，从最大剪应变增量云图[见图 4.13（b）]可以看出路基的剪应变增量形成了贯通，有明显的剪切破坏滑动面，不能够自稳。

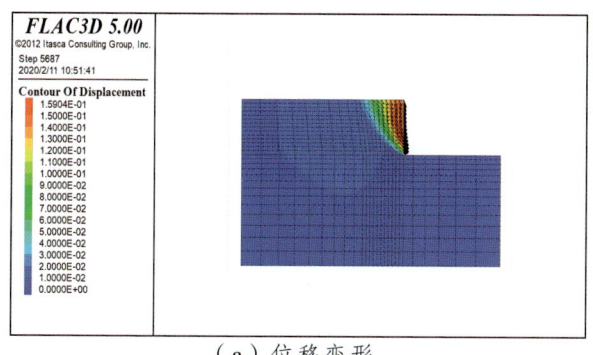

（a）位移变形

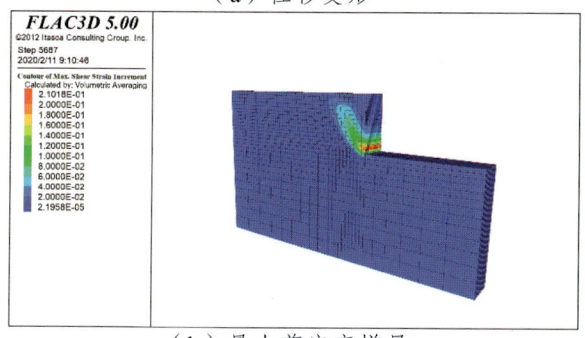

（b）最大剪应变增量

图 4.13　一级挡墙素土路基计算结果

按照《公路加筋土工程设计规范》（JTJ 015—1991）规定，将车辆荷载换算为等代均布土层厚度，取汽车-20 级荷载进行换算，得到施加的竖向荷载为 20 kPa 的均布荷载。在车辆荷载作用下，钢波纹板加筋土一级挡墙路基安全系数为 1.64，大于《公路路基设计规范》（JTG D30—2015）表 3.6.8 中 1.35 的要求。最大位移为 2.6 cm（见图 4.14），发生在墙顶处，该变形主要为竖向沉降，为 2.42 cm，扣除路基工后变形，由车辆荷载导致增加的位移仅为 1.05 cm。路基横向变形为 1.31 cm，发生在墙脚处。

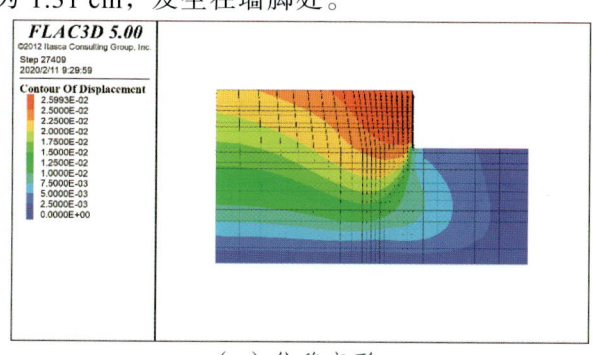

（a）位移变形

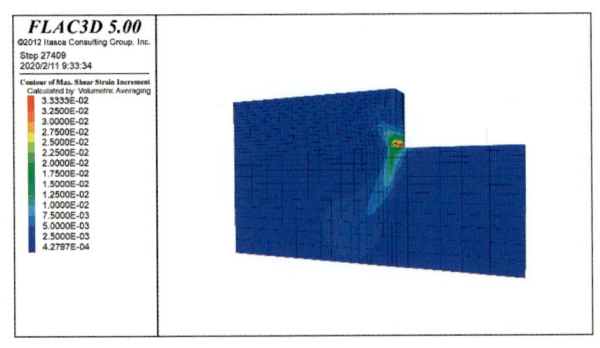

(b)最大剪应变增量

图 4.14　车辆荷载作用下路基计算结果

土工格栅的最大接触应力为 19.2 kPa，发生在最底层接近墙脚处（见图 4.15）。土工格栅的中部接触应力较小。钢波纹板的整体弯矩较小，最大弯矩为 255 N·m，远小于钢波纹板的抗弯能力，发生在波纹板最顶部，考虑到主要是由车辆荷载作用在顶部后，对钢波纹板悬臂的顶部段产生了较大的横向荷载引起的，且钢波纹板的上部和中部弯矩方向相反。

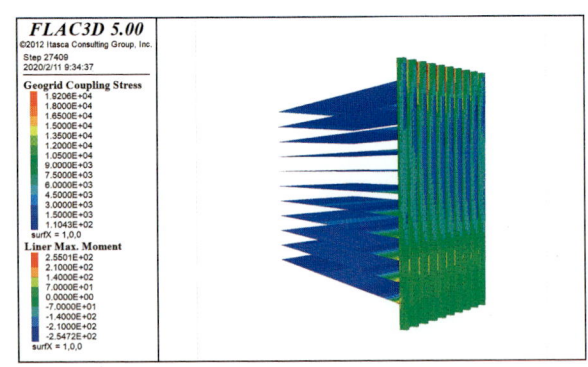

图 4.15　钢波纹板加筋土二级挡墙路基土工格栅应力分布及波纹板弯矩受力

（3）二级钢波纹板挡土墙稳定性分析。

在没有加钢波纹板和筋带的情况下，路基安全系数为 0.53，远小于《公路路基设计规范》（JTG D30—2015）表 3.6.8 中 1.35 的要求。从位移云图[见图 4.16（a）]可以看出路基有显著的变形，从最大剪应变增量云图[见图 4.16（b）]可以看出路基的剪应变增量形成了贯通，有明显的剪切破坏滑动面，不能够自稳。

按照《公路加筋土工程设计规范》（JTJ 015—1991）规定，将车辆荷载换算为等代均布土层厚度，取汽车-20 级荷载进行换算，得到施加的竖向荷载为

20 kPa 的均布荷载。在此荷载下，钢波纹板加筋土二级挡墙路基安全系数为 1.62，满足《公路路基设计规范》(JTG D30—2015) 表 3.6.8 中 1.35 的要求。最大位移为 3.87 cm[见图 4.17（a）]，发生在第二级挡墙墙顶处，相比无荷载时的工后变形，由车辆荷载引起的变形增量仅为 1.51 cm，这部分增量主要为竖向沉降。整体最大横向变形仅 1.44 cm，发生在第一级挡墙墙脚处。根据剪应变增量云图[见图 4.17（b）]，最大剪应变增量较低，无明显滑动面。

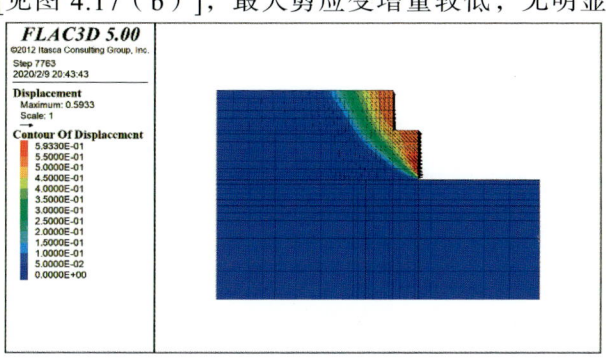

（a）位移变形

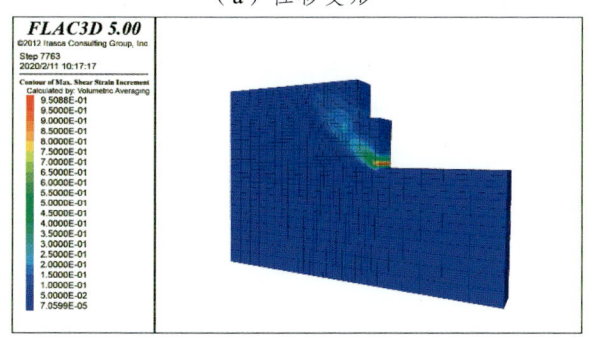

（b）最大剪应变增量

图 4.16　二级挡墙素土路基计算结果

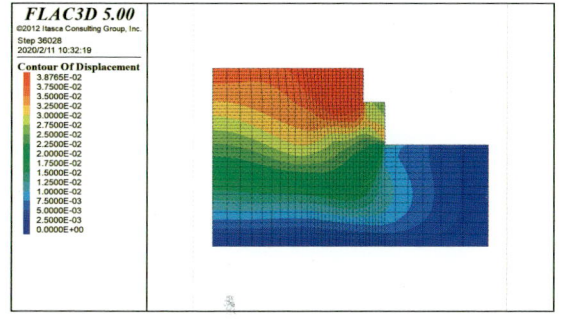

（a）位移变形

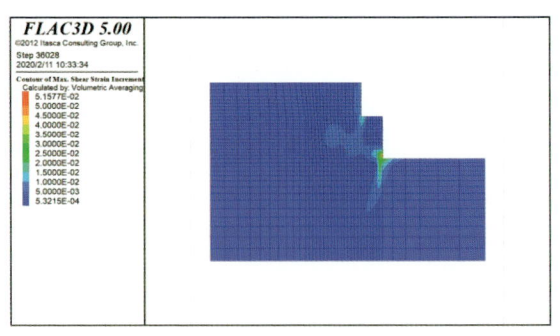

（b）最大剪应变增量

图 4.17　车辆荷载作用下二级挡墙路基计算结果

土工格栅的最大接触应力为 18.6 kPa，发生在最底层的接近坡脚处（见图 4.18）。第一级土工格栅均比第二级土工格栅接触应力大。土工格栅的中部接触应力较小，两端应力较大，符合实际规律。钢波纹板的最大弯矩为 510.3 N·m，远小于钢波纹板的抗弯能力，发生在第一级钢波纹板的中部，相比无荷载条件有较大提高，第二级钢波纹板弯矩相对较低，且与第一级钢波纹板的弯矩方向相反。钢波纹板的波纹弯曲处有最大弯矩，符合实际规律。

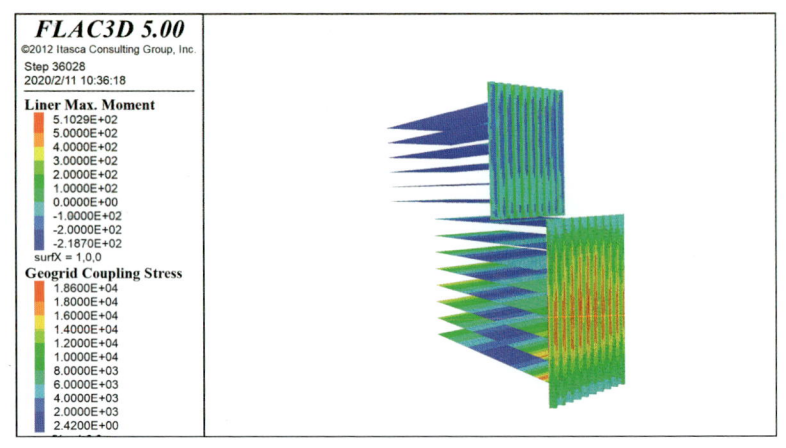

图 4.18　钢波纹板加筋土二级挡墙路基土工格栅应力分布及波纹板弯矩受力图

4.1.4　钢波纹板挡土墙简化模型稳定性分析案例

该项目位于青海某道路钢波纹板挡土墙，针对沿河护岸路基边坡受河水冲刷路段。波纹板挡土墙面板设计为钢波纹板，采用材料 Q345B、厚度 5.5 mm 的钢板在工厂内标准化加工而成的波形为波距 400 mm、波高 150 mm 的波纹板，每片板净宽 1 200 mm。

面板（波纹板）安装无基础锚固，为直埋式安装，根部直埋深度≥1 500 mm。按照设计图在埋深以上位置设置拉筋带结点，筋带结点的水平间距 S_x=400 mm，垂直间距 S_y=600 mm。筋带设计为 CAT30020 型钢塑复合拉筋带，带宽 30 mm，带厚 2.0 mm，摩擦系数 0.40。土体参数如表 4.5 所示。

表 4.5 土体参数

内摩擦角	填土重度 γ/（N/m²）	黏聚力 c/kPa	分层填土厚度/mm	基础埋深/m
35°	21	—	300	1.5

（1）波纹板抗弯强度计算。

采用图形计算法计算该波形的截面特性参数。绘制 400 mm×150 mm 波形图。将图形保存为 dxf 格式，导入截面特性计算器（SPC），设定截面宽度为 6 mm，创建截面、网格化分后即可计算得到图形截面特性。计算结果为单位波长的截面特性参数（见图 4.19），经计算得到截面惯性矩为

I=21 054 mm⁴/mm

图 4.19 SPC 截面特性计算

《公路路基设计规范》（JTG D30—2015）第 5.4.10 款：有面板加筋挡土墙设计应满足板厚不小于 80 mm。采用强度不低于 C20 的预制钢筋混凝土面板及 400 mm×150 mm×6 mm 波纹钢板，其抗弯刚度为

EI_S=2.1×10⁵×21 054=4.42×10⁹（MPa·mm⁴/mm）

采用的钢筋混凝土预制构件面板，其抗弯刚度为

EI_C=2.0×10⁴×42 666=8.53×10⁸（MPa·mm⁴/mm）

EI_S>EI_C，挡土墙面板刚度满足要求。

（2）挡土墙内部稳定性验算。

加筋体活动区与稳定区的分界面采用简化破裂面。简化破裂面上部的竖直部分与墙面板背面的距离 b_H 为 0.3H；简化破裂面下部的倾斜部分与水平部分的夹角 β 为 45°+φ/2，如图 4.20 所示。

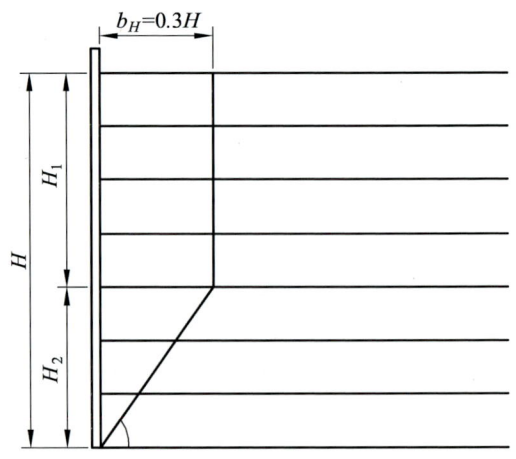

图 4.20　钢波纹板挡墙破裂面模型

破裂面上下两部分的高度为

$$b_H = 0.3H = 0.3 \times (5.7-1.5) = 1.26 \text{ (m)}$$
$$H_2 = b_H \cdot \tan(45°+\varphi/2) = 1.26 \times 1.66 = 2.1 \text{ (m)}$$
$$H_1 = H - H_2 = 2.1 \text{ (m)}$$

加筋体上部无水平荷载，Z_i 深度处，作用于面板后的水平向压力为

$$\sigma_{di} = 0$$

加筋体内部土压力系数为

$$\begin{cases} K_i = K_j' \left(1 - \dfrac{Z_i}{6}\right) + K_a \dfrac{Z_i}{6} & (Z_i \leqslant 6 \text{ m}) \\ K_i = K_a & (Z_i \geqslant 6 \text{ m}) \end{cases}$$

$$K_j' = 1 - \sin\varphi$$

$$K_a = \tan^2(45° - \varphi/2)$$

墙后非浸水加筋土体作用于墙面板上的水平土压力为

$$\sigma_{zi} = K_i \gamma Z_i$$

加筋体顶面以上，填土重度换算均布土层厚度 h_1，所引起的墙面板的水平土压应力 σ_{bi}（kPa），可按下式计算：

$$\sigma_{bi} = K_i \gamma h_1$$

挡土墙上部填土为 0，$\sigma_{bi} = 0$。

永久荷载重力作用下，拉筋所在位置的竖向压应力为

$$\sigma_i = \gamma Z_i + \gamma_1 h_1$$

车辆（或人群）附加荷载作用下，墙面板上的附加水平土压力 σ_{ai}（kPa）如下：

$$\sigma_{ai} = K_i \sigma_{fi}$$
$$h_0 = q_0 / \gamma = 0.769 \text{ m}$$
$$\sigma_{fi} = \gamma_1 h_0 = 15.38 \text{ kPa}$$

计算结果如表 4.6 所示。

表 4.6 土压力计算结果

序号	Z_i	K_i	K_j'	σ_{zi}/kPa	σ_{ai}/kPa	σ_i/kPa
1	0.6	0.411	0.427	5.179	6.321	12.6
2	1.2	0.395		9.963	6.080	25.2
3	1.8	0.380		14.352	5.839	37.8
4	2.4	0.364		18.346	5.598	50.4
5	3.0	0.348		21.945	5.357	63
6	3.6	0.333		25.150	5.116	75.6
7	4.2	0.317		27.960	4.876	88.2

筋带抗拔计算时，不计基本可变荷载的作用效应，则一个筋带结点的抗拔稳定性可按照下式计算：

$$\begin{cases} \gamma_0 T_{i0} \leqslant \dfrac{T_{pi}}{\gamma_{R1}} \\ T_{i0} = \gamma_{Q1} T_i \\ T_{pi} = 2 f' \sigma_i b_i L_{ai} \\ T_i = \left(\sum \sigma_{Ei}\right) S_x S_y \end{cases}$$

式中 T_{i0}——为 Z_i 层深度处，筋带所承受的水平拉力设计值，kN；

T_i——为 Z_i 层深度处，筋带所承受的水平拉力，kN；

$\left(\sum \sigma_{Ei}\right)$——为 Z_i 层深度处，面板上的水平土压应力及水平压应力，kPa；

T_{pi}——永久荷载作用下，Z_i 层深度处，筋带有效长度所能提供的抗拔力，kN；

主要设计参数如表 4.7 所示。

表 4.7 钢波纹板及筋带参数

波纹板 （mm×mm×mm）	筋带	S_x/mm	S_y/mm	筋带长/m	抗拉强度/MPa
400×150×6	CAT30020	400	600	5.3	170

计算结果如表 4.8 所示。

表 4.8 计算结果

序号	Z_i	$\sum \sigma_{Ei}$/kPa	L_{ai}/m	T_i/kN	T_{i0}/kN	T_{pi}/kN
1	0.6	11.500	4.04	2.76	3.31	2.443
2	1.2	16.043	4.04	3.85	4.62	4.887
3	1.8	20.191	4.04	4.85	5.82	7.330
4	2.4	23.944	4.22	5.75	6.90	10.209
5	3.0	27.303	4.58	6.55	7.86	13.850
6	3.6	30.266	4.94	7.26	8.72	17.926
7	4.2	32.835	5.3	7.88	9.46	22.438

筋带有效长度所提供的抗拔力 T_{pi} > 筋带在 Z_i 层深处，所承受的水平拉力 T_i 采用双支筋带，截面抗拉承载力为

$$\gamma_0 T_{i0} \leqslant \frac{2Af_k}{1\,000\,\gamma_f \gamma_{R2}}$$

其中，A 为有效筋带净截面积；f_k 为筋带抗拉强度标准值，MPa；γ_f 为筋带材料抗拉性能分项系数，取为 1.25；γ_{R2} 为筋带材料计算调节系数，取为 2.0。

经计算得

$$T_{i0} \leqslant 8.16 \text{ kN}$$

因此，筋带长度能够提供足够的抗拔力。

全墙抗拔稳定性系数为

$$K_h = \frac{\sum T_{pi}}{\sum T_i} = 2.07 > 2$$

所以全墙抗拔稳定性满足要求。

综上所述，钢波纹板挡土墙满足各项验算要求。

4.2 钢波纹板隧道初支结构

4.2.1 概　述

在国外，钢波纹板结构已普遍应用于城市、公路及铁路隧道。将波纹板技术应用于隧道的支护结构较常规的隧道施工步骤明显减少，工期也大大缩短，并且应用于隧道受力较大且易产生变形的地区，不会出现混凝土支护结

构开裂、掉块等现象。此外钢波纹板的波形设计能吸附噪声以及尾气，可以减小城市隧道对周围居民的影响。

如图 4.21 所示为汉中槐树关隧道经过波纹板加固后现场图，其在钢波纹板与隧道壁之间灌注自密实混凝土，该方法施工速度快，加固效果好，并且可在不中断交通的夜间进行加固，经过改造后隧道更加美观，隧道强度也大大提升。如图 4.22 所示为钢波纹板应用于国内一处隧道明洞。该地区易遭受崩塌灾害，落石在钢波纹板产生的冲击波被缓冲层及结构自身分担，即使波纹板发生较大变形，结构也不会被落石击穿。

图 4.21　隧道波纹钢加固施工

图 4.22　波纹钢隧道明洞

4.2.2　隧道初支结构基本原理及计算

隧道设计计算方法的理论基础是隧道围岩稳定性分析的理论与方法。从隧道设计的历史与现状来看，大致有如下几种设计方法。

（1）工程类比法。

工程类比法是通过对大量工程实践中收集到的地质勘察资料和岩石试验数据进行统计、分析、归纳，研究影响围岩稳定性的各种因素，然后对各种影响因素进行综合评价，按照一定的标准对围岩稳定性进行分级，并提出围岩分级标准及相应的各级围岩支护类型与参数，供设计施工使用。工程类比法在实践过程中得到了广泛的应用，至今仍是国内外工程上应用最广的方法。由于地质条件与环境的复杂、多样性，目前的科学技术发展尚无法完全解决隧道设计、施工中的各类问题，工程类比法还会在较长时间内存在。

（2）荷载-结构法。

隧道围岩稳定分析方法经历了"经验判断-散体理论分析—弹塑性数值分析—数值极限分析"的发展过程，基于散体力学理论，将围岩视为外荷载，采用荷载-结构分析模式进行设计计算。

对深埋隧道，按照散体力学压力拱理论，给出隧道围岩的松散压力，并以结构力学计算方法计算衬砌的安全系数,作为设计依据。但这种算法与深埋隧道实际受力情况相差较远,也与当前隧道及时支护的施工方法不相适应。深埋隧道并不存在压力拱,其破坏主要来自隧道两侧,围岩主要承受形变压力。对于施工中,隧道围岩块体脱落和局部失稳,也应按块体理论计算松散压力。浅埋隧道一般按松散压力计算,采用浅埋隧道相应的计算公式,通常实测压力会远小于计算压力,计算偏于保守。但浅埋隧道还应考虑雨水、环境等对围岩强度降低的影响,尤其是土质隧道和具有不良裂隙的岩体隧道,浅埋隧道计算公式还有待改进。

(3)地层-结构法。

1980年前后,基于弹塑性理论的考虑,出现了围岩与支护共同作用的特征线法,为隧道围岩设计提供了新的思路。但特征线法只能求解最简单的情况,随着数值方法的普及,从而形成了弹塑性数值分析设计计算方法,即地层-结构法。这一方法不仅在国外广为应用,也引入到国内的相关规范,如《锚杆喷射混凝土支护技术规范》(GB 50086—2001)和《公路隧道设计规范 第一册 土建工程》(JTG 3370.1—2018)等。

地层-结构法视围岩压力为形变压力,目前的做法是把岩体视为均质体,按现行规范中围岩分级确定岩土的强度参数,然后采用弹塑性数值方法进行计算,获得相应的隧道周围某点的位移值或围岩塑性区的大小,最后依据设计人员的经验判断,提出一种设计者认为较为合理的结构型式与尺寸。这种方法显然比较符合实际受力情况,但计算中还存在两个问题:一是现行围岩强度参数的确定还缺乏充分依据,需要进行改进。对于土体,通过室内与现场试验可以准确获得围岩强度;对于岩体,将经验方法精确化或采用反分析,以得到更为可靠的围岩强度。二是缺少围岩失稳破坏的严格科学判据,按设计人员经验确定,造成设计有较大的人为性。

(4)基于数值极限分析的地层-结构法。

为克服地层-结构法缺点,如果在地层-结构法中引入极限分析理念,就可采用数值极限分析法求出围岩安全系数,作为围岩失稳破坏的判据,这就解决了设计中的人为性问题。采用这种方法能提升隧道设计水平,增加隧道设计的合理性与可靠性,它对浅埋与深埋隧道都适用,但为安全考虑,浅埋隧道还需按松散压力验算,并考虑雨水、环境等对围岩强度降低的影响。

综上所述,目前隧道设计方法有许多种,各有优点。但是许多设计方法使用起来难度较大,需要较丰富的基本知识和软件技术水平,例如地层结构解析法、反应位移法等,难以广泛应用。所以目前国内隧道设计仍然停留在"经验为主,计算为辅"的阶段,多数隧道设计中由于支护结构的复合性,计算方法准确性低，过于保守或者直接使用工程类比法进行设计。在波纹钢用作隧道初期支护时，由于具有快速的施工方式以及特殊的材料形式（波形板），其设计计算方法与目前通用的规范有明显的差异，不能简单地套用，但是一些设计理论及思想是可以借鉴的。针对装配式波纹钢隧道初期支护结构开展设计方法研究能够为波纹钢作为初期支护的新工法提出设计依据，是推广应用的必要条件。

钢波纹板隧道初期支护结构与土的相互作用机理一定程度上符合软岩隧道支护理念的要求。埋置的波纹钢管隧道初期支护结构主要承受上覆土的恒载，在进行波纹钢管隧道初期支护结构设计时将土和结构看成一个整体，基于其相互作用来进行结构分析。结构变形引起土压力的重新分布，同时土压力的作用也影响着结构的受力和变形。

在隧道初期支护结构中，结构与周围土体的刚度存在较大差异，从而引起结构正上方两侧土体沉降不均匀，差异沉降使得结构上部土体与周围土体产生摩擦力。对于刚性结构，周围土体沉降大于结构上部土体沉降，对结构顶部土体产生向下摩擦力，增大了结构承受荷载；对于柔性结构，结构顶部土体沉降大于周围土体，产生向上的摩擦力，结构承受荷载减小，承载能力提高。如图 4.23 所示。

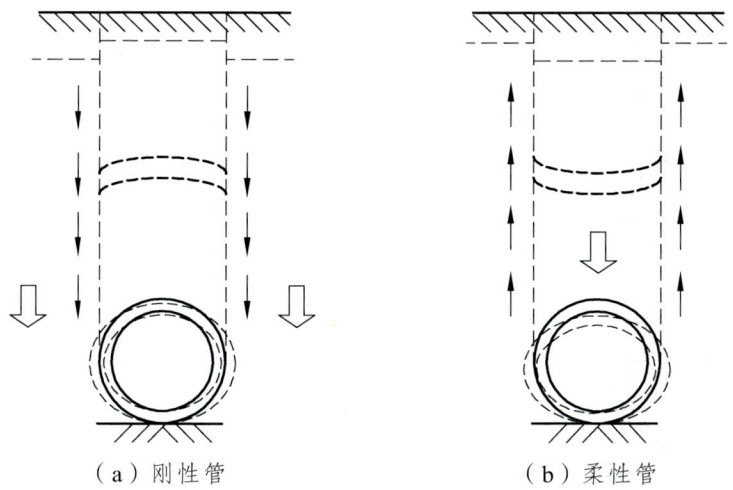

（a）刚性管　　　　　　　（b）柔性管

图 4.23　不同刚度钢波纹板与土体的相对沉降作用

荷载作用下，柔性管的变形量大于同体积土体压缩量。基于"环压理论"随着荷载进一步增加，柔性管周围压力会保持均匀环压的状态，从而有效降低截面所受弯矩，提高承受外荷载能力。

4.2.3 结构力学计算方法

对隧道钢波纹板初期支护结构及受力进行简化,分无铰拱和两铰拱,由于结构对称,取一半计算,简图如图 4.24 所示。

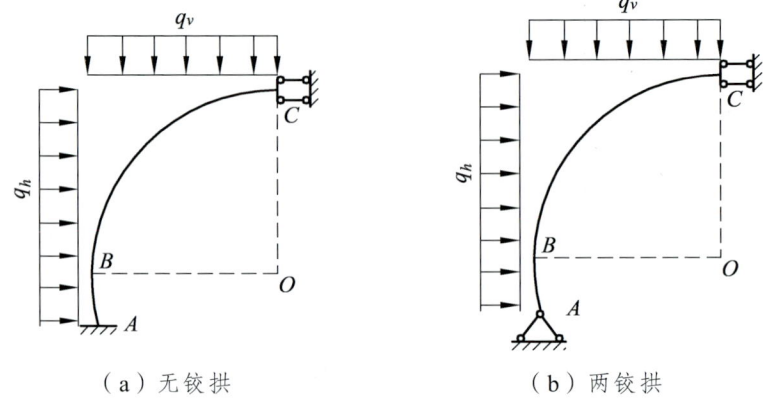

(a)无铰拱　　　　　　　(b)两铰拱

图 4.24　结构力学计算基本结构

无铰拱计算方法如下。

基本方程:

$$\begin{cases} \delta_{11}X_1 + \delta_{12}X_2 + \nabla_{1P} = 0 \\ \delta_{21}X_1 + \delta_{22}X_2 + \nabla_{2P} = 0 \end{cases}$$

基本方程的系数和自由项可由以下公式求得:

$$\delta_{11} = \int_A^B \frac{\overline{M_1}^2}{EI} d_s + \int_B^C \frac{\overline{M_1}^2}{EI} d_s$$

$$\delta_{12} = \delta_{21} = \int_A^B \frac{\overline{M_1 M_2}}{EI} d_s + \int_B^C \frac{\overline{M_1 M_2}}{EI} d_s$$

$$\delta_{22} = \int_A^B \frac{\overline{M_2}^2}{EI} d_s + \int_B^C \frac{\overline{M_2}^2}{EI} d_s$$

$$\nabla_{1P} = \int_A^B \frac{M_{P1}\overline{M_1}}{EI} d_s + \int_B^C \frac{M_{P1}\overline{M_1}}{EI} d_s$$

$$\nabla_{2P} = \int_A^B \frac{M_{P2}\overline{M_2}}{EI} d_s + \int_B^C \frac{M_{P2}\overline{M_2}}{EI} d_s$$

由力法基本体系的基本方程求得 C 点的未知力和弯矩后,A 点的支座反力可由下式计算:

$$\begin{cases} q_v \dfrac{R^2}{2} + q_h R(\dfrac{R}{2} + L\cos\theta) + q_h \dfrac{(L\cos\theta)^2}{2} - F_{Cx}(R + L\cos\theta) + M_A + M_C = 0 \\ q_v + F_{Ay} = 0 \\ q_h(R + L\cos\theta) - F_{Ax} - F_{Cx} = 0 \end{cases}$$

计算出支座反力后可由以下公式计算支护结构任意截面内力。

（1）对于 AB 段：

$$\begin{cases} M = \dfrac{q_v}{2}(R - h\tan\theta)^2 + \dfrac{q_h}{2}(R + h)^2 + M_C - F_{Cx}(R + h) \\ F_N = q_v(R - h\tan\theta) \\ F_Q = q_h(R + h) - F_{Cx} \end{cases}$$

（2）对于 BC 段：

$$\begin{cases} M = M_C - F_{Cx}R(1 - \cos\beta) + q_v \dfrac{(R\sin\beta)^2}{2} + q_h \dfrac{R^2(1 - \cos\beta)^2}{2} \\ F_N = F_{Cx}\cos\alpha + q_v R\sin\beta\sin\alpha - q_h R(1 - \cos\beta)\cos\alpha \\ F_Q = q_v R\sin\beta\cos\alpha + q_h R(1 - \cos\beta)\sin\alpha \end{cases}$$

在进行钢波纹板隧道初期支护结构强度验算时，借鉴钢波纹板管涵结构强度验算公式，并进行适当调整，基于"环向压力理论"只计算轴力在平均截面的正应力，忽略弯矩作用影响。设计时要求管壁环向压力不超过容许应力。

4.2.4 隧道初支结构设计

虽然软岩隧道围岩变形与埋置式管（桥）涵沉降两者变形形式不同，作用在支护结构上的荷载机理也不同，但是都可以通过发生一定的变形减小作用在支护结构的荷载。另外，围岩对支护结构的约束作用使得结构和围岩形成共同作用体系，提高支护结构的承载能力。可见将钢波纹板作为隧道初期支护结构以应对可能产生的围岩变形在理论上是可行的。

隧道波纹钢初期支护结构在依托工程——某公路隧道设计文件和支护参数的基础上进行。

（1）建筑限界及内轮廓设计。

通过对单心圆、扁平三心圆、三心圆等几种断面形式的分析比较，主线隧道采用单心圆，紧急停车带采用三心圆断面（见图 4.25），具体如下。

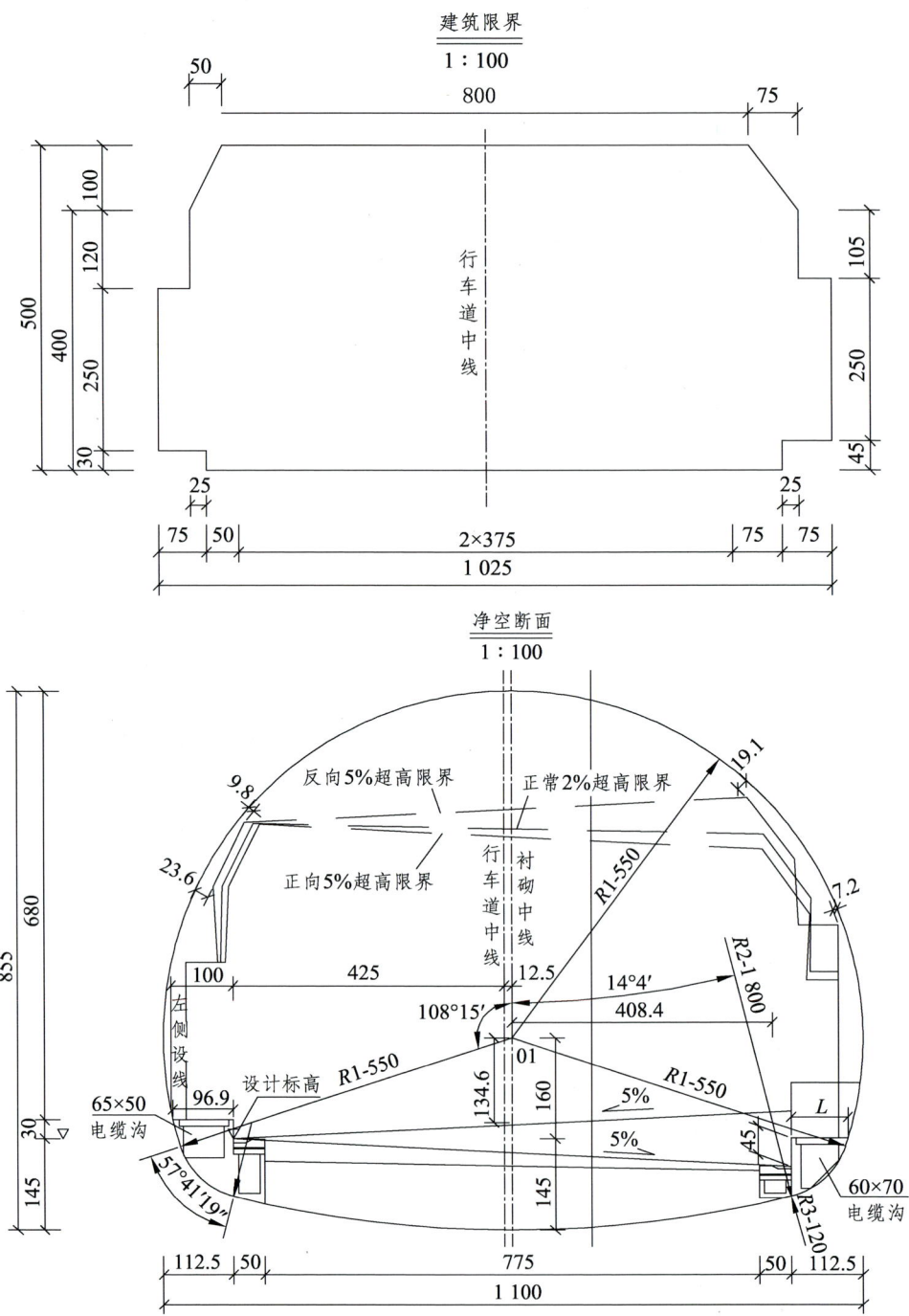

图 4.25 隧道建筑限界及内轮廓设计

主线隧道内轮廓:采用单心圆断面,拱半径为 5.5 m、净空面积为 65.13 m²。

隧道紧急停车带内轮廓:采用三心圆弧拱,拱半径为 8.0 m、曲墙半径为 5.5 m,净空面积为 89.17 m²。

车行横洞内轮廓:采用半圆拱直墙断面,拱半径为 2.35 m,净空面积为 26.75 m²。

人行横洞内轮廓:采用半圆拱直墙断面,拱半径为 1.2 m,净空面积为 6.84 m²。

(2)衬砌形式及分块。

与管涵结构相似,波纹钢初期支护结构同样由多个预制的波纹板节单元组成,在隧道横、纵断面方向,对波纹钢支护的部分进行分块,如图 4.26~图 4.28 所示。

(3)波纹钢分块细部设计。

如前所述,波纹钢需对型钢加工使其形成"波纹"状,确定的参数有波距、波高、波厚等,如图 4.29~图 4.30 所示。

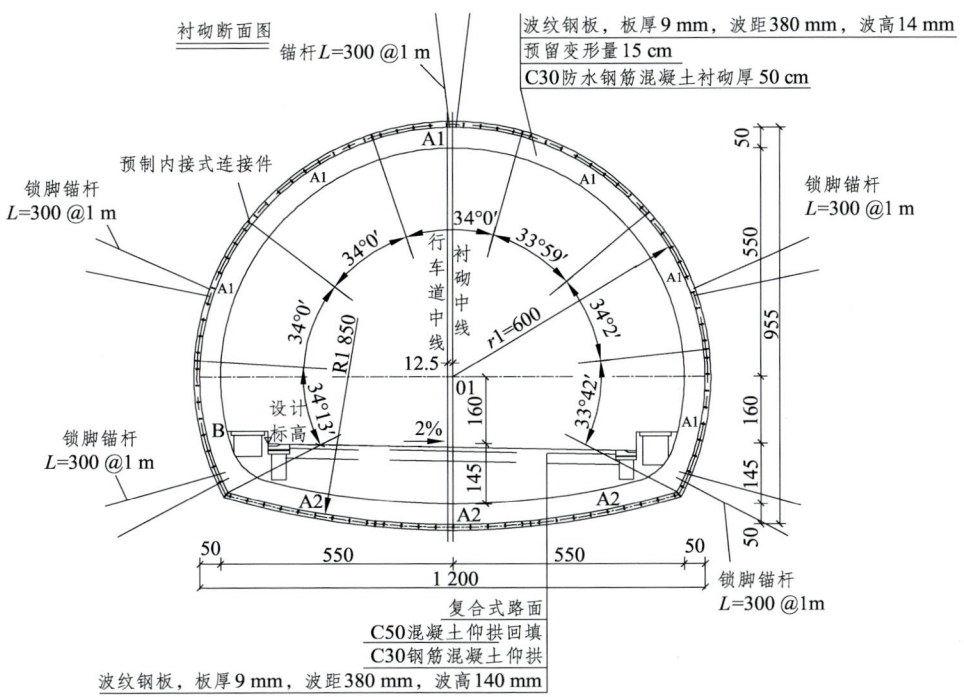

图 4.26 隧道波纹钢初期支护示意图

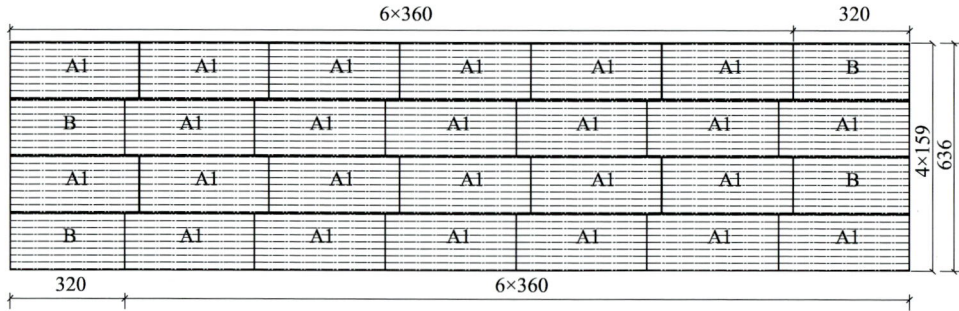

图 4.27 波纹钢初衬展开图

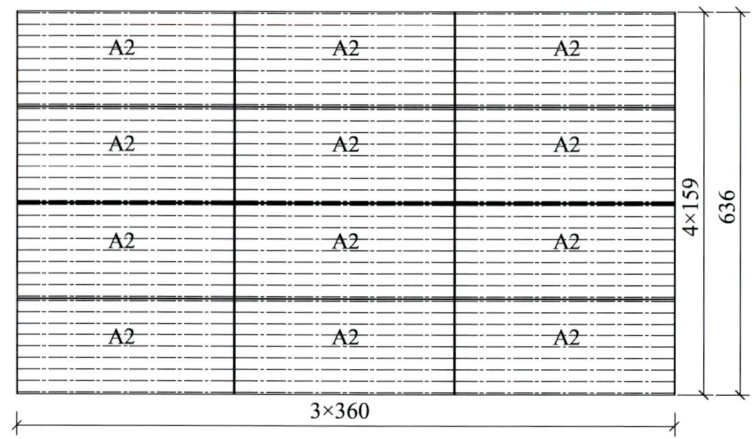

图 4.28 分片拼装波纹钢底部展开图

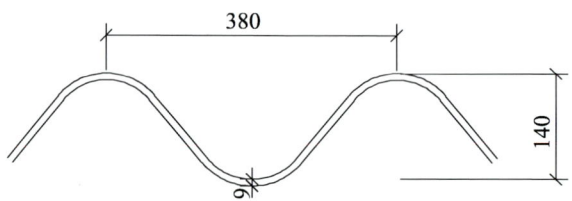

图 4.29 波纹钢大样图

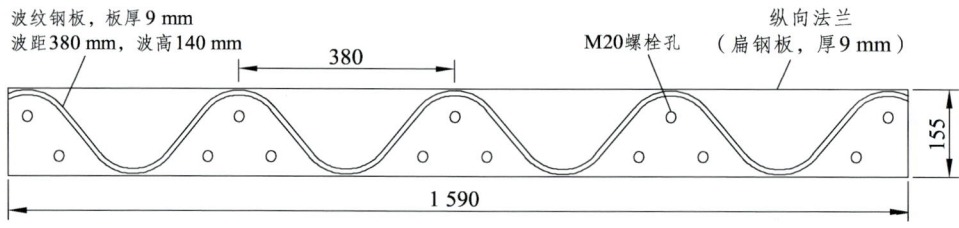

图 4.30 纵向连接的波纹钢板

钢波纹板的截面形状直接决定了其受力变形性能，波高、波长和板厚对结构的受力和变形有显著的影响。其中，波形对结构的内力影响大于对结构变形的影响，而增加板厚可以有效地降低结构的内力，但同时其变形量显著减小，增大壁厚在一定程度上意味着增加波纹钢结构的刚性，削弱了其柔性结构特性。在实际工程中应根据施工条件、技术能力等因素综合选择合适的波纹参数。

另外，拼装的钢波纹板可分为 A 型板及 B 型板，其尺寸有不同，以适应波纹钢的分块，如图 4.31 ~ 图 4.32 所示。其余细部如螺栓连接、锚杆支护等，如图 4.33 ~ 图 4.34 所示。

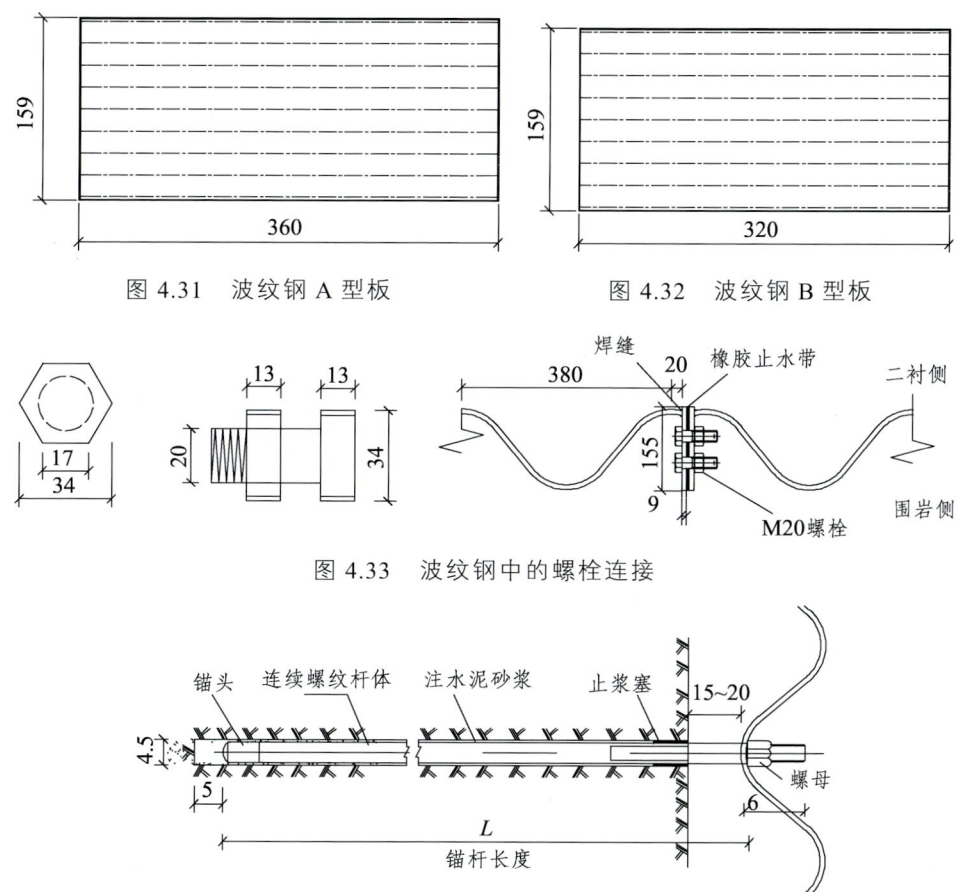

图 4.31 波纹钢 A 型板　　　　图 4.32 波纹钢 B 型板

图 4.33 波纹钢中的螺栓连接

图 4.34 波纹钢中的锚杆连接

（4）洞内超前支护。

设置波纹钢作为初期支护在隧道中，超前支护形式与普通隧道类似，都可分为超前长管棚、超前小导管、注浆加固等,如图 4.35~图 4.36 所示给出了相应超前支护措施及其与波纹钢的相对关系。

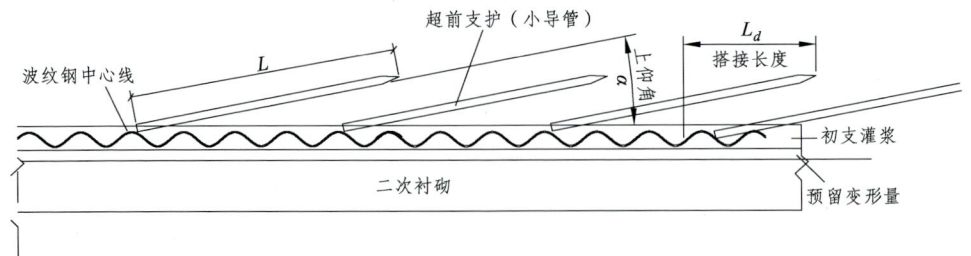

图 4.35 超前支护纵断面布置图

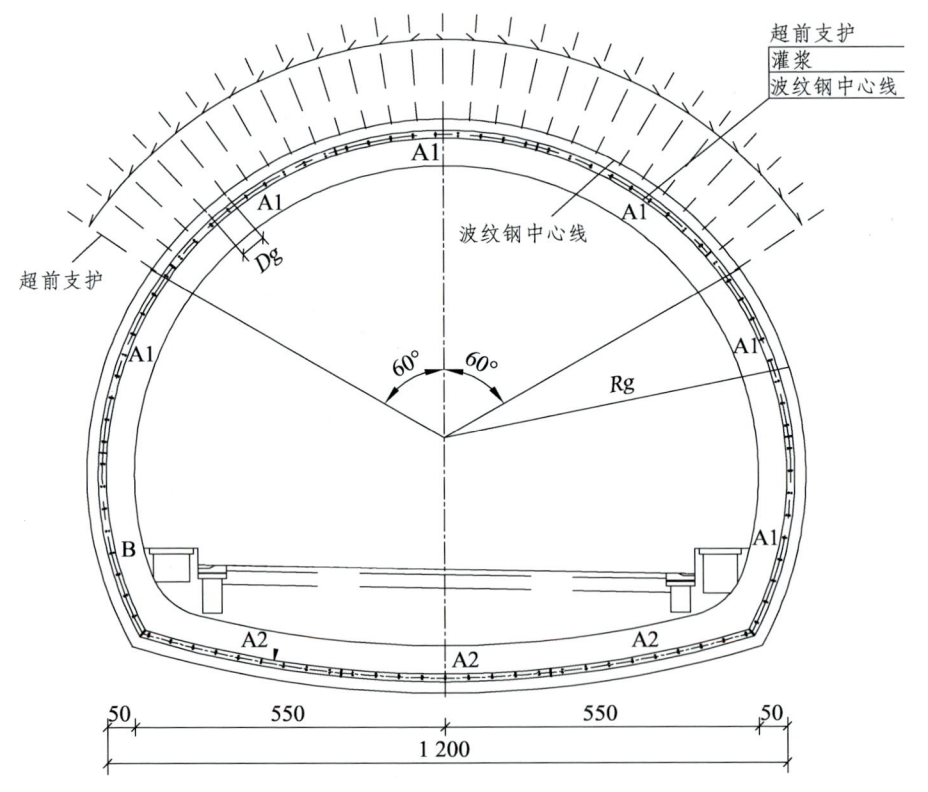

图 4.36 超前支护横断面布置图

4.2.5 隧道初支结构施工工艺及方法

目前将钢波纹板用作隧道初期支护结构的案例及相关的工程经验很少。在常规支护结构施工工法基础上,结合钢波纹板的特点整理出波纹钢初期支护结构施工工艺。在隧道完成初喷混凝土和系统锚杆之后,开始施作波纹钢初期支护结构,其流程如图 4.37 所示。

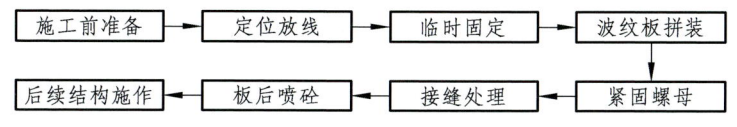

图 4.37　钢波纹板初支结构施工工艺

详细的施工要求如下。

（1）施工前准备：在施工开始前应做好技术以及材料、设备准备工作,备齐安装所需的配件、套筒扳手、定扭电动扳手等设备,仔细阅读图纸、做好技术交底。同时对波纹钢初期支护结构各板片进行检查和分类,保证波纹钢初期支护结构施工得以快速进行。

（2）定位放线：依据实测断面,确定波纹板底部标高,控制波纹板与隧道的间距,保证其间距满足要求。

（3）临时固定：波纹钢初期支护结构属柔性支护结构,根据板材的受力特征在不同标高位置植筋用于后期拼装波纹板吊装使用,植筋深度不小于 20 cm,单根植筋抗拔力不小于 5.0 kN。另外,拱脚部位的约束对其自身内力有较大的影响。为了使其受力更加合理,应考虑在封闭成环之前在拱脚部位施作锁脚锚杆以增强拱脚部位约束,同时在该部位应进行适当加强。

（4）波纹板拼装：分片拼装波纹板时,依据施工能力及施工安全要求,确定合理的拼装顺序。一般采用顺时针搭接方式进行拼装,必要时采用撬棍进行校正,确保螺栓孔位准确对位,如图 4.38 所示。

图 4.38　波纹钢拼装

（5）螺母紧固：波纹板拼装完成后，应先检查隧道波纹钢初期支护结构线形，若满足要求时再用定扭气动扳手按预定扭矩紧固所有螺栓，保证波纹的重叠部分紧密嵌套在一起。

（6）接缝处理：外圈搭接处螺栓拧紧并符合要求后，为防止波形钢板板缝和螺栓处渗水，在钢板连接处和螺栓孔处采用封缝胶进行处理，如图 4.39 所示。

图 4.39　拱顶接缝处理

（7）板后喷混凝土：为保证波纹钢初期支护结构与围岩形成整体受力结构从而达到整体受力的要求，在完成一环钢波纹板拼接之后及时在钢波纹板后喷射混凝土，按先下后上的顺序进行，即拱脚—边墙—拱腰—拱顶。

4.2.6　云南省澄川棋盘山隧道波纹钢初支结构应用实例

（1）工程概况。

澄江至江川高速公路棋盘山隧道位于澄江至江川高速公路 K47+200～K49+250 段，地处江川镇和路居镇之间，隧道为双洞四车道公路隧道，设计车速 80 km/h，隧道净宽 11.0 m，净高 7.1 m。洞口局部地段采用小净距隧道形式布置，洞身段按分离式布设。波纹钢初期支护选择在长度方向直线段做试验段，棋盘山右线试验段全长 36 m。根据地勘资料中的围岩级别划分，试验段围岩级别为Ⅳ级。

（2）施工工序与施工方法。

结合棋盘山隧道试验段的工程实践，归纳总结棋盘山隧道右线进口波纹钢初期支护试验段的施工工法，主要工序如图 4.40 所示。

（3）隧道上台阶开挖。

本隧道为Ⅳ级围岩衬砌范围采用台阶法施工，台阶长度为 10～15 m。隧道上台阶开挖时,预留钢波纹板拼装施工空间,即暗挖隧道断面的尺寸应大于拱圈外尺寸。考虑岩石的流变效应,宜留出 15 cm 余量,待波纹钢初期支护板拼装完成后注浆填实。若存在欠挖情况,可能会造成钢波纹板无法拼入。钢波纹板纵向施工长度不宜过长,未及时填充空隙容易造成岩体扰动,存在安全隐患,应根据施工方法和围岩特性在施工前确定每次的施工长度,并根据施工实际情况及时进行调整。如图 4.41 所示。

图 4.40　波纹钢支护结构施工工序

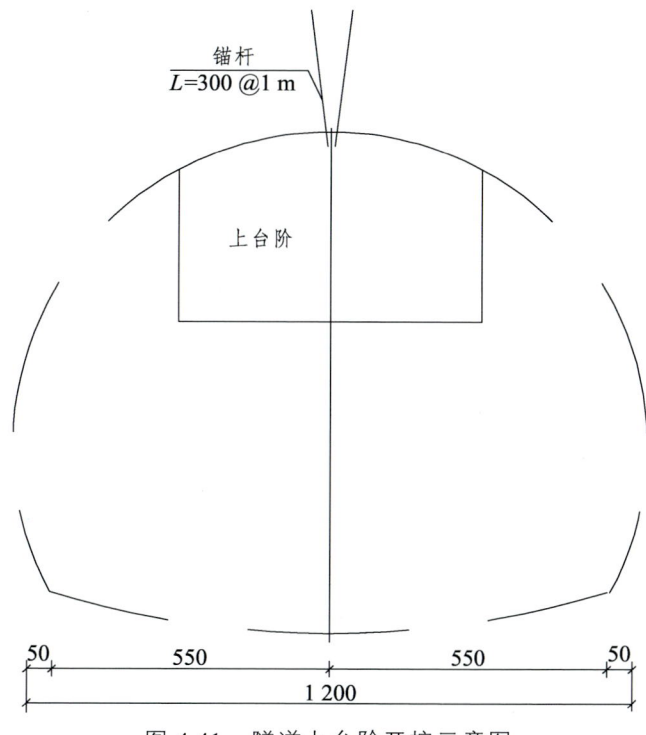

图 4.41　隧道上台阶开挖示意图

（4）上台阶波纹钢拼装。

波纹钢装配式初期支护结构整体性较强，通过螺栓连接，因此，对隧道测量放线要求极高；连接选用内接式法兰波纹结构，拼接接缝的螺栓全部在波纹拱体内完成。采用分片拼装波纹板时，依据施工能力以及施工安全要求，确定合理的拼装顺序，必要时采用撬棍进行校正，确保螺栓孔位准确对位。采用分台阶施工时，应尽量缩减波纹板尺寸长度，不能组成环圈时，应在环向分段安装分段锚杆固定，且每环之间不宜设置纵向通缝。此外，锚喷混凝土后还应在波纹板与开挖线之间注浆充实防水。具体拼装步骤如下。

①使用装载机将拱脚处钢波纹板吊放至拼装位置附近后人力搬运、拼装，到位后用钢管或是刚架暂时支撑住。

②在地面上将拱顶三块板片架立并安装环向螺栓，拼装好后用装载机将其顶起（见图4.42~图4.43），可在铲斗上安装钢拱架以防止晃动。

③拱顶与两侧拱脚钢波纹板片准确对位后，用法兰盘处的环向螺栓连接拱腰与拱脚处的钢波纹板，上台阶拼装完成。

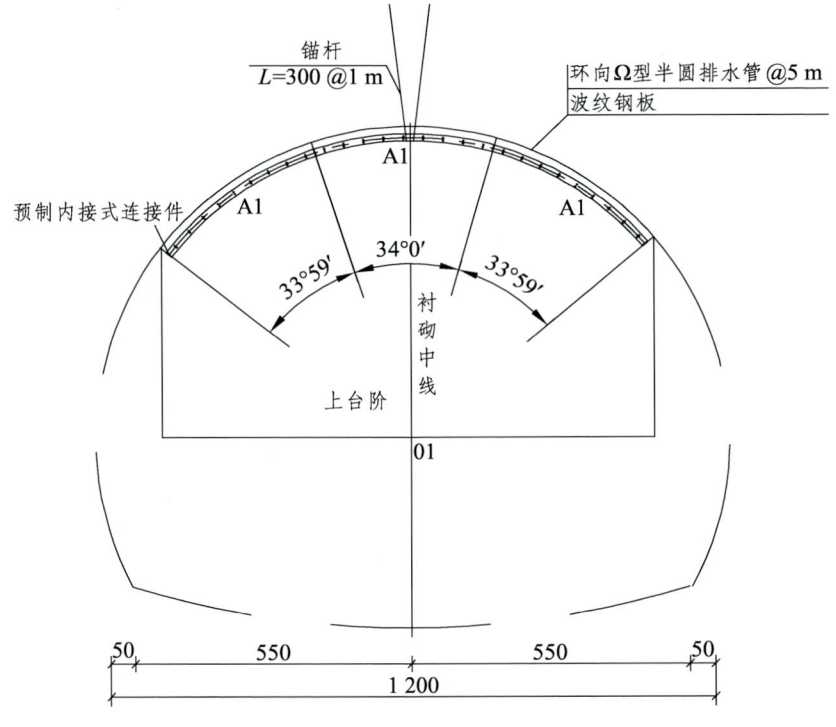

图4.42 隧道上台阶钢波纹板拼装

图 4.43　隧道上台阶钢波纹板拼装

（5）锚杆施工与注浆。

锚杆孔位置准确测量放线在隧道壁上并标注，孔位误差不得超过±5 mm，其间距可适当调整；为确保锚杆孔直径，要求实际使用钻头直径不得小于设计孔径；为确保锚杆孔深度，要求实际钻孔深度大于设计深度 0.2 m。每环波纹板的部分板片上应根据锚杆位置和注浆要求出厂前预留锚杆孔及注浆孔，注浆时，必须严格控制注浆压力，以防大量跑浆或使结构产生裂缝。尽量采用泵送轻质混凝土填充。如图 4.44 ~ 图 4.45 所示。

图 4.44　背后回填注浆工艺流程

图 4.45　钢波纹板隧道初支预留注浆孔

（6）开挖下台阶及波纹钢拼装。

下台阶开挖施作过程与上台阶开挖类似。开挖下台阶后，将剩余两片钢波纹板对准上台阶拱脚处连接位置，上紧环向螺栓，并打入锚杆，在钢波纹板与围岩间的空隙使用喷射混凝土填充，如图 4.46 所示。

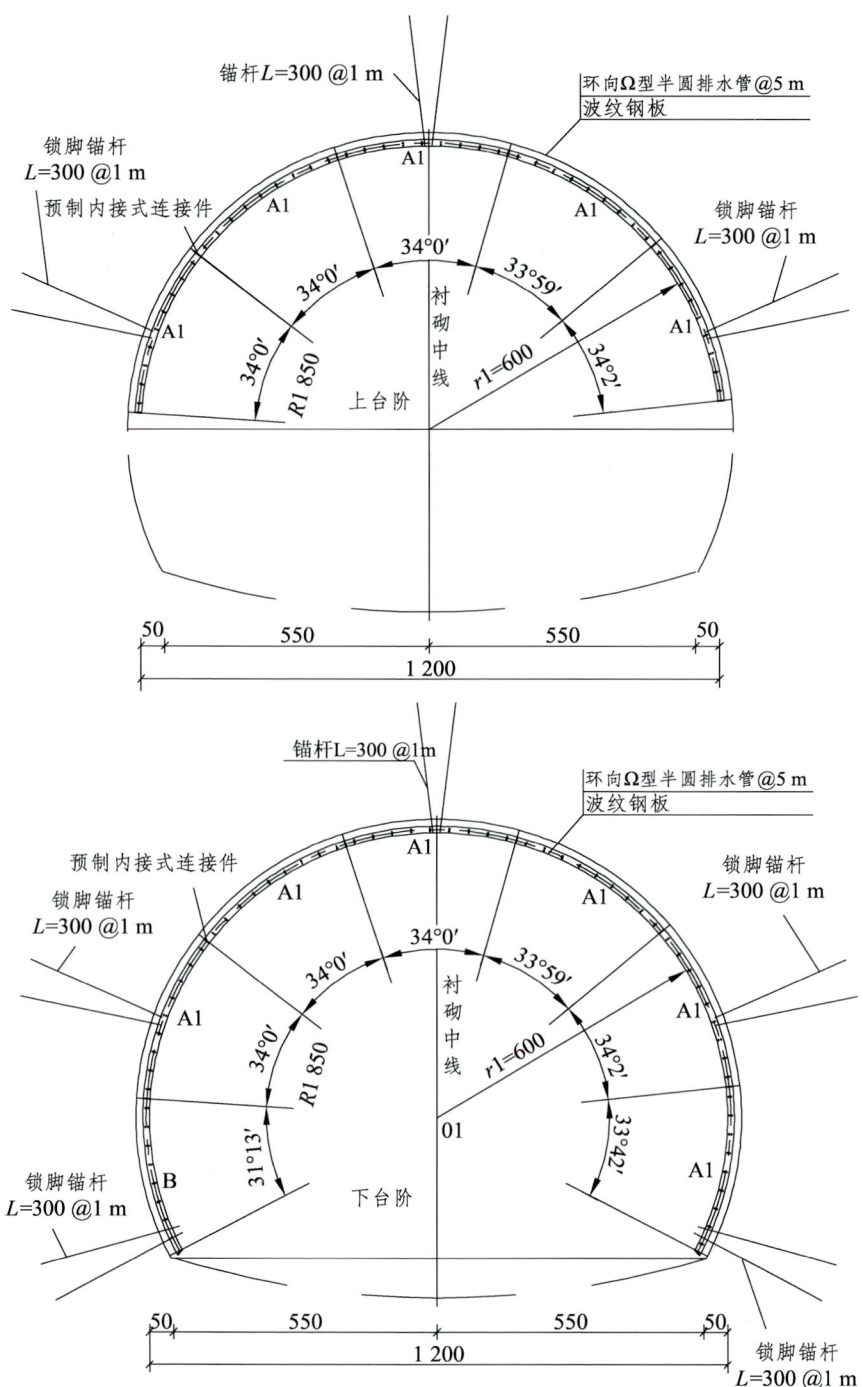

图 4.46 上下台阶波纹钢隧道初期支护拼装

4.3 隧道通风平导中隔墙结构

4.3.1 工程概况

鹧鸪山隧道工程项目起于理县山脚坝，沿来苏河上行，穿鹧鸪山隧道进入王家寨，路线长约 11.5 km，主要工程为鹧鸪山特长隧道，右线长 8 766 m，左线长 8 790 m；隧道出口路线左侧设置一座通风平导（单洞），长 3 732 m，最大埋深约 1 406 m。平导起点与隧道主洞左线 ZK184+600 相接。

平导内设置中隔墙将平导分为排风道和送风道如图 4.47 所示。

4.3.2 中隔墙方案设计依据、规范

《汶川至马尔康高速公路鹧鸪山隧道初步设计文件》；

《四川省交通运输厅关于汶川至马尔康高速公路控制性工程（鹧鸪山隧道）初步设计及概算文件的批复》；

《汶川至马尔康高速公路鹧鸪山隧道技术设计文件》；

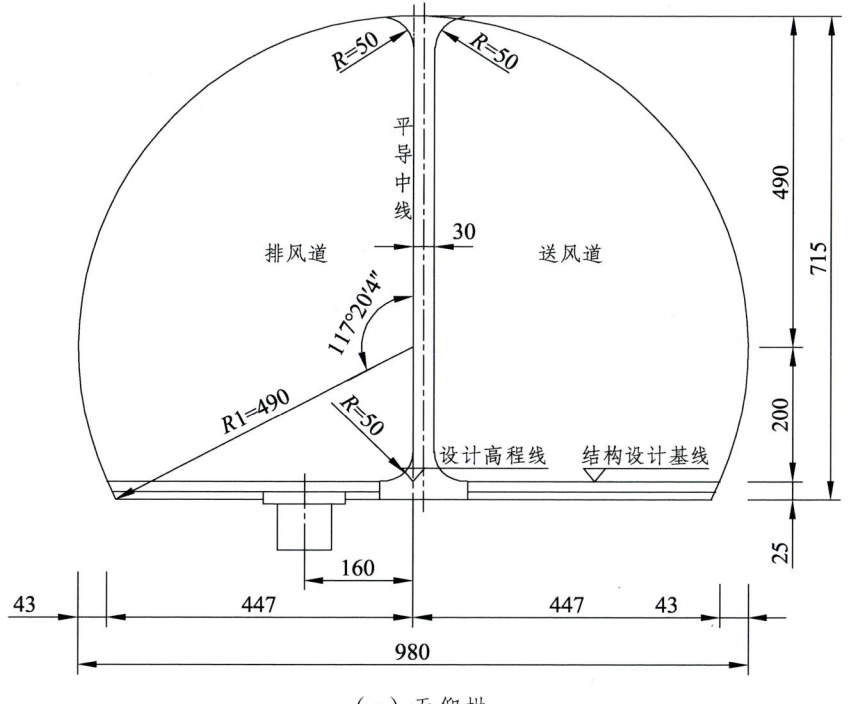

（a）无仰拱

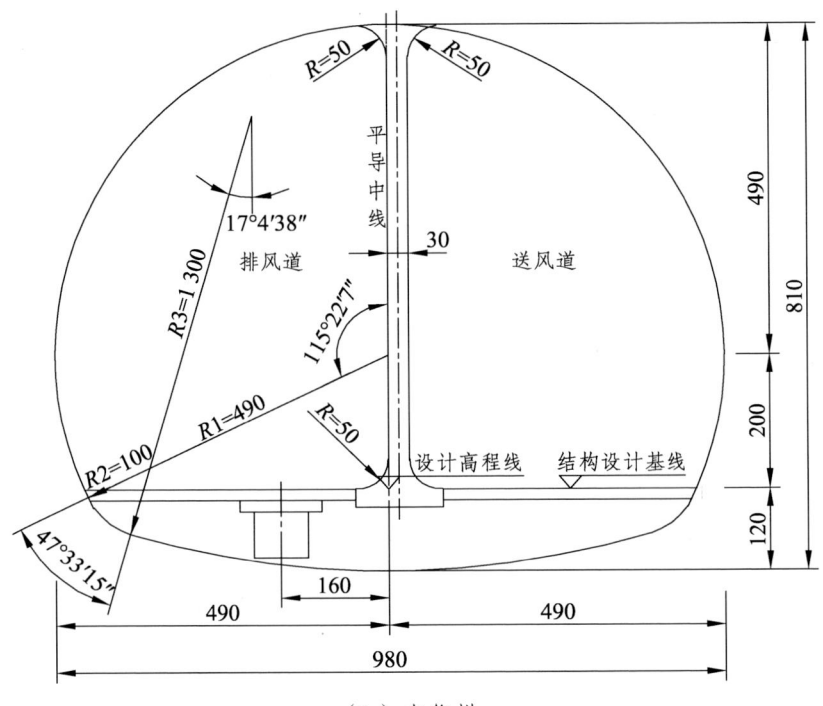

（b）有仰拱

图4.47 通风平导

《四川省交通运输厅关于汶川至马尔康高速公路控制性工程鹧鸪山隧道技术设计文件的批复》；

《汶川至马尔康高速公路鹧鸪山隧道地质详勘报告》；

《四川汶川至马尔康高速公路鹧鸪山隧道工程出口通风平导两阶段施工图设计》；

《冷弯波纹钢管》（GB/T 34567—2017）；

《钢结构设计标准》（GB 50017—2017）；

《钢结构焊接规范》（GB 50661—2011）；

《公路隧道设计规范》（JTG 3370.1—2018）；

《公路隧道设计细则》（JTG-TD 70—2010）；

《公路隧道通风设计细则》（JTG-TD 702—2014）；

《波纹钢板拱桥设计规程》（DB 63/T 1735）、《波纹钢板拱桥施工技术规程》（DB 63/T 1733）和《波纹钢板拱桥质量检验与评定技术指南》（DB 63/T 1734）等。

青海省市场监督管理局2019年4月印发《关于批准发布〈镍矿石物相分析规程〉等15个青海省地方标准的函》和《青海省地方标准发布通告》。

4.3.3 中隔墙可行性方案

现设计方案中针对隧道中隔墙使用材料为现浇钢筋混凝土，本次比选方案拟采用镀锌钢波纹板材料。

镀锌钢波纹板由工厂定制，考虑到运输和实际情况，单块钢板尺寸高×长为 7.0 m×（1.5~2.4）m（含两头搭接长度 0.2 m）。由于平导纵向长度为 3 732 m，为保证隔墙的稳定性，纵向需考虑设置中间柱等方式用于固定钢板，柱与柱之间距离为可为 10 m、6 m、1.5 m 等形式。

具体针对两大类（半拼装、全拼装），以 5 种方案展开研究。

（1）方案一：纵向 10 m 钢波纹板+钢筋混凝土柱。

（2）方案二：纵向 10 m 钢波纹板+组合钢柱。

（3）方案三：纵向 10 m 钢波纹板+工字钢柱。

（4）方案四：纵向 6 m 钢波纹板+H 型钢柱。

（5）方案五：纵向 1.5 m 钢波纹板+组合立柱（全拼装式）。

钢板与钢板之间采用搭接，搭接长度应遵循相关规范，另外为避免新风和污风混合，保证两端通风方向与钢板纵向方向一致。搭接形式如图 4.48 所示。

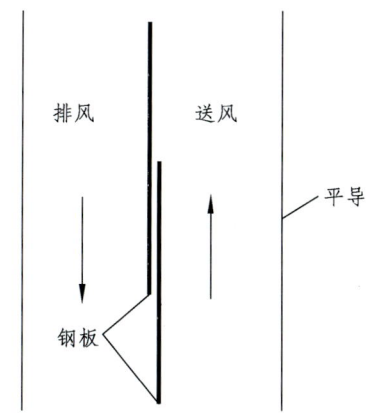

图 4.48 钢板与钢板纵向搭接（俯视）

1. 现设计方案：现浇钢筋混凝土

根据《四川汶川至马尔康高速公路鹧鸪山隧道工程出口通风平导两阶段施工图设计》，现有中隔墙的现有设计方案为现浇 C30 防水钢筋混凝土。中隔墙厚度为 30 cm，施工在二衬时预留钢筋以供中隔墙钢筋绑扎。具体结构和配筋形式如图 4.49~图 4.50 所示。

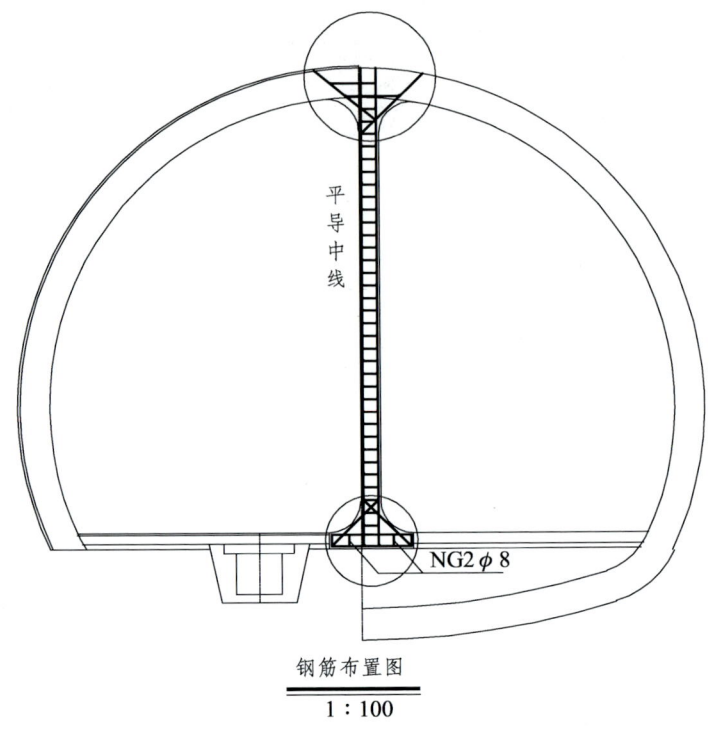

图 4.49 现设计方案中隔墙钢筋配置图

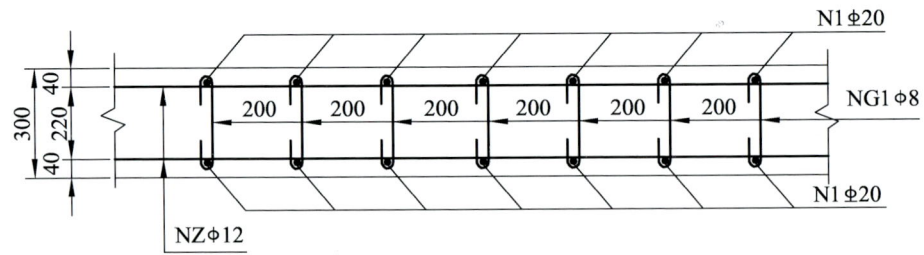

图 4.50 现设计方案中隔墙钢筋配置断面图

2. 方案一：纵向 10 m 钢波纹板+钢筋混凝土柱

（1）纵向布置。

该方案采用镀锌钢波纹板沿纹路纵向布置，并且纵向间距 10 m 设置混凝土柱作为纵向固定点。

混凝土柱为采用 C30 钢筋混凝土，截面为 30 cm×30 cm。混凝土柱两侧在浇筑的时候预留搭接缝，用于钢板嵌入固定。

另外在搭接缝内部应预留钢筋，采用焊接的方式将钢板和混凝土搭接。

待纵向搭接完毕即用高标号的水泥砂浆密封，如图 4.51 所示。

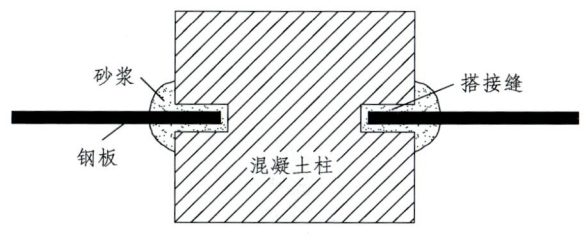

图 4.51　混凝土柱和钢板搭接局部示意图（俯视）

（2）竖向布置。

鉴于平导在施工的时候已经在拱顶和底部预留钢筋，可将钢板在竖向采用焊接的方式固定，并仍采用水泥砂浆密封。

其中，拱顶钢板焊接之后采用水泥砂浆密封的时候需要采用钢模板固定。

3. 方案二：纵向 10 m 钢波纹板+组合钢柱

（1）纵向布置。

该方案采用镀锌钢波纹板沿纹路纵向布置，纵向间距 10 m 设置由槽钢背对背焊接而成的组合钢柱作为纵向固定点。槽钢拟采用 I14b 型。组合钢柱两侧与钢板焊接（可在出厂时定制），如图 4.52 所示。

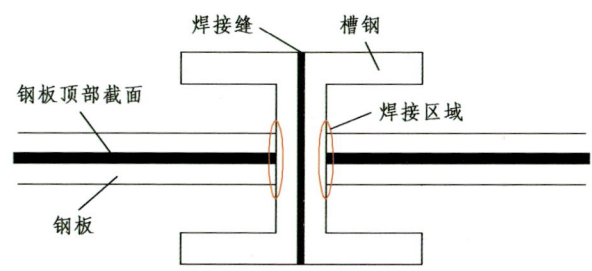

图 4.52　钢板与钢柱纵向搭接（俯视）

（2）竖向布置。

钢板与钢柱焊接时应密贴，呈"S"形沿波纹紧密焊接，另外，平导顶部施工时应预留钢板，为钢板与顶部焊接提供条件，并保证密封性，如图 4.53 所示。

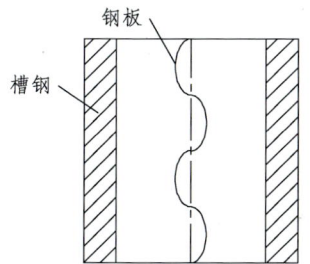

图 4.53　钢板与钢柱竖向搭接（正视）

4. 方案三：纵向 10 m 钢波纹板+工字钢柱

（1）纵向布置。

该方案纵向布置情况基本与方案二中一致，不同的是将组合钢柱替换成工字钢，有助于提高整体性。工字钢拟采用 I 14 型。具体布置情况如图 4.54 所示。

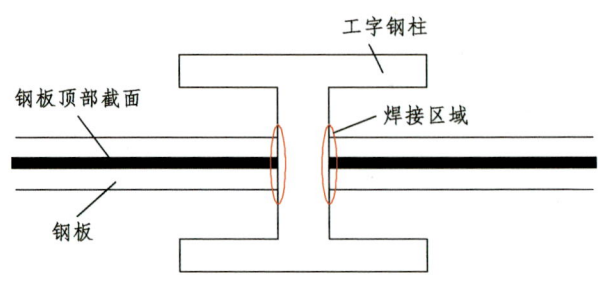

图 4.54　钢板与钢柱纵向搭接（俯视）

（2）竖向布置。

该方案竖向布置情况基本与方案二中一致，不同的是将组合钢柱替换成工字钢，具体布置情况如图 4.55 所示。

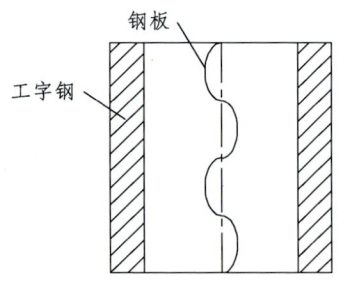

图 4.55　钢板与钢柱竖向搭接（正视）

5. 方案四：纵向 6 m 钢波纹板+H 型钢柱

该方案采用波形为 230 mm×64 mm×6 mm（波长×波深×板厚，下同）的钢波纹板，纵向间隔 6 m 设置 H140 型钢作为固定柱。除工厂预制焊接外全部采用铆接，整体布置形式如图 4.56 所示。

该方案钢波纹板采用竖向分块拼接，每块尺寸为 1 150 mm×6 000 mm，具体形式如图 4.57 所示。

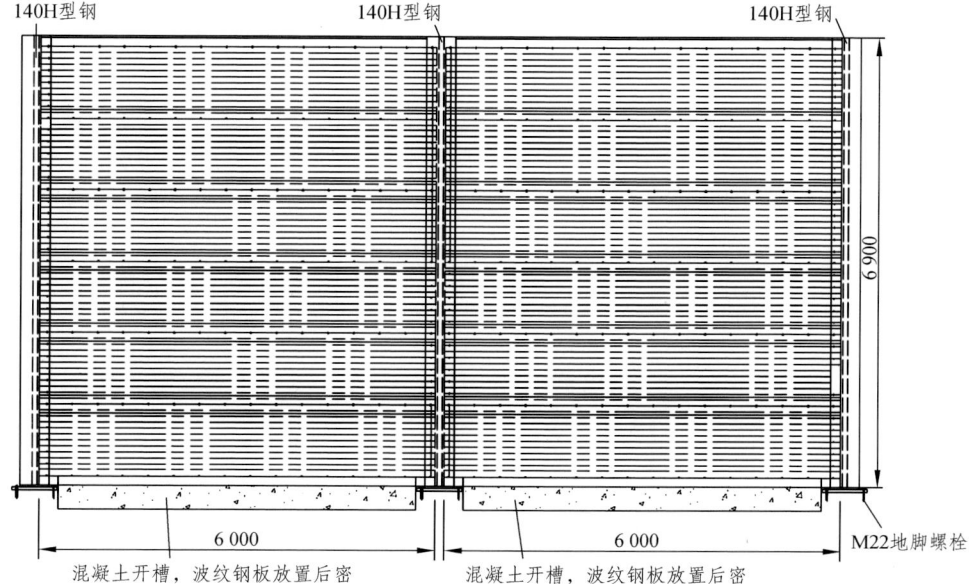

图 4.56　方案四整体布置图

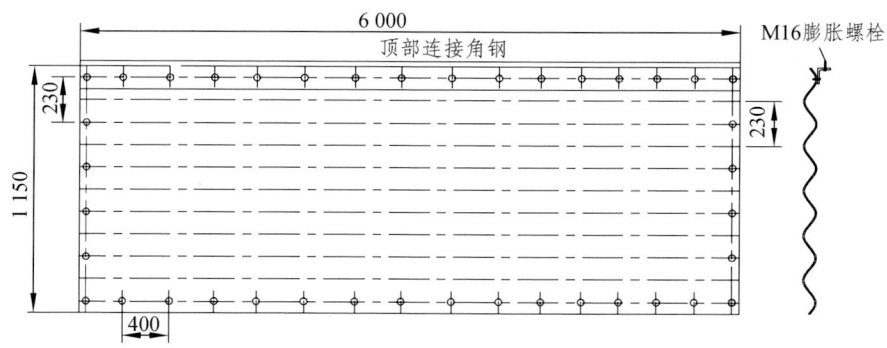

图 4.57　方案四单块钢波纹板

6. 方案五：纵向 1.5 m 钢波纹板+组合立柱（全拼装式）

该方案采用纵向 1.5 m 钢波纹板+组合立柱纵向拼接而成，波形为 150 mm×40 mm×3.5 mm。单块钢波纹板尺寸为 7 000 mm×1 500 mm，顶部及两边采用预制钢板互相拼接而成。整体布置如图 4.58 所示。

该方案钢波纹板采用纵向分块拼接，每块尺寸为 7 000 mm×1 500 mm，单块钢波纹板顶部及两边设置连接钢板用于铆接，如图 4.59 所示。

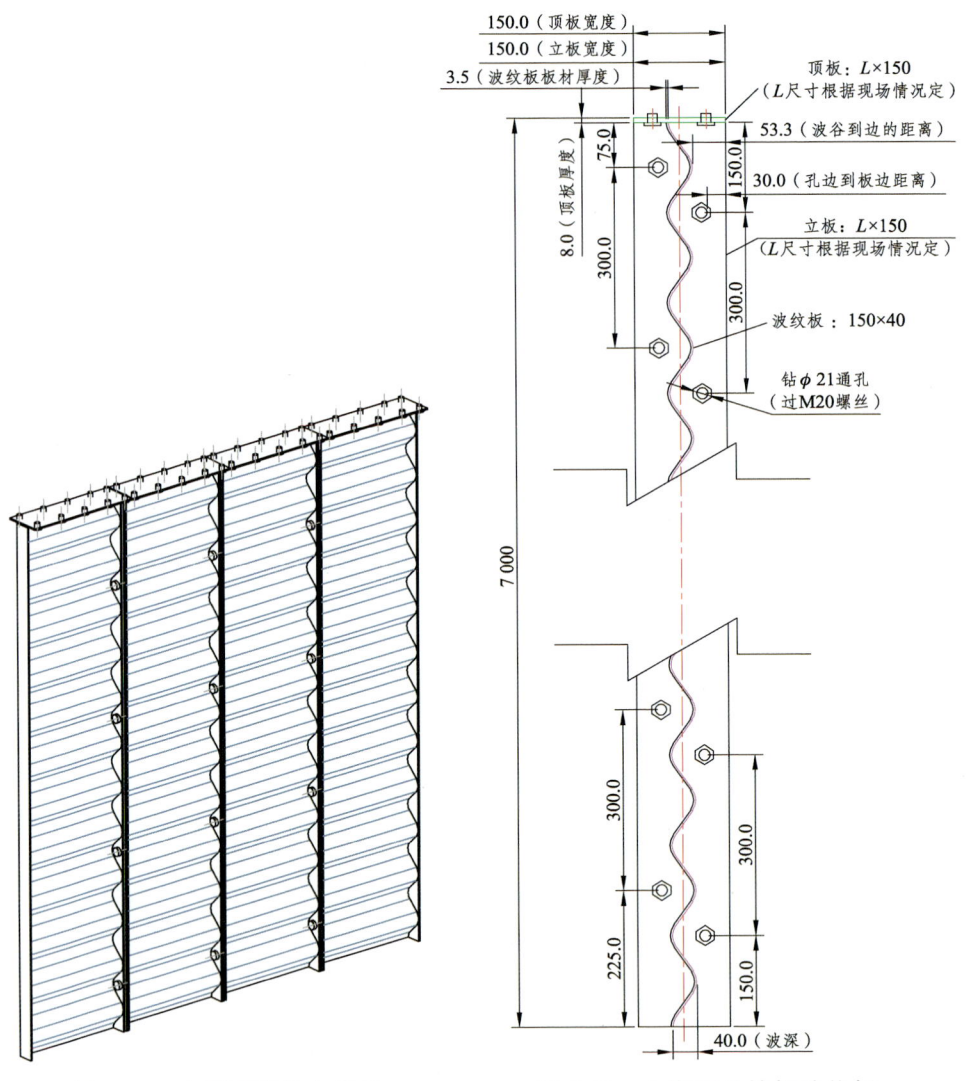

图 4.58　方案五整体布置图　　　图 4.59　方案五单块钢波纹板

中隔墙采用镀锌钢波纹板代替的可行性分析主要涉及运营通风、火灾排烟、结构受力是否满足设计规范和既有设计文件的要求。

4.3.4　运营通风影响

（1）设置模拟参数。

鹧鸪山平导采用钢板作为中隔墙之后，应当对现有轴流风机配置进行验算。通风情况采用 FLUENT 进行模拟，忽略固定柱的局部阻力作用。具体模拟参数如表 4.9 所示。

表 4.9 平导通风数值模拟边界条件

边界情况		边界类型	相关参数
混凝土中隔墙方案	平导送风口	velocity-inlet	8.4 m/s（近期），11.68 m/s（远期）
	平导排风口	velocity-inlet	−11.07 m/s（近期），−15.39 m/s（远期）
镀锌钢波纹板中隔墙方案	平导送风口	velocity-inlet	8.06 m/s（近期），11.23 m/s（远期）
	平导排风口	velocity-inlet	−10.62 m/s（近期），−14.81 m/s（远期）
平导混凝土壁面		wall	粗糙高度 Δ=0.5 mm（绝热壁）
平导钢板壁面		wall	粗糙高度 Δ=0 mm（绝热壁）
平导内部通风区域		interior	air

数值模拟采用的湍流模型为标准 k-ε 双方程模型，基本控制方程：

$$\rho \frac{\partial \varphi}{\partial t} + \rho \mathrm{div}(u\varphi) = \mathrm{div}(\Gamma \mathrm{grad}\varphi) + S_\varphi$$

当 φ=1、u、e、k、ε 时，上式分别为连续性方程、动量方程、能量方程、湍流动能方程和湍流动能耗散方程；Γ 和 S 分别是广义扩散系数和广义源项。当研究的流体为不可压缩恒定流时，$\rho \frac{\partial \varphi}{\partial t}$ 可以省略。

（2）现设计方案运营通风。

鹧鸪山平导在现有设计方案下的通风模型由 ICEM-CFD 建立，具体如图 4.60~图 4.61 所示。

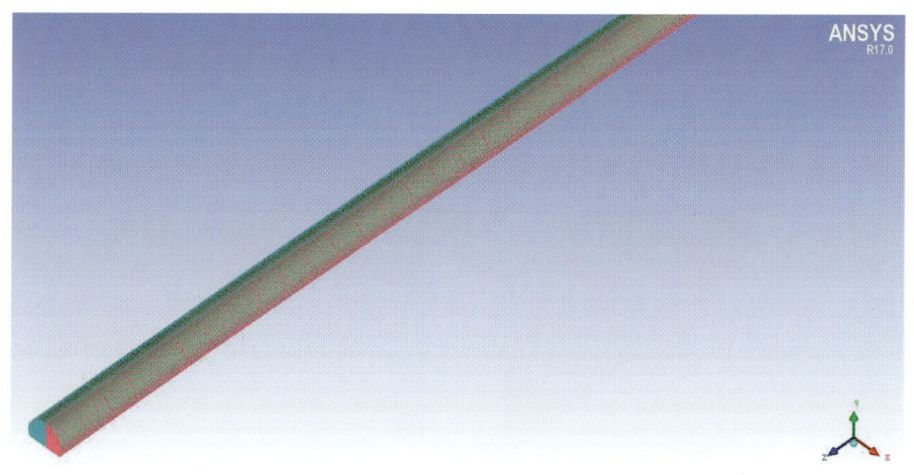

图 4.60 现有设计方案平导通风模型（局部）

图 4.61 现有设计方案平导通风模型（洞口）

通过数值计算，现设计方案下进、排风近期通风模拟结果如图 4.62~图 4.63 所示。

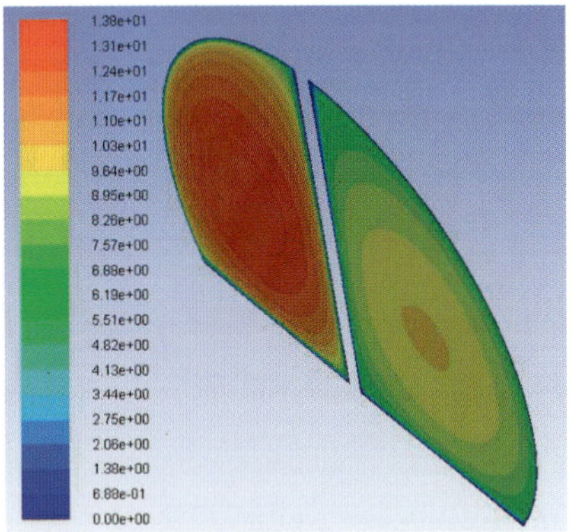

（a）$z=500$ m

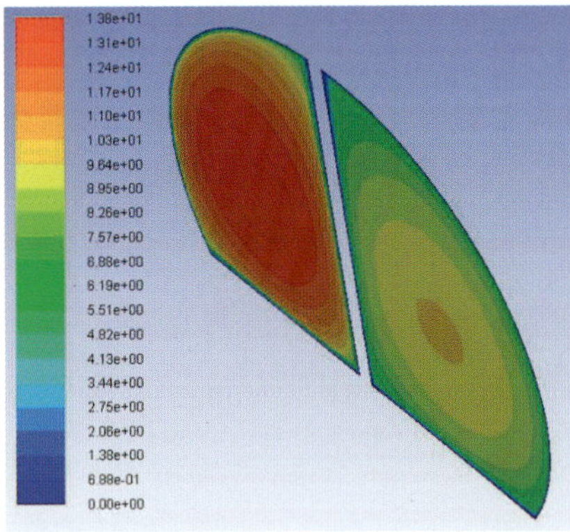

（b）$z=1\ 000$ m

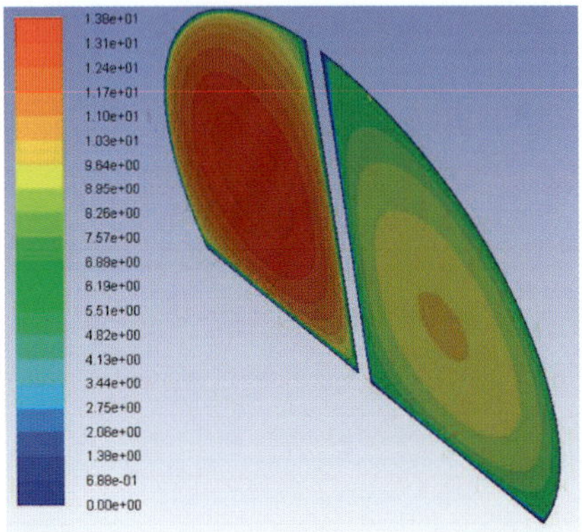

（c）$z=2\ 000$ m

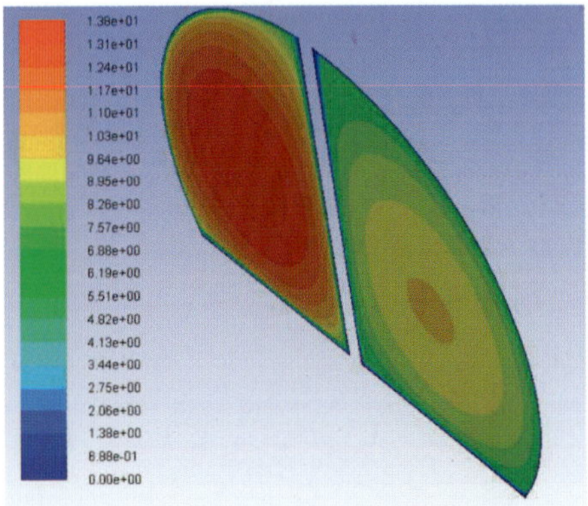

（d）$z=3\ 000$ m

图 4.62 鹧鸪山平导近期各断面风速（混凝土壁，单位：m/s）

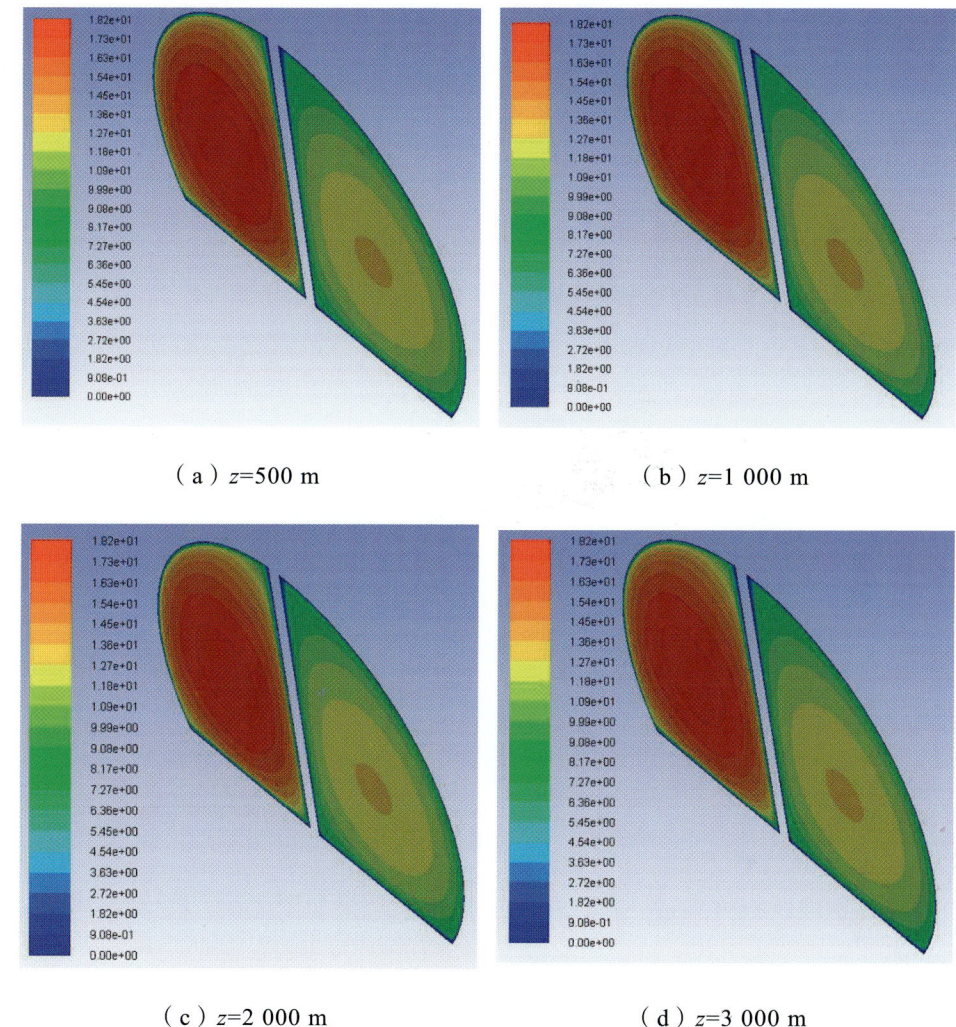

（a）z=500 m　　　　　　　　（b）z=1 000 m

（c）z=2 000 m　　　　　　　　（d）z=3 000 m

图 4.63　鹧鸪山平导远期各断面风速（混凝土壁，单位：m/s）

从图中可以看出，近期风机配置下，各断面平均进风、排风风速分别为 8.4 m/s 和 11.68 m/s。远期风机配置下，各断面平均进风、排风风速分别为 11.07 m/s 和 15.39 m/s。

（3）采用镀锌钢波纹板方案运营通风。

鹧鸪山平导在采用镀锌钢波纹板方案下的通风模型由 ICEM-CFD 建立，具体如图 4.64～图 4.65 所示。

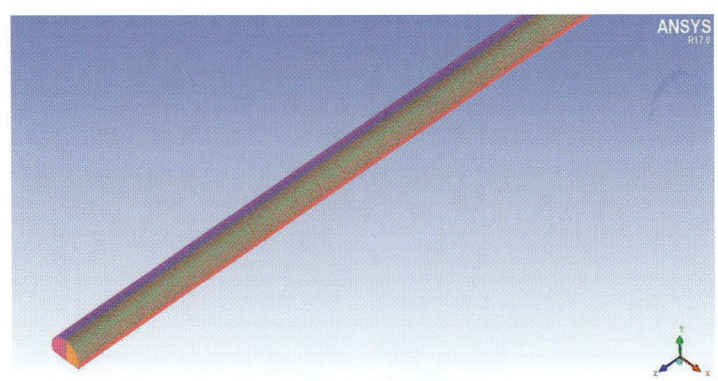

图 4.64 现有设计方案平导通风模型（局部）

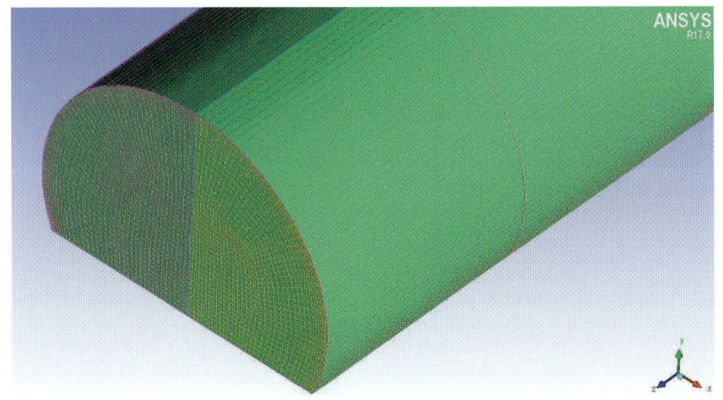

图 4.65 现有设计方案平导通风模型（洞口）

镀锌钢波纹板方案进、排风近期通风模拟结果如图 4.66～图 4.67 所示。

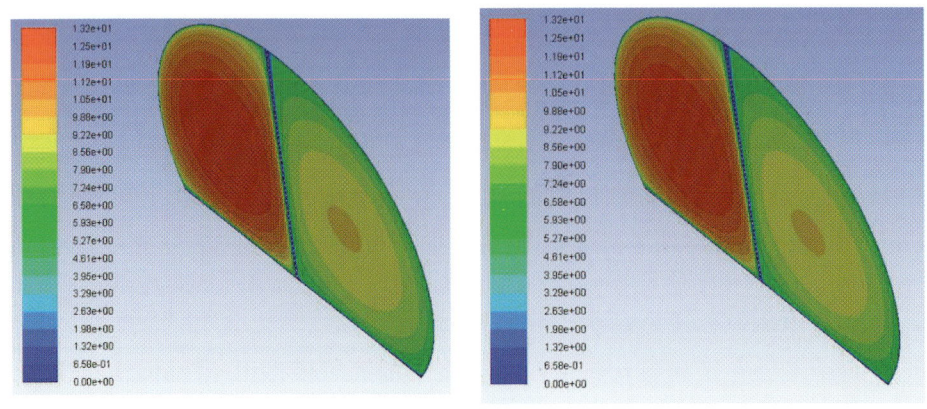

（a）$z=500$ m　　　　　　　　（b）$z=1\ 000$ m

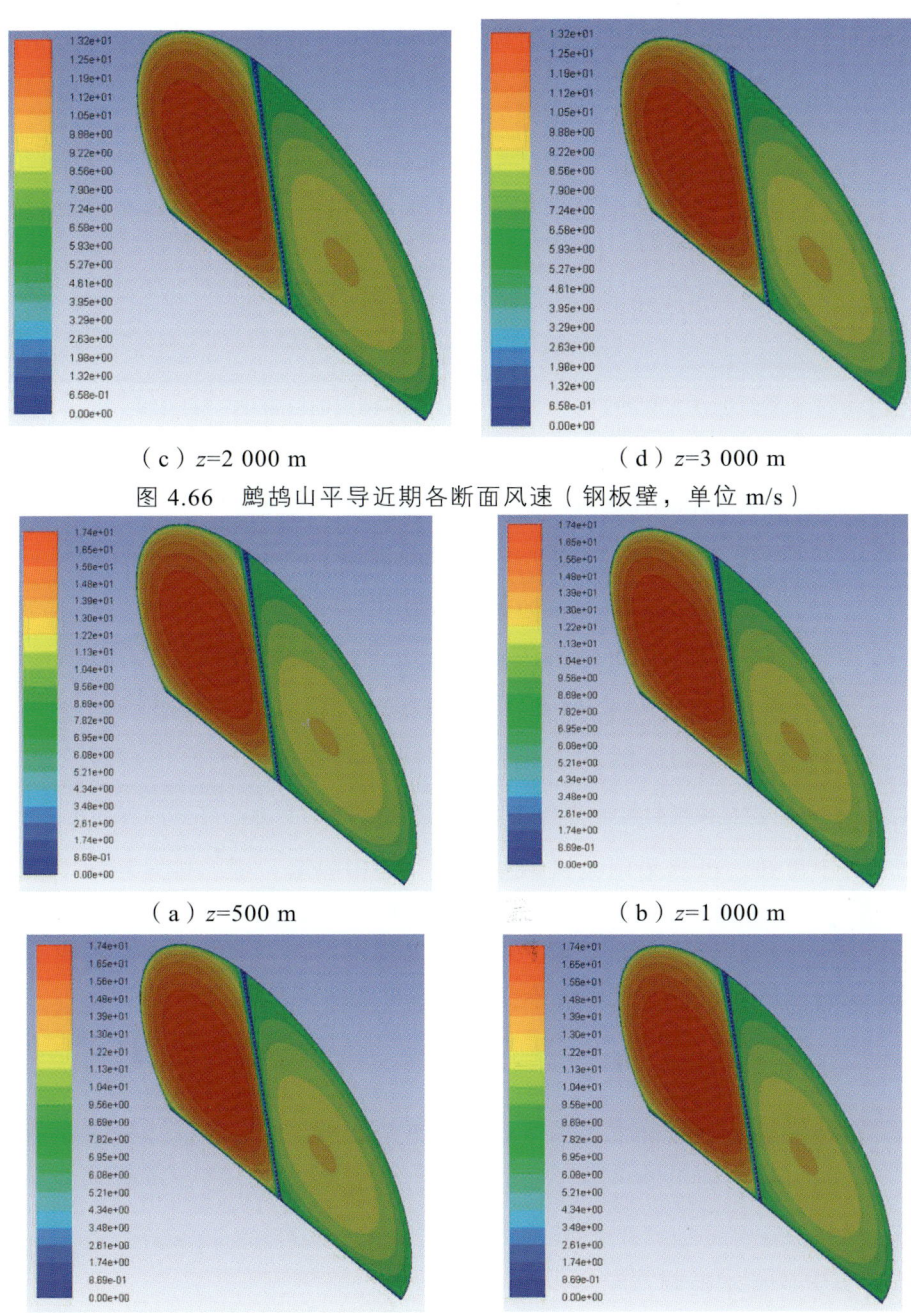

（c）z=2 000 m　　　　　　　　（d）z=3 000 m

图 4.66　鹧鸪山平导近期各断面风速（钢板壁，单位 m/s）

（a）z=500 m　　　　　　　　（b）z=1 000 m

（c）z=2 000 m　　　　　　　　（d）z=3 000 m

图 4.67　鹧鸪山平导远期各断面风速（钢板壁，单位 m/s）

从图中可以看出，近期风机配置下，各断面平均进风、排风风速分别为 8.1 m/s 和 11.23 m/s。远期风机配置下，各断面平均进风、排风风速分别为 10.62 m/s 和 14.81 m/s。

（4）计算结果分析。

通过 FLUENT 数值模拟，采用两类中隔墙材料（镀锌钢波纹板和混凝土墙）的平导通风情况如表 4.10 所示。

表 4.10　两类方案运营通风断面风速对比

近远期	中隔墙	送排风	$z=500$ m	$z=1\,000$ m	$z=2\,000$ m	$z=3\,000$ m	平均值	误差
近期	波纹钢板	排风	11.230 097	11.229 973	11.230 161	11.230 097	11.229 780	3.85%
		送风	8.059 823 6	8.059 751 1	8.059 971 1	8.059 225 3	8.059 692 8	4.05%
	混凝土墙	排风	11.680 048	11.680 003	11.680 132	11.679 515	11.679 924	—
		送风	8.400 046 9	8.399 977 2	8.400 048 7	8.399 230 6	8.399 825 8	—
远期	波纹钢板	排风	14.810 137	14.809 975	14.810 222	14.808 534	14.809 717	3.77%
		送风	10.620 090	10.619 965	10.620 179	10.619 076	10.619 830	4.06%
	混凝土墙	排风	15.390 063	15.390 001	15.390 17	15.389 348	15.389 895	—
		送风	11.070 063	11.069 970	11.070 066	11.068 979	11.069 770	—

注：表中误差为采用钢板之后断面平均风速相较于既有方案降低的百分比。

从表中可知，虽然采用镀锌钢波纹板作为中隔墙，送、排风断面面积增大，断面风速有所降低，但是断面风速相较于既有方案而言只降低了 4% 左右。由于镀锌钢波纹板表面镀锌，相较于混凝土更加光滑，摩擦阻力更小，故采用镀锌钢波纹板作为中隔墙不会影响正常的运营通风。

4.3.5　火灾排烟影响

这里建立鹧鸪山隧道平导全比例数值模拟模型，采用大涡模拟方法对隧道正线火灾对平导的影响进行了研究。通过研究得到了主线起火时平行导洞的烟气蔓延情况和纵向温度分布情况。

1. 火灾的基本控制方程

火灾数值模拟采用的是 FDS（Fire Dynamics Simulator）数值模拟软件。FDS 数值计算过程中遵循着质量守恒、动量守恒、能量守恒，同时，还有湍流流动模型、燃烧模型和辐射传输模型等。

（1）连续性方程（质量守恒方程）。

$$\frac{\partial \rho}{\partial t} + \frac{\partial(\rho v_i)}{\partial x_j} = 0$$

（2）动量守恒方程。

$$\frac{\partial(\rho v_i)}{\partial t} + \frac{\partial(\rho v_j v_i)}{\partial x_j} = \frac{\partial}{\partial x_j}\left[\mu \frac{\partial v_j}{\partial x_j}\right] + s_{v_j}$$

（3）能量守恒方程。

$$\frac{\partial(\rho h)}{\partial t} + \frac{\partial(\rho v_j h)}{\partial x_j} = \frac{\partial}{\partial x_j}\left[\Gamma_h \frac{\partial h}{\partial x_j}\right] + s_h$$

（4）组分方程。

$$\frac{\partial(\rho m_i)}{\partial t} + \frac{\partial(\rho v_j m_i)}{\partial x_j} = \frac{\partial}{\partial x_j}\left[\Gamma_h \frac{\partial m_i}{\partial x_j}\right] + s_i$$

（5）湍流动能 K 方程。

$$\frac{\partial(\rho K)}{\partial t} + \frac{\partial(\rho v_j K)}{\partial x_j} = \frac{\partial}{\partial x_j}\left[\frac{\mu_t}{\sigma_K} \frac{\partial K_i}{\partial x_j}\right] + \mu_t\left[\frac{\partial v_i}{\partial x_j} + \frac{\partial v_j}{\partial x_i}\right]\left[\frac{\partial v_i}{\partial x_j}\right] + \beta g_i \frac{\mu_t}{\sigma_i} \frac{\partial T}{\partial x} - \rho \varepsilon$$

（6）湍流动能耗散率 ε 方程。

$$\frac{\partial(\rho \varepsilon)}{\partial t} + \frac{\partial(\rho v_j \varepsilon)}{\partial x_j} = \frac{\partial}{\partial x_j}\left[\frac{\mu_t}{\sigma_\varepsilon} \frac{\partial \varepsilon}{\partial x_j}\right] + \frac{\varepsilon^2}{K}\left[C_{\varepsilon_1} \frac{P_k}{\varepsilon} - C_{\varepsilon_2}\right]$$

式中，ρ 为密度；v 为速度；s 源项；Γ 为广义扩散系数；m 为组分的质量分数；β 为体积膨胀系数；T 为温度。

2．模型的建立

（1）火灾热释放率。

热释放速率（Heat Release Rate）是表示火灾发展的一个重要参数，指在规定的实验条件下，单位时间内材料燃烧所释放的热量。单位为 W，即 J/s。热释放速率的计算公式：

$$Q = m \times \varphi \times \Delta H$$

$$Q = m \times \varphi$$

式中，m 为可燃物的质量燃烧速率，为燃烧效率因子；ΔH 为单位可燃物的热值大小。但是实际上，对火灾热释放速率的计算是非常困难的，主要原因：实际火灾的可燃物种类不能确定，因此热值不能确定；火灾发生后，可燃物燃烧不完全，因此燃烧因子不能够确定，一般为 0.3～0.9。因此，对于实际火灾中可能发生的状况，需要在实验中进行有效测量，这样便可以对实际火灾进行估计，为火灾救援提供帮助。

（2）火源热释放率增长方式的确定。

火源初期发展阶段是控制火灾增长的关键阶段，也是消防系统、探测系统和监控系统发挥作用的阶段，因此，确定火源热释放率的增长方式具有重大意义。

目前，国内外燃烧学中普遍采用的火灾模型有稳态火灾与非稳态火灾。燃烧过程中火源热释放速率为常数的火灾为稳态火灾，火的燃烧从本质上来说是非稳态的过程，稳态的火灾只能作为理想的火灾模型，与实际燃烧并不完全相符。非稳态火灾是指火源热释放率随时间增长不断变化的火灾。工程燃烧学中用得最多的非稳态火灾模型是 t^2 火灾模型，t^2 火灾模型的火源热释放速率与燃烧时间的平方成正比。一般说来，火灾前期一般要经历缓慢和不均匀增长的引燃阶段，等达到一定时间才会开始稳定燃烧。对中庭可不考虑潜伏期的影响，用下述方程表示 t^2 型火灾最大火源功率与增长时间的关系为

$$Q = \alpha t^2$$

式中，Q 是火灾热释放速率，kW；α 是火灾增长系数，kW/s²；t 是燃烧时间，s。

按热释放速率增长的速度，通常将 t^2 火通常分为 4 类：超快速、快速、中速和慢速，其增长类型分别对应不同的火灾增长系数如表 4.11 所示。根据工程燃烧学，将火灾增长速度定义为快速火，计算可知，要达到最大热释放率所需时间 t_0 为 150 s。

表 4.11 火灾增长系数

t^2 型火	增长系数 α/（kW/s²）	增长时间 t_0/s
超快速	0.187 80	75
快速	0.046 89	190
中速	0.011 27	300
慢速	0.002 93	600

（3）边界条件。

隧道衬砌壁的壁面粗糙系数取 0.01 m，考虑壁面的一维热传导作用，传热范围到达厚度 0.5 m 处，保持恒温 20 ℃。空气的比热容和导热系数不考虑随

温度的变化而变化，取为常数。常温下空气密度为 1.22 kg/m³，重力加速度为 9.8 m/s²，外界空气绝对压力为 1.013×10⁵ Pa，通风空气温度为 25 ℃，隧道壁混凝土导热系数为 1.209 W/(m·K)，隧道内壁混凝土比热容为 1 100 J/(kg·K)，空气的导热系数为 0.024 2 W/(m·K)、空气的比热容为 1 006.43 J/(kg·K)。

在模拟中采用分离式解法中的算法处理速度和压力的耦合隧道火灾时，应考虑在温度传递的过程中，辐射传热的作用也是非常明显，因此在进行计算时，需以辐射模型来进行辐射传导计算。

（4）平导模型。

FDS 软件建成后的鹧鸪山隧道平行导洞模型如图 4.68 所示。

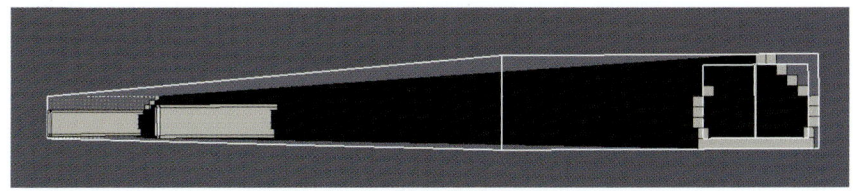

（a）全景图

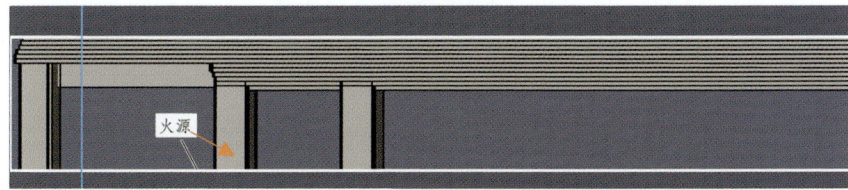

（b）平导出口段通风道

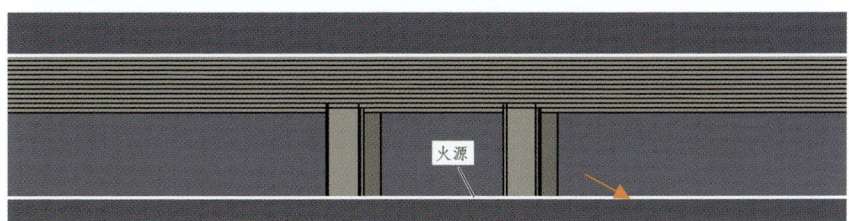

（c）中间通风道

图 4.68　鹧鸪山隧道平行导洞模型图

（5）模拟工况的设定。

根据《公路隧道通风设计细则》规定，公路隧道火灾最大热释放功率在单向交通的隧道内为 30 MW。综合考虑计算的复杂程度以及计算结果的精确度，现只考虑两种工况，即在 ZK184+580 处的左洞排风联络道和 K186+035.37 处的右洞排风联络道两处分别添加一个火源。公路隧道进风道和排风道应该都采用机械排风的通风方式。因此，本文中公路隧道只需采用机械排风的通风方式即可。同时，根据设计规定，进风风速和排风风速均为 13 m/s。火灾模拟工况如表 4.12 所示。

表 4.12 火灾模拟工况

工况	火源位置	火源功率/MW	进风风速/（m/s）	排风风速/（m/s）
1	ZK184+580 处的左洞排风联络道	30	13	13
2	K186+035.37 处的右洞排风联络道	30	13	13

3. 数值模拟结果分析

本节采用 FDS 数值模拟软件，对定义的模拟工况进行了数值计算，重点分析平导内烟气的纵向蔓延情况和纵向温度分布情况。

（1）工况 1。

① 烟气蔓延情况。

工况 1 为 ZK184+580 处的左洞排风联络道与左线交叉处发生火灾工况。当鹧鸪山隧道 ZK184+580 处的左洞排风联络道发生火灾时，通过分析烟气的蔓延情况，可以直观地看出烟气的运动规律，判断纵向风速对烟气蔓延的影响，如图 4.69 所示。

（a）t=8 s

（b）t=20 s

（c）t=35 s

（d）t=110 s

（e）t=800 s

（f）t=1 950 s

（g）t=3 600 s

图 4.69 ZK184+580 左洞排风联络道发生火灾时平导烟气蔓延图

火灾通常分为 4 个阶段，即火灾阴燃阶段、火灾发展阶段、火灾充分燃烧阶段以及火灾衰减熄灭阶段。

由图中可以看出，在火灾阴燃阶段，即 $t=8$ s 时，火灾产生少量的烟气，烟气蔓延的速率较低，在垂直方向上蔓延到了顶棚位置，由于受到水平风速的影响，尚未开始水平方向蔓延。

$t=20$ s 时，烟气已经填满了 ZK184+580 处左洞排风联络道，同时开始在平导内蔓延。此时，该位置处左洞排风通道内的能见度几乎为 0。

$t=35$ s 时，烟气前锋蔓延到了 K184+615.37 位置处的右线通风联络通道，在这两个联络通道之间，由于烟气流较空气轻，烟气集中在顶棚位置，顶棚处的能见度为 0。

$t=110$ s 时，烟气前锋继续向前蔓延，由于烟气流较空气轻，烟气集中在顶棚位置，平导内顶棚处的能见度为 0。在这个过程的同时，烟气开始分流，K184+615.37 位置处的右线通风联络通道开始弥漫大量的烟气，且该通风联络通道能见度开始迅速下降。

$t=800$ s 时，烟气前锋继续向前蔓延，烟气所弥漫的区域几乎占领了整个隧道长度的 1/3，由于烟气流较空气轻，烟气集中在顶棚位置，平导内的顶棚处的能见度为 0，同时在 K184+615.37 位置处的右线通风联络通道早已经被烟气所填满，因此该位置处右洞通风通道内的能见度几乎为 0。

$t=1\,950$ s 时，烟气前锋继续向前蔓延，烟气所弥漫的区域几乎占领了整个隧道长度的一半，由于烟气流较空气轻，烟气集中在顶棚位置，故平导内顶棚处的能见度为 0。

$t=3\,600$ s 时，烟气前锋继续向前蔓延，烟气所弥漫的区域几乎占领了整个隧道长度的 2/3，由于烟气流较空气轻，烟气集中在顶棚位置，平导内顶棚处的能见度为 0。直到 3 600 s 时，烟气也并未弥漫到平导 9 号交叉口处的两个排风联络通道。

② 纵向温度分布情况。

纵向温度分布情况研究了人眼特征值 1.8 m 高度处的温度变化。

如图 4.70 所示为工况 1 时鹧鸪山隧道平导内人眼高度位置处不同时刻温度纵向分布规律。可以看出，ZK184+580 左洞排风联络道发生火灾，由于平导内部纵向风带动高温烟气向下游流动，使得温度沿着平导纵向方向呈现衰减趋势，随着距火源距离的增加而降低。

100 s 时，平导进口的位置温度达到了 139 ℃，此时，由于火灾还处于发展阶段，在平导的 700 m 位置处的温度还处于常温 20 ℃。在 0 ~ 700 m，温度下降趋势很大。

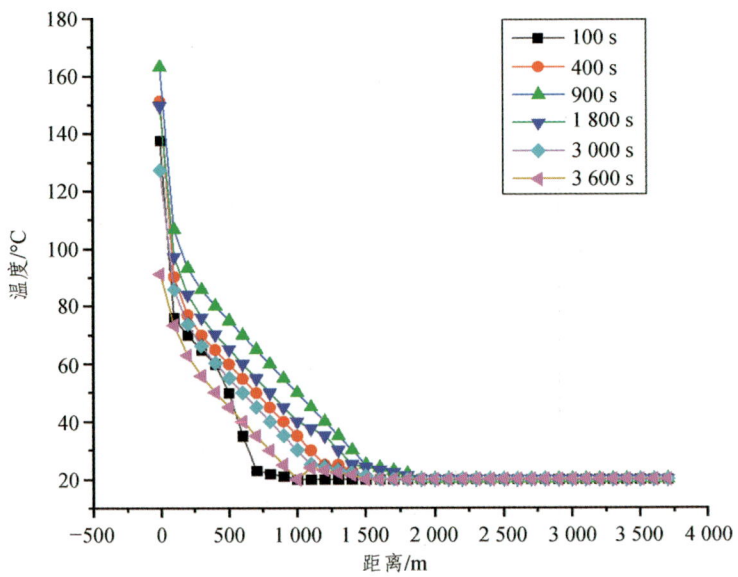

图 4.70 工况 1 平导人眼高度位置处不同时刻温度纵向分布规律

100～900 s 处于火灾发展阶段,400 s 时,平导进口的位置温度达到了 155 ℃,比起 100 s 时升高了 16 ℃。温度 20 ℃ 时,前锋由 700 m 的位置蔓延到了 1 000 m 的位置处。

900 s 时,平导内的温度达到了最高温度 170 ℃,可以看出,此时火灾处于充分燃烧阶段。

900 s 后,最高温度开始下降,最终保持在 90 ℃ 左右。温度 20 ℃ 时,前锋在 900 s 时蔓延的距离最远,蔓延的长度为 1 800 m 左右。

(2)工况 2。

① 烟气蔓延情况,结果如图 4.71 所示。

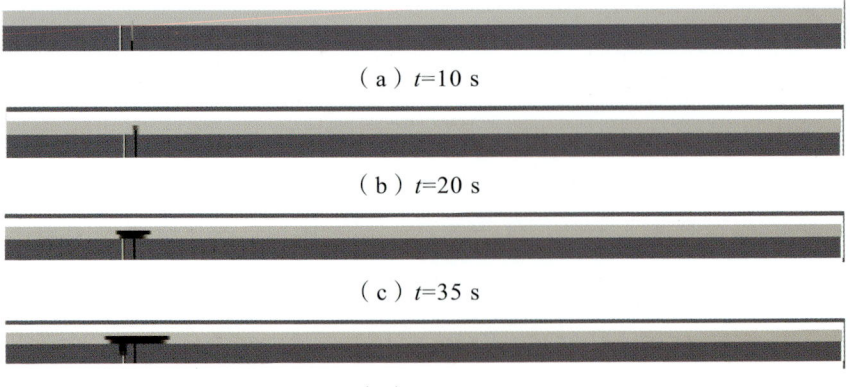

(a) $t=10$ s

(b) $t=20$ s

(c) $t=35$ s

(d) $t=60$ s

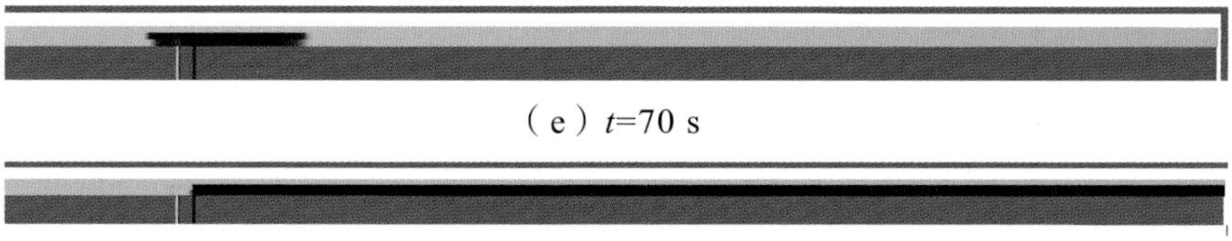

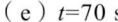

（e）$t=70\ s$

（f）$t=375\ s$

图 4.71　K186+035.37 处右洞排风联络道起火时平导烟气蔓延图

根据风速的流动方向以及火源位置，将进风方向定义为平导上游，出风方向定义为平导下游。

由图中可以看出，在火灾阴燃阶段，即 $t=10\ s$ 时，火灾产生少量的烟气，烟气蔓延的速率极低，基本尚未蔓延。

$t=20\ s$ 时，在垂直方向上蔓延到了顶棚位置，由于受到水平风速的影响，尚未开始水平方向蔓延。K186+035.37 处的右洞排风联络道烟气填满，此时，该位置处右洞排风联络道内的能见度几乎为 0。

$t=35\ s$ 时，烟气前锋开始向两侧蔓延，往左蔓延至邻近的左线排风联络道，往右烟气前锋也蔓延到了与左侧差不多的距离，在这两个联络通道之间以及右洞排风联络道以右一小段距离，由于烟气流较空气轻，烟气集中在顶棚位置，顶棚处的能见度为 0。

$t=60\ s$ 时，左右两股烟气前锋继续向前蔓延，由于烟气流较空气轻，烟气集中在顶棚位置，平导内的顶棚处的能见度为 0，在这个过程的同时，左侧烟气开始分流，邻近的左线排风联络道被烟气填充一半，该通风联络通道能见度开始迅速下降。

$t=70\ s$ 时，左侧烟气前锋几乎没有继续向前蔓延，但右侧烟气前锋却继续向前蔓延，由于烟气流较空气轻，烟气集中在顶棚位置，右侧平导内的顶棚处的能见度为 0，同时受到纵向风影响，邻近的左线排风联络道中烟气被抽空。

$t=375\ s$ 时，左侧烟气没有回流，而右烟气前锋继续向前蔓延，烟气所弥漫的区域已经占领了右侧整个平导，蔓延到了平导出口，同时，在平导内由于烟气流较空气轻，烟气集中在顶棚位置，平导内的顶棚处的能见度为 0。

在模拟的整个时间内，由于受到纵向风的影响，烟气始终不会发生逆流现象，不会通过邻近的排风联络通道蔓延至左线隧道。

② 纵向温度分布情况。

纵向温度分布情况研究了人眼特征值高度 1.8 m 高度处的温度变化，如图 4.72 所示。

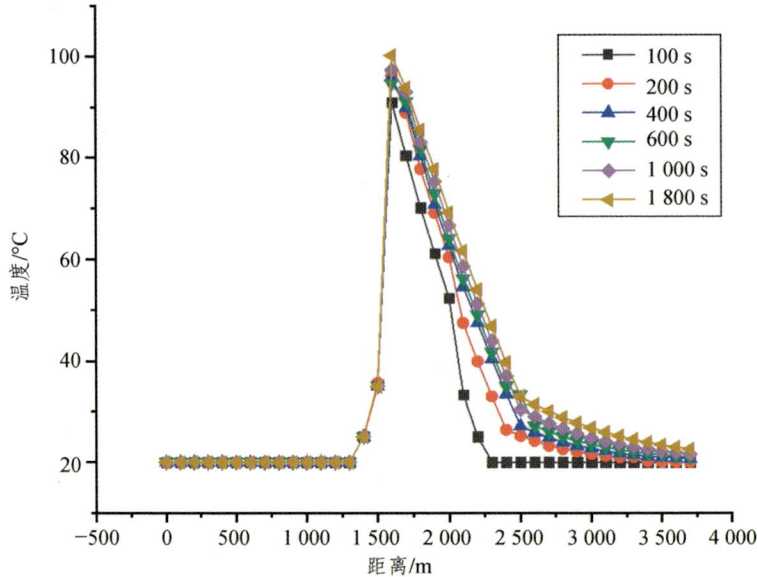

图 4.72 工况 2 平导人眼高度位置处不同时刻温度纵向分布规律

由图中可以看出，K186+035.37 处的右洞排风联络道发生火灾，由于平导内部纵向风带动高温烟气向下游流动，使得温度在火灾上游几乎没有影响，在 1 300 m 位置处温度还处于常温，下游沿着平导纵向方向呈现衰减趋势，随着距火源的距离的增加而降低。

100 s 时，平导的 1 600 m 位置处的温度达到了 91 ℃，此时，由于火灾还处于发展阶段，在平导的 2 300 m 位置处的温度还处于常温 20 ℃。在 1 600～2 300 m，温度下降趋势很大。

100～1 800 s 处于火灾发展阶段，200 s 时，平导的 1 600 m 位置处的温度达到了 96 ℃，比起 100 s 时升高了 15 ℃。温度 20 ℃ 前锋由 2 300 m 的位置蔓延到了 2 800 m 的位置处。

1 800 s 时，平导内的温度达到了最高温度 100 ℃，温度 20 ℃ 前锋在 2 800 s 时下游蔓延的距离最远，下游蔓延到了平导出口位置。

4. 计算结果分析

本小节通过研究汶马高速公路鹧鸪山隧道正线火灾对平导的影响，得到了左右线分别起火工况下平导内烟气蔓延情况和纵向温度变化情况。得出的主要结论如下。

（1）ZK184+580 处的左洞排风联络道与左线交叉位置起火时，8 s 时火灾处于阴燃阶段，烟气蔓延速率较低。20 s 时烟气填满了 ZK184+580 处的左洞排风联络道，并开始了平导内部的蔓延。35 s 时，烟气前锋蔓延到了 K184+615.37 位置处的右线通风联络通道。800 s 时，烟气前锋继续向前蔓延，烟气所弥漫的区域已经几乎占领了整个隧道长度的 1/3。

（2）ZK184+580 处的左洞排风联络道与左线交叉位置起火时，平导内部的最高温度为 170 ℃，发生在火灾燃烧的 900 s 时间。温度 20 ℃ 前锋蔓延的最大长度约为 1 800 m。

（3）K186+035.37 处的右洞排风联络道与右线交叉位置起火时，20 s 时 K186+035.37 处的右洞排风联络道烟气填满，35 s 时蔓延至邻近的左线排风联络道，70 s 时受到纵向风影响，邻近的左线排风联络道中烟气被抽空。在整个模拟时间内烟气不会发生回流现象。

（4）K186+035.37 处的右洞排风联络道与右线交叉位置起火时，平导内部的最高温度为 100 ℃，发生在火灾燃烧的 1 800 s 时，并且，在 13 m/s 的通风风速下火灾不会对上游造成影响。

（5）ZK184+580 处的左洞排风联络道与左线交叉位置起火与 K186+035.37 处的右洞排风联络道与右线交叉位置起火相对比可以得出：平导内最高温度在右线隧道发生火灾时最低，比起左线隧道火灾降低了约 70 ℃；右线隧道发生火灾时烟气不会蔓延到左线隧道。

（6）综上，平导内最高温度约为 170 ℃。

4.3.6　结构稳定性分析

鉴于钢板的纵向布置方式，其在竖向上基本上无刚度，不能承载拱顶下沉的荷载。在结构形式上，钢板被吊装于拱顶，其重力直接作用于拱顶，会加剧拱顶的变形。

另外，平导纵向的混凝土柱或者钢柱（组合钢柱、工字钢柱）均会受到由于拱顶变形引起的轴向荷载。

因此，结构受力分析主要涉及钢板自重作用下拱顶变形量和固定柱的受力。

1. 钢板作用下拱顶变形量

拱顶变形量主要由数值模拟得到。根据地质资料，选取平导处于 V 级围岩的区段作为计算对象，相关地层和结构的物理参数如表 4.13 所示。采用荷载-结构法对二衬混凝土进行模拟。模型取一个安装区段中间 1 m 作为模拟对象，则钢板需取纵向 1 m 的自重作为平导拱顶处的竖向荷载。

表 4.13　围岩和钢筋混凝土力学参数

项目	重度/(kN/m³)	弹性抗力系数/(MPa/m)	弹性模量/GPa	泊松比
Ⅴ级围岩	24	200	3.5	0.35
C30 钢筋混凝土	25	—	30	0.2

对平导二衬进行网格划分之后，在节点上施加等效荷载。近似计算如图 4.73 所示。衬砌结构承受主动垂直线性荷载和水平线性荷载，计算时将其转换为节点载。

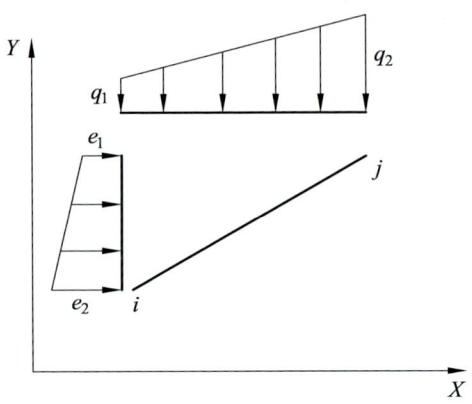

图 4.73　二衬节点荷载加载图示

衬砌结构承受主动垂直线性荷载和水平线性荷载，计算时将其转换为节点载。假设单元 IJ 受力如图 4.74 所示荷载作用，则节点和节点的等效节点荷载可分别由如下荷载阵列求出。

$$\{F_i\} = \begin{Bmatrix} F_{xi} \\ F_{yi} \\ M_i \end{Bmatrix} = \begin{cases} -\dfrac{7e_1 + 3e_2}{20}|y_j - y_i| \\ -\dfrac{7q_1 + 3q_2}{20}|x_j - x_i| \\ \dfrac{1}{60}(y_j - y_i)^2(3e_1 + 2e_2) - \dfrac{1}{60}(x_j - x_i)^2(3q_1 + 2q_2) \end{cases}$$

$$\{F_j\} = \begin{Bmatrix} F_{xj} \\ F_{yj} \\ M_j \end{Bmatrix} = \begin{cases} -\dfrac{3e_1 + 7e_2}{20}|y_j - y_i| \\ -\dfrac{3q_1 + 7q_2}{20}|x_j - x_i| \\ \dfrac{1}{60}(y_j - y_i)^2(2e_1 + 3e_2) - \dfrac{1}{60}(x_j - x_i)^2(2q_1 + 3q_2) \end{cases}$$

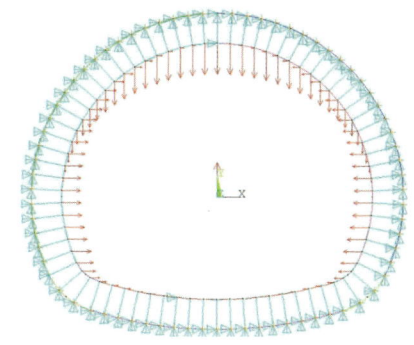

图 4.74　荷载-结构模型加载图示

选取常用厚度（3～11 mm）的镀锌钢波纹板进行计算。不同厚度下镀锌钢板密度参数如表 4.14 所示。

表 4.14　同厚度下镀锌钢板密度

厚度/mm	密度/（kg/m²）	每延米重力/N	厚度/mm	密度/（kg/m²）	每延米重力/N
3	23.55	1 624.95	7	54.95	3 791.55
3.5	27.48	1 896.12	8	62.80	4 333.2
4	31.40	2 166.60	9	70.65	4 874.85
5	39.25	2 708.25	10	78.50	5 416.50
6	47.10	3 249.90	11	86.35	5 958.15

不同厚度钢板作用下的模拟结果如表 4.15 所示。

表 4.15　不同厚度钢板作用下二衬变形量及内力

厚度/mm	拱顶最大变形/mm	最大轴力/kN	最大剪力/kN	最大弯矩/（kN·m）
3	3.771	1 240	193.510	128.899
3.5	3.773	1 240	193.543	129.091
4	3.774	1 240	193.576	129.282
5	3.777	1 240	193.642	129.666
6	3.780	1 240	193.707	130.049
7	3.783	1 240	193.773	130.432
8	3.786	1 240	193.839	130.816
9	3.789	1 240	193.904	131.199
10	3.792	1 240	193.970	131.582
11	3.795	1 240	194.036	131.966

依据《公路隧道设计规范》相关规定，钢筋混凝土受弯构件需根据如表 4.16 所示进行挠度验算。

表 4.16 受弯构件的容许挠度

构件类型		容许挠度/m
吊车梁		$L_0/600$
梁、板构件	$L_0 \leq 5$ m	$L_0/250$
	5 m $\leq L_0 \leq 8$ m	$L_0/300$
	8 m $< L_0$	$L_0/400$

结合拱顶变形区域（见图 4.75），该拱部计算跨度 L_0 为节点 8 和 69 之间的二衬跨度，为 4.786 m。因此，该平导二衬拱顶挠度允许值为 19.144 mm。

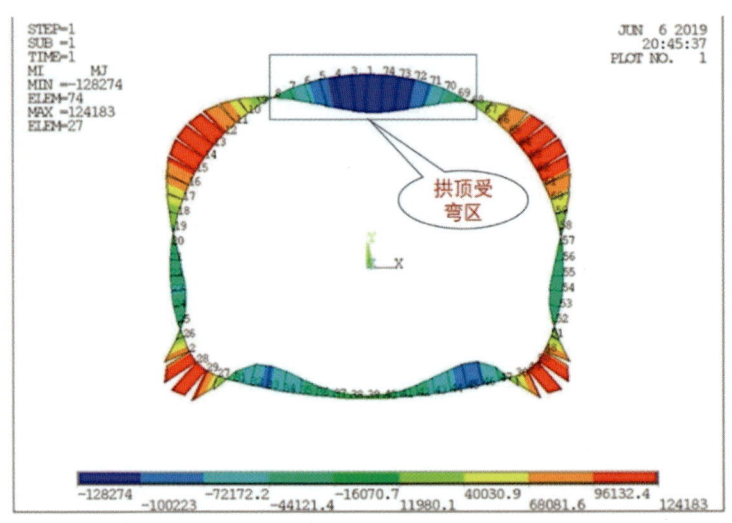

图 4.75 拱顶受弯区域图示

经核算，由于钢板自重较轻，对拱顶造成的变形均未超过限值。

2. 结构受力情况

（1）含固定柱情况。

钢板在安装过程中需要间隔 10 m 设置柱作为固定点，而柱在抵抗拱顶二衬混凝土变形过程中会受到轴向力作用，故需对其进行稳定性分析。分析采用荷载-结构模型，隧道二衬纵向取单位长度（1 m）计算，具体如图 4.76 所示。

由于荷载的对称性，中间柱主要受到轴力影响，需对柱在轴心受压情况下的稳定性进行验算。各方案模拟结果如图 4.77～图 4.80 所示。

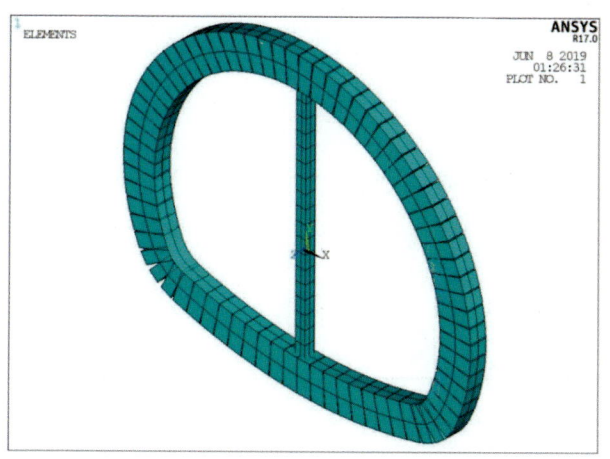

图 4.76　中间柱稳定性分析图示

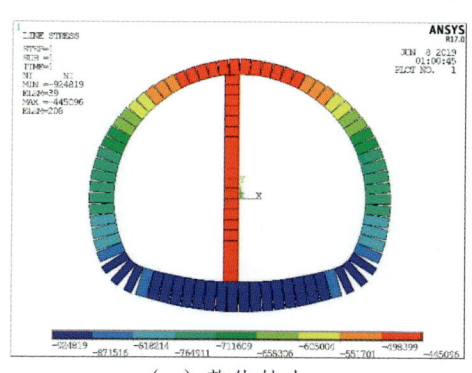
（a）整体轴力

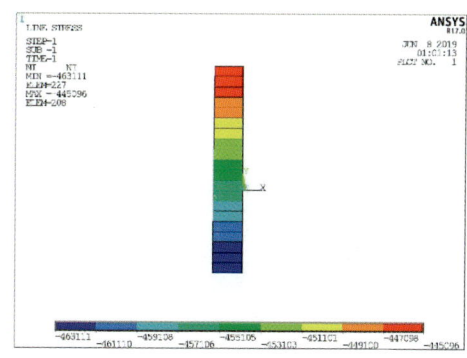
（b）钢筋混凝土柱轴力

图 4.77　采用钢筋混凝土柱情况下平导结构受力

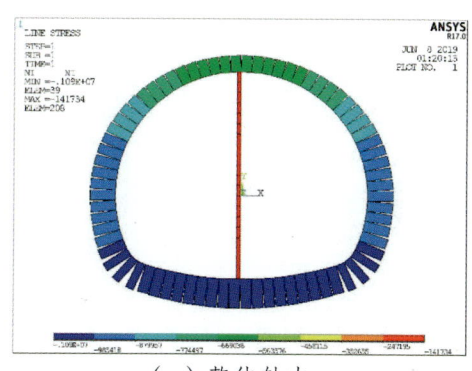
（a）整体轴力

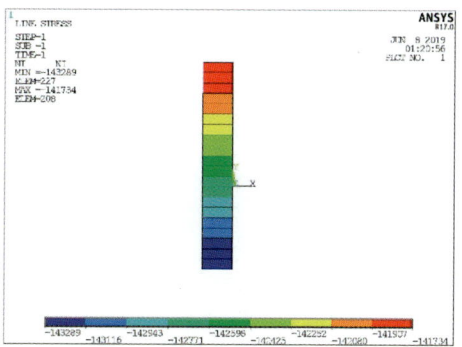
（b）组合钢柱轴力

图 4.78　采用组合钢柱情况下平导结构受力

从图中可以看出，采用钢筋混凝土作为中间柱时，中间柱最大轴力为445.096 kN。采用组合钢柱作为中间柱时，中间柱最大轴力为141.734 kN。

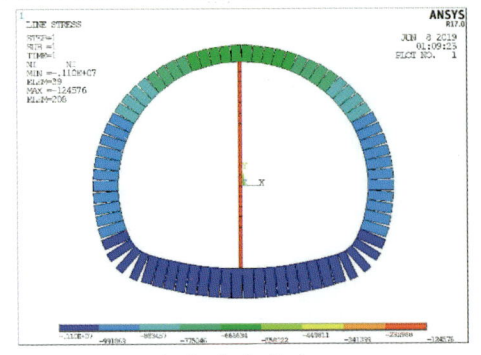 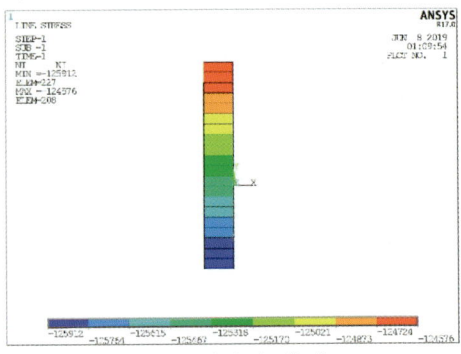

（a）整体轴力　　　　　　　　　（b）工字钢柱轴力

图4.79　采用工字钢柱情况下平导结构受力

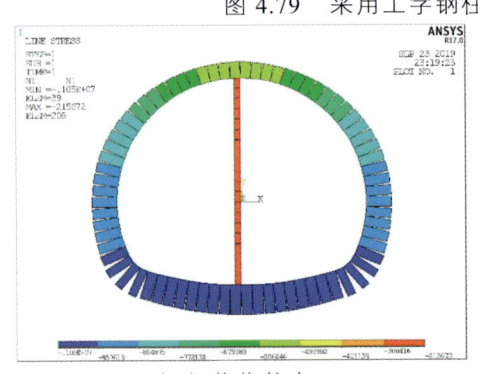 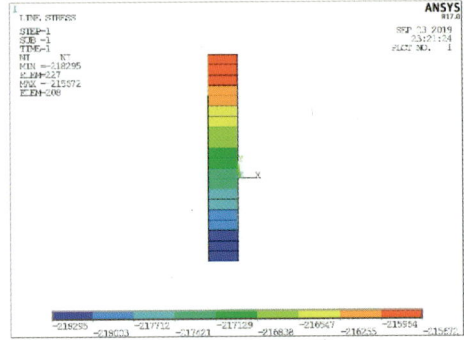

（a）整体轴力　　　　　　　　　（b）工字钢柱轴力

图4.80　采用H140型钢柱情况下平导结构受力

从图中可以看出，采用工字钢柱作为中间柱时，中间柱最大轴力为124.576 kN；采用H140型钢柱作为中间柱时，中间柱最大轴力为218.295 kN。依据相关规范对这几种方案中间柱稳定性进行验算，结果如表4.17所示。

表4.17　几种方案中间柱稳定性验算结果

方案	中间柱规格	规范、标准	判定公式	计算结果	是否稳定
一	C30钢筋混凝土，断面30 cm×30 cm	《公路隧道设计规范》	$KN \leq \varphi \alpha Rabh$	890.192 kN <1 113.75 kN	是
二	I14b 槽钢	《钢结构设计标准》	$\dfrac{N}{\varphi AF} \leq 1.0$	0.292<1.0	是
三	I14 工字钢			0.403<1.0	是
四	H140 型钢			0.531<1.0	是

综上所述，采用镀锌钢波纹板作为鹧鸪山隧道平导中隔墙的结构受力情况符合相关规定。

（2）无固定柱情况。

在没有固定柱的情况下，结构受力分析只涉及二衬混凝土。为了使模拟结果具有代表性，特取钢板厚度为 11 mm 时的情况进行模拟。通过数值模拟，无固定柱情况（即全拼装方案）的二衬受力情况如图 4.81~图 4.83 所示。

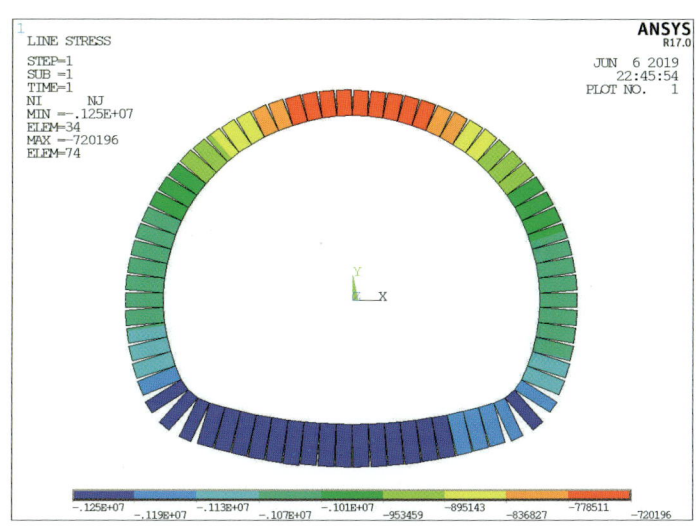

图 4.81　全拼装方案二衬轴力

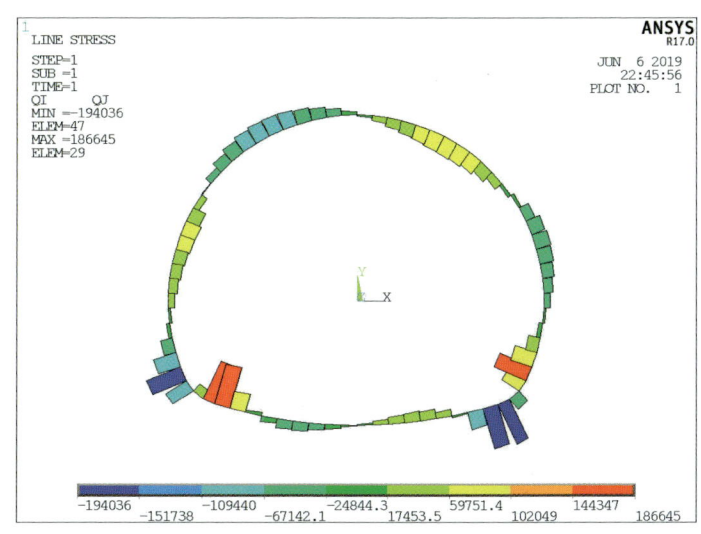

图 4.82　全拼装方案二衬剪力

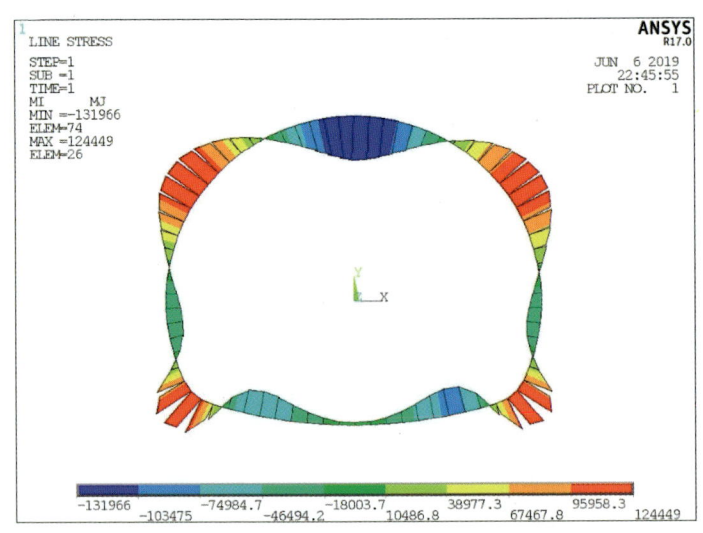

图 4.83 全拼装方案二衬弯矩

从图中可以看出，无固定柱的情况（即全拼装方案）中，二衬混凝土最大轴力为 1 250 kN、最大剪力为 194.036 kN、最大弯矩为 131.966 kN·m。

依据《鹧鸪山隧道通风平导施工图》中二衬配筋情况得到纵向 1 m 范围内配筋示意图（见图 4.84）。

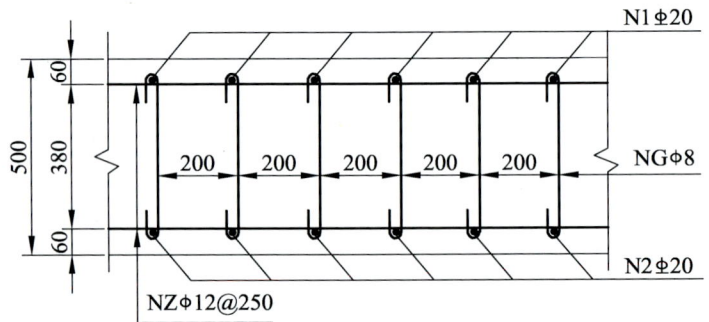

图 4.84 1 m 范围内二衬配筋示意图

进行钢筋混凝土截面复核如下。

① 抗压强度验算。

将相关数值代入下式：

$$KN \leqslant \varphi \alpha R_a bh$$

式中 R_a——混凝土的抗压极限强度，C30 混凝土取 22.5 MPa；

K——安全系数，取 2.0；

N——轴向力，N；

b——截面宽度，取 1 m；

h——截面高度，取 0.5 m；

φ——构件纵向弯曲系数，对于贴壁式隧道衬砌，明洞拱圈及墙背紧密回填的边墙取 1；

α——轴向力的偏心影响系数，拱顶位置取 0.367、拱肩位置取 0.590、边墙脚位置取 0.750。

抗压强度验算结果如表 4.18 所示。

表 4.18　无固定柱情况下二衬混凝土抗压强度验算结果

位置	弯矩/(kN·m)	轴力/kN	偏心距 e_0/m	计算 K 值	理论 K 值	是否安全
拱顶	131.966	720.196	0.183	5.73	2.0	是
拱肩	124.449	953.459	0.130	6.96	2.0	是
边墙脚	124.449	1250.12	0.099	6.74	2.0	是

② 截面承载力验算。

$$KN \leqslant R_w bx + R_g(A_g' - A_g)$$

$$R_g(A_g e + A_g' e') \leqslant R_w bx(e - h_0 + x/2)$$

式中　R_w——混凝土弯曲抗压极限标准值，$R_w = 1.25 R_a = 28.125$ MPa；

R_g——钢筋的抗拉或抗压计算强度标准值，$R_g = 335$ MPa；

A_g、A_g'——受拉和受压区钢筋的截面面积，1 256 mm²；

e、e'——自受拉或受压钢筋的重心至轴力作用点的距离，m；

h_0——截面有效高度，0.44 m；

x——混凝土受压区的高度，m。

截面承载力验算结果如表 4.19 所示。

表 4.19　无固定柱情况下二衬混凝土截面验算结果

位置	弯矩/(kN·m)	轴力/kN	偏心距 e_0/m	大小偏心	距离 e/m	距离 e'/m	受压区高度 x/m	计算 K 值	理论 K 值	是否安全
拱顶	131.966	720.196	0.183	大	0.373	0.067	0.20	7.81	2	是
拱肩	124.449	953.459	0.130	大	0.320	0.060	0.28	8.23	2	是
墙脚	124.449	1 250.12	0.099	大	0.289	0.091	0.33	4.50	2	是

3. 计算结果分析

通过对采用镀锌钢波纹板作为中隔墙的 5 种方案进行结构受力分析，镀锌钢波纹板在竖向方面呈波纹状，厚度很薄，基本无承载能力。镀锌钢波纹板由于自重对二衬拱顶造成的变形量远远小于限值，并且前 4 种方案的中间柱均处于稳定状态，而方案五（全拼装方案）中的二衬结构在既有配筋情况下处于稳定状态。

故采用镀锌钢波纹板作为中隔墙不会影响平导结构安全。综合考虑自重、运输及安全储备，推荐采用 3~6 mm 厚度镀锌钢波纹板。

4.3.7 通风阻力系数对比分析

由于通风阻力系数为粗细模拟研究，运算量极大，特选取方案一至方案四中的最不利情况，即方案四作为纵向大间距方案，选取方案五为全拼装方案，进行两种方案比较。

本数值模拟采用的湍流模型为标准 k-ε 双方程模型。

在隧道工程中，风流的沿程阻力（摩擦阻力）表达式为

$$h_f = \frac{\lambda L}{d} \cdot \frac{\rho v^2}{2}$$

然而竖向钢板对空气流动的影响属于局部阻力，故风流的局部阻力为

$$h_x = \xi \cdot \frac{\rho v^2}{2}$$

因此，隧道工程的通风阻力为沿程阻力和局部阻力之和，即

$$h = h_f + h_x = \left(\frac{\lambda L}{d} + \xi \right) \cdot \frac{\rho v^2}{2}$$

若断面为非圆形的不规则形状，则隧道截面当量直径为

$$d = \frac{4A}{U}$$

式中　h_f, h_x——隧道通风的沿程阻力和局部阻力，Pa；

λ, ξ——沿程阻力系数和局部阻力系数；

L——隧道长度，m；d——隧道截面当量直径，m；

v——隧道内平均风速，m/s；

ρ——隧道内空气密度，kg/m³；

A—隧道空气过流断面面积，m²；

U—隧道空气过流断面周长，m。

另外，局部阻力和沿程阻力的形成上没有本质区别，为了同时考虑沿程阻力和局部阻力的影响，引入通风阻力系数 $\alpha = \dfrac{\lambda l}{d} + \xi$。则

$$\alpha = \dfrac{2h}{\rho v^2}$$

为方便求得通风阻力 h，所取隧道模型假设没有纵坡，其进出口间的通风阻力可以表示为

$$h = P_T^1 - P_T^2$$

式中　P_T^1, P_T^2—隧道进、出口断面总压，Pa。

数值模拟参数设置如表 4.20 所示。

表 4.20　通风阻力系数数值模拟边界条件

边界情况	边界类型	相关参数
模型进风口（平导送风口）	velocity-inlet	8.06 m/s
模型出风口	outflow	—
平导内部通风区域	interior	air
平导混凝土地面	wall	粗糙高度 Δ=5 mm（绝热壁）
平导混凝土衬砌	wall	粗糙高度 Δ=1 mm（绝热壁）
型钢钢柱壁面	wall	粗糙高度 Δ=0 mm（绝热壁）
钢波纹板壁面	wall	粗糙高度 Δ=0 mm（绝热壁）

1. 纵向大间距方案

（1）模型简介。

本方案模型采用 ICEM-CFD 建立，取纵向长度 20 m 作为研究段。由于送风道和排风道对称布置，且通风阻力系数相同，因此取整体模型的送风道作为模拟对象。其整体布置如图 4.85 所示。

H140 型钢与钢板连接局部细节如图 4.86 所示。

（2）模拟结果。

通过数值模拟，流体域内竖向 y=3.5 m 的速度情况如图 4.87～图 4.88 所示。通过分析发现，H140 型钢柱在空气流经过程中会产生较大的局部阻力效应，改变空气流向，引起流速突变。

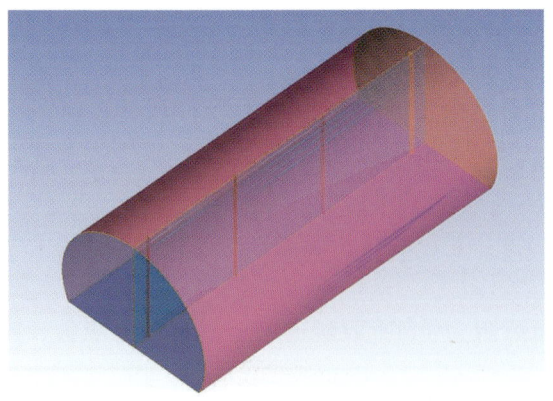

图 4.85 纵向大间距方案模型（整体）

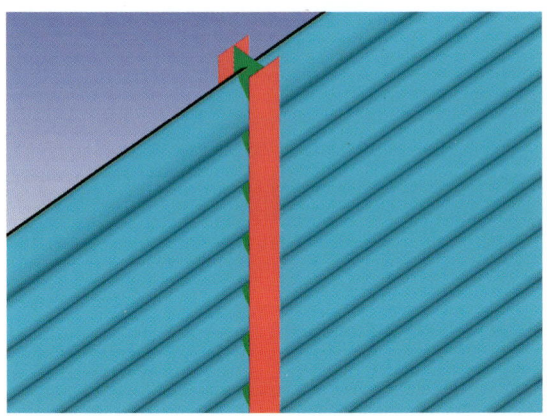

图 4.86 纵向大间距方案模型（局部）

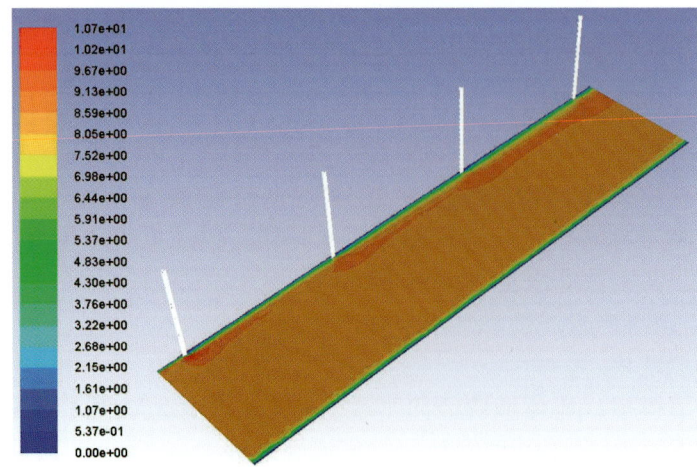

图 4.87 纵向大间距方案 $y=3.5$ m 平面速度云图

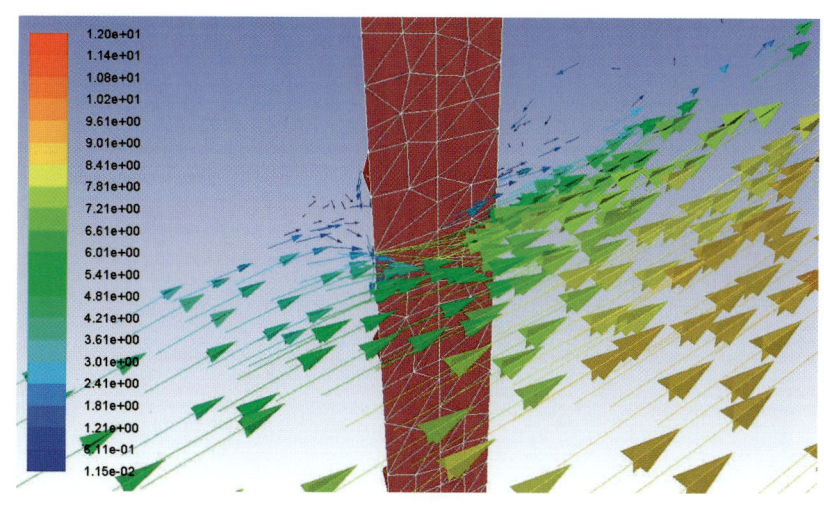

图 4.88　纵向大间距方案 $y=3.5$ m 平面速度云图

通过数值模拟，进口断面和出口断面的总压分别为 49.261 Pa 和 44.765 Pa。由此可以计算得出通风阻力系数 $\alpha =0.113\ 0$。

2．全拼装方案

（1）模型简介。

本方案模型采用 ICEM-CFD 建立，取纵向长度 20 m 作为研究段。由于送风道和排风道对称布置，且通风阻力系数相同，因此取整体模型的送风道作为模拟对象。其整体布置如图 4.89 所示。

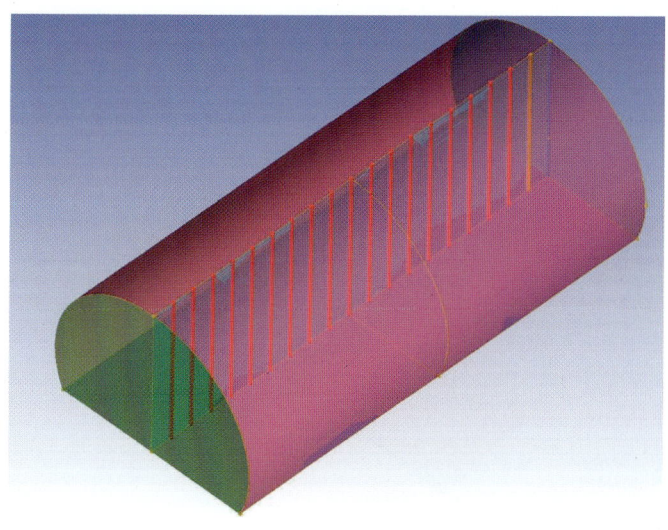

图 4.89　全拼装方案模型（整体）

钢波纹板之间连接局部细节如图 4.90 所示。

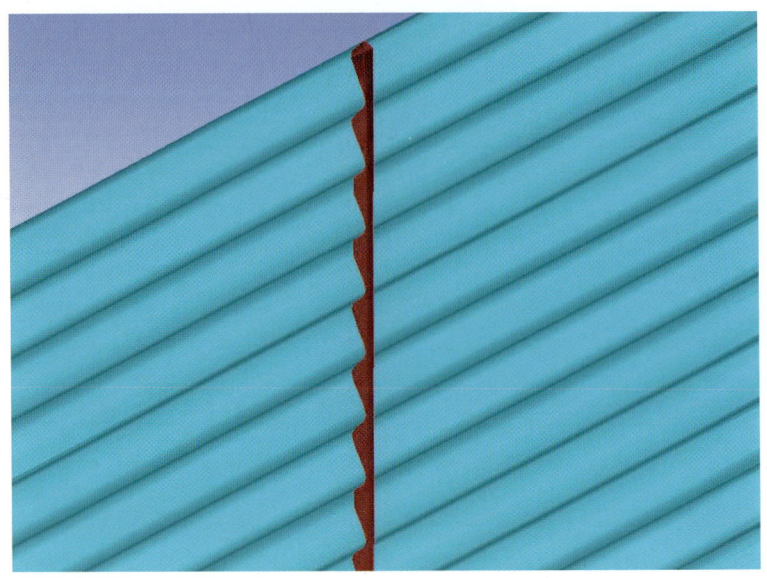

图 4.90　全拼装方案模型（局部）

（2）模拟结果。

通过数值模拟，流体域内竖向 $y=3.5$ m 的速度情况如图 4.91～图 4.92 所示。通过分析发现，连接钢板在空气流经过程中会产生较大的局部阻力效应，改变空气流向，引起流速突变。

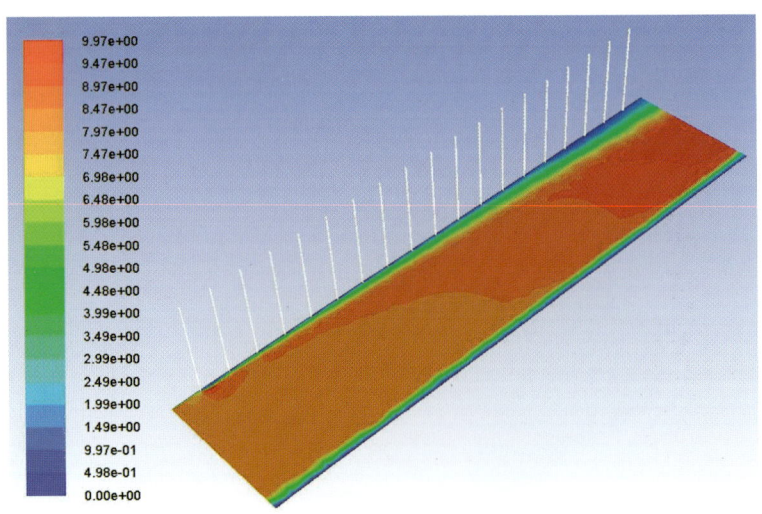

图 4.91　全拼装方案 $y=3.5$ m 平面速度云图

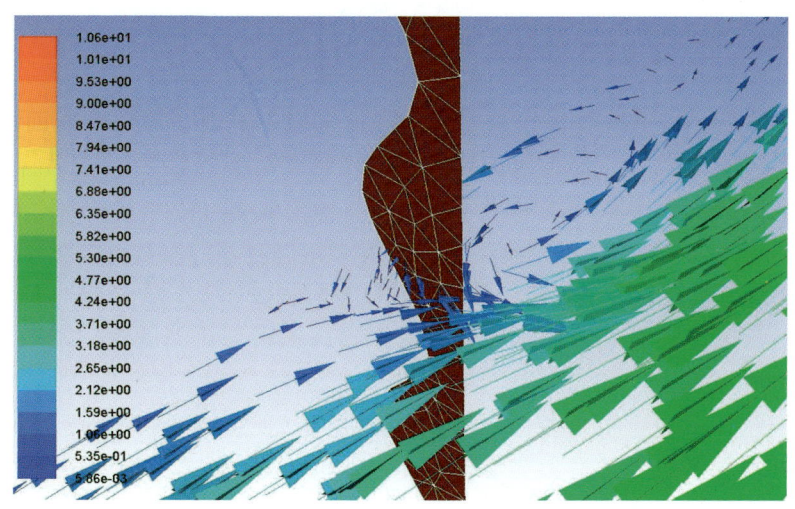

图 4.92　全拼装方案 $y=3.5$ m 平面速度云图

通过数值模拟，进口断面和出口断面的总压分别为 58.352 Pa 和 43.225 Pa，由此得出通风阻力系数 $\alpha=0.396\,2$。

3. 对比分析

现行《公路隧道通风设计细则》中通风阻力系数计算公式为

$$\alpha = \xi_i + \frac{\lambda_r L}{D_r}$$

式中　ξ_i——隧道局部阻力系数，此处取 0.5；

λ_r——隧道沿程阻力系数，此处取 0.02；

L——隧道长度 m；

D_r——隧道断面当量直径，此处取 5.23 m。

故依据《公路隧道通风设计细则》，鹧鸪山隧道平导送风道 20 m 范围内通风阻力系数为 0.691。

通过数值模拟分析得到，纵向大间距方案的通风阻力系数为 $\alpha=0.113\,0$，全拼装方案的通风阻力系数为 $\alpha=0.396\,2$。全拼装方案的通风阻力系数大于纵向大间距方案，其原因主要是由于全拼装方案的连接钢板较多，局部阻力略大。

综合可知，本次研究所提出的钢波纹板方案通风阻力系数均远小于现浇钢筋混凝土方案。

4. 小　结

本节对采用镀锌钢波纹板作为鹧鸪山隧道平导中隔墙这一方案的可行性

进行分析，主要涉及运营通风影响、火灾排烟影响和结构受力影响 3 个方面。得到以下结论：

（1）采用镀锌钢波纹板作为鹧鸪山隧道平导中隔墙会导致断面面积增大，降低通风的摩擦阻力，断面风速略微减小（约 4%），不影响正常运营通风；

（2）钢波纹板方案最大通风阻力系数为 0.396 2，远小于现浇钢筋混凝土方案的通风阻力系数 0.691，有利于通风组织；

（3）采用镀锌钢波纹板作为鹧鸪山隧道平导中隔墙在最严重火灾情况下，平导内运营风速能有效控制烟流，并且平导内最大烟流温度为 170 ℃，基本不出现回流现象；

（4）镀锌钢波纹板自重对二衬拱顶造成的变形量远小于限值，通过计算可得到五种方案的二衬最大变形量不超过 4 mm，平导结构均处于稳定状态。推荐采用 3～6 mm 厚度镀锌钢波纹板。

综上，鹧鸪山隧道平导采用镀锌钢波纹板作为中隔墙材料是可行的，且对通风的影响优于现浇钢筋混凝土方案。

4.3.8 总结及建议

课题组从运营通风影响、火灾排烟影响和结构受力影响等 3 个方面分析了采用镀锌钢波纹板作为鹧鸪山平导中隔墙材料的可行性和合理性，并提出半拼装、全拼装两大类 5 个备选方案，然后从经济性、施工便捷性和时效性 3 个方面对多个备选方案进行对比分析。

由于镀锌钢波纹板具有摩擦阻力小、对通风影响小、施工便捷快速等优点，课题组认为采用镀锌钢波纹板作为替代钢筋混凝土为平导中隔墙材料的方案是可行的。

推荐采用全拼装的形式。建议如下：

（1）在安装过程中，须注意钢板和构件之间的密封性，防止运营过程中污风和新鲜风混合。

（2）建议钢板与钢柱在加工厂预先焊接，现场再进行组合安装，可进一步提升安装效率。

（3）可进一步对镀锌钢波纹板材料的摩阻系数、疲劳耐久性、波峰、波距、抗灾能力、立柱型式及其连接方式等进行试验研究，以便更好地将此新型通风平导（斜、竖井）中隔墙技术进行推广。

建成后的中隔墙如图 4.93 所示。

图 4.93　建成后的鹧鸪山隧道通风平导钢波纹板中隔墙

4.3.9　方案技术经济性对比分析

1. 经济性

（1）主要参数。

① 平导长度为 3 732 m。

② 镀锌钢波纹板间需考虑搭接情况，段间考虑有一处搭接段，搭接长度取 0.2 m，每块钢板规格 7.0 m×（1.5～2.4）m。

③ 镀锌钢波纹板单价 685 元/m^2，钢筋混凝土 1 000 元/m^3（含钢筋和模板施工）。

（2）方案一。

方案一（纵向 10 m 钢波纹板+钢筋混凝土柱）材料用量及报价如表 4.21 所示。

表 4.21　方案一（纵向 10 m 钢波纹板+钢筋混凝土柱）材料用量及报价

项目	单价	数量	小计/万元
C30 钢筋混凝土	1 000 元/延米	231.633 m^3	23.16
镀锌钢波纹板	685 元/m^2	30 884.4 m^2	2 115.58
合计			2 138.74

（3）方案二。

方案二（纵向 10 m 钢波纹板+组合钢柱）材料用量及报价如表 4.22 所示。

表 4.22　方案二（纵向 10 m 钢波纹板+组合钢柱）材料用量及报价

项目	单价	数量	小计/万元
镀锌钢波纹板	685 元/m^2	30 884.4 m^2	2 115.58
I14b 型槽钢	3 900 元/t	86.35 t	33.68
合计			2 149.26

(4)方案三。

方案三(纵向10 m钢波纹板+工字钢柱)材料用量及报价如表4.23所示。

表4.23　方案三(纵向10 m钢波纹板+工字钢柱)材料用量及报价

项目	单价	数量	小计/万元
镀锌钢波纹板	685 元/m²	30 884.4 m²	2 115.58
I14 工字钢	4 500 元/t	43.62 t	19.63
合计			2 135.21

(5)方案四。

方案四(纵向6 m钢波纹板+H型钢柱)材料用量及报价如表4.24所示。

表4.24　方案三(纵向6 m钢波纹板+H型钢柱)材料用量及报价

项目	单价	数量	小计/万元
镀锌钢波纹板	685 元/m²	30 884.4 m²	2 115.58
140H 型钢	4 500 元/t	43.62 t	19.63
合计			2 135.21

(6)方案五。

方案五(纵向1.5 m钢波纹板+组合立柱)材料用量及报价如表4.25所示。

表4.25　方案五(纵向1.5 m钢波纹板+组合立柱)材料用量及报价

项目	单价	数量	小计/万元
镀锌钢波纹板	685 元/m²	30 884.4 m²	2 115.58
钢板	3 500 元/t	50 t	17.50
合计			2 133.08

综上可知,各方案总价差距较小,包含安装、调试等费用,预估均在2 400万元以内。

2. 施工便捷性和时效性

(1)现设计方案。

中隔墙衬砌采用模筑混凝土施工,分段长度为12 m,模板采用整体式滑移钢模板,单侧加固。混凝土采用泵送入模,插入式振捣器捣固。在进行衬砌施工时,在拱顶设置排气管,封顶混凝土灌注时,混凝土由拱顶低处向高处灌注,利于排出空气,以保证拱顶混凝土灌注密实。

主要施工流程:原材料检验→测量放线→钢筋制作、安装→模板安装→

模板定位检测→混凝土浇筑→拆模→养护。

鹧鸪山隧道平导通风洞全长 3 732 m，共 6 个支导洞，掌子面开挖计划于 2019 年 9 月 10 日全部完成。中隔墙衬砌计划于 2019 年 10 月 1 日开始施工，2020 年 2 月 28 日全部完成，工期共计 5 个月。计划每个支导洞配置一台中隔墙模板台车，共需 6 台中隔墙模板台车。结合现场实际情况，中隔墙按 2 天/板的施工进度进行施工，考虑每个月 6~8 天不能正常施工的其他因素及春节期间放假因素，总体施工进度计划如表 4.26 所示。

包括材料准备等总体施工时长计划为 6~8 个月。

表 4.26 鹧鸪山隧道平导通风洞中隔墙衬砌施工计划表

施工部位		单位	2019 年			2020 年		备注
			10 月	11 月	12 月	1 月	2 月	
0 号横洞	大里程	m	120	144	144	72	144	
1 号横洞	小里程	m	120	144	144	72	144	
	大里程	m						
3 号横洞	小里程	m	120	144	144	60	144	
	大里程	m						
4 号横洞	小里程	m	120	144	144	72	144	
	大里程	m						
5 号横洞	小里程	m	120	144	144	72	144	
	大里程	m						
出口	小里程	m	120	144	144	72	144	
合计		m	720	864	864	420	864	

（2）方案一。

本方案中镀锌钢波纹板分段施工，每段 10 m，每段之间采用 C30 钢筋混凝土柱（30 cm×30 cm）。中间柱混凝土采用泵送入模，插入式振捣器捣固。钢板由工厂定制，分段运输至施工现场。

主要施工过程分为混凝土柱浇筑和钢板安装。混凝土柱施工流程：原材料检验→测量放线→钢筋制作、安装→模板安装→模板定位检测→混凝土浇筑→拆模→养护。依据现场情况，共计 374 根混凝土柱，每天可施工 10 根混凝土柱，需要 38 天左右。

钢板安装流程：原材料检验→测量放线→钢板顶部、底部焊接→钢板纵向搭接→钢板和混凝土柱缝隙砂浆封堵→养护。依据现场情况，钢板安装可在混凝土柱施工工序滞后 3 天进行，每天安装 8 个安装区段，共计 60 天左右。

综上，考虑每个月 6~8 天不能正常施工的其他因素及法定节假日等，本方案预计施工时间 5~7 个月。

（3）方案二。

本方案中镀锌钢波纹板分段施工，每个安装段 10 m，每段之间采用钢柱（组合钢柱）作为固定点。各个安装段的两端钢板与槽钢可在工厂预先焊接，后整体运输至施工现场，再行焊接。

主要施工流程：原材料检验→测量放线→钢板顶部、底部焊接→钢板纵向搭接。依据现场情况，每天安装 15 个安装区段，共计 30 天左右。

综上，考虑每个月 6~8 天不能正常施工的其他因素及法定节假日等，本方案预计施工时间 4~6 个月。

（4）方案三。

本方案中镀锌钢波纹板分段施工，每个安装段 10 m，每段之间采用钢柱（工字钢柱）作为固定点。工字钢采用热轧型钢，直接运输至现场安装。

主要施工流程：原材料检验→测量放线→钢板顶部、底部焊接→钢板纵向搭接。依据现场情况，每天安装 12 个安装区段，共计 32 天左右。

综上，考虑每个月 6~8 天不能正常施工的其他因素及法定节假日等，本方案预计施工时间 4~6 个月。

（5）方案四。

本方案中镀锌钢波纹板分段施工，每个安装段 6 m，每段之间采用钢柱（工字钢柱）作为固定点。工字钢采用热轧型钢，直接运输至现场安装。

主要施工流程：原材料检验→测量放线→钢板顶部、底部焊接→钢板纵向搭接。依据现场情况，每天安装 12 个安装区段，共计 60 天左右。

综上，考虑每个月 6~8 天不能正常施工的其他因素及法定节假日等，本方案预计施工时间 3~5 个月。

（6）方案五。

本方案中镀锌钢波纹板分段施工，每个安装段 1.5 m，每段之间采用组合钢柱（钢板）作为固定点。

全部板段均在工厂预制完成，直接运输至现场安装。

主要施工流程：原材料检验→测量放线→板段顶部、底部螺栓接→板段纵向拼接。依据现场情况，每天安装 20 个安装区段，共计 40 天左右。

综上，考虑每个月 6~8 天不能正常施工的其他因素及法定节假日等，本方案预计施工时间 2~4 个月。

从经济性、施工便捷性和时效性对多个方案进行对比分析，具体如表 4.27 所示。

表 4.27　多方案综合比较

序号	方案名称	中隔墙材料	经济性/万元	安装时间/月
1	现设计方案	钢筋混凝土	2 152.0	6~8
2	方案一	纵向 10 m 钢波纹板+钢筋混凝土柱	2 138.74	5~7
3	方案二	纵向 10 m 钢波纹板+组合钢柱	2 149.26	4~6
4	方案三	纵向 10 m 钢波纹板+工字钢柱	2 135.21	4~6
5	方案四	纵向 6 m 钢波纹板+H 型钢柱	2 135.21	3~5
6	方案五	纵向 1.5 m 钢波纹板+组合立柱（全拼装式）	2 133.08	2~4

可见，各方案价格相差不多，方案五全拼装式施工的便捷性和时效性更为显著，故推荐采用方案五。

4.4　方拱形装配式钢波纹板结构

4.4.1　概　述

方拱型亦名拱箱型。箱型结构共 4 个边，主要受力方向为压弯构件，若采用平直的波纹钢板，波纹钢板容易失稳，若采用弧形波纹钢板，向填土侧弯曲，整体不易失稳。方拱型波纹板结构的关键是角区连接构造、密封结构、防火设计、其他特殊构造设计等。方拱型波纹板结构相对于圆截面、梨形截面等结构，空间利用率大。

预制装配式钢结构与传统混凝土结构相比，具有以下优点：采用集成化设计、工厂标准化生产；钢结构质量较混凝土轻 2/3 以上，运输及施工方便，现场可快速化装配，施工速度较混凝土结构提高五倍左右；大幅缩短建设工期；结构强度高，填土高度超 25 m；密封性能好，达 30 m 高水柱；耐火时长达 3 h；钢结构变形适应性强，非常适于软土地基；与钢筋混凝土结构相比，可以降低工程造价 10%~15%左右；钢结构建筑已被住建部归纳为绿色建筑，配合国家供给侧改革，解决钢铁过剩产能。

常见的预制装配式钢结构断面有矩形断面、圆形断面以及方拱形断面，如图 4.94 所示。

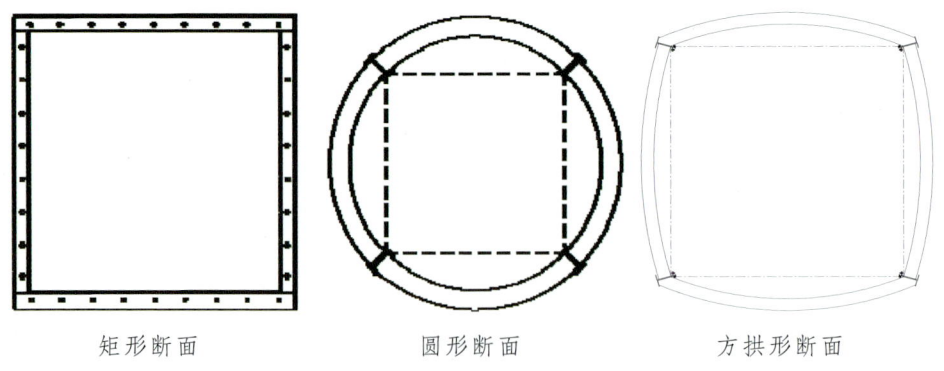

图 4.94 预制装配式钢结构断面形式

矩形断面波纹板片不能利用管土共同受力，断面尺寸一般都做得比较小，圆形断面受力条件好，但空间利用率低，开挖断面增大，不够经济。方拱形断面综合了矩形断面与圆形断面的优点，可以有效地利用管土共同受力原理，增强整体结构的强度，减小管壁钢板的厚度，节省造价；有效地利用结构内部的净空，增加内部空间利用率。

4.4.2 技术体系

（1）主要材料：波纹钢墙板，材质为 Q355 或 Q420 钢板；高强螺栓；耐久橡胶垫；混凝土等。

（2）断面形式：常见的方拱形断面形式有单仓断面、双仓断面以及三仓断面。

① 单仓断面。

单仓断面如图 4.95 所示。

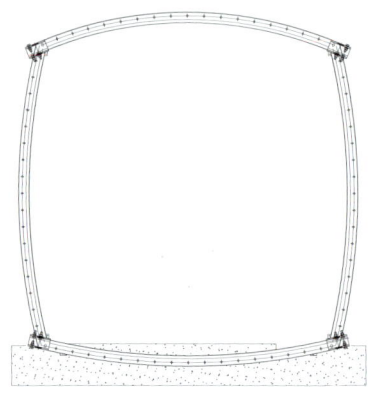

图 4.95 单仓断面

② 双仓断面。

双仓断面如图 4.96 所示。

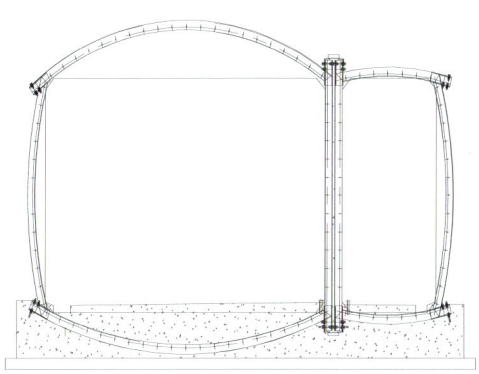

图 4.96　双仓断面

③ 三仓断面。

三仓断面如图 4.97 所示。

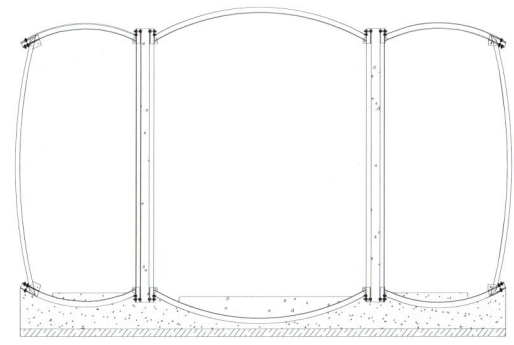

图 4.97　三仓断面

（3）结构力学原理。

① 将平钢板轧制成波纹钢板，可以在钢板厚度（即钢材用量）不变的情况下，同比例放大波纹钢板的波高波距时，在不改变钢板厚度的情况下，可以几何倍数地提高材料的截面惯性矩，提高结构强度，但不增加钢板质量（正弦波纹曲线放大或缩小后，其展开长度不变），如图4.98所示。

平板结构　　　　　　　　　　　　　波纹板结构

图4.98　平板结构与波纹板结构

② 地下钢结构工程中，当与土壤接触的受力构件是拱形时，可以利用管土共同受力原理，大幅减少钢材厚度。而地面以上的钢结构工程，很难利用这一原理。

③ 多仓结构的钢结构，中间的墙体结构是由两仓之间竖直波纹钢板墙板中间充填混凝土形成。其中，该处的竖直波纹钢板是向混凝土一侧微拱的结构，在承受上部荷载时，波纹钢板与混凝土形成有互相加强作用的钢与混凝土组合结构，提高了强度，节省了造价。竖直波纹钢板墙如图4.99所示。

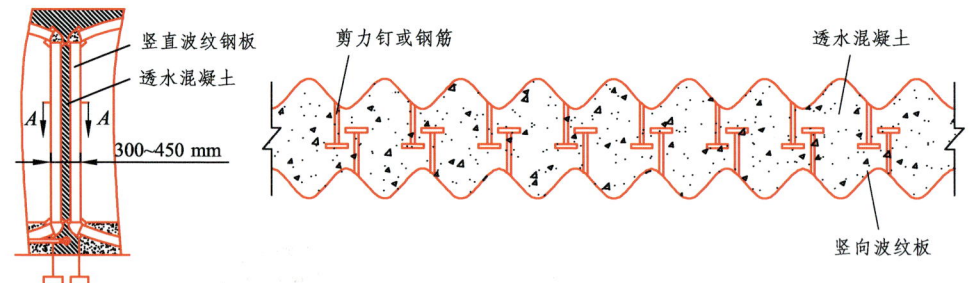

图4.99　竖直波纹钢板墙

④ 钢与混凝土组合结构底板：波纹钢板底板两侧底部设有剪力钉，并与充填层的混凝土相连。充填层混凝土在波纹钢板底板的约束下只承受压应力，并代替波纹钢板底板承受大部分压应力。这样可以增加组合结构底板的强度，同时可以减小波纹钢板的钢板厚度，也可以减小波纹钢板的拱度，提高底板的适用性功能。

（4）密封方式及性能。

装配式钢结构通道按二类压力容器要求进行结构设计，采用双重密封方式进行防水设计：第一道密封防水采用橡胶垫片——波纹法兰压紧橡胶垫片密封方式，通过螺栓栓接压紧密封；第二道密封防水——内侧法兰接缝处预留了接缝渗漏二次密封结构。

角部结构采用纵向连接以及节间连接，且都无任何螺栓贯穿孔，能够很好地防止后期使用期间漏水的现象发生。

① 纵向连接（波纹式法兰）内壁无任何螺栓贯穿孔，预留二次堵漏措施，如图 4.100 所示。

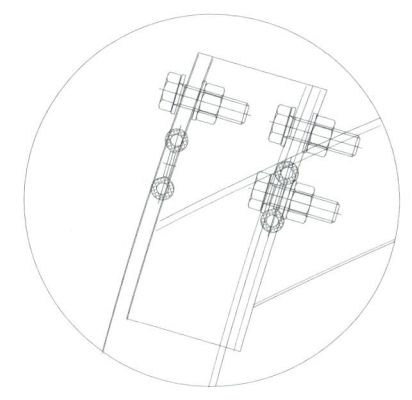 

图 4.100　纵向连接

② 节间连接（平板法兰连接）无任何螺栓贯穿孔，如图 4.101 所示。

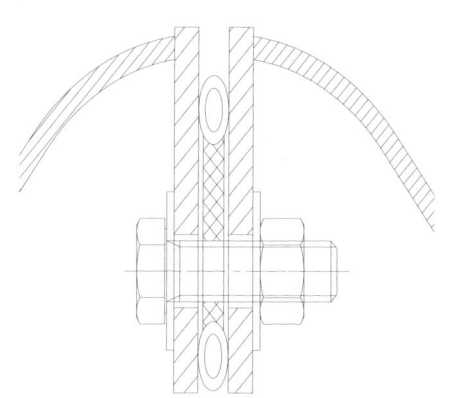 

图 4.101　节间连接

角部结构是钢与混凝土组合结构，纵向及侧向强度比普通钢结构增强，内部充填的混凝土具有防渗作用，与角部结构最外侧的防水垫片及结构内侧的防水垫片形成三重防水结构。

（5）防腐方式及性能。

防腐方式：采用复合防腐体系，防腐蚀综合寿命可达 100 年。

① 热浸镀锌防腐技术：热浸镀锌，锌层厚度不小于 1 200 g/m²（双面合

计），且内外两面的每面锌层厚度不小于 84 μm。

② FBE 热熔结环氧层防腐技术：内外两面每面热熔结高性能环氧涂层，其中与土壤接触一侧的涂层厚度不小于 400 μm，另一侧的厚度不小于 350 μm。另外，再设置服役年限不小于 100 年的阴极保护装置，以防止运输及施工过程中撞伤部位形成局部腐蚀或点腐蚀，保护受伤部位耐腐蚀 100 年。

（6）耐火方式及性能。

采用循环水冷却法（疏导法）耐火方式。

波纹板片外侧悬挂透水混凝土波纹瓦，廊体外侧布置 3 根透水盲管，底部设置集水盲管；廊体外侧包裹透水混凝土瓦，水从廊体顶部在 2～5 min 就流至廊体底部并分布均匀。

外壁的透水层中有流动的水时，在无防火涂料的情况下，管廊钢质板壁升温能得到有效抑制，温度一直控制在 100 ℃ 以下，无高温高压蒸汽产生，可以达到耐火极限 3 h 甚至更长时间的要求。疏导法透水结构如图 4.102 所示。

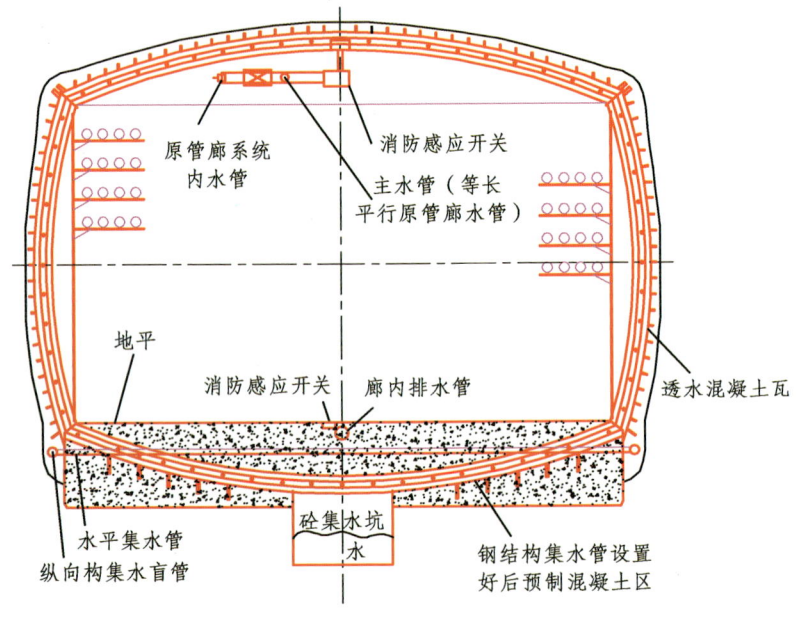

图 4.102 疏导法透水结构

耐火结构的特点：

① 波纹板片外侧悬挂透水混凝土波纹瓦；

② 廊体外侧布置 3 根透水盲管，底部设置集水盲管；

③ 水源可利用内部消防水管，或在集水坑处打井，水井与集水坑互不相通，各个井独立工作；

④ 水井间距约 300～500 m；

⑤ 消防控制系统可借用或合用管廊内部原有的消防控制系统。

透水混凝土波纹瓦的特点：

① 由透水混凝土制成瓦，孔隙大，透水性好，强度高，可达 C15～C25，可预制；

② 透水混凝土瓦预制成波纹板片形状；

③ 透水混凝土瓦通过波纹板侧板及顶板外侧的挂钩挂在廊体外侧；

④ 透水混凝土瓦外侧用土工布塑料膜包裹。

（7）抗浮措施。

利用基础外挑段上部的回填土配重，结构飞边上部的回填土配重，或者在土体中设置抗浮锚索防止结构上浮。抗浮结构示意如图 4.103 所示。

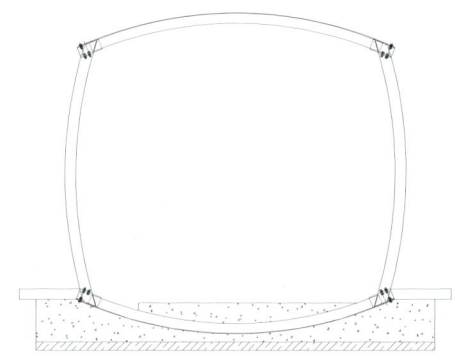

图 4.103　抗浮结构示意

4.4.3　施工工艺

（1）钢结构通道（现场拼装）施工工序。

施工工序：测量放线→基坑开挖，基坑底浇筑混凝土垫层（≥160 kPa）→测量放线→底板吊装至设计位置（铺设环向密封垫、纵向密封垫）→吊装侧板→吊装顶板→重复上述步骤至安装结束。

（2）安装前准备。

① 安装使用的主要机具和工具应完备，主材料和配件应齐全；测量工具应完备并经检定，如未达到要求，应及时更换。

② 钢结构构件的堆放场地应平整坚实，无积水；堆放构件下应铺设垫木。堆放的构件按种类、型号、安装顺序编号分区放置。

③ 应按构件明细表核对构件的材质、规格及外观质量，查验零部件的技术文件。所有构件必须经过质量和数量检查，全部符合设计要求，并经办理

验收、签字手续后，方可进行安装。对于制作中遗留的缺陷和运输中产生的变形，均应修复、矫正后才能安装。

④安装前向施工班组及作业人员进行技术、安全、环保等交底。

⑤计算选用合适吨位吊车进行吊装。

（3）整节（第一节）吊装。

①地基处理。

倒梯形基础，地基承载力≥160 kPa，底部浇筑10 cm混凝土垫层。地基处理如图4.104所示。

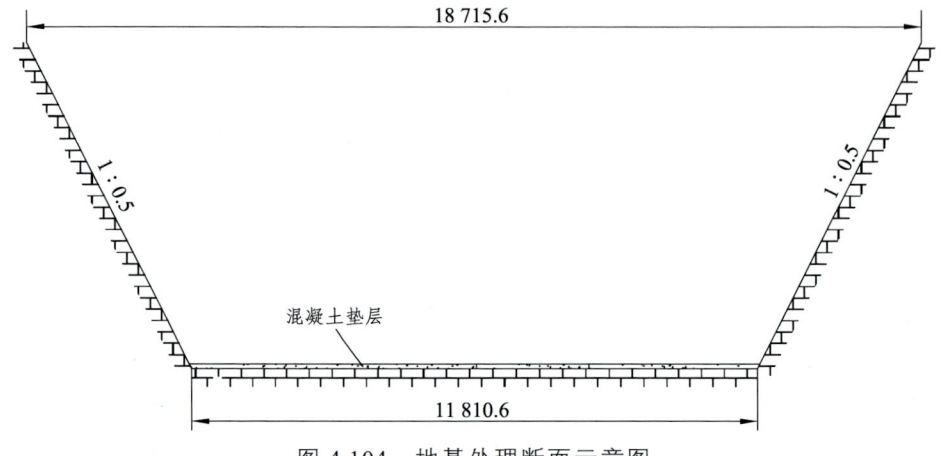

图4.104　地基处理断面示意图

②采用35 t汽车吊进行安装。吊装前首先确定构件吊点位置，采用多吊点，确定绑扎方法，吊装时做好防护措施，起吊和平移应缓慢。

③吊装底板于设计位置并安装就位，如图4.105所示。

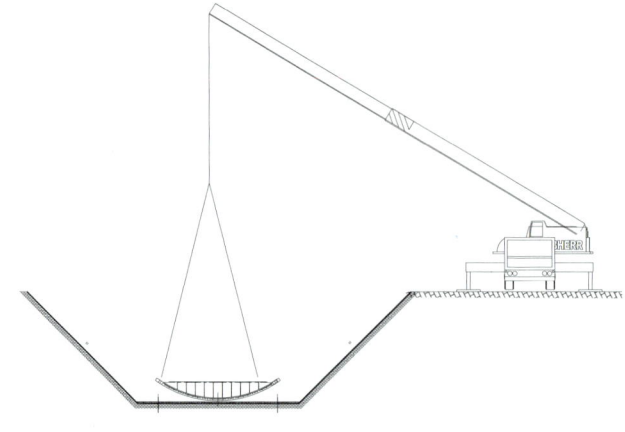

图4.105　吊装底板示意图

④ 吊装侧板于设计位置并安装就位,如图 4.106 所示。

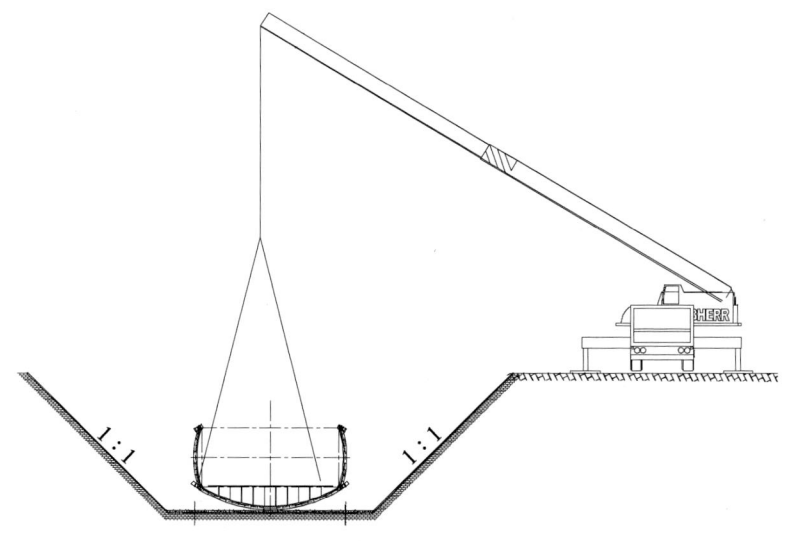

图 4.106　吊装侧板示意图

⑤ 吊装顶板于设计位置并安装就位,如图 4.107 所示。

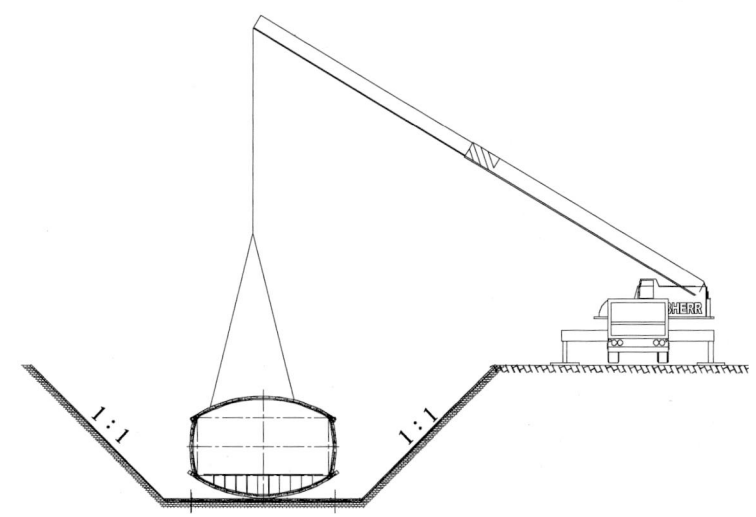

图 4.107　吊装顶板示意图

⑥ 底板底部自密实混凝土填充,钢结构外侧 30 cm 混凝土浇筑或粗砂密实回填,路面恢复。顶部路面恢复。回填要求和压实度等满足相关设计和规范要求,通道两侧混凝土回填应同时对称进行,两侧回填高差不应大于 30 cm,

如图 4.108 所示。

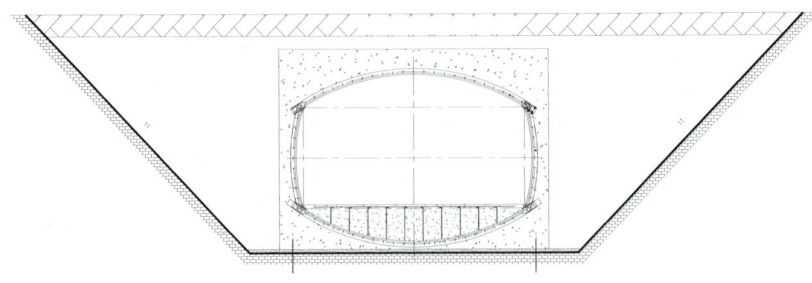

图 4.108　回填示意图

4.4.4　方拱形管廊应用案例

国内某三仓综合管廊项目如图 4.109 所示。

图 4.109　国内某三仓综合管廊

如图 4.110 所示，项目位于广西梧州，在建机场连接线与一规划城市主干路平交，城市主干路规划有单箱双室综合管廊，为避免远期对通车运营的机场连接线的开挖，需同期建设交叉路口综合管廊；同时，需满足机场连接线工期目标，管廊建设周期必须要短，因此，预制拼装管廊成为首选。考虑仓室较大，采用钢筋混凝土预制管廊结构吊装质量大，管廊长度短经济效益差，经过技术经济综合比较，推荐采用钢波纹板管廊结构。

图 4.110　广西梧州某双仓综合管廊

该种结构采用钢波纹板拼装而成，顶底板均为弧形钢波纹板，改善受力的同时提高了仓室空间利用率。

密封方式：采用密封胶垫+不锈钢的密封方式，设置两道，可承受 40 m 高水柱压力。考虑到密封胶垫的使用寿命只有 20～30 年，设计上将其作为密封辅助，而以不锈钢密封条作为永久密封结构。双重密封同时能保证接缝部位的寿命达到 100 年。管廊板壁无贯穿孔，螺栓分布在管廊外侧及夹层，无螺栓孔泄露隐患。

对不锈钢条进行氩弧焊接，作为纵向接缝和周向接缝处热镀锌后金属结构间的连接过渡，可以将组装完毕后的管体拼装缝进行二次密封，如图 4.111 所示。氩弧焊的热影响区很小，对 5～10 mm 以外的镀锌层及其他防腐层几乎无影响，在达到充分密封效果的同时，不伤及构件的防腐层。两节廊体连接后进行密封性试验，整个廊体结构的密封性能可达到 40 m 高水柱，焊接的抗渗性能达到 1.0 MPa。

防火设计：采用疏导法。疏导法原理是将火灾产生的热量通过介质传递释放，防止被防护的结构温度升高。具体实现方法为在管壁外侧包裹粗砂或中砂透水层，水体从廊体顶部沿侧壁的透水层在 20 min 内流至廊体底部。在无防火涂料的情况下，管廊钢质板壁升温能得到有效抑制，温度可一直控制在 100 ℃ 以下，无蒸汽产生，耐火极限可以达到 3 h 甚至更长的时间要求。

防腐设计：采用热浸镀锌+热熔结耐候塑料及无机粉末（或称为柔性陶瓷防腐）的方式。相关研究结果表明：防腐年限可达 100 年。

（a）横向接缝

（b）纵向角部接缝

图 4.111　管体拼装缝构造

图 4.112 所示为国内某方拱型地下车库通道工程。

图 4.112　方拱型地下车库通道工程

4.5 旧桥加固拼宽一体化结构

4.5.1 概　述

随着交通事业的迅猛发展，运输量的大幅度提高，车辆载重的日益增加，长期在自然环境（大气腐蚀、温度、湿度变化等）和使用环境（荷载作用频率的增加，材料与结构的疲劳等）的作用下，许多桥梁出现老化和衰退严重的现象，绝大部分的桥梁都处于"不健康"的工作状态。公路桥梁原设计标准低、结构构件老化，各种材料强度降低等导致桥梁承载能力降低、通行能力不足使许多桥梁逐渐不能适应现代交通的要求，威胁着人民生命财产的安全。

基于钢波纹板的危桥加固技术是一个节约成本，并且对桥身整体承载力产生显著提高的加固方法。本节通过研究箱型钢波纹板结构在某中小跨径旧桥（涵）加固与拼宽中的应用，总结其设计要点、主要计算结果、施工工艺等，以期为该技术的推广应用提供参考。

4.5.2 项目背景

某公路全线按一级公路标准建设，设计速度 80 km/h，路基宽度 24.5 m，桥涵设计汽车荷载为公路-Ⅰ级。

K19+229 分离式立交桥上跨机耕道，旧桥为 1 m×13 m 预应力简支空心板桥，重力式台、扩大基础，正交 90°，桥宽 15 m，设计汽车荷载为汽-超 20、挂-120。因该桥位附近路段一级公路设计中线与既有路基中线偏移，如利用原桥加宽至 24.5 m，则左侧需加宽 2 m，右侧需加宽 7.5 m。为保证该桥的施工质量和安全，原设计方案拆除旧桥后，在原址新建 1 孔 13 m 预应力混凝土简支空心板桥。

基于旧桥拆除重建方案造价高，施工周期长，不利于交通组织，环境污染大，社会影响大等因素，综合技术经济比较，拟采用钢波纹板结构对该桥进行加固与拼宽。

旧桥现状照片如图 4.113 所示。

4.5.3 钢波纹板加固设计方案

钢波纹板结构最大的优势之一是工厂预制、现场拼装的施工工艺，体现了化整为零，集零为整的思想，施工速度快，质量可靠，可根据需要加工成任意圆弧，结构实现了产品化，是真正意义上的工业化建筑结构。

图 4.113　旧桥现状照片

钢波纹板结构主要断面形式有圆形、半圆、水平椭圆、竖向椭圆、箱型拱、梨形拱、管拱、多段圆弧拱等，可根据具体需要采用相适应的断面形式。本项目为满足桥下车辆通行净空和净宽（8.5 m×4.5 m），采用开口箱型截面，波纹板结构净跨径 9.5 m，净高 3.04 m。

对于下部结构，本桥不均匀沉降包括基础顺桥向不均匀沉降和新旧基础横向不均匀沉降，就钢波纹板结构本身而言，由于其纵、横向均为曲线线形，变形能力强，属于典型柔性结构，根据相关文献研究结论，对地基基础的变位适应性较好。此外，考虑到本桥基础条件较好，采用钢筋混凝土倒 T 形扩大基础，底宽 1.6 m，高度 3.1 m，基底承载力要求大于 400 kPa。其桥型布置如图 4.114 所示。

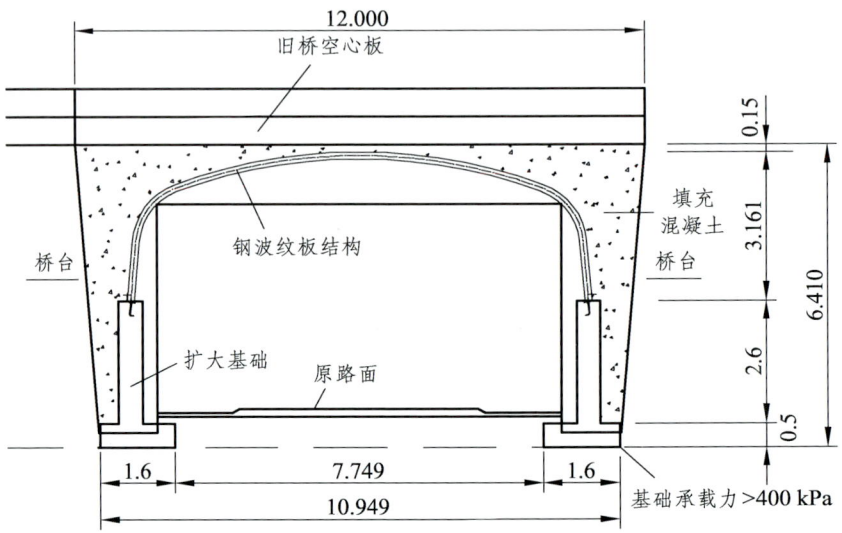

图 4.114　旧桥加固段桥型图（单位：m）

最大覆盖高度 1.325 m，根据 AASHTO 设计规范，箱型波纹板结构的覆土范围为 0.43～1.5 m，本设计满足要求。钢波纹板内支撑压缩了桥下空间，为了满足桥下净空，拱顶半径设置为 11.00 m，超过了美国 AASHTO 规范要求的 8.03 m，拱腰圆弧半径 1.25 m，拱顶半径/拱腰半径=8.8，受力较为不利。鉴于本桥跨径大，圆弧半径大，从而导致弯矩大，根据《冷弯波纹钢管》(GB/T 34567—2017)，钢板规格拟选用"大波型"波形钢板，即 400 mm×150 mm，波纹弯曲半径 R 为 81 mm，钢板厚度为 8.0 mm。箱型截面如图 4.115 所示。

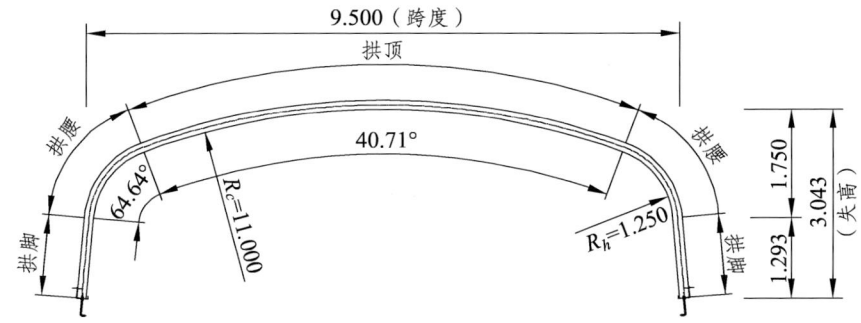

图 4.115　箱型波纹板结构尺寸图（单位：m）

对于旧桥加固部分，采用普通钢波纹板结构，钢波纹板与旧桥之间的空隙采用 C30 自密实微膨胀混凝土填充，钢波纹板结构与既有空心板共同受力。对两端拼宽部分，钢波纹板直接承载，为提高结构的整体刚度和安全性，采用 CBS 加强结构。CBS 加强结构断面图如图 4.116 所示。

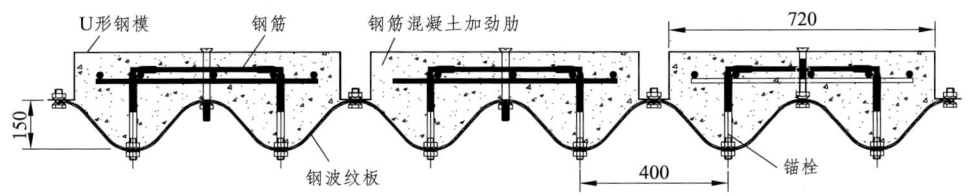

图 4.116　CBS 加强结构断面图（单位：mm）

在钢波纹板上设置"U"形钢模，钢模与钢波纹板之间设置纵横向钢筋、锚栓等连接构造，在"U"形模板与波纹板波峰之间设置了聚氨酯止水条，拱顶设置混凝土浇筑孔，并在钢模与钢波纹板之间填充 C30 微膨胀混凝土。单个钢筋混凝土加劲肋覆盖两个波形，长度为 720 mm，高度为 142 m。CBS 采用钢筋混凝土合成方法，相关试验结果表明 CBS 组合结构可以提高 3 倍轴力和 6 倍抗弯强度。在拱顶位置，截面承担正弯矩，钢波纹板受拉而混凝土受压，充分发挥了材料性能优势。在拱肩位置，截面可能承担负弯矩，截面内配置的纵向受力钢筋发挥作用。该种结构在国内尚属首次使用，具有一定创新意义。

钢波纹板结构与扩大基础之间设置 L 形槽钢，采用高强螺栓连接，槽钢通过锚栓预埋至扩大基础中，钢波纹板结构拱脚近似铰接受力。拱脚钢波纹板与 L 形槽钢之间的空隙用防水砂浆填充。钢结构防腐采用镀锌，采用 0 号锌或者 1 号锌，单面镀锌量不小于 600 g/m²。

台背采用泡沫轻质土回填，路槽底以下 80 cm 范围内不小于 6.5 kN/m³，其余区域不小于 5.0 kN/m³。7 天抗压强度：路槽底以下 80 cm 范围内不小于 0.6 MPa；28 天抗压强度：路槽底以下 80 cm 范围内不小于 0.8 MPa，其余区域不小于 0.6 MPa。

拼宽段两侧采用 C30 钢筋混凝土侧墙，厚度 50 cm，顶面设置防撞栏杆。

4.5.4 主要计算结果

考虑到国内尚无相关设计规范和技术标准，结构验算参照美国 AASHTO 计算方法，根据 AASHTO，计算控制截面包括拱顶和拱腰。考虑到拱顶圆弧半径为 11.00 m，超过了美国 AASHTO 规范要求 8.03 m，因此不能采用规范中的内力分析计算公式，应进行有限元分析。因此，计算基本思路是通过分析软件得到波纹钢的轴力和弯矩，然后通过截面验算得到验算系数，若验算系数小于 1 则计算通过。

首先采用 PENTAGON-3D 建立整体计算模型，计算结构内力。在钢混组合梁弹性有限元分析中，采用以下假定：① 钢波纹板与混凝土均为理想的弹性体；② 钢筋混凝土与钢波纹板之间有可靠的连接作用，相对滑移很小，可以忽略不计；③ 平截面假定依然成立；④ 不考虑混凝土中的钢筋（该假设只在正弯矩承载力计算时成立，负弯矩承载力计算时需考虑钢筋作用）。考虑到结构温度、不均匀沉降所产生结构内力很小，计算忽略不计，仅考虑恒载和汽车荷载，即计算工况：恒载+汽车荷载，其中恒载组合系数 1.5，汽车荷载组合系数 2.0，汽车荷载按最不利荷载布置。

结构计算模型如图 4.117 所示。

对于旧桥加固段波纹板结构，钢波纹板结构与既有空心板结构协同受力，钢波纹板结构实际受力较小。

对于拼宽段 CBS 结构，荷载均由 CBS 结构承担，受荷较大。主要计算参数如下：加强间距 800 mm；截面面积 A=15.899 mm²；塑性截面系数 Z=1 175.84 mm³；惯性矩 I=99 681 mm⁴；截面系数 S=664.540 mm³；钢板屈服强度 F_y=275 MPa。混凝土弹性模量 E_c=2.6×10⁵ MPa；混凝土容重 γ_c=25 kN/m³；土体容重 γ_s=20 kN/m³；土体内摩擦角 φ=35°。

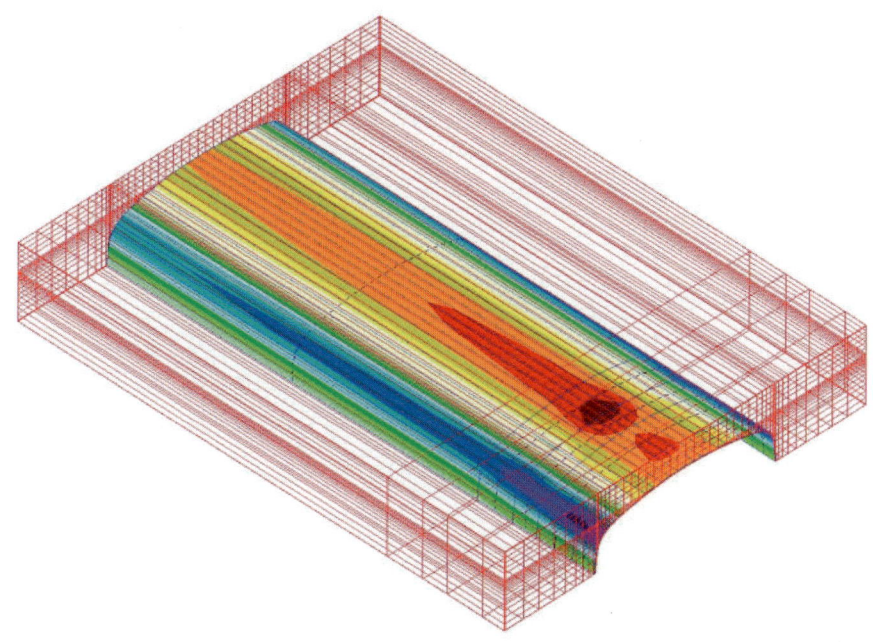

图 4.117　结构计算模型

对于拱顶，根据 PENTAGON-3D 计算结果，可得到截面轴力和弯矩分别为

（1）拱顶计算弯矩 M_{fc}=110.85 kN·m/m；

（2）拱顶计算轴力 C_{fc}=845.62 kN/m；

（3）拱顶塑性弯矩 $M_{pc}=\phi ZF_y$=291.02 kN·m/m；

（4）拱顶塑性轴力 $C_{rc}=\phi AF_y$=3 935.00 kN/m；

（5）拱顶折减系数 ϕ=0.9。

根据美国 AASHTO 计算方法，截面验算公式如下：

$$\frac{C_{fc}}{C_{rc}}+\frac{M_{fc}}{M_{pc}}=\frac{845.62}{3\,935.00}+\frac{110.85}{291.02}=0.596<1$$

因此，拱顶截面承载力满足要求。

对于拱腰，根据 PENTAGON-3D 计算结果，可得到截面轴力和弯矩分别为

（1）拱腰计算弯矩 M_{fh}=153.04 kN·m/m；

（2）拱腰计算轴力 C_{fh}=619.99 kN/m；

（3）拱腰塑性弯矩 $M_{ph}=\phi ZF_y$=274.85 kN·m/m；

（4）拱腰塑性轴力 $C_{rh}=\phi AF_y$=3 716.39 kN/m；

（5）拱腰折减系数 ϕ=0.85。

截面验算公式如下：

$$\frac{C_{fh}}{C_{rh}} + \frac{M_{fh}}{M_{ph}} = \frac{619.99}{3\,716.39} + \frac{153.04}{274.85} = 0.724 < 1$$

因此，拱腰截面承载力满足要求。

上述计算结果表明，对于箱型结构，拱腰安全储备比拱顶要小，为最不利设计断面。

此外，根据《公路桥涵地基与基础设计规范》（JTG 3363—2019），扩大基础抗倾覆稳定系数 7.292>2.0；抗滑移稳定系数 2.617>1.5；基底最大压应力 310.6 kPa<400 kPa。

4.5.5 主要施工工艺

1. 主要施工流程

扩大基础基坑开挖→倒 T 型扩大基础施工→钢波纹板现场拼装→CBS 结构施工→侧墙施工→微膨胀自密实混凝土浇筑→泡沫轻质土浇筑→桥面及附属设施施工。其中钢波纹板拼装、CBS 结构施工、台背回填为本项目的关键施工工序，本文重点描述。

2. 钢波纹板拼装

本项目钢波纹板结构纵向和横向均划分成较小的波纹板单元，纵向划分四块，长度 2 830～4 105 mm。横向 3 个波长，宽 1 280 mm。纵横拼缝均采用高强螺栓，纵向单元接缝采用 3 排 M22 高强螺栓连接，横向 1 排 M22 高强螺栓连接。所有波纹板片均在工厂内完成加工，所有螺栓孔均在镀锌前完成，并进行预拼装，合格后方可运输至现场。

施工时，首先在地面上拼接首榀钢波纹板结构，然后采用汽车吊吊装至扩大基础上的预埋槽钢之内，并以首榀结构为基础继续拼装。拼装示意图如图 4.118 所示。

当拼接一定宽度后，采用铲运机整体拉拽部分波纹板结构至旧桥之下，当槽口内装配摩擦力较大时，在箱型结构内设置对拉结构，消除槽口内装配摩擦力。然后继续拼装波纹板片，重复整体拉拽和拼装工序，直至波纹板结构全部拼装就位。波纹板片搭接部分设置密封条防水。

首段钢波纹板结构拼装如图 4.119 所示。

首段钢波纹板结构安装如图 4.120 所示。

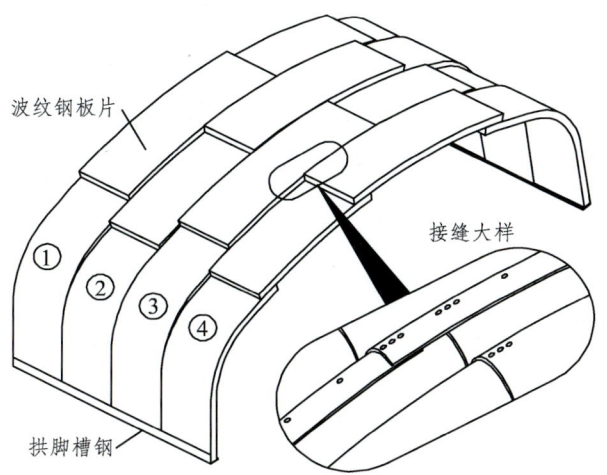

图 4.118　钢波纹板拼装示意图

图 4.119　首段钢波纹板结构拼装

（a）

（b）

（c）

（d）

图 4.120　首段钢波纹板结构安装

安装完成的钢波纹板结构如图 4.121 所示。

图 4.121　钢波纹板结构安装完成

3. CBS 施工（见图 4.122）

首先折弯并安装纵向钢筋，并与锚栓绑扎成整体，安装"U"形模板，最后灌注自密实混凝土并养护。CBS 的施工难点首先在于纵向钢筋为箱形，加工难度大。其次是控制好自密实混凝土配比，自身体积变形 50~100 με，按照现行国家标准《混凝土外加剂应用技术规范》（GB 50119）的有关规定进行配合比设计，确保混凝土能密实。

图 4.122　CBS 现场施工

4. 台背回填施工

按照先浇筑旧桥加固段自密实填充混凝土，后浇筑拼宽段台背泡沫轻质土的顺序。

旧桥加固段台背回填前，对旧桥桥台表面进行凿毛并植入钢筋，对空心板底仅进行凿毛，以提高新旧混凝土之间的黏结性能。回填自密实混凝土分层浇筑养护,如图 4.123 所示。

图 4.123　台背回填

4.5.6　方案对比

相比较原设计拆除重建方案,建安费节约 30%,原方案工期约 5 个月,钢波纹板设计方案仅 3 个月,节约工期约 40%。

4.5.7　小　结

本节从设计方案、理论计算、施工工艺 3 个方面研究了箱型钢波纹板结构在简支梁桥加固与拼宽中的应用。可得出如下有益结论:

(1)钢波纹板结构采用工厂预制、现场拼装工艺,具有施工速度快、质量可靠、耐久性好、受力性能好、结构适应能力强、节能环保等显著优势,实现了建筑产品化和工业化。

(2)本项目箱型钢波纹板结构,不仅实现了旧桥加固,而且实现了桥梁拼宽,外观保持一致,为旧桥加固与拼宽一体化结构。相比较原设计拆除重建方案,不仅节约了成本、加快了工期、保护了环境,而且解决了临时交通问题,取得了良好的经济和社会效益,该方案在国内尚属首次使用,具有重要的推广意义。

(3)拼宽段采用 CBS 加强结构,提高了钢波纹板结构的强度和刚度,从而提高了承载能力,在国内首次采用,拓展了钢波纹板结构的应用范围,具有一定创新性。

(4)根据计算结果拱顶截面承载力系数 0.596,拱腰截面承载力系数 0.724,表明拱腰受力较拱顶大,且拱腰半径越小受力越大,因此,拱腰为受力控制截面，设计时要特别注意。

随着我国公路进入大规模养护期，交通量进一步增大，中小跨径的桥梁加固与拼宽将成为今后的热点问题，该种结构具有广阔的应用前景。

4.6 动物通道应用案例

4.6.1 工程概况

G345 线迭部川甘界至若尔盖麦溪至甘肃玛曲段公路改建工程需要穿越铁布自然保护区，根据省林勘院编制的《G345 线迭部川甘界至若尔盖麦溪至甘肃玛曲段公路改建工程对四川铁布梅花鹿自然保护区自然资源、自然生态系统和主要保护对象的影响评价》报告，省林业厅要求在合适位置设置动物通道，以减少项目建成运营后对"保护区"主要保护对象——梅花鹿的影响。

根据与业主协调，征得林草部门同意后，桥位中心桩号定于路线 K13+980 以及 K20+980 处（见图 4.124）。桥梁采用箱型波纹钢板拱桥，跨径 13 m，顶部通道宽 12 m，采用削竹式洞口，上部结构为拼接箱型波纹钢板拱，下部为混凝土桥台，扩大基础。

图 4.124　桥位处原状

4.6.2 技术标准

荷载等级：供动物通行，采用人群。荷载：3.5 kN/m²。

设计宽度：顶宽为 0.45 m（隔离栏）+11.1 m（车行道）+0.45 m（隔离栏）=12 m。

洞口削竹式布置。
设计洪水频率：无。
抗震设防：测区基本地震动峰值加速度 0.15 g，反应谱特征周期值 0.4 s。
环境类别：环境作用等级为Ⅱ-D（冻融环境）。

4.6.3　主要规范

中华人民共和国行业标准《公路工程技术标准》（JTG B01—2014）；
中华人民共和国行业标准《公路路线设计设计规范》（JTG D20—2017）；
中华人民共和国行业标准《公路钢筋砼及预应力砼桥涵设计规范》（JTG 362—2018）；
中华人民共和国行业标准《公路桥涵设计通用规范》（JTG D60—2015）；
中华人民共和国行业标准《公路圬工桥涵设计规范》（JTG D61—2005）；
中华人民共和国行业标准《公路桥涵地基与基础设计规范》（JTG 3363—2019）；
中华人民共和国行业标准《公路桥梁抗震设计细则》（JTG/T B02-01-2008）；
中华人民共和国行业标准《公路工程地质勘察规范》（JTG C20—2011）；
中华人民共和国行业标准《公路桥涵施工技术规范》（JTG/T F50—2011）；
中华人民共和国国家标准《冷弯波纹钢管》（GB/T 34567—2017）；
青海省地方标准《波纹钢板拱桥设计规程》（DB63/T 1735—2019）。

4.6.4　结构概述

该桥上部构造采用 1 m×13 m 箱型波纹钢板拱，矢高 5 m（净矢高 3 m）；下部桥台采用钢筋混凝土拱座，扩大基础。通道横向布置：通道下宽上窄，平面呈喇叭型布置，顶宽 12 m。本桥平面位于直线上，坡道上下坡比 1∶2，竖曲线半径 13.675 m，拱上横坡按平坡设计，靠路线纵坡排水，拱上覆土厚度 60 cm，动物通道及横向放坡范围均采用植草绿化。本桥地震动峰值加速度 0.15 g，抗震设防烈度等级按 7 度设置。地基承载力要求不小于 300 kPa，承载力不满足要求时应进行换填。为保证 G345 主线行车安全，在动物通道两侧设置隔离栏，兼防抛网功能。示意如图 4.125～图 4.128 所示。

4.6.5　主要材料及性能

（1）混凝土。
端部拱圈、桥台采用 C35 混凝土，垫层采用 C20 混凝土。

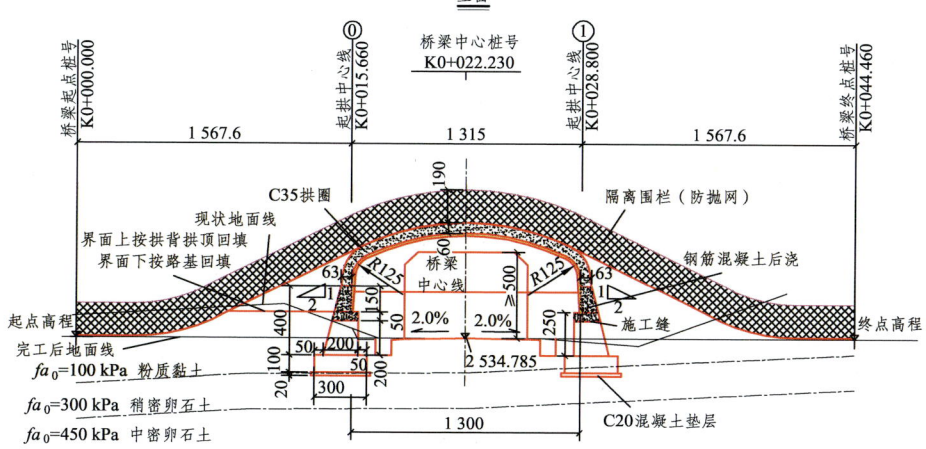

图 4.125　桥型布置图

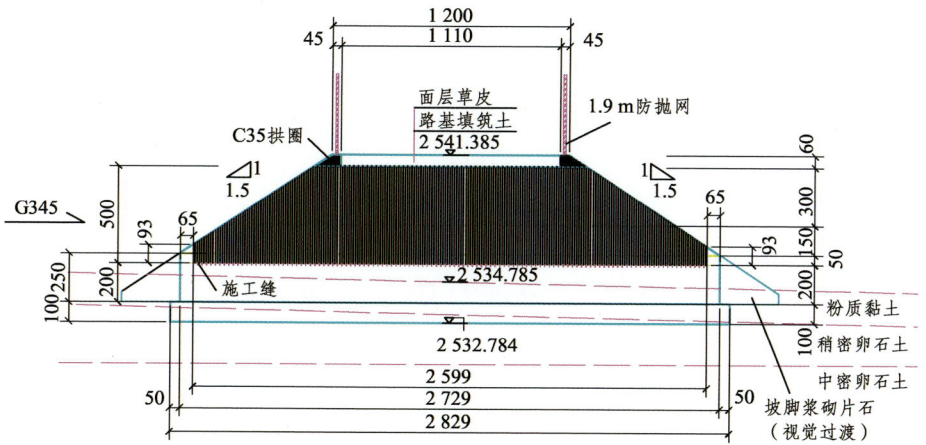

图 4.126　横断面布置图

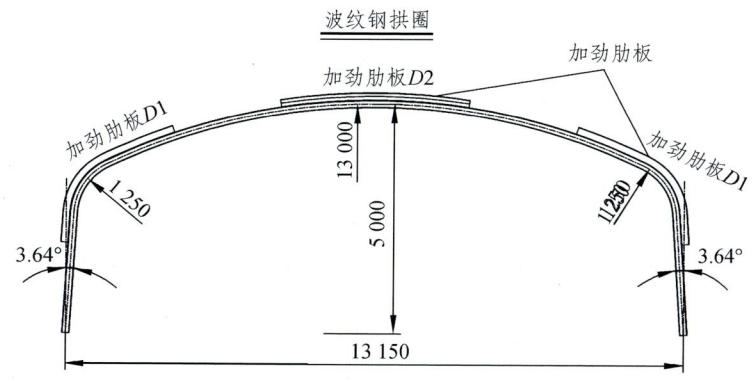

图 4.127　钢波纹板拱圈尺寸图

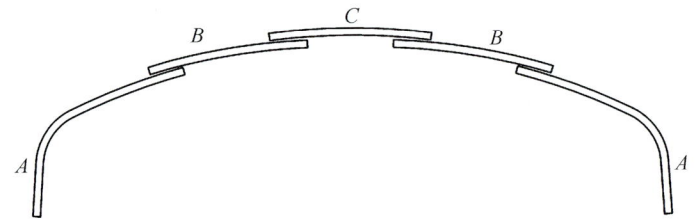

图 4.128 装配顺序图

（2）钢筋。

采用 HPB300、HRB400 钢筋，其技术条件必须符合《钢筋混凝土用热扎光圆钢筋》（GB 1499.1—2008）和《钢筋混凝土用热扎带肋钢筋》（GB 1499.2—2007）的规定。

（3）钢材。

挡土板采用《碳素结构钢》（GB 700—2006）规定的 Q235B 钢板，波纹钢板、安装槽钢采用《低合金高强度结构钢》（GB/T 1591—2018）规定的 Q355B 钢板。

螺栓采用《钢结构用高强度大六角头螺栓》（GB/T 1228—2006）规定的 10.9S 高强度螺栓。

螺母采用《钢结构用高强度大六角螺母》（GB/T 1229—2006）规定的 10.9S 高强度螺母。

垫圈采用《钢结构用高强度垫圈》（GB/T 1230—2006）规定的高强度垫圈。波纹板、螺栓螺母及垫片等构件同时应满足《冷弯波纹钢管》（GB/T 34567—2017）要求。

4.6.6 计算原则、内容及控制标准

设计计算采用空间结构计算软件 midas civil 计算，通过建立空间实体模型及空间板壳单元模型进行结构验算，重点验算跨中拱顶、拱肩及拱脚处等效应力。

4.6.7 模型建立与分析

1. 计算模型

计算如图 4.129 所示。

（1）节点数量：18 325；

（2）单元数量：18 408；

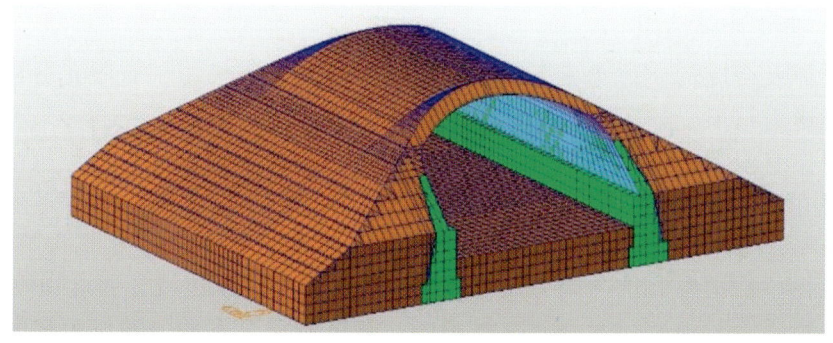

图 4.129　计算模型

（3）边界条件数量：1 775；
（4）施工阶段数量：4。
具体步骤如下。
施工阶段 1：安装波纹板，持续时间 30 天；
施工阶段 2：侧面回填，持续时间 7 天；
施工阶段 3：顶面回填，持续时间 7 天；
施工阶段 4：运营，持续时间 10 000 天；

利用摩尔-库仑模型定义塑性材料模拟土体，建立实体模型（削竹洞口未建模），利用有限元方法分析土体与波纹板、混凝土基础等协同受力情况。

2. 主要设计参数取值

（1）环境的年平均相对湿度取 70%进行计算。
（2）结构计算时拱上填土按恒载计入，不考虑土拱效应。
（3）材料重度——混凝土：26.0 kN/m³；钢：78.5 kN/m³；填土：18 kN/m³。
（4）弹性模量——C35 混凝土：$3.15×10^4$ MPa；HRB400 钢筋：$2.0×10^5$ MPa；合金钢：$2.06×10^5$ MPa；碳素钢：$2.0×10^5$ MPa。
（5）波纹钢板件参数（Q355B）——波距 400 mm，波高 150 mm，波纹圆弧半径 80 mm，钢板厚度 9 mm。抗拉、抗压和抗弯设计强度：300 MPa。

3. 荷载工况与荷载组合

抗剪设计强度：175 MPa。波纹板结构及土体均按实体模拟，通过建模计入自重及土压力，人群荷载按节点荷载计算，另外建立沉降工况，考虑不均匀沉降 5 cm。

基于公路桥涵设计通用规范（JTG D60—2015）建立荷载效应组合，验算包络组合下 von-mises 等效应力是否超过材料设计强度。

4. 主要计算结果

土体及台座为实体单元，钢波纹板采用板壳单元模拟，有限元分析得到板单元应力结果，如图 4.130 所示（仅显示波纹板结构）。

根据有限元软件计算结果，对各荷载组合进行包络设计，波纹板结构强度验算由有效应力控制，跨中最大有效应力 56.3 MPa，拱肩位置最大应力 85.3 MPa，拱脚处（台座与波纹板接触面）最大应力 70 MPa。根据分析结果，波纹板拱桥结构各处轴向应力及等效应力均未超过波纹板设计强度 300 MPa，剪应力均未超过抗剪设计强度 175 MPa，有适当安全系数，波纹板拱桥结构满足设计要求。

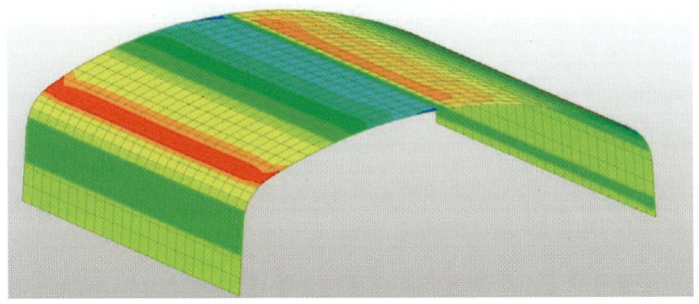

（a）x 方向轴向应力

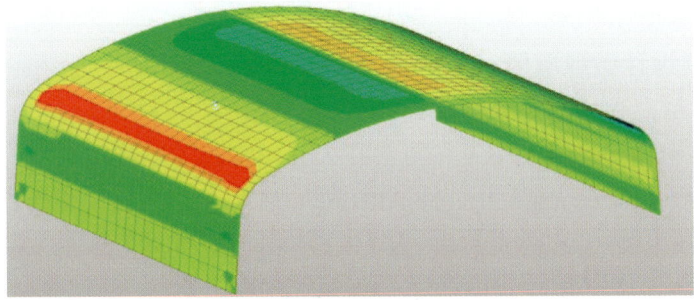

（b）y 方向轴向应力

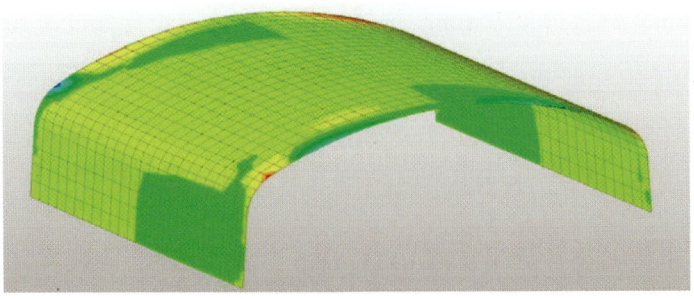

（c）平面内剪应力

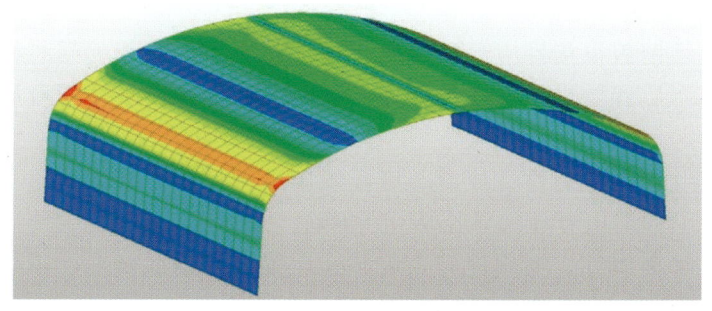

（d）有效应力（von-Mises 应力）

图 4.130　包络组合

4.6.8　主体结构施工

1. 基础及台座

（1）基坑开挖前应根据设计文件进行测量放线，确认平面位置无误后方可开挖，同时根据设计标高确定开挖深度。

（2）基坑开挖可采用人工配合机械开挖，快到设计深度时，改由人工开挖至设计标高，严禁超挖后回填。

（3）基坑开挖至设计标高后应尽快进行地基承载力检测，承载力不满足设计要求时，应通知设计单位，以便根据情况进行相应地基处理。

（4）混凝土垫层达到设计强度 75% 以上时，方可进行基础钢筋绑扎及模板安装。

（5）基础或台身混凝土浇筑完成后，应及时采用土工布覆盖并洒水养生，防止混凝土收缩开裂。

（6）本项目地处高原，施工单位应制订详细的低温季节施工方案，做好事前预防及事中、事后保护。首先应有专人对天气进行追踪预警，天气突变时及时通知现场人员。低温季节浇筑混凝土应安排在白天进行，如一定要夜间施工，现场应做好防冻措施，确保设备正常运行，保证混凝土不受冻。低温季节搅拌混凝土时，应严格控制混凝土的配合比和塌落度，必要时加热骨料或拌合水，加热温度根据混凝土拌和温度计算控制。混凝土拌合物的出机温度不宜低于 10 ℃，尽量缩短运输时间，做好运输容器的保温，浇筑温度不应低于 5 ℃。混凝土施工完毕后应立即进行覆盖保温养护，防止温度散失影响养生期强度。

2. 波纹钢板拱

（1）波纹钢板拼接件应严格按照大样尺寸在工厂制作，同时根据拼接板在拱圈中不同位置按拱轴线线形制作，波距、波高及波板厚度应严格控制在误差之内。

（2）波纹钢构件制作完成后，应在工厂进行试拼，确认无误再运往工地安装。安装工作应由专业的施工队伍完成。

（3）波纹钢板件、连接件等在装卸及运输过程造成变形、损坏及镀锌层脱落的应处理合格，无法处理的应重新制作。

（4）波纹钢构件进场时，建设单位、监理单位及施工单位各方应对波纹钢板及高强螺栓的尺寸、厚度、材料强度等各项指标进行核查，不符合国家规定及设计要求的严禁入场。

（5）在波纹钢板拱装配过程中，结构尺寸必须检查和记录，所有尺寸变动应在推荐公差范围内。

3. 结构性回填

（1）波纹钢板拱桥两头起拱线外侧结构性回填区的最小纵向长度范围不应低于拱桥矢高。

（2）箱形拱拱顶结构性回填土最小厚度不小于 300 mm，最大厚度不宜超过 1 500 mm。

（3）在结构性回填区范围内，拱脚以下分层压实度不得小于 95%，拱脚以上分层压实度不得低于 96%。

（4）严禁波纹板拱侧回填区域范围内、拱顶偏载回填，不得集中堆土及堆积重物。两侧回填区范围及拱上的回填高度差不得超过 20 cm，有偏载土压力造成波纹钢板变形时，应采取措施校正波纹板截面形状及拱轴线线形，必要时拆卸波纹板件消除变形后重新安装。

（5）在结构性回填压实过程中，回填料不得直接倾倒于波纹钢板拱上，应分层倾倒在波纹钢板拱两侧 1.5 m 以外后采用小型机具往拱上分层上料。拱侧面回填压实时，压实机械应与波纹钢板拱的横桥向方向平行行驶；压实拱上方回填土时，应顺纵桥向方向行驶。

（6）在波纹钢板拱顶上结构性回填区不得采用大型或重型压实机械、振动压实，应采用小型压实机械，禁止除压实机械以外的重型机械或车辆在拱的上方通行。

（7）在结构性回填到跨中拱顶以上 20 cm 左右时，按 2%横坡平整满铺一层 2.5～3.0 mm 厚的环保用高密度聚乙烯土工膜隔水层。土工膜总宽度不小于桥宽、总长度应不小于（延伸到）结构性回填范围两端头以外各 10.0 m。土工膜不得有破损或在施工过程中破损，土工膜搭接连接宽度不小于 5.0 cm，搭接接缝采用便于排水的高压低的方法、并采用耐候胶或其他胶牢固黏结，防止水从土工膜渗入侵蚀波纹钢板拱。

（8）其他未尽事宜参照青海省地方标准《波纹钢板拱桥施工技术规范》（B65/T 1733—2019）执行。

4.6.9 钢波纹拱桥运营养护

（1）本次设计两处动物通道钢波纹拱桥均应纳入 G345 日常维护和定期养护范围，按照《公路养护技术规范》（JTG H10—2009）进行养护。

（2）钢波纹拱防腐耐久性设计直接影响桥梁的工作状态及工作年限，设计要求结构性回填材料须采用低腐蚀材料，同时根据腐蚀环境和腐蚀性等级选择合适的防腐材料组合。

（3）钢材生锈是钢波纹拱桥的主要病害，会削弱波纹钢板截面，缩短桥梁使用寿命，因此波纹板的涂装防护至关重要，波纹钢板除镀锌防腐层外，安装完成后需进行现场二次防腐、防水和涂装。桥梁运营中应经常检查波纹板防腐涂层，存在大量起锈、孔隙、脱皮、鼓包等情况时应及时养护进行防腐处理。

（4）各种螺栓、锚栓等连接件应经常检查，不应有松动、缺损、腐蚀等情况。

（5）钢波纹板拱圈外侧直接与土体接触，防水要求高，运营过程中应经常检查波纹板渗水漏水情况，出现漏渗水时应及时采取防排水措施。

4.6.10 施工照片

施工过程中的照片如图 4.131 所示。

图 4.131　施工过程照片

4.7　钢架加强型钢波纹结构

4.7.1　结构简介

钢架加强型波纹钢结构是以钢波纹板和型钢（包括工字钢）结合组成的组合结构体，整体受力效果因刚性与柔性结合，达到单独钢波纹板结构和型钢结构任何一种单独结构所无法实现的效果，如图 4.132 所示。

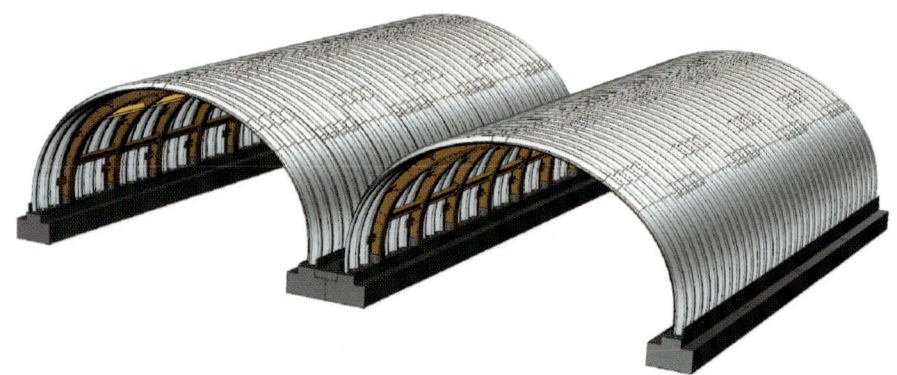

图 4.132　钢架加强型钢波纹拱形结构

此结构设计开发之初主要应用于拱形涵洞结构。在拱形钢波纹板结构中，拱顶受竖直向荷载较集中，且拱顶受力面积远大于拱侧，尤其是在大跨径拱形结构中，中心线位置距离拱脚连接点距离较大，整体结构对钢板及其他支撑材料的抗剪要求远大于抗拉要求。

随着波纹钢结构应用领域的逐渐扩大，与之同步开发出圆管涵钢架结构、梨形钢架结构对已有管涵的二次加固等，让这种结构不再只应用于拱形钢波纹板结构。

4.7.2 应用范围

此结构能够应用于拱形结构超高填土（大于 37 m）、超低填土（小于 1.2 m）、超大荷载（55~200 t）的情形，能够承受冲击力危害和振动对结构的破坏，可以用于隧道前期支护、隧道病害二次支撑、隧道出入口防护、高风压防护、厚积雪防护、悬崖路防护、桥梁置换抢修、重型交通中小桥涵等领域。

4.7.3 工作原理

钢架加强型钢波纹拱涵通过在原有的双弧异拱涵、箱型拱涵、圆弧拱涵内部（或外部）添加由型钢、槽钢等组成的钢架来提高结构的承载能力。在钢波纹板承受荷载时，钢架能分散大部分钢波纹板结构的受力，同时结构中的横向拉筋又可保证在受力时波纹板的波形与型钢间的相对稳固使钢架整体的受力均匀开来，由点受力变化为线受力，再分散为网受力。钢架与波纹板组合也增大了单环结构的整体抗弯、抗剪强度，增加了结构的稳固性。

4.7.4 主要优势

（1）钢架加强，能应对桥涵工程较高填土和较低填土的需求，在大填土静荷载及超低填土车辆动荷载情况下，钢架能承受大部分的钢波纹板结构的受力。

（2）钢架的线膨胀系数与混凝土、土壤、石块接近，在环境比较恶劣（如冻土、沙土）、昼夜温差大的条件下，不会与基础发生收缩性撕裂及膨胀变形。

（3）横向拉筋保证了拱涵受力时波纹板的波形及钢架的稳固，受力不会纵向递减，保证管涵不会纵向撕裂。

（4）钢架能增加大跨径的支撑点受力，加大了钢波纹拱形桥涵的跨径范围，同时这种结构能够实现连拱形式的结构，在中小型桥涵中都能使用。

（5）加强型钢波纹拱涵施工速度较快，且运输安装方便，比混凝土结构节省成本 30%以上。

4.7.5 安装步骤（见图 4.133）

（1）先将地脚螺栓浇筑在混凝土基础内，然后安装 C 形钢和底板，固定于基础之上用地脚螺栓紧固。

（2）在基础上将焊接有筋板和固定板的弧形型钢通过型钢连接板拼接成

拱形支架，用高强度螺栓紧固，将安装好的拱形支架安装于底板上，依次安装完两道后，开始安装拱形支架间的横向支撑槽钢，依次安装完支架。

（3）进行板片的安装，先安装底部板片于 C 形钢上，再由两侧向顶部安装至顶点，然后用高强度螺栓将板片和型钢上的固定翼板连接成一体，完成第一圈的安装。

（4）按照步骤（3）中顺序依次安装后续所有波纹板。

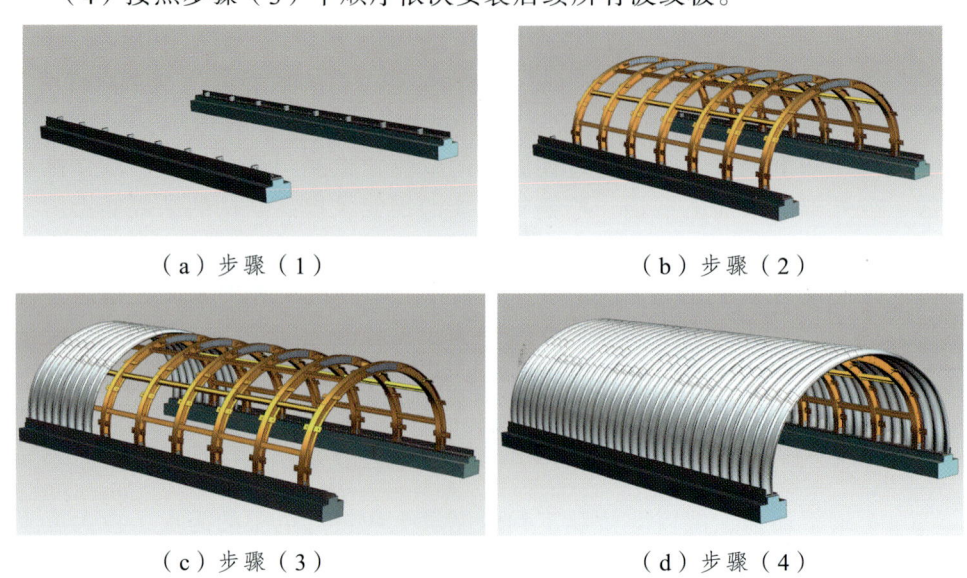

（a）步骤（1） （b）步骤（2）

（c）步骤（3） （d）步骤（4）

图 4.133　施工步骤

4.7.6　截面形式

主要截面形式包括半圆拱、圆弧拱、多弧低拱、门拱形、双弧异拱和三弧异拱等，如图 4.134 所示。

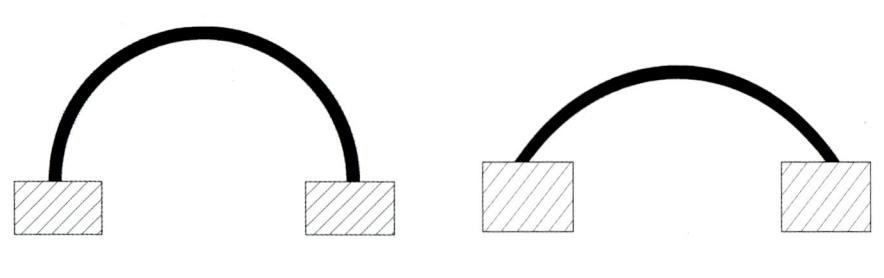

（a）半圆拱 （b）圆弧拱

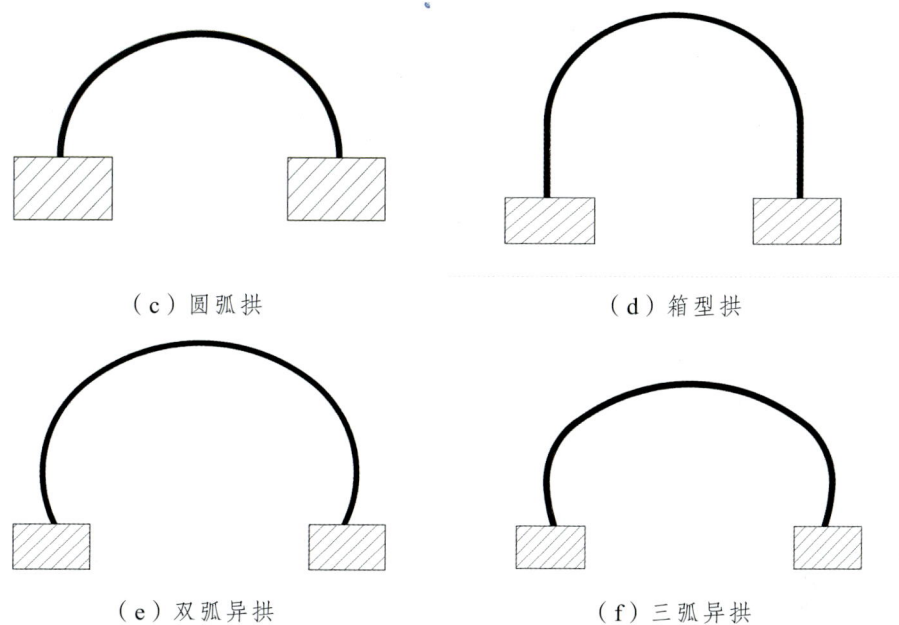

图 4.134 主要截面形式

4.7.7 案例介绍

案例一：承德市通远路桥建设有限公司单搭子至大栅子连接线磨盘山支线工程，项目位于河北省承德市，桥梁采用跨径 12 m、矢高 8 m 钢架加强型拱形结构。工程特点：跨径大，要求动荷载超过一级公路 50%，抗震要求高，要能够抵抗 8.0 级地震。施工过程主要图片如图 4.135~图 4.139 所示。

图 4.135 基础施工、安装槽钢

图 4.136　钢架安装

图 4.137　钢波纹板安装

图 4.138　波纹板安装完毕

图 4.139　侧墙施工及台背回填

案例二：石家庄路通道桥工程建设有限公司在鹿泉至井陉新建的道路路基桥梁 LJ2 标，该项目位于河北省石家庄市井陉矿区，桥梁采用跨径 8 m、矢高 4 m 钢架加强型拱形结构。承重要求为高频率通过载重 2.2×10^6 N 左右重型货车，超出标准一级公路三倍的载重。

施工现场图片如图 4.140～图 4.142 所示。

图 4.140　施工现场图片（1）

图 4.141　施工现场图片（2）

图 4.142　施工现场图片（3）

案例三：铜仁中建四局松桃至玉屏城际快速路，项目位于贵州省玉屏市，桥梁采用跨径 4.6 m、矢高 5 m 钢架加强型拱形结构，桥位两侧临山，山体为标准喀斯特地质结构，山体向中间有渐进趋势，同时作为周围村庄的抗震安全通道。

施工现场图片如图 4.143～图 4.144 所示。

图 4.143　施工现场图片（1）

图 4.144　施工现场图片（2）

4.8　地下罐体结构应用案例

4.8.1　工程概况

某项目地下罐体工程，下部为圆柱体结构，圆直径 32 m，高度 14 m，顶面为球冠形结构。原设计球冠形结构采用锚杆锚索初期支护，球冠形结构和圆柱体支护结构均采用钢筋混凝土二次衬砌，球冠二次衬砌采用满堂支架施工，一次性浇筑混凝土。

4.8.2　存在问题

（1）巷道及罐体空间狭窄，地质情况变化频繁，被覆跨度及自重大，实施进度与业主要求进度相差很大。

（2）被覆结构的二衬混凝土、钢筋及模板自重达 2.6×10^7 N 以上，满堂式支架及模板在浇筑过程中容易变形失稳。

（3）满堂式支架占据主要支撑空间，混凝土罐车、泵送设备只能布置在上下支洞内，将影响其他罐体的施工设备和人员通行，一旦发生堵管，将很难排除故障。

（4）施工电压不稳，容易造成安全和质量事故，可能为工程的按期完成带来不可预见的风险。

4.8.3　优化思路及研究方法

（1）优化原则：钢筋混凝土二衬支护结构整体厚度不变，将初期支护与二衬钢筋按照整体受力和工期要求进行统筹分配，保证功能不减、总投资可控。

（2）主要优化措施及意见。

① 把原设计初支的双层钢筋网片直径由 10 mm 调整为 20 mm 单层，间距由 15 cm 调整为 20 cm；钢纤维喷射混凝土调整为钢纤维+玄武岩纤维喷射混凝土。

② 二衬结构由双层钢筋混凝土改为钢纤维+玄武岩纤维+球冠形钢波纹板，二衬厚度 80 cm 不变。罐体支护参数采用原设计 80 cm 厚普通混凝土改为微膨胀纤维自密实防水混凝土（取消防水板，混凝土防渗等级由 P8 提高到 P10）+3.5～5 mm 厚钢波纹板进行二衬支护（也可以采取初期支护与二衬一起支护施工）。

③ 考虑到穹顶防水板施工质量难以保证，加之桶壁结构重叠在穹顶基础的内侧利于防水，因此建议取消穹顶防水板，以便于施工期间通过锚固措施

对钢筋等骨架进行固定。为提高防水性能，穹顶混凝土材料可通过掺加添加剂提升防水性能（防渗等级可达到 P10 以上）。

④防排水：建议在穹顶基础靠近罐体壁侧增加水平的环向碎石盲沟，并通过竖向盲管，将地下水引排至底部。

⑤如果对穹顶采用环形开挖和浇筑基础，可根据施工空间需要，调整基础设计。

⑥所有临时支护均可以考虑 3 mm 厚钢波纹板+无砂自密实混凝土进行支护，钢波纹板可以重复使用，无砂混凝土可以与开挖玄武岩一起再次加工成砂和碎石进行二次利用。

⑦对于玄武岩破碎、裂隙发育地段，设计上应增加超前注浆小导管，对围岩裂隙进行弥合，提高围岩整体性。

4.8.4 球冠支护结构优化方案设计

球冠初期支护采用锚杆锚索，优化方案建议充分利用锚杆锚索的有利条件，将二次衬砌优化调整采用锚杆与波纹钢板结合的协同受力体系，即锚杆通过锚板与波纹钢板二次连接。钢波纹板为多点支撑的薄壳球冠受力体系，该体系施工过程中钢波纹板结构作为模板功能，建成后为隧道二次衬砌的受力结构，该方案可以取消满堂支架，加快施工进度，有效地缩短工期，提高受力性能。结构设计建议进一步优化：初期支护结构设计加强、二衬减弱，保证总投资不增加；二衬钢筋混凝土改为纤维混凝土（把原设计的钢筋的一半左右用于初支，原设计的钢纤维混凝土+钢波纹板用于二衬，厚度根据设计验算需要做相应调整，加上钢波纹板厚度后总厚度不增加，相应混凝土用量会减少，拱顶总体荷载不增加）。

（1）方案一，效果如图 4.145 所示。

图 4.145　方案一效果图

球冠采用带状波纹板拼接而成，每一带状波纹钢板由单片波纹钢板通过螺栓栓接法兰形式，形成一个带状波纹拱，球冠顶由多个带状波纹钢板拱组合而成。

方案优势：

① 施工速度快；

② 造型美观；

③ 造价基本持平。

方案缺点：

① 受力性能没有方案三好；

② 顶冠构造较复杂，波纹板片加工浪费较多。

（2）方案二。

球冠采用圆环波纹板拼接而成，每环波纹钢板用单片波纹板以螺栓栓接法兰形式，形成一个锥形波纹拱，如图4.146所示。

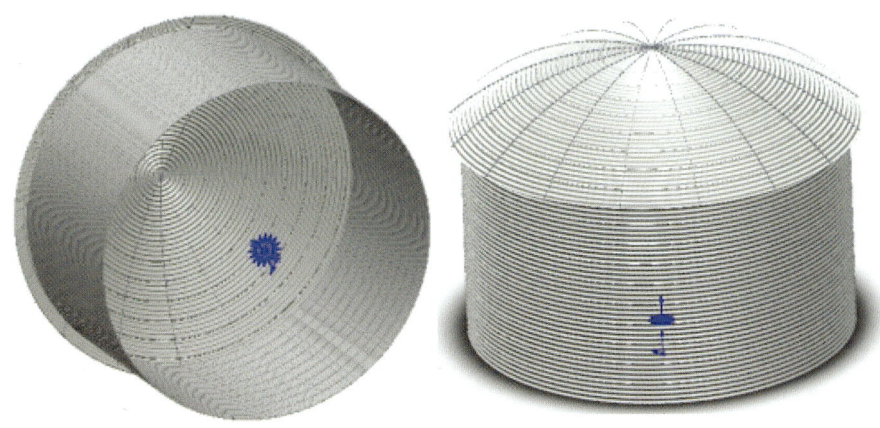

图4.146　方案二效果图

方案优势：

① 施工速度快；

② 造型美观；

③ 造价基本持平。

方案缺点：

① 受力性能没有方案三好；

② 顶冠构造较复杂。

（3）方案三，效果如图4.147所示。

球冠采用十字交叉波纹钢板形成拱形结构，波纹参数为 375 mm（波距）×125 mm（波高），并在十字交叉位置进行加固处理；十字拱形波纹板将球顶分成四个部分，用波纹钢板进行拼接，波纹钢板波纹方向指向球冠中心，波纹钢板指向十字交叉拱形处进行加筋加强。

罐体采用环形波纹钢板结构充当混凝土结构（配筋）内衬及模板，波纹参数为 375 mm（波距）×125 mm（波高）。

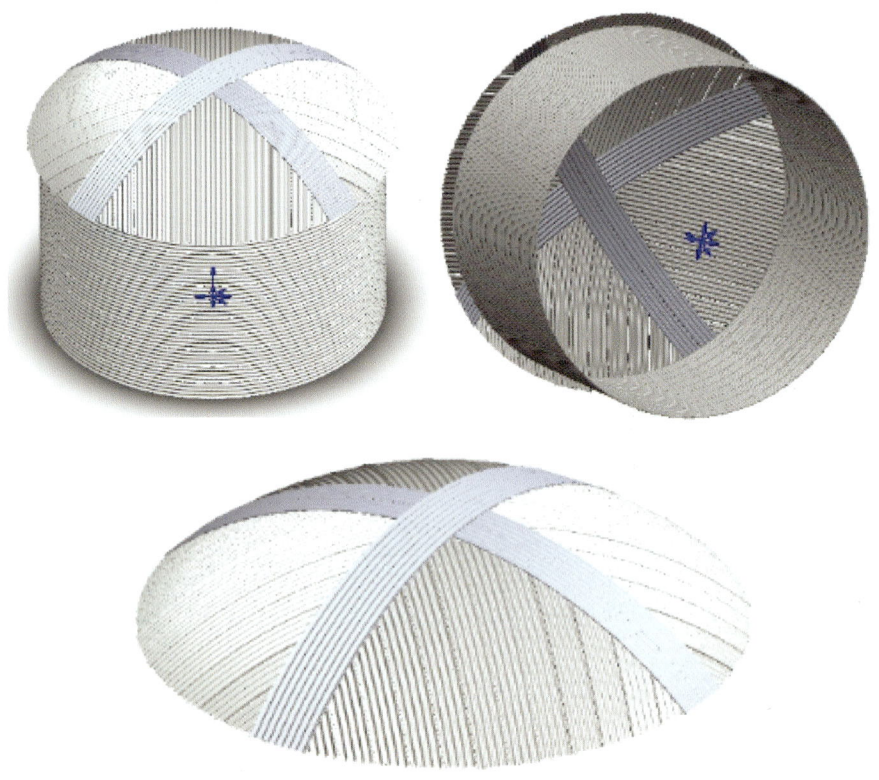

图 4.147　方案三效果图

方案优势：
① 施工速度快；
② 造型美观；
③ 受力性能好；
④ 造价基本持平。

方案缺点：顶冠构造较复杂。

（4）方案四，效果如图 4.148 所示。

球冠顶由一个 8、12 或 16 边形的方钢管组成（或者双层钢板、单层浅波钢波纹板+格栅钢架），方钢管内填充自密实混凝土，16 边形各个边由 1.2~1.5 m 宽波纹板形成圆拱受力体系，相邻 1.5 m 宽波纹板之间用拱形波纹板填充，波纹板之间采用法兰栓接。

该方案的加工、安装最容易实现，初步建议球形顶采用约 6 m 长单层浅波钢波纹板+格栅钢架（或双层薄钢板中间焊接传力钢筋，或者用切割下来残片钢波纹板，薄层浅波钢波纹板双层十字形交叉通过剪力钉或螺栓连接，受力更好，但加工和安装困难一些）形成直径 3~6 m 圆拱形支撑结构，周边切割成 8~16 边形（每边 1.2~1.5 m 宽），每边焊接法兰盘（法兰盘上设置适应现场安装富裕度空间需要的椭圆形螺栓连接孔），在工厂加工并进行预拼装合格后分解成片装车运至现场进行施工安装，8~16 边采用 1.2~1.5 m 等宽钢波纹板扇形布置至拱底基座，相邻 1.2~1.5 m 宽波纹板之间用切割并焊接法兰盘的拱形波纹板填充，所有波纹板之间均采用法兰栓接。采用剪力钉与预埋钢筋、长锚杆、锚索、围岩体连接在一起，与钢纤维+玄武岩纤维自密实防水复合结构混凝土，形成抗爆力更好、质量更可靠和施工速度快及运营效果更好的支护体系。

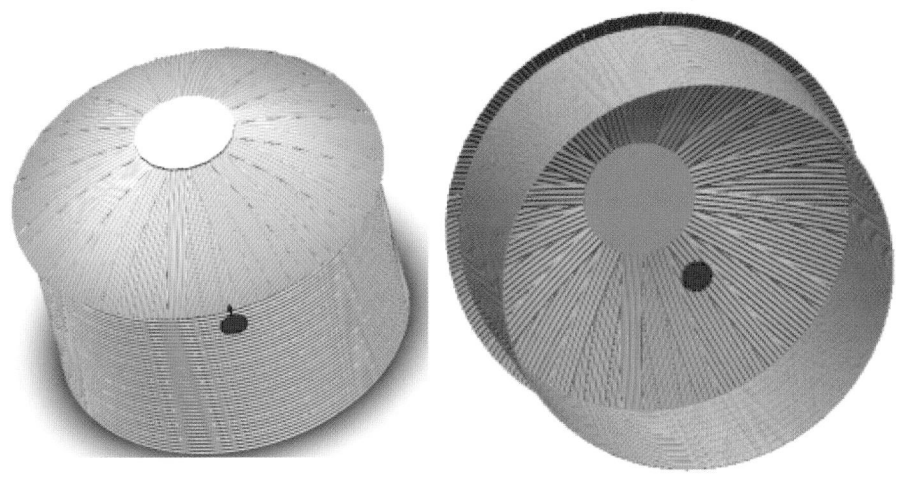

图 4.148　方案四效果图

方案优势：
① 施工速度快；
② 造型美观；

③ 受力性能优异；

④ 造价基本持平。

该方案缺点：

① 顶冠构造较复杂，三角形部位波纹板片加工浪费较多；

② 需采用专用模具配合加工。

通过以上 4 个方案优缺点展示和对比分析，推荐方案如下：

（1）综合美观、现场拼装难易程度、施工便利性以及结构安全性能，建议穹顶拼装采用方案一。

（2）结合现场预留预埋件设置位置、安全质量可控的角度分析，建议采用方案四。

（3）结合一次性浇筑初支和二衬混凝土、加快支护、缩短工期、围岩较差段落前期安全质量可控的角度分析，建议采用方案二。

4.8.5 原设计安全性分析

模型尺寸 200 m×200 m×420 m，共约 40 万个单元、33 万个节点，围岩、初支和二次衬砌、初期支护采用实体单元模拟，波纹钢板采用壳单元模拟。埋深按照 300 m 和 48 m 进行检算。模型如图 4.149 所示，参数如表 4.28 所示。

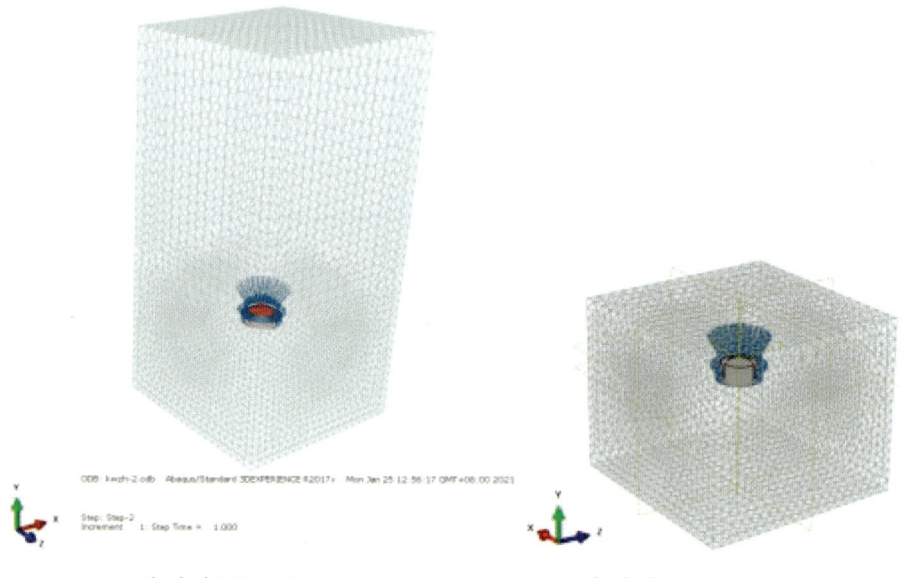

（a）埋深 300 m　　　　（b）埋深 48 m

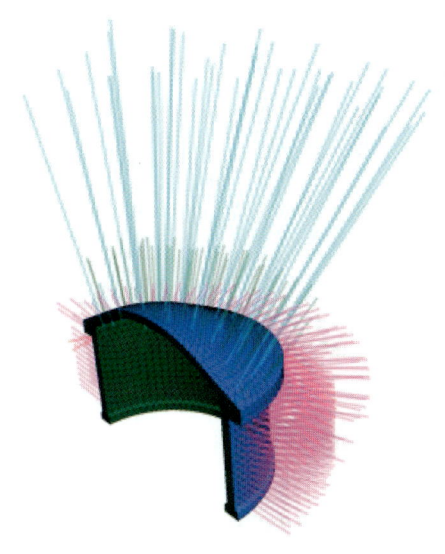

（c）锚杆结构

图 4.149　三维有限元计算模型及网格划分

表 4.28　材料物理力学参数

名称	容重 γ /(kN/m³)	厚度（长度） h/cm	弹性模量 E/GPa	泊松比 μ	内摩擦角 φ	黏聚力 c/kPa
围岩	22.5		4	0.33	35	500
初支 C25	2 200	25	26	0.22		
二衬 C35	2 500	80	31.5	0.2		
锚杆	7 850	9/12	210	0.3		
锚索	7 850	35	210	0.3		

（1）埋深 300 m 情况，如图 4.150～图 4.154 所示。

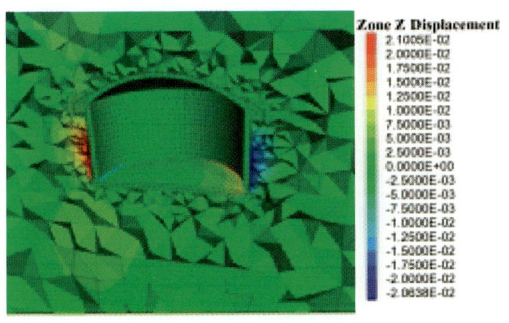

图 4.150　位移云图

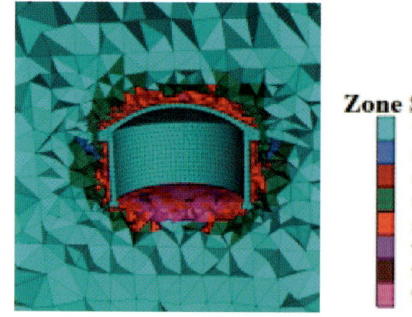

图 4.151　塑性区分布图

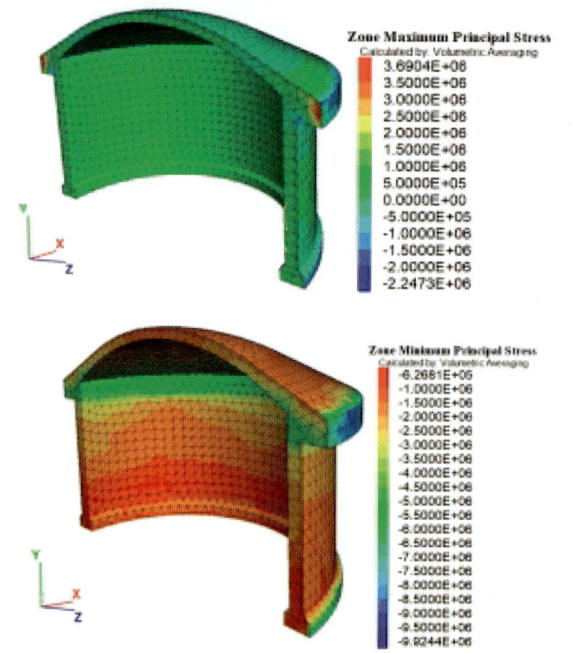

图 4.152　仓室初期支护和二次衬砌应力图

图 4.153　锚索轴应力图

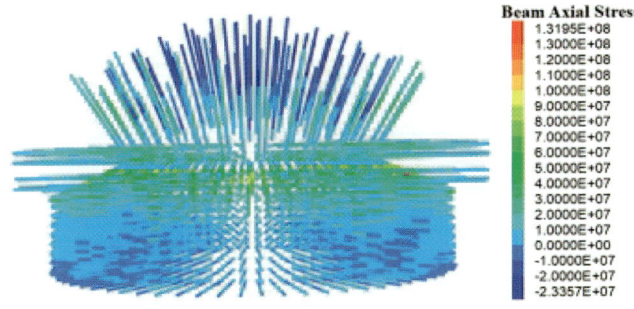

图 4.154　锚杆轴应力图

（2）埋深 48 m 情况，如图 4.155～图 4.159 所示。

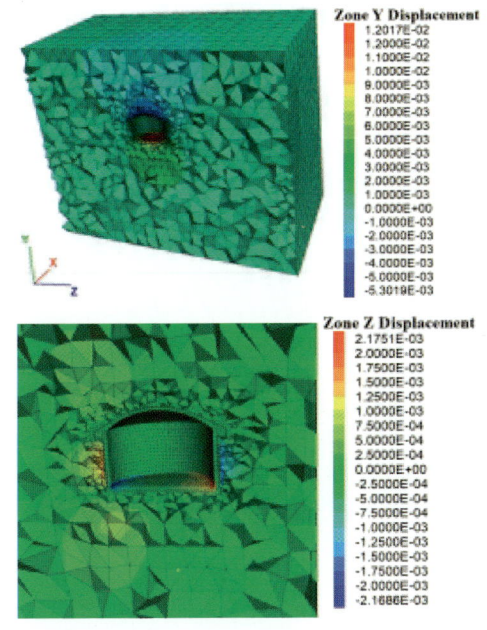

图 4.155　位移云图

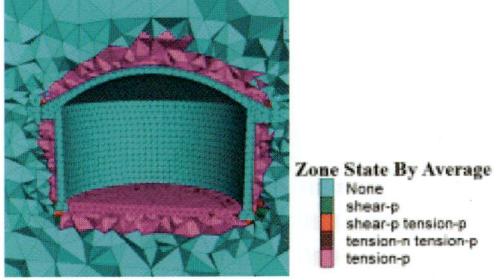

图 4.156　塑性区分布图

· 297 ·

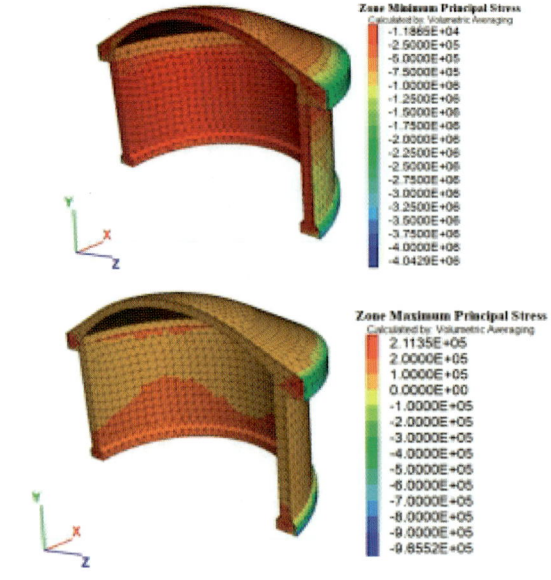

图 4.157　仓室初期支护和二次衬砌应力图

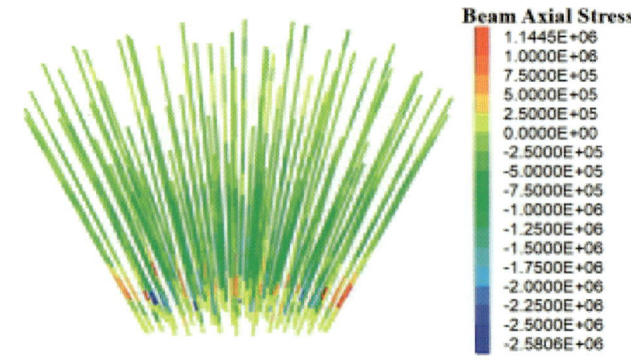

图 4.158　锚索轴应力图

图 4.159　锚杆轴应力图

4.8.6 优化方案安全性分析

如图 4.160 所示为三维有限元计算模型及网格,如表 4.29 所示为相关材料物理力学参数。

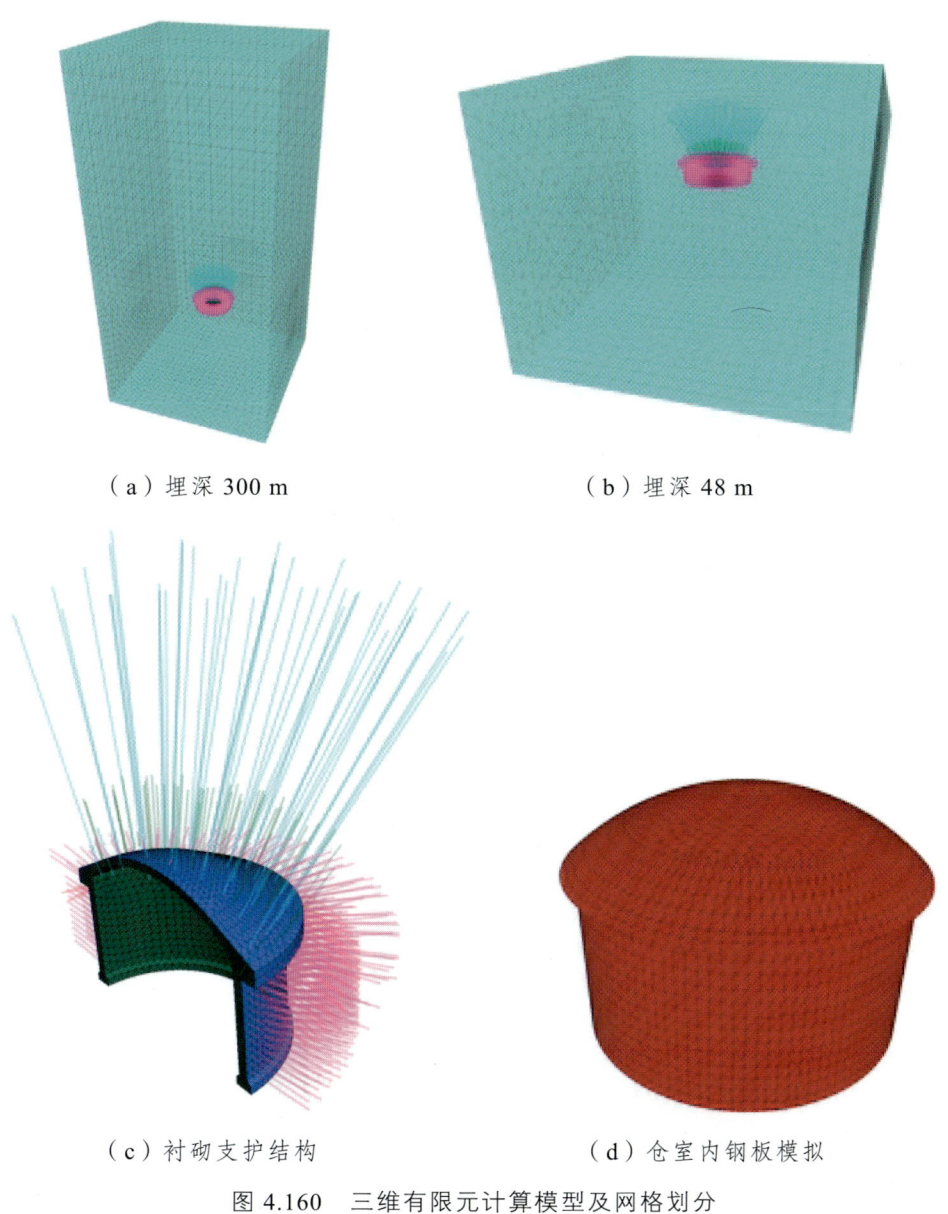

(a)埋深 300 m (b)埋深 48 m

(c)衬砌支护结构 (d)仓室内钢板模拟

图 4.160 三维有限元计算模型及网格划分

表 4.29　材料物理力学参数

名称	容重 γ /(kN/m³)	厚度(长度) h/cm	弹性模量 E/GPa	泊松比 μ	内摩擦角 φ/°	黏聚力 c/kPa
围岩	22.5		4	0.33	35	500
初支 C25	2200	30	26	0.22		
二衬 C35	2500	50	31.5	0.2		
锚杆	7850	9/12	210	0.3		
锚索	7850	30	210	0.3		
钢板	7850	0.5	210	0.2		

（1）埋深 300 m 情况，如图 4.161～图 4.167 所示。

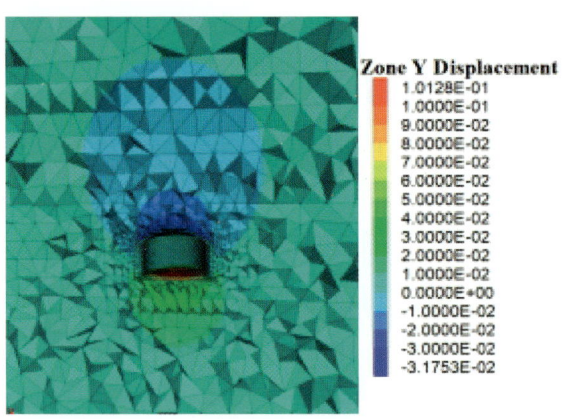

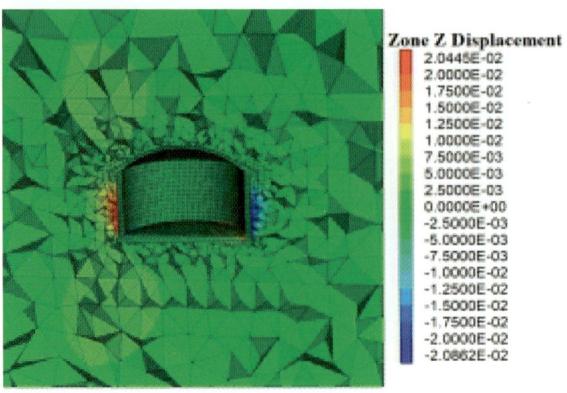

图 4.161　位移云图

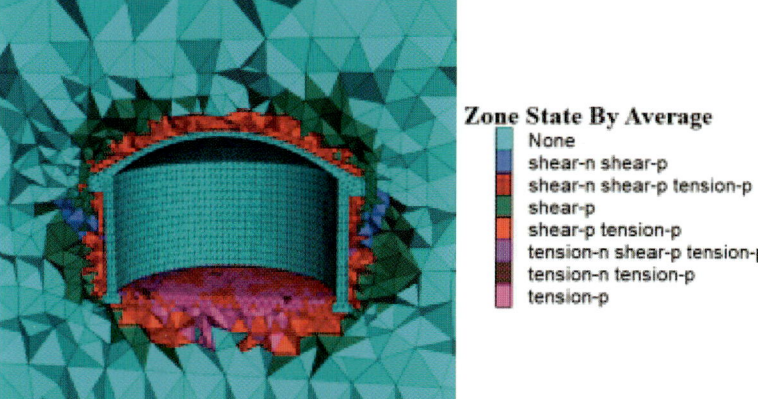

图 4.162　塑性区分布图

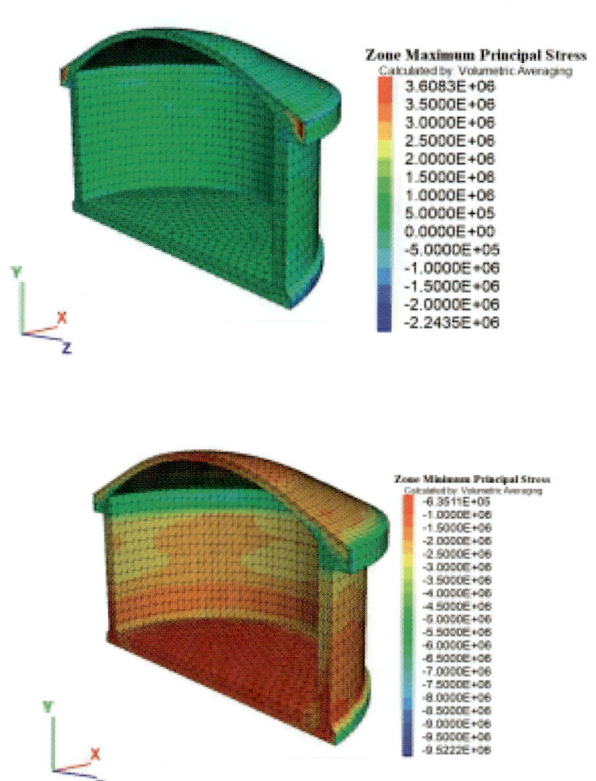

图 4.163　仓室初期支护和二次衬砌应力图

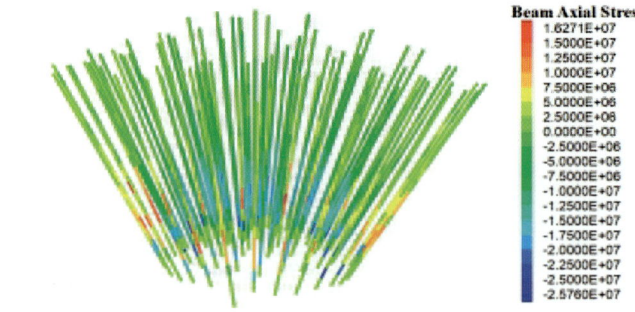

图 4.164 锚索轴应力图

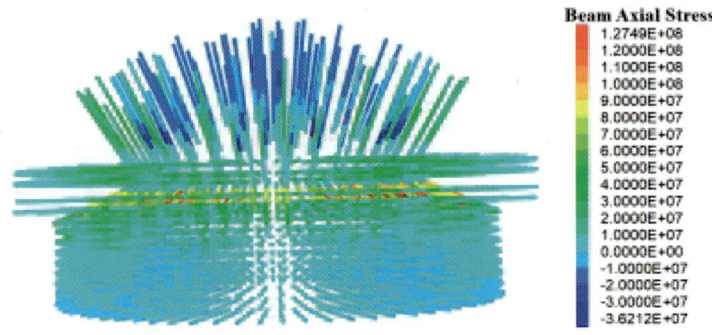

图 4.165 锚杆轴应力图

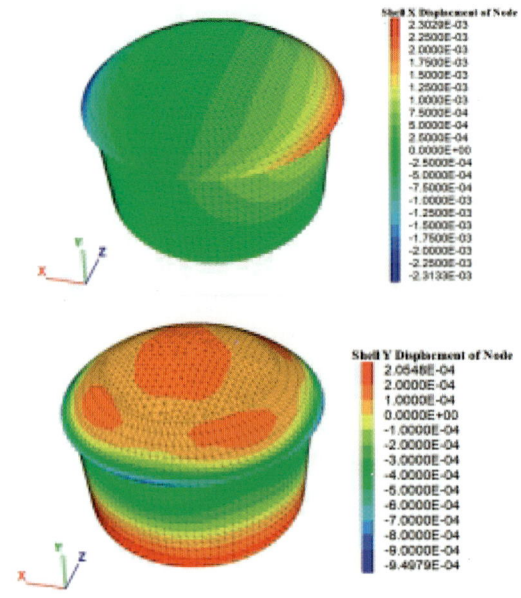

图 4.166 钢板位移云图

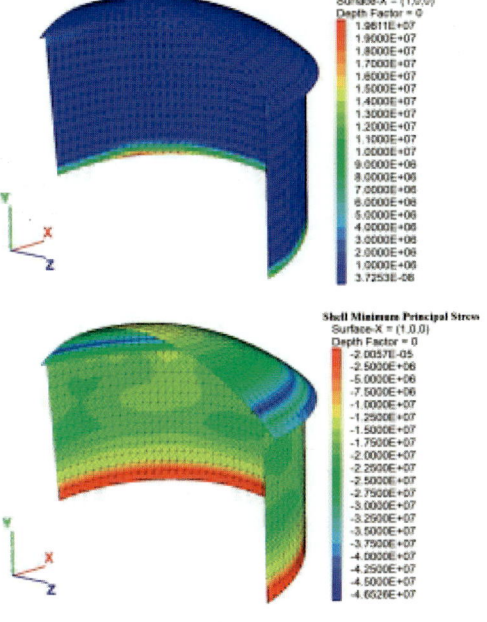

图 4.167　钢板应力云图

（2）埋深 48 m 情况，如图 4.168～图 4.174 所示。

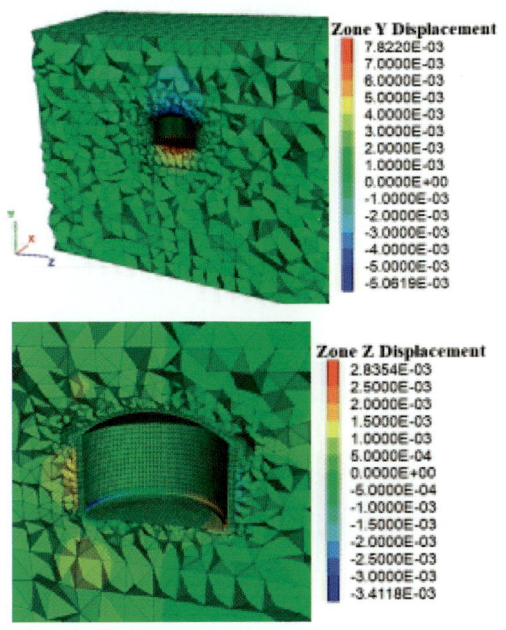

图 4.168　位移云图

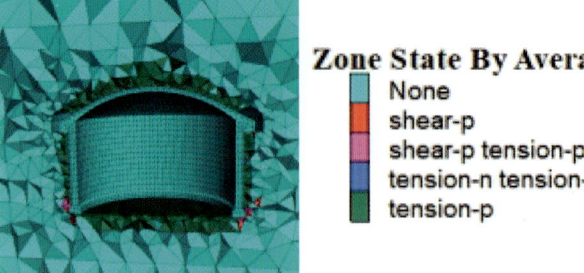

图 4.169　塑性区分布图

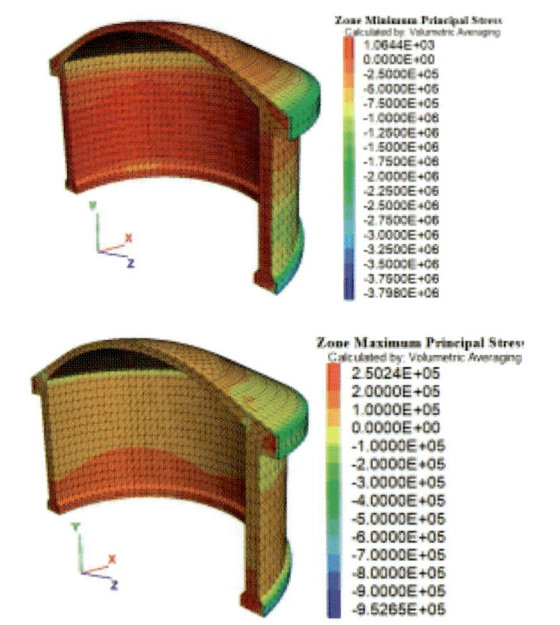

图 4.170　仓室初期支护和二次衬砌应力图

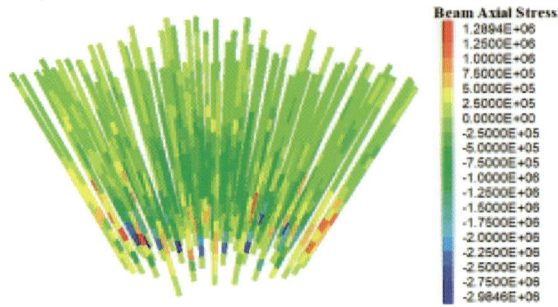

图 4.171　锚索轴应力图

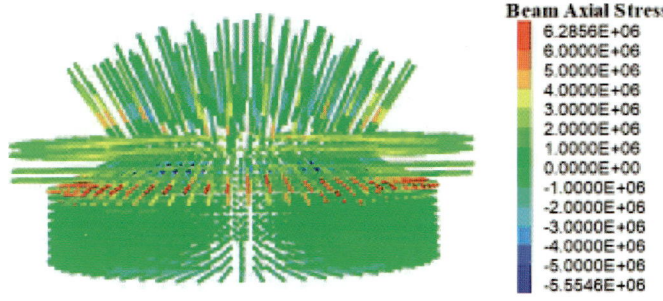

图 4.172 锚杆轴应力图

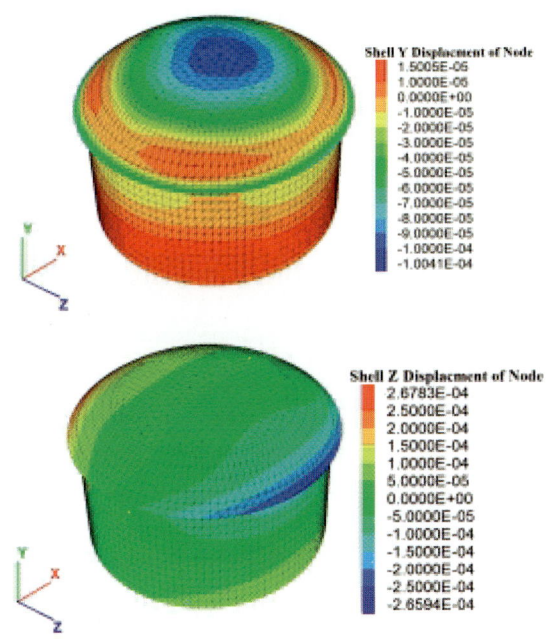

图 4.173 钢板位移云图

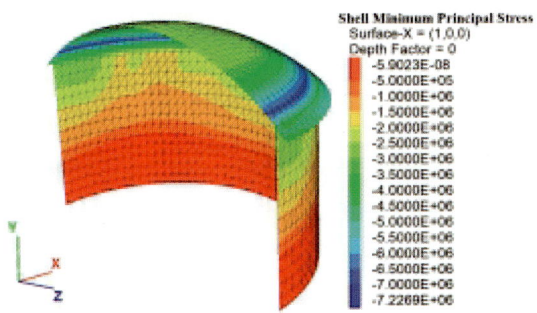

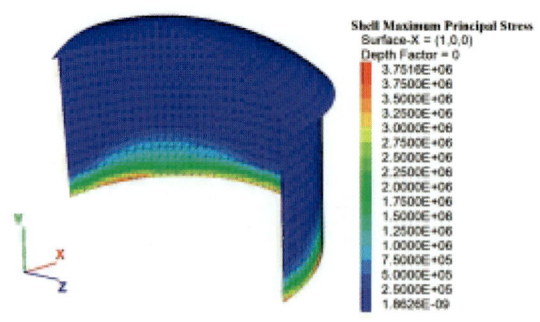

图 4.174　钢板应力云图

（3）小结。

根据以上计算结果可知，优化设计方案的结构整体安全性较原方案有所加强。

具体各部分相应变量值如表 4.30 所示。

表 4.30　材料物理力学参数

（受力拉正压负）		原设计		优化设计	
		300 m 埋深	48 m 埋深	300 m 埋深	48 m 埋深
洞周围岩竖向位移极值/mm	拱顶沉降	32.9	5.3	31.8	5.1
	仰拱隆起	115.7	12	101.3	7.8
洞周围岩水平位移极值/mm		21	2.2	20.9	3.4
洞周塑性区分布规律		在洞周围 6 m 范围蝶状分布	主要分布在拱顶和拱底 4 m 范围	在洞周围 6 m 范围蝶状分布	主要分布在拱顶和拱底 3 m 范围
初期支护和二次衬砌最大主应力极值/MPa		3.69	0.21	3.61	0.25
初期支护和二次衬砌最小主应力极值/MPa		−9.92	−4.04	−9.52	−3.8
锚索轴应力极值/MPa		−23.3	−2.58	−25.76	−2.98
锚杆轴应力极值/MPa		131.95	6.46	127.49	6.28
钢板水平位移极值/mm				2.3	0
钢板竖向位移极值/mm				0.9	0
钢板最大主应力极值/MPa				19.61	3.75
钢板最小主应力极值/MPa				−46.5	−7.23

4.8.7 结构整体安全性三维数值模拟分析

1. 数值模型建立

球冠形穹顶中的钢波纹板布置如图 4.175 所示。由于钢波纹板在不同的方向上刚度差异巨大,如果按照整个模型进行检算,检算的工作量较大,取跨度最大部位的垂直波纹方向的单波按照平面应变模型进行计算,若该模型通过计算,则整个钢波纹板穹顶的结构安全亦满足要求。

计算中将混凝土作为实体单元,通过杀死和激活来模拟混凝土的浇筑,同时对混凝土的参数进行调整,模拟混凝土硬化过程,如图 4.176 所示。计算中不考虑钢波纹板与围岩连接的加固作用。

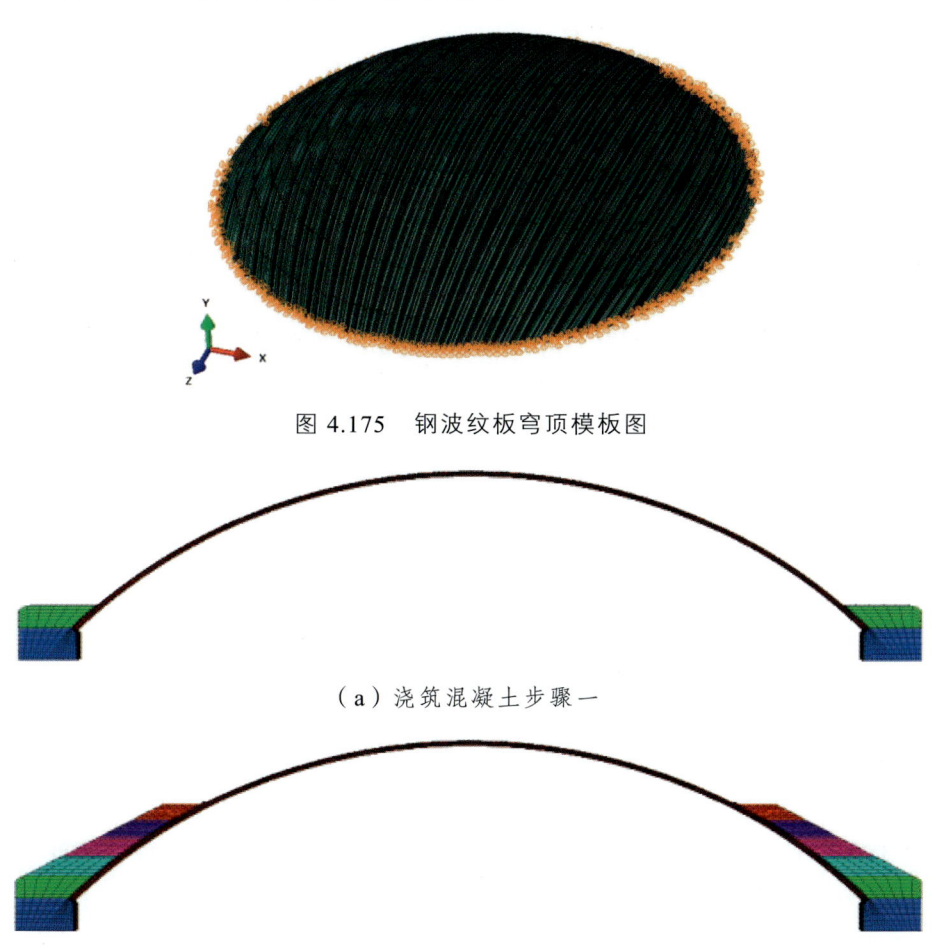

图 4.175 钢波纹板穹顶模板图

(a)浇筑混凝土步骤一

(b)浇筑混凝土步骤二

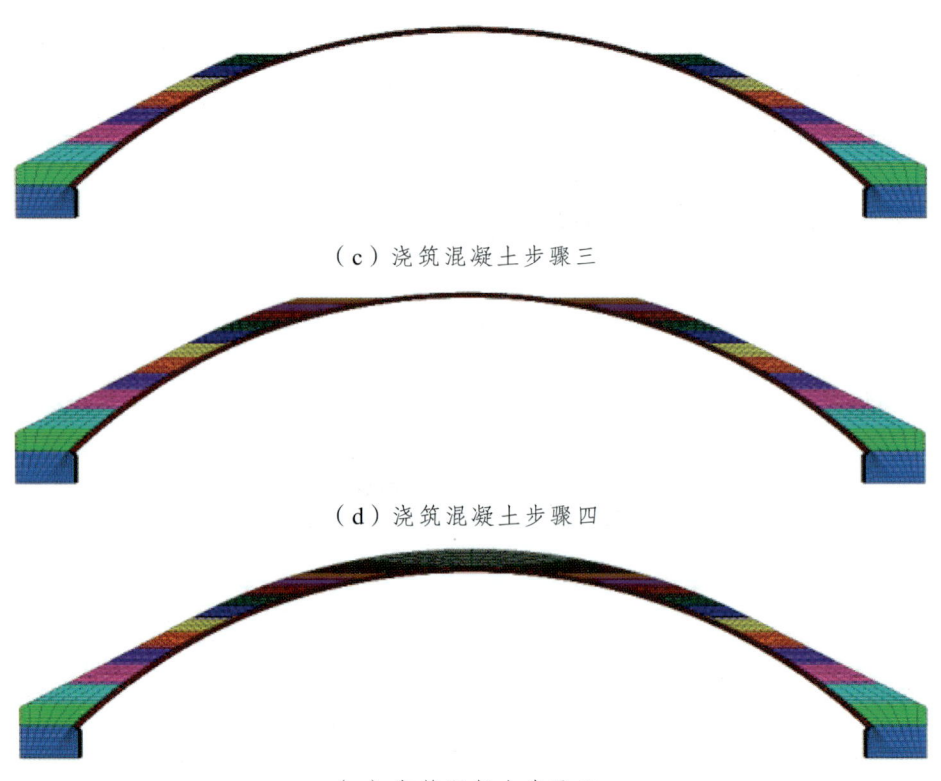

（c）浇筑混凝土步骤三

（d）浇筑混凝土步骤四

（e）浇筑混凝土步骤五

图 4.176　混凝土浇筑过程

2. 计算参数

钢波纹板的计算参数如表 4.31 所示，混凝土的计算参数如表 4.32 所示。板的厚度按照刚度等效的原则进行选取，模型中板的厚度为 10 mm，对于不同厚度的板材设置参数计算，如表 4.33 所示。

表 4.31　钢波纹板材料参数表

名称	密度/(kg/m³)	厚度/cm	弹性模量 E/GPa	泊松比 μ
波纹钢	7 850	0.5	210	0.2

表 4.32　混凝土材料参数表

混凝土状态	密度/(kg/m³)	弹性模量 E/GPa	泊松比 μ	内黏聚力 c/kPa	内摩擦角 φ	备注
混凝土基座	2 500	30	0.2	—	—	—

续表

混凝土状态	密度/(kg/m³)	弹性模量 E/GPa	泊松比 μ	内黏聚力 c/kPa	内摩擦角 φ	备注
新浇混凝土	2 500	30	0.38	0.1	28°	按照散体沙子的参数进行选取，同时提高了泊松比，增加了流动性
初凝混凝土	2 500	1	0.25	5	35°	按照混凝土强度达到 5 MPa 时的参数进行选取

表 4.33 不同板厚的参数表

板厚/mm	密度（kg/m³）	弹性模量 E/GPa	泊松比 μ	应力系数
5	3 925	105	0.2	2
3.5	2 750	73.5	0.2	2.86

3. 数值模拟情况及讨论

在混凝土浇筑过程中，需要保证钢波纹板应力不超标，变形不超量，结构整体的安全性满足要求，因此在结果的分析上，主要进行应力及位移的分析。

（1）钢波纹板应力演变情况。

① 5 mm 板厚竖向应力演变情况，如图 4.177 所示。

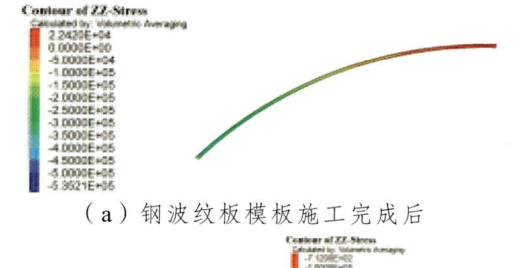

（a）钢波纹板模板施工完成后

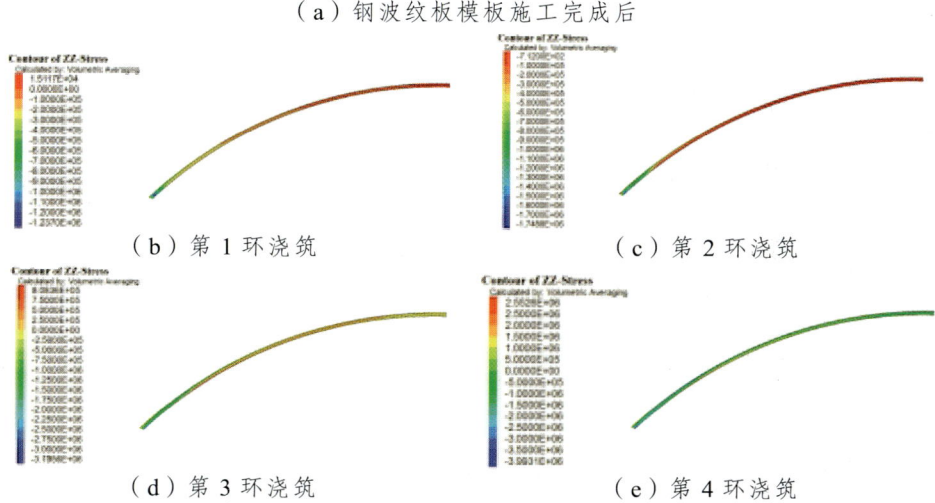

（b）第 1 环浇筑　　　　　　（c）第 2 环浇筑

（d）第 3 环浇筑　　　　　　（e）第 4 环浇筑

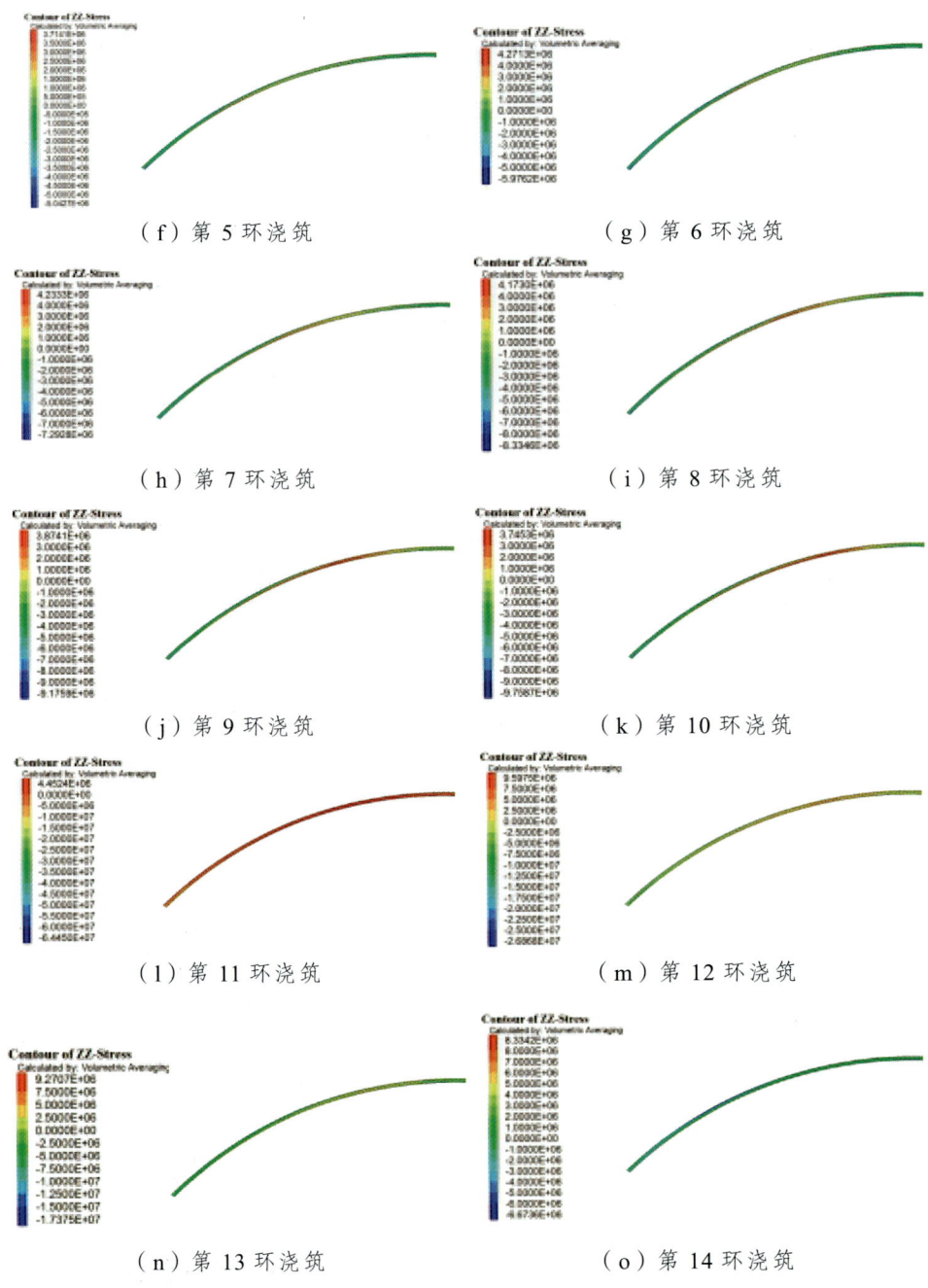

（f）第 5 环浇筑　　　　　　　　（g）第 6 环浇筑

（h）第 7 环浇筑　　　　　　　　（i）第 8 环浇筑

（j）第 9 环浇筑　　　　　　　　（k）第 10 环浇筑

（l）第 11 环浇筑　　　　　　　　（m）第 12 环浇筑

（n）第 13 环浇筑　　　　　　　　（o）第 14 环浇筑

图 4.177　5 mm 板厚竖向应力结果

② 3.5 mm 板厚竖向应力演变情况，如图 4.178 所示。

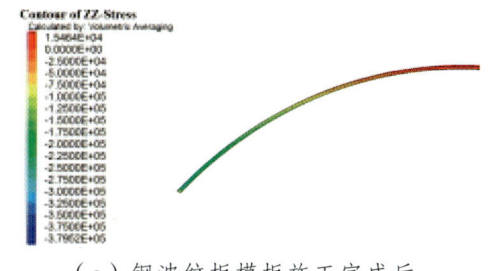

（a）钢波纹板模板施工完成后

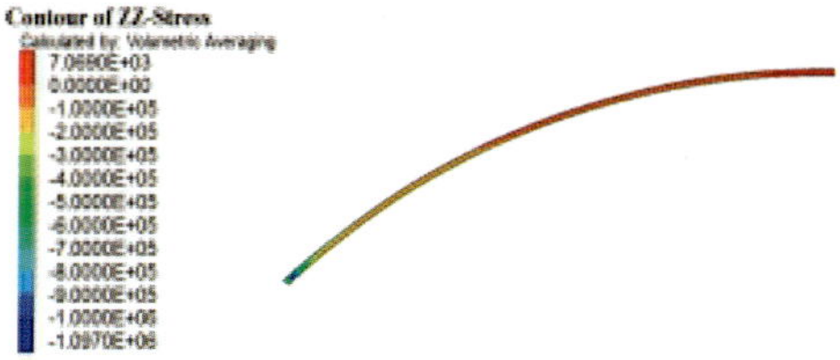

（b）第1环浇筑 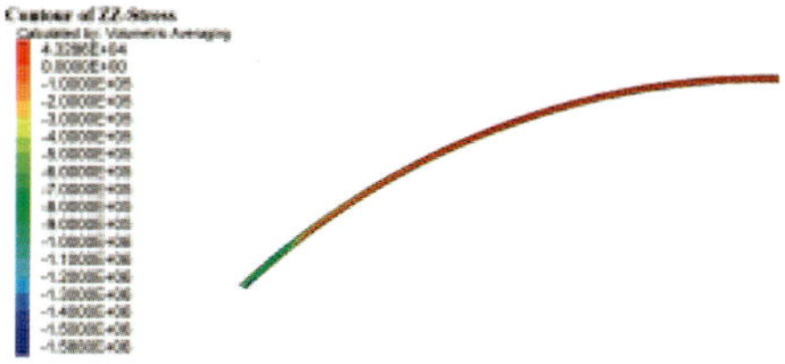　　　　　　　　　（c）第2环浇筑

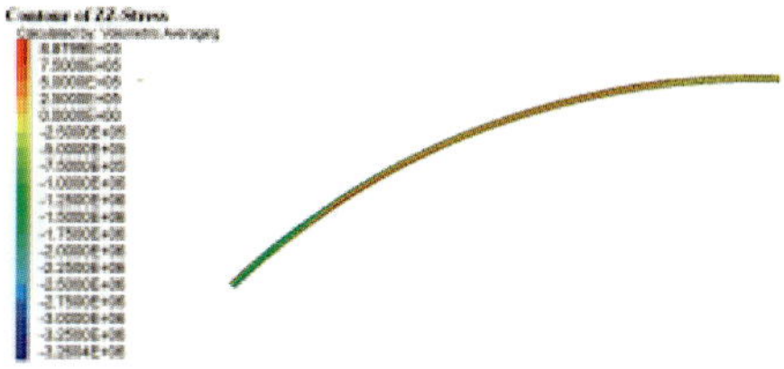

（d）第3环浇筑 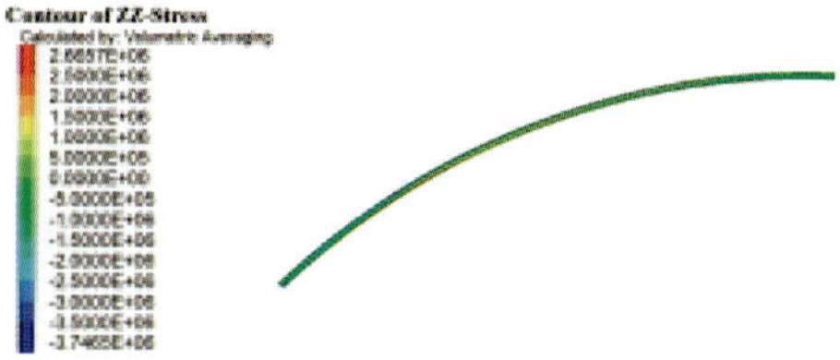　　　　　　　　　（e）第4环浇筑

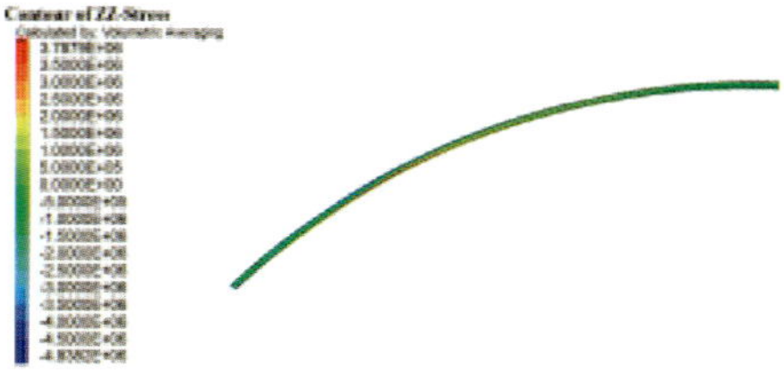

（f）第5环浇筑 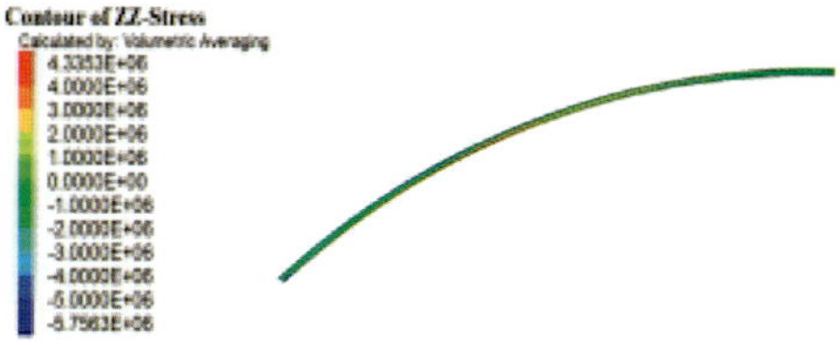　　　　　　　　　（g）第6环浇筑

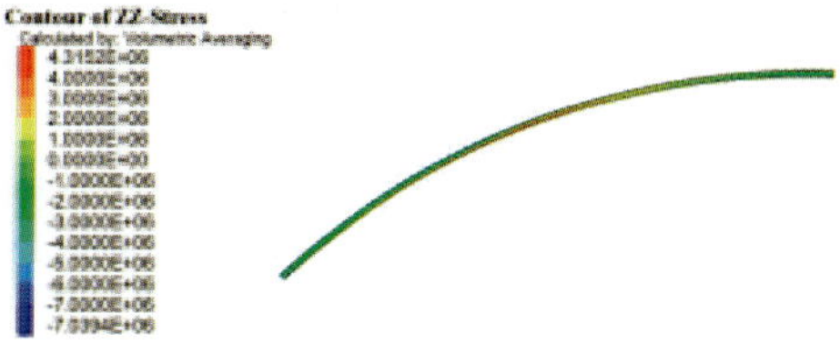

（h）第7环浇筑 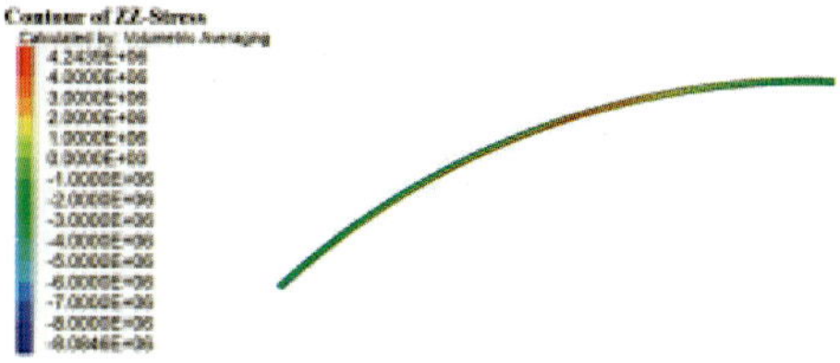　　　　　　　　　（i）第8环浇筑

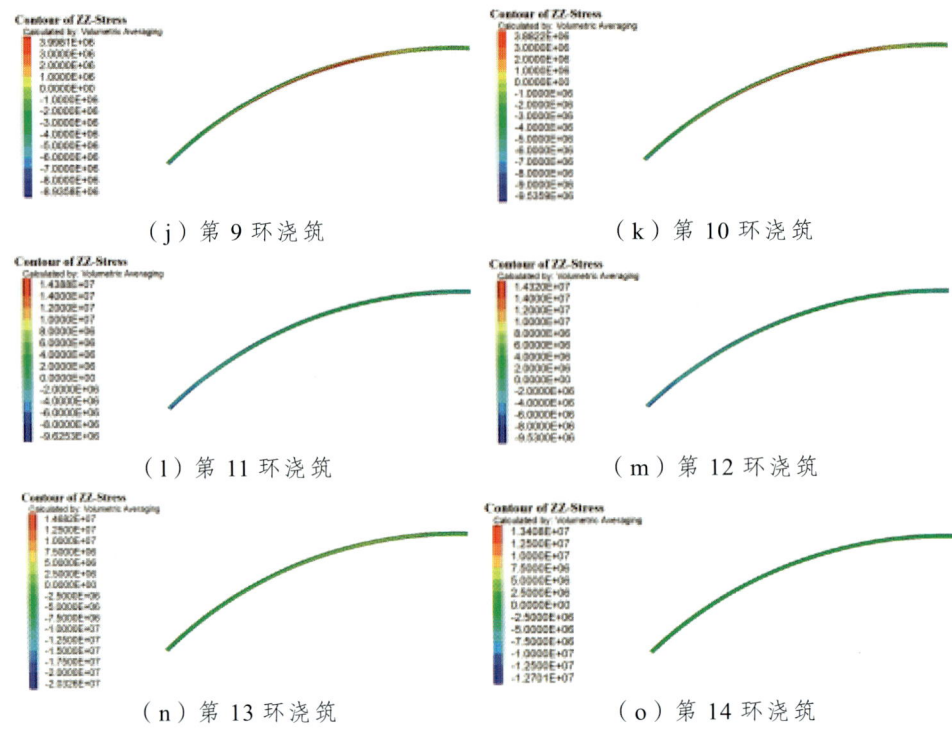

图 4.178　3.5 mm 板厚竖向应力结果

从计算结果来看，板的厚度对于应力数值的变化影响不大，由于在第 11 环浇筑时，部分点出现了突变，因此 5 mm 厚度的钢波纹板数值出现了一定的异常，但不影响整体结果。两种厚度情况下，随着浇筑高度的提高，最大应力呈现出先增加后减小的变化规律，其中第 13 环时应力最大，最大应力达到 20.3 MPa，根据计算得到 5 mm 时的最大应力值为 40.6 MPa，3.5 mm 时的最大应力值为 58 MPa，均远小于钢波纹板材料的极限抗压强度。

③ 5 mm 板厚水平应力演变情况，如图 4.179 所示。

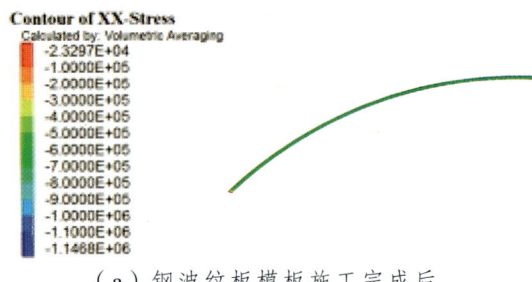

（a）钢波纹板模板施工完成后

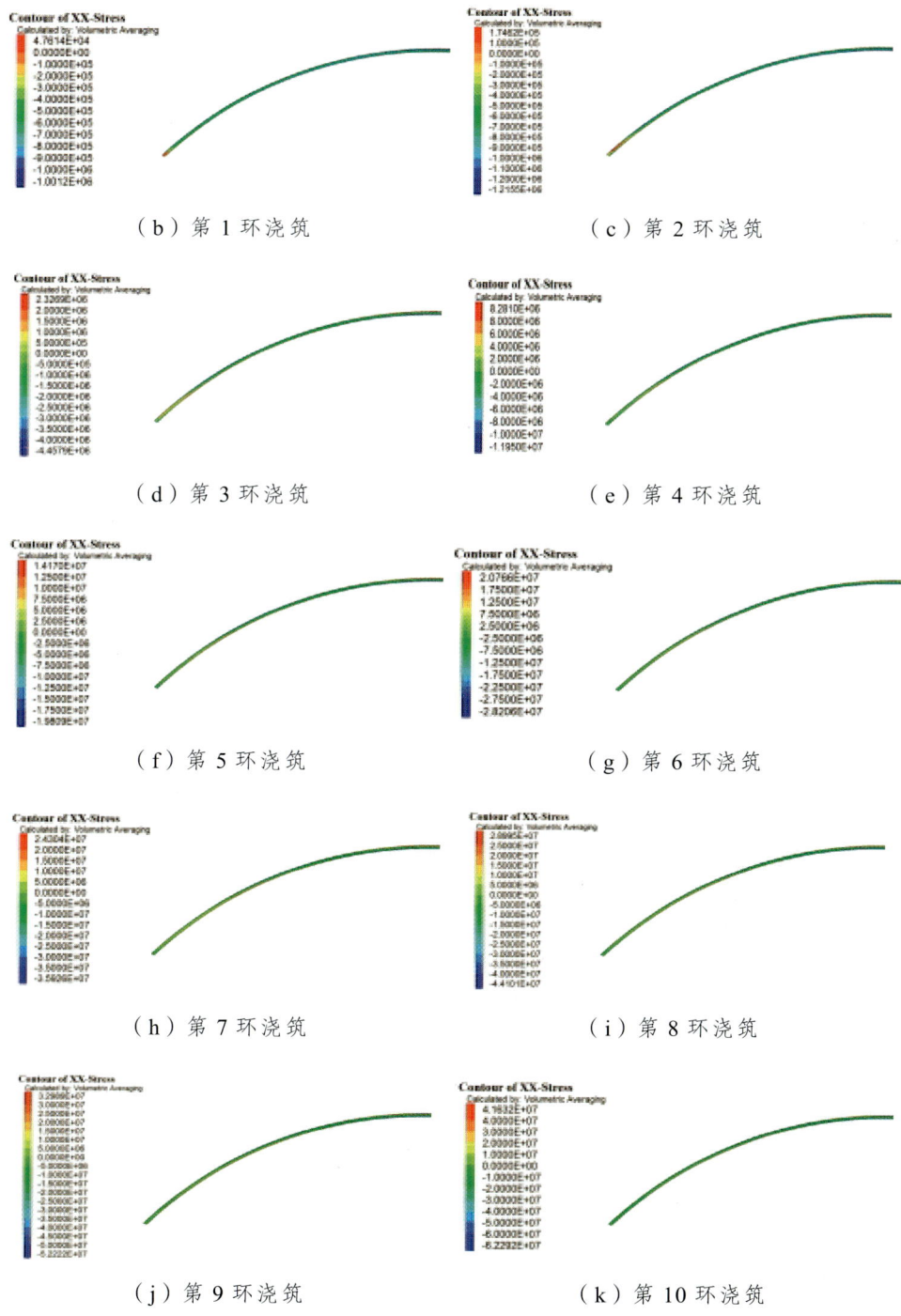

(b) 第 1 环浇筑　　　　　　　(c) 第 2 环浇筑

(d) 第 3 环浇筑　　　　　　　(e) 第 4 环浇筑

(f) 第 5 环浇筑　　　　　　　(g) 第 6 环浇筑

(h) 第 7 环浇筑　　　　　　　(i) 第 8 环浇筑

(j) 第 9 环浇筑　　　　　　　(k) 第 10 环浇筑

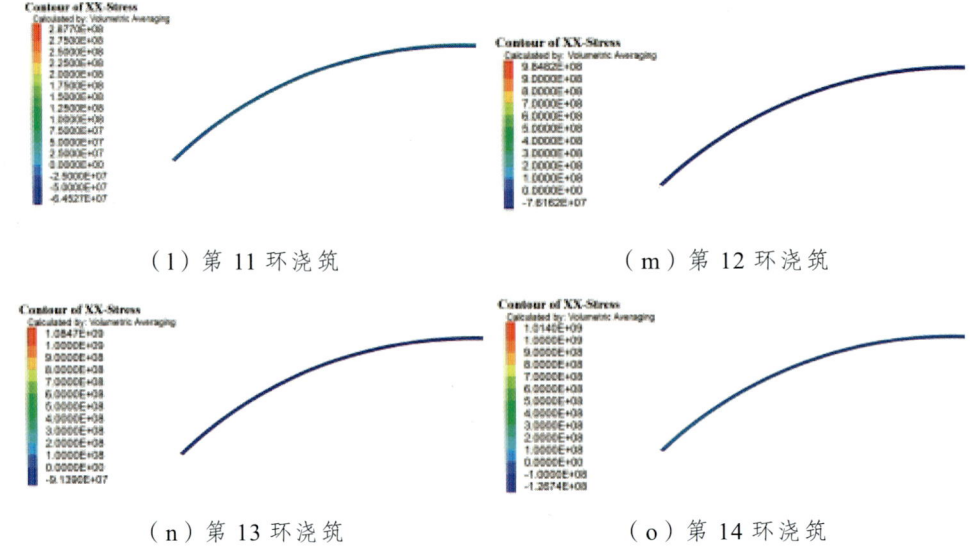

（l）第 11 环浇筑　　　　　　（m）第 12 环浇筑

（n）第 13 环浇筑　　　　　　（o）第 14 环浇筑

图 4.179　5 mm 板厚水平应力结果

④ 3.5 mm 板厚水平应力演变情况，如图 4.180 所示。

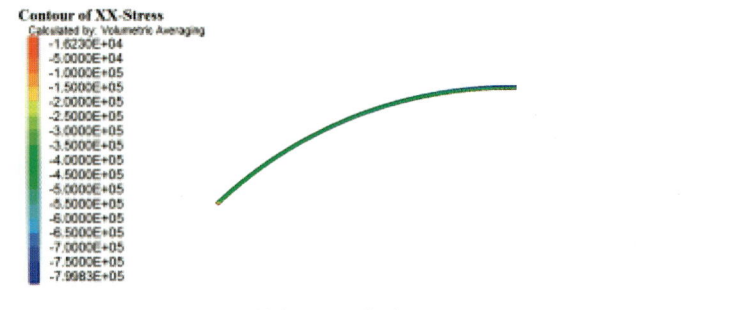

（a）钢波纹板模板施工完成后

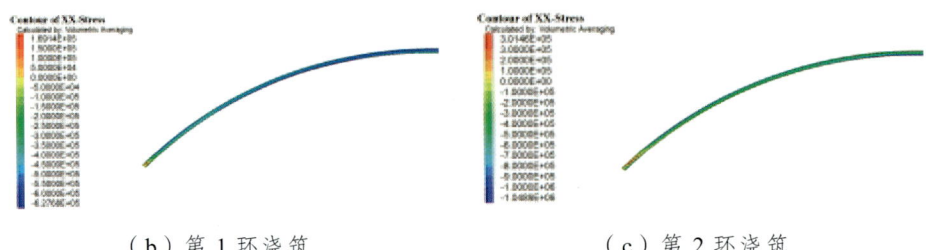

（b）第 1 环浇筑　　　　　　（c）第 2 环浇筑

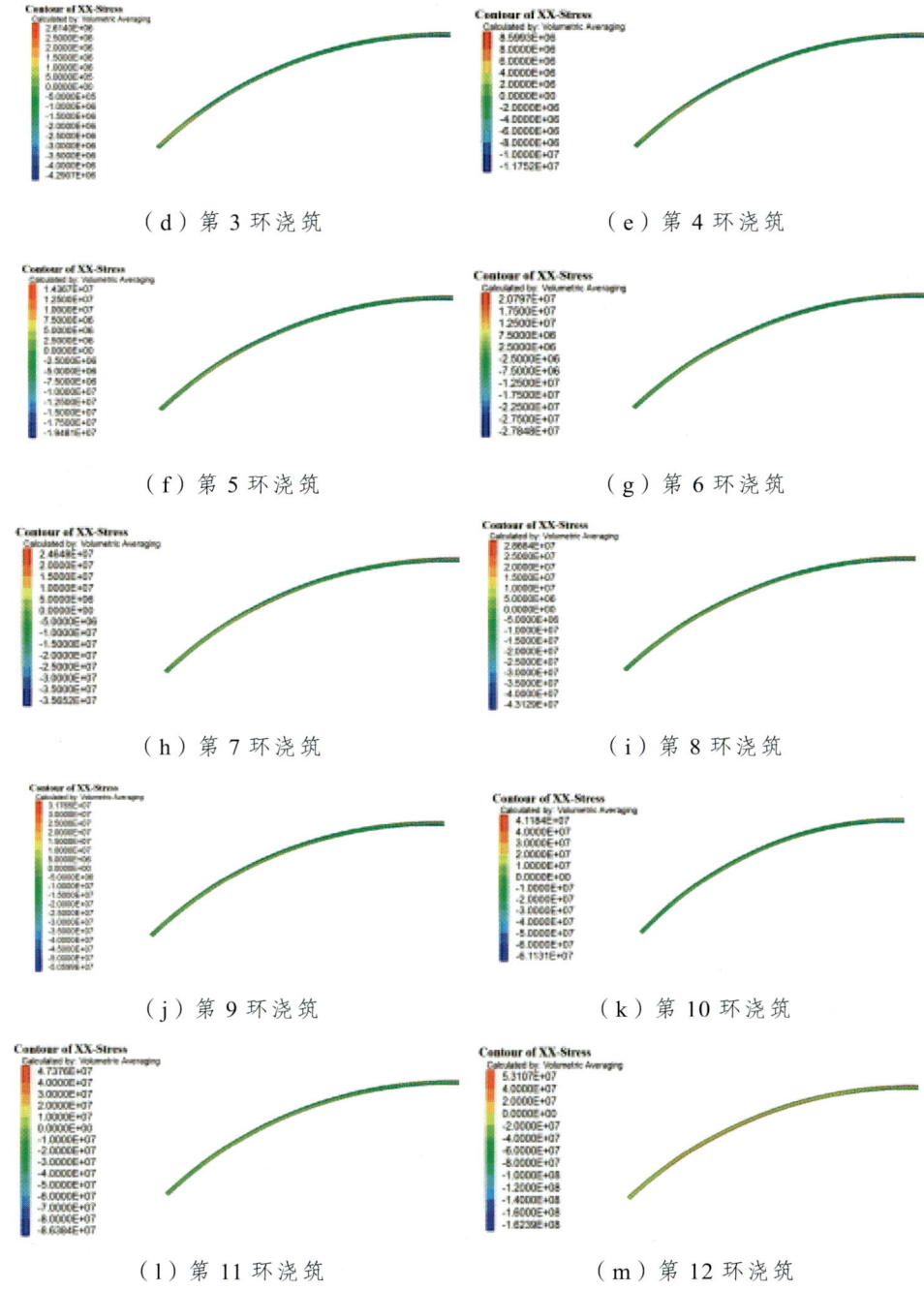

（d）第 3 环浇筑　　　　　　　　（e）第 4 环浇筑

（f）第 5 环浇筑　　　　　　　　（g）第 6 环浇筑

（h）第 7 环浇筑　　　　　　　　（i）第 8 环浇筑

（j）第 9 环浇筑　　　　　　　　（k）第 10 环浇筑

（l）第 11 环浇筑　　　　　　　（m）第 12 环浇筑

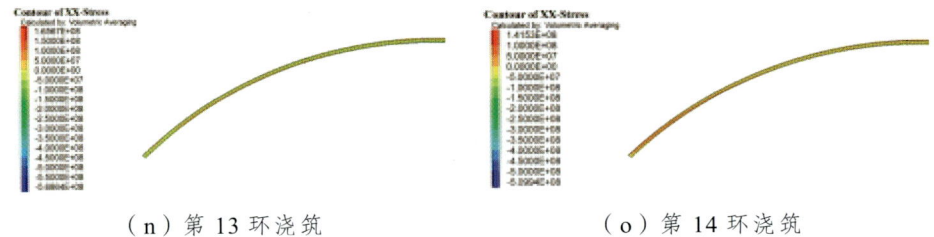

（n）第 13 环浇筑　　　　　　　　　　（o）第 14 环浇筑

图 4.180　3.5 mm 板厚水平应力结果

从水平应力演变规律来看，水平应力的最大值要比竖向应力的数值大，整体上最大的应力值都是随着浇筑高度逐渐增加的。其中 5 mm 的钢波纹板当浇筑完最后一环后，最大应力值为 126.7 MPa，换算最大应力值为 253.4 MPa，仍然小于材料的极限值，因此结构也是安全的。

需要说明的是，3.5 mm 钢波纹板在浇筑至第 12 环时，钢波纹板局部出现了应力值的突变，最大应力值达到 568 MPa，表明钢波纹板有些区段已经出现了局部屈曲的破坏，因此 3.5 mm 情况下，需采用一定的辅助加固措施。

（2）位移演变规律。

取拱顶位置做位移监测，随着加载过程，其演变规律如图 4.181～图 4.184 所示。

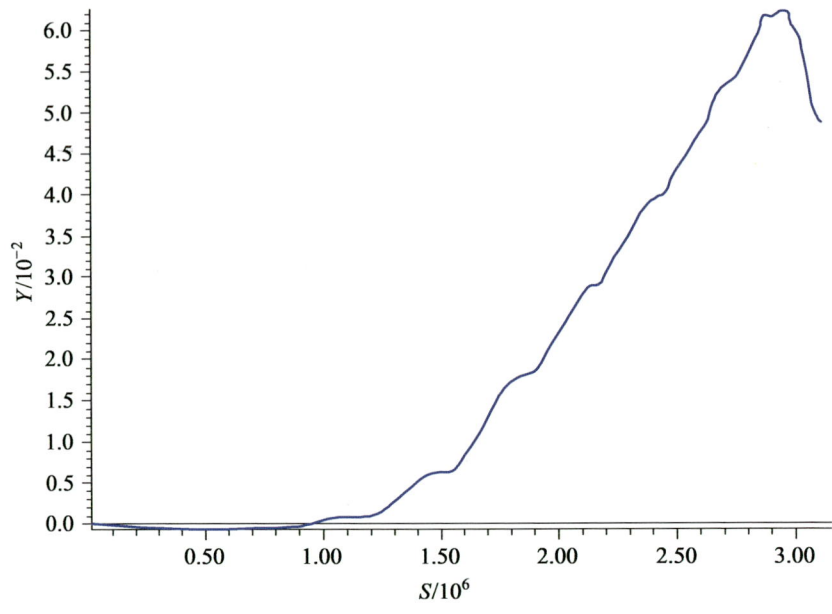

图 4.181　5 mm 拱顶位移变化规律

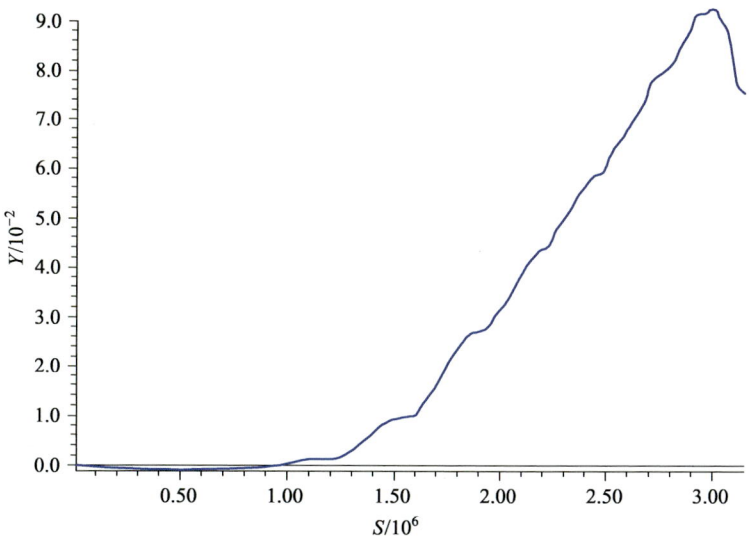

图 4.182　3.5 mm 拱顶位移变化规律

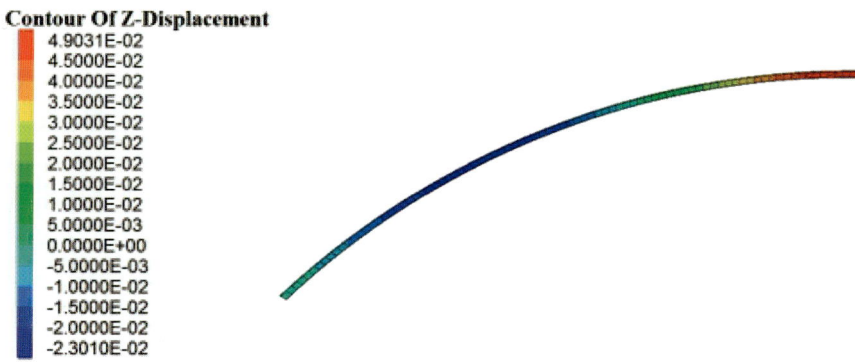

图 4.183　5 mm 最终竖向位移图

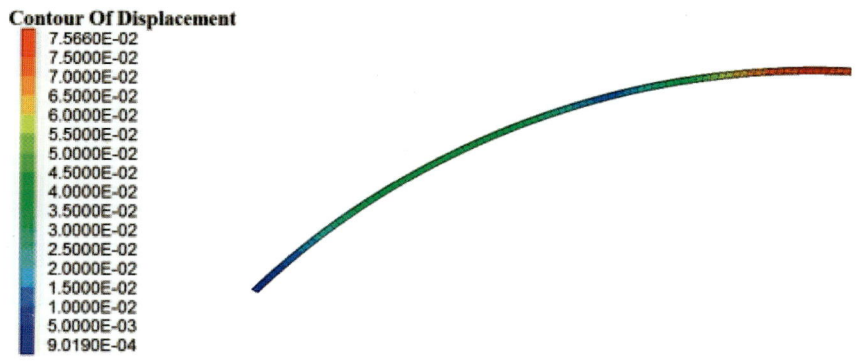

图 4.184　3.5 mm 最终竖向位移图

从图 4.181～图 4.182 中可以看出，随着浇筑高度的逐渐增加，拱顶先向洞内位移，后逐渐向洞外，最后又转向洞内位移。5 mm 最大变形量为 6.7 cm，变形率仅为 2.4‰，变形量较小，3.5 mm 的最大变形量为 9.2 cm，变形量也较小。

从如图 4.183～图 4.184 所示最终的整体位移中可以看出，拱部是向洞外方向位移的，拱腰部位是向洞内方向位移的，但是整体的位移量值都较小。

（3）小结。

从应力及位移的检算结果来看，整体上结构位移较小，表明不管是 5 mm 的还是 3.5 mm 的钢波纹板的自身刚度还是足够的，但是由于整体跨度较大，不可避免会在某些区段出现应力集中的现象，特别是 3.5 mm 情况下的应力集中更加明显，易于出现板材的屈曲问题，进而影响结构的整体安全性。

若没有采用有效的加固措施，则建议采用 5 mm 厚度以上的钢波纹板作为模板；若有一定的安全措施，如采用剪力钉与初期支护钢架、锚杆有效连接，或底部采用脚手架支撑等，可以采用 3.5 mm 厚度以上的钢波纹板。

4.8.8　优化方案技术经济性对比分析

通过结构整体安全性及穹顶支护结构施工安全性的计算与分析，我们最终确定两个优化方案进行比选。环形开挖临时支护优化方案具体设置情况如下。

方案一：环形开挖临时支护优化（挂钢波纹板模喷锚支护，模喷混凝土用无砂自密实混凝土），可以减短一半锚杆。

方案二：环形开挖临时支护优化（挂钢波纹板模喷锚支护，模喷混凝土用无砂自密实混凝土），可以取消全部锚杆，增加 1/3 自进式锚杆。

1. 经济性

（1）优化方案一。

方案一材料用量及报价如表 4.34 所示。

表 4.34　单罐施工造价对比清单　　　　　　　　　　　　单位：元

罐室增减项目	造价变化				
	单位	工程量	单价	原设计金额	方案一金额
穹顶原设计：钢纤维喷射混凝土（厚 25 cm）	m³	−202.5	2 835.36	−574 160	
穹顶优化方案一：钢纤维+玄武岩纤维喷射混凝土（厚 25 cm）	m³	202.5	2 835.36		574 160

续表

罐室增减项目	单位	造价变化			
		工程量	单价	原设计金额	方案一金额
穹顶原方案：初支钢筋（ϕ10，间距15 cm，双层）	t	-6.674	10 451.53	-69 754	
穹顶优化一：初支钢筋（一半钢筋单层布置，经向直径20 mm，纬向直径22 mm，间距15~20 cm）	t	12.79	10 451.53		133 675
穹顶原方案：双层二衬钢筋	t	-97.38	10 643.13	-1 036 428	
穹顶二衬钢筋优化方案一：取消二衬钢筋和箍筋，增设拉杆、剪力钉和临时支撑等	t	5	10 643.13		53 216
穹顶原设计：普通二衬混凝土（厚80 cm）	m³	-648	1 041.62	-674 970	
穹顶优化方案一：钢纤维+玄武岩纤维自密实防水二衬混凝土（厚80 cm）	m³	648	1 292.46		837 514
取消穹顶防水板	m²	-810	79	-63 990	
方案一					0
穹顶原设计：二衬混凝土模板支架安装、预压、拆除、装运至下一个罐体、材料折旧摊销等	t	-50	8 500	-425 000	
穹顶优化方案一：增加钢波纹板结构（二衬永临结合，不镀锌，喷涂防火防腐漆，参与结构受力）	t	35.763	18 300		654 463
侧墙原设计：钢纤维喷射混凝土（厚25 cm）	m³	-333.5	2 835.36	-945 593	
侧墙初支优化方案一：钢纤维+玄武岩纤维喷射混凝土（厚25 cm）	m³	333.5	2 835.36		945 593
侧墙原设计：侧墙二衬普通混凝土（1 m）	m³	-1 334	1 041.62	-1 389 521	
侧墙优化一：侧墙钢纤维+玄武岩纤维自密实防水二衬混凝土（1 m）		1 334	1 292.46		1 724 142

续表

罐室增减项目	单位	造价变化			
		工程量	单价	原设计金额	方案一金额
原设计：罐体被覆模板支架二衬混凝土模板支架安装、拆除、装运至下一个罐体、材料折旧摊销等	t	−30	8 500	−255 000	
侧墙优化方案一：增加钢波纹板结构（仅做模板，波纹板厚度约 3.5~5 mm，不镀锌，喷涂防火防腐漆）	t	41.872	14 600		611 331
原设计侧墙钢筋网（一层）	t	−5.75	10 451.53	−60 096	
优化后方案一：取消侧墙钢筋网					0
原设计开挖相较优化方案二减少开挖量节约工期					
优化方案一减少开挖量					0
原设计：环形开挖临时支护（喷混凝土）相较优化方案节约工期	m³	−228.85	1 700	−389 045	
原设计：环形开挖临时支护（工字钢）相较优化方案节约工期	t	−25.5	10 000	−255 000	
方案一：环形开挖临时支护优化（挂钢波纹板模喷锚支护，模喷混凝土用无砂自密实混凝土），可以减短一半锚杆	t	25.76	12 000		309 120
增加无砂自密实混凝土	m³	228.85	600		137 310
工期节约管理费	月	−7	23 000.00		−161 000
合计				−6 138 557	5 819 523
原设计分别与优化方案对比节约工期					−319 033

（2）优化方案二。

方案二材料用量及报价如表 4.35 所示。

表 4.35　单罐施工造价对比清单　　　　　　　　　单位：元

罐室增减项目	造价变化			
	单位	工程量	单价	原设计金额	方案二金额
穹顶原设计：钢纤维喷射混凝土（厚25 cm）	m³	-202.5	2 835.36	-574 160	
穹顶优化方案二：钢纤维+玄武岩纤维喷射混凝土（厚10 cm）	m³	81	2 835.36		229 664
穹顶原方案：初支钢筋（φ10，间距15 cm，双层）	t	-6.674	10 451.53	-69 754	
穹顶优化二：同方案一	t	12.79	10 451.53		133 675
穹顶原方案：双层二衬钢筋	t	-97.38	10 643.13	-1 036 428	
穹顶二衬钢筋优化方案二：取消一半二衬钢筋和全部箍筋，增设拉杆、剪力钉和临时支撑等	t	48.69	10 643.13		518 214
穹顶原设计：普通二衬混凝土（厚80 cm）	m³	-648	1 041.62	-674 970	
穹顶优化方案二：钢纤维+玄武岩纤维自密实防水二衬混凝土（厚60 cm）	m³	486	1 292.46		628 136
取消穹顶防水板	m²	-810	79	-63 990	
方案二					0
穹顶原设计：二衬混凝土模板支架安装、预压、拆除、装运至下一个罐体、材料折旧摊销等	t	-50	8 500	-425 000	
穹顶优化方案二：增加钢波纹板结构（二衬永临结合，镀锌，喷涂防火防腐漆参与结构受力）	t	51.09	20 300		1 037 127
侧墙原设计：钢纤维喷射混凝土（厚25 cm）	m³	-333.5	2 835.36	-945 593	
侧墙初支优化方案二：钢纤维+玄武岩纤维喷射混凝土（厚10 cm）	m³	133.4	2 835.36		378 237
侧墙原设计：侧墙二衬普通混凝土（1 m）	m³	-1334	1 041.62	-1 389 521	

续表

罐室增减项目	造价变化				
	单位	工程量	单价	原设计金额	方案二金额
侧墙优化二：侧墙钢纤维+玄武岩纤维自密实防水二衬混凝土（1 m）	m³	1 334	1 292.46		1 724 142
原设计：罐体被覆模板支架二衬混凝土模板支架安装、拆除、装运至下一个罐体、材料折旧摊销等	t	−30	8 500	−255 000	
侧墙优化方案二：增加钢波纹板结构（二衬永临结合，镀锌，喷涂防火防腐漆）	t	52.34	16 400		858 376
原设计侧墙钢筋网（一层）	t	−5.75	10 451.53	−60 096	
优化后方案二：取消侧墙钢筋网					0
原设计开挖相较优化方案二减少开挖量节约工期					
优化方案二减少开挖量	m³	−202.5	400		−81 000
原设计：环形开挖临时支护（喷混凝土）相较优化方案节约工期	m³	−228.85	1 700	−389 045	
原设计：环形开挖临时支护（工字钢）相较优化方案节约工期	t	−25.5	10 000	−255 000	
方案二：环形开挖临时支护优化（挂钢波纹板模喷锚支护，模喷混凝土用无砂自密实混凝土），可以取消全部锚杆，增加三分之一自进式锚杆	t	25.76	11 000		283 360
增加无砂自密实混凝土	m³	228.85	600		137 310
工期节约管理费	月	−7	23 000.00		−161 000
合计				−6 138 557	5 686 240
原设计分别与优化方案对比节约工期					−452 316

2. 施工便捷性和时效性

采用优化设计后，施工工期缩短近1/3，优化方案主要项目施工工期对比如表4.36所示。

表 4.36　单罐施工时间对比

序号	罐室增减项目	施工时间/工日		
		原设计方案	优化方案一	优化方案二
1	锚索+锚杆施工时间	30	30	30
	穹顶原设计：钢纤维喷射混凝土（厚25 cm）	102		
	穹顶优化方案一：钢纤维+玄武岩纤维喷射混凝土（厚25 cm）		96	
	穹顶优化方案二：钢纤维+玄武岩纤维喷射混凝土（厚10 cm）			91
2	穹顶原方案：初支钢筋（ϕ10，间距15 cm，双层）			
	穹顶优化一：初支钢筋（用二衬的一半钢筋单层布置，经向直径20 mm，纬向直径22 mm，间距15~20 cm）			
	穹顶优化二：同方案一			
3	穹顶原方案：双层二衬钢筋（不含防水板施工时间）	22		
	穹顶二衬钢筋优化方案一：取消二衬钢筋和箍筋，增设拉杆、剪力钉和临时支撑等		10	
	穹顶二衬钢筋优化方案二：取消一半二衬钢筋和全部箍筋，增设拉杆、剪力钉和临时支撑等			17
4	穹顶原设计：普通二衬混凝土（厚80 cm），含支架安装、浇筑混凝土、拆模	38		
	穹顶优化方案一：钢纤维+玄武岩纤维自密实防水二衬混凝土（厚80 cm）		10	
	穹顶优化方案二：钢纤维+玄武岩纤维自密实防水二衬混凝土（厚60 cm）			10
5	取消穹顶防水板	2		
	方案一			
	方案二			
6	穹顶原设计：二衬混凝土模板支架安装、预压、拆除、装运至下一个罐体、材料折旧摊销等	42		
	穹顶优化方案一：增加钢波纹板结构（二衬永临结合，不镀锌，喷涂防火防腐漆，参与结构受力）		8	

续表

序号	罐室增减项目	施工时间/工日		
		原设计方案	优化方案一	优化方案二
6	穹顶优化方案二：增加钢波纹板结构（二衬永临结合，镀锌，喷涂防火防腐漆参与结构受力）			8
7	侧墙原设计：钢纤维喷射混凝土（厚25 cm）	35		
	侧墙初支优化方案一：钢纤维+玄武岩纤维喷射混凝土（厚25 cm）		28	
	侧墙初支优化方案二：钢纤维+玄武岩纤维喷射混凝土（厚10 cm）			26
8	侧墙原设计：侧墙二衬普通混凝土（1 m）	4		
	侧墙优化一：侧墙钢纤维+玄武岩纤维自密实防水二衬混凝土（1 m）		6	
	侧墙优化二：侧墙钢纤维+玄武岩纤维自密实防水二衬混凝土（1 m）			6
9	原设计：罐体被覆模板支架二衬混凝土模板支架安装、拆除、装运至下一个罐体、材料折旧摊销等	25		
	侧墙优化方案一：增加钢波纹板结构（仅做模板，波纹板厚度约3.5~5 mm，不镀锌，喷涂防火防腐漆）		10	
	侧墙优化方案二：增加钢波纹板结构（二衬永临结合，镀锌，喷涂防火防腐漆）			10
10	原设计侧墙钢筋网（一层）	3		
	优化后方案一：取消侧墙钢筋网			
	优化后方案二：取消侧墙钢筋网			
11	原设计开挖相较优化方案二减少开挖量节约工期	1		
	优化方案一减少开挖量		1	
	优化方案二减少开挖量			
12	原设计：环形开挖临时支护（喷混凝土）相较优化方案节约工期	3		
	原设计：环形开挖临时支护（工字钢）相较优化方案节约工期			

续表

序号	罐室增减项目	施工时间/工日		
		原设计方案	优化方案一	优化方案二
12	方案一：环形开挖临时支护优化（挂钢波纹板模喷锚支护，模喷混凝土用无砂自密实混凝土），可以减短一半锚杆			
	方案二：环形开挖临时支护优化（挂钢波纹板模喷锚支护，模喷混凝土用无砂自密实混凝土），可以取消全部锚杆，增加三分之一自进式锚杆			
	增加无砂自密实混凝土			
13	工期节约管理费			
	合计	307	199	198
	原设计分别与优化方案对比节约工期		108	109

4.8.9 小 结

1. 主要结论

本章从经济性、施工便捷性和时效性对 3 个方案进行对比分析，具体如表 4.37 所示。

表 4.37 多方案综合比较

方案名称	施工时间/工日	经济性/万元
原设计方案	307	613.855 7
优化方案一	199	581.952 3
优化方案二	198	568.624

优化方案虽然在造价上减少较小，但是在工期上远远优于原设计方案。

该研究从支护结构方案设计、结构整体安全进行三维数值和穹顶支护结构数值模拟分析，对罐体支护结构进行优化对比，得到以下结论：

（1）根据设计图纸，建立围岩结构三维数值模型，对浅埋和深埋罐体结构整体安全性进行分析，计算结构显示该罐体设计结构满足受力要求，整体结构安全，并且优化设计较原方案有更大安全富余空间。

（2）在对穹顶结构优化计算中知道，若未采用较多的加固措施，则建议采用 5 mm 厚度以上的钢波纹板作为模板；若有一定的安全措施，如采用剪力钉与初期支护钢架、锚杆有效连接，或底部采用脚手架支撑等，可以采用 3.5 mm 厚度以上的钢波纹板；

（3）在造价基本一致的情况下，综合美观、现场拼装难易程度、施工便利性以及结构安全性能，可采用钢波纹板穹顶拼装方案一。

（4）在多方案对比分析中可以看出，两种优化设计方案具体造价均减少了 50 万左右，施工工期均缩短了 50% 左右。

2. 开挖及支护方法优化意见

（1）总体施工方案建议：先完成穹顶的开挖、支护及二衬，然后对罐体从上而下进行开挖和支护，最后自下而上施工罐体二衬。罐体开挖出渣可根据施工出渣坡度，先后分别从上下通道出渣。

（2）穹顶开挖方案：首先采用环形导坑，对穹顶基础空间进行开挖，再开挖拱顶十字核心土柱，把十字顶初支做牢固，防止拱顶出现大塌陷。采用后退式施工分段完成穹顶基础和结构混凝土浇筑，为利于防水，建议穹顶边缘二衬浇筑可高于基础 1 m 左右，然后可采用条形开挖或分部导坑开挖完成顶部开挖，可根据开挖型式结合支护需要，初期支护增加钢架和减弱锚索和锚杆措施。

（3）穹顶二衬混凝土施工：可通过剪力钉等锚固措施对钢筋或模板进行固定，可减轻和减少模板支架工程。若采用钢波纹管兼顾模板和结构时，可进一步减少模板支架甚至取消。

3. 管理措施建议

（1）鉴于下一步工作面、工序人员设备更多，应建立一套车辆定位和智能系统，由经验丰富管理团队统一调度，避免堵塞，造成窝工损失和安全事故。

（2）做好人员与设备的组织管理协调工作。设备与人员配置上，人歇机不停，做好备品备件，及时修理，保证设备正常运转。

（3）加强硐室通风、通道有毒有害气体监测，确保人员安全。

5 创新研究方向与应用展望

5.1 概　述

随着十九大报告提出建设安全、节能、环保、高效的现代化交通强国的战略，业主以及施工单位等对节能环保意识的不断增强，同时还要克服工程造价高、施工工期长等问题。钢波纹板技术在节能、安全、快捷等领域的优势日渐明显，它不仅仅可以应用于前文所述领域及其衍生领域，还可广泛应用于其他领域，提出波纹板技术的研究应用展望与探索思路如下。

国内大跨径金属波纹管设计理论尚不成熟，工程应用不广泛，大部分项目推进难度较大。对于钢结构而言，耐久性是长期研究课题，新的技术解决方案将会不断融入工程建设。

创新是发展的源动力，波纹板及其复合结构也需要创新。创新来源实践，通过解决一个又一个在实践中出现的问题，不断丰富波纹板结构类型，新材料、新工程的不断应用才能激发该种结构的潜能。

5.2 钢-混组合结构

钢-混组合结构受力性能好，耐久性可靠，工程造价适中，在中小跨径桥梁中应用较多，特别是城市快速拼装桥梁上的应用更为广泛。钢波纹板-混凝土组合结构虽然在国内外有应用，但是应用范围不广泛。钢波纹板-混凝土组合结构可应用于覆土厚度较大的明挖隧道、高填方拱形桥梁、箱型结构（本文提到的娄底石门桥）等。如某高速公路项目位于山岭地区，桥梁隧道比例高达60%，桥隧相连工点较多，隧道之间为峡谷溪沟，通常采用高架桥跨越，隧道弃渣无法处理，工程造价高。采用钢波纹板-混凝土组合结构拱桥替代高架桥，不仅可以满足峡谷溪沟排水要求，而且可以大大降低桥梁本身的工程造价，同时隧道弃渣问题得到了有效解决，经济效益非常明显。

钢波纹板-混凝土组合结构另外一个优点就是填土侧为钢筋混凝土结构，耐久性稳定可靠。

此外，泡沫轻质土由于质量轻，强度较高等优势，在软基地区、台背回填等项目应用较多。钢波纹板结构由于施工速度快、工程造价低、受力性能好等优势，在软基地区、高填方地区、旧桥涵加固等项目应用较多。而钢波纹板结构+泡沫轻质土的组合结构应用却不多。从本质上讲，泡沫轻质土替代了普通填土，其抗变形弹性模量提高了很多，钢波纹板结构变形得到了较好控制，大大提高了结构整体承载能力。课题组曾计算过 10 m 大跨径钢波纹板结构拱桥，填土高度 8 m 左右，荷载非常大，若采用普通填土，钢板应力超标，而采用泡沫轻质土能满足受力要求。如图 5.1 所示为国内已成功应用的钢波纹结构+泡沫轻质土组合结构。

图 5.1　钢波纹板-泡沫轻质土组合结构

5.3　UHPC-钢波纹板组合结构

结构技术的重大变革，材料突破是根本途径。

高性能混凝土（Ultra-high performance concrete，UHPC），堪称耐久性最好的工程材料之一，是目前最先进的水泥基工程材料，具有巨大的发展潜力和进步空间。在世界范围内，UHPC 成为研究与应用的热点。

适当配筋的 UHPC 力学性能接近钢结构，同时 UHPC 具有优良的耐磨、抗爆性能。因此，UHPC 特别适合用于大跨径桥梁、抗爆结构（军事工程、银行金库等）和薄壁结构，以及高磨蚀、高腐蚀环境。目前，UHPC 已经在一些实际工程中应用，如大跨径人行天桥、钢桥面铺装（STC）、公路铁路桥梁、薄壁筒仓、核废料罐、钢索锚固加强板、ATM 机保护壳等，可以预计还会有越来越多的应用。

开展超高性能混凝土+玄武岩纤维+钢波纹板复合结构拱桥研究，可以大大减短桥梁长度，消化路基和隧道弃碴。该结构可不设置桥台避免桥台跳车等质量通病，加快工期 70% 以上，节省投资 30% 以上，有很高的实用价值。

此外，对于锈蚀的钢波纹板涵洞，也可采用喷射 UHPC 进行耐久性加固。如图 5.2 所示为国外某钢波纹板结构耐久性加固工程案例。

图 5.2　耐久性加固案例

5.4　耐候钢、不锈钢波纹板结构

耐候钢，即耐大气腐蚀钢，是介于普通钢和不锈钢之间的低合金钢系列，耐候钢由普碳钢添加少量铜、镍等耐腐蚀元素而成，具有优质钢的强韧、塑延、成型、焊割、磨蚀、高温、抗疲劳等特性；耐候性为普碳钢的 2~8 倍，涂装性为普碳钢的 1.5~10 倍。同时，它具有耐锈，使构件抗腐蚀延寿、减薄降耗，省工节能等特点。耐候钢主要用于铁道、车辆、桥梁、塔架、光伏、高速工程等长期暴露在大气中使用的钢结构。用于制造集装箱、铁道车辆、石油井架、海港建筑、采油平台及化工石油设备中含硫化氢腐蚀介质的容器等结构件。截至 1993 年美国免涂装耐候钢已经达到 23 000 座以上，目前，美国耐候钢桥梁占全部钢桥的 50% 左右。2016 年 5 月，国内开工建设的藏木雅江特大桥采用了耐候钢。

不锈钢的应用领域十分广泛，最早不锈钢主要应用于餐具，后用做各种容器、保温杯、医用仪器、管线等。因其良好的耐腐蚀性能，推广于汽车、油田、土木工程、船舶、航天飞行器等领域。因此，开展不锈钢在地下工程中新应用非常必要。

采用耐候钢、不锈钢替代普通钢材，将极大改善耐腐蚀能力，提高结构耐久性，延长结构使用寿命。

5.5 钢波纹板-格宾结构新型组合结构

这是一种加筋钢波纹板拱型桥涵结构，包括钢波纹板拱型结构和扩大基础。钢波纹板拱型结构由钢波纹板组装而成，该钢波纹板拱型结构两侧的拱脚固接在扩大基础上，还包括从钢波纹板拱型结构的底部向上逐层铺设的钢丝网，钢丝网的一端与钢波纹板拱型结构连接，另一端向路基的长度方向延伸。该种桥涵结构通过钢丝网将路基对钢波纹板拱型结构的压力转移到埋设在路基内的钢丝网上，同样，钢波纹板拱型结构上方的钢丝网将路基对钢波纹板拱型结构的压力向两侧转移分散，减少了钢波纹板拱型结构上的压力荷载，进而在钢波纹板厚度和强度一定的情况下，提升了桥涵的跨径和路基的填方。如图 5.3 所示。

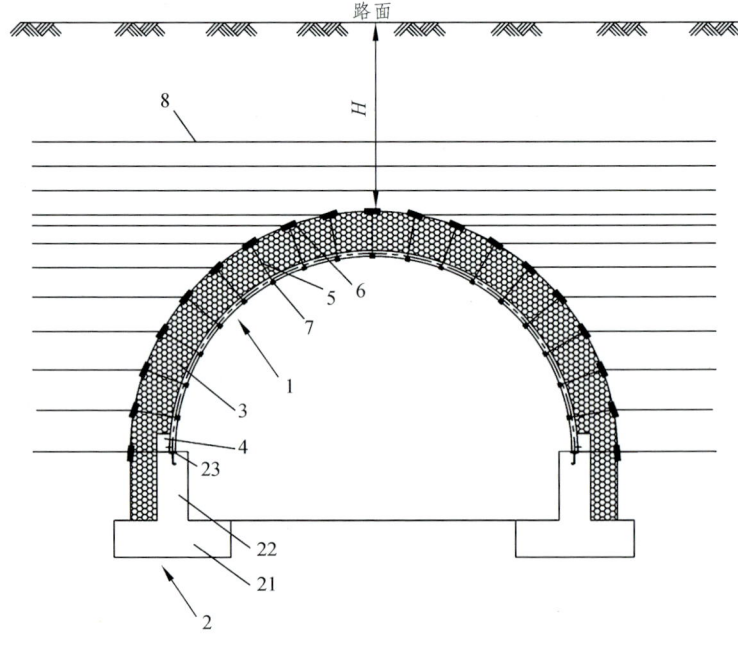

1—钢波纹板拱型结构；2—扩大基础；3—石笼；4—钢波纹板；5—锚栓；6—钢锚板；7—高强螺栓；8—钢丝网；21—钢波纹板拱型结构支撑部；22—石笼支撑部；23—槽钢。

图 5.3 钢波纹板-格宾结构新型组合结构

5.6 隧道工程

波纹钢拱形骨架和喷射混凝土组合而成的隧道初期支护装置，适用于在公路、铁路隧道软弱围岩开挖后对围岩的支撑装置。开展应用于隧道突水涌水、大变形、岩爆、连续塌方、高海拔波纹钢永久及临时支护等方面的研究，采用波纹钢支护更为快捷、可靠、安全。这些地方条件苛刻、恶劣，其波形结构利于排水和抗击落石的冲击，不会对二次衬砌造成破坏，在容易变形开裂部位在钢波纹板与垫板之间设置伸缩弹簧通过长螺栓固定利于适应初支变形。对于侧壁导坑及临时仰拱采用钢波纹板支护既有自重轻、安装和拆卸方便，还可以重复使用等优点，如图5.4所示。

图 5.4 侧壁导坑及仰拱可以采用钢波纹板临时支护

5.7 敞口式金属波纹管涵洞洞口

敞口式钢波纹管涵洞洞口，由洞口墙板、截水板、临时横撑、临时横撑连接螺栓副、洞口连接螺栓副组成。洞口墙板和截水板为等厚钢板组成的曲面钢板，整体外形呈敞口削竹状。削竹面倾斜角度跟路基坡度一致，洞口一侧采用连接螺栓副与金属波纹管涵洞端部连接，其截面形状与金属波纹管涵洞相同；另一侧为水流进出口端，墙体呈水平布置。削竹斜面采用临时横撑加强，临时横撑与涵洞纵向垂直。洞口采用削竹式钢板洞口与金属波纹管涵洞的连接，为柔性连接，避免了传统圬工材料洞口因刚度突变、变形不协调引起的圬工材料开裂以及施工速度慢等问题，提高了结构的耐久性。此外，洞口解决了削竹式钢波纹管洞口加工困难、过水能力受限、材料浪费等问题。敞口式钢波纹管涵洞洞口可采用工厂标准化加工，可适应不同截面的波形钢板涵及通道；施工快捷简单，省时省力，大大降低了成本，低碳环保。如图5.5所示。

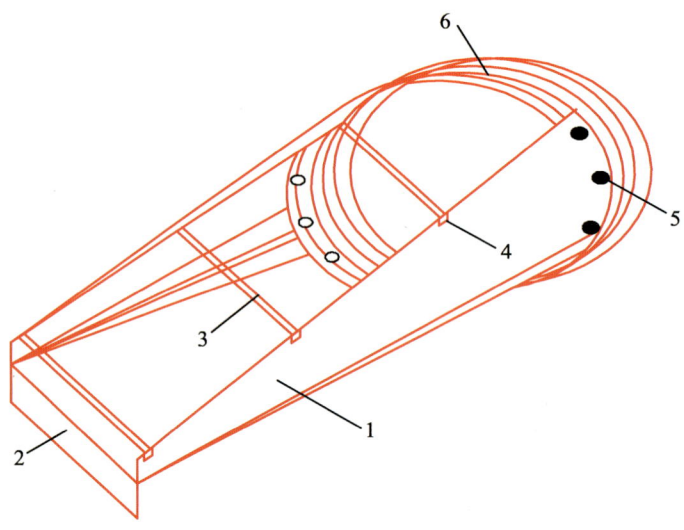

1—洞口墙板；2—截水板；3—临时横撑；4—横撑连接螺栓副；
5—洞口连接螺栓副；6—金属波纹管涵洞。

图 5.5　敞口式涵洞洞口

5.8　大跨径钢波纹板隧道渐进式透光遮光棚

遮光棚按照结构材料主要可以分为钢结构遮光棚、钢筋混凝土遮光棚、钢-钢筋混凝土组合结构遮光棚等。钢结构遮光棚建设成本较高，耐火性差，且材料本身易锈蚀，需要进行大量的防锈处理，长期处于户外恶劣的自然环境时需要在运营期间定期进行防锈维护工作，运维成本费用较高。钢筋混凝土遮光棚的建设周期长，结构自重大，结构抗拉强度低，易开裂，维修补强工作难度大。钢-钢筋混凝土组合结构遮光棚结合两种材料的优缺点互补设计，现在应用较为广泛。

鉴于钢波纹板这种新型材料的发展，并且其可塑性强，可选的波形多，强度大，适应性强，由此形成的大跨径钢波纹板隧道渐进式透光遮光棚不仅与钢-钢筋混凝土组合结构遮光棚差不多，并且还可以根据结构需要设计成半开放式结构，与周围的景观融为一体。这样的结构设计有利于隧道通风及防灾的同时，还能提高隧道的景观效果，将这样的设计应用于工程当中可起到节能、安全、景观的 3 重作用。大跨径钢波纹板隧道渐进式遮光棚效果与模型如图 5.6 所示。

开发和推广应用大跨径钢波纹管+亮度渐进式透光光伏发电薄膜，形成富有景观效果和节能功能的渐进式透光隧道遮光棚。利用大跨径钢波纹管结构和薄膜光伏技术结合起来，形成透过率渐进式的光伏遮光棚，利用自然光的透射与光伏供电相结合，不仅可以取消加强段照明、减少隧道进出口段加强照明能耗，更可以避免出口段的白洞效应，提高隧道行车安全性。此外，光伏遮光棚的设计亦可以与景观设计相结合，实现供电与景观相统一。结合大跨径钢波纹管与渐进式光伏遮光棚相结合的作用，建议更深入开展用于光伏遮光棚的大跨径钢波纹管结构设计研究、亮度渐进式光伏遮光棚的视觉适应性设计研究、结合景观理念的光伏遮光棚节能设计研究，满足规范规定需要。

图 5.6　开孔式钢波纹板亮度渐进式透光与光伏发电遮光棚设计融合

太阳能薄膜遮光棚的设计方法分析，采用 Dialux 软件对太阳能薄膜遮光棚进行建模和不同季节不同时间段的光照效果模拟，并结合光伏发电规模分析太阳能遮光棚技术应用的经济性：

（1）采用太阳能薄膜遮光棚技术用于隧道入口段，既很好地解决了隧道入口由于"黑洞效应"带来的视觉不适应问题，降低隧道入口段由于加强照明引起的高能耗问题，又可通过薄膜光伏组件为隧道内部分机电设备供电，实现照明节能和供电功能的合二为一；

（2）不同季节不同天气太阳光照强度不同，由于采用具有一定透光率且透光率沿长度方面递减的方式，遮光棚内的光照分布大体满足视觉适应性需求，可实现其光照分布与洞外亮度自动协调一致的效果；

（3）根据经济性分析，依托工程在实施 8 年后，由于运营节能和供电节能带来的收益超过太阳能薄膜遮光棚的初期投资和维护费用，长期而言，经济性比较明显。

将太阳能薄膜光伏技术用于隧道遮光棚，设计一种满足安全前提下的遮光棚结构，不仅可解决隧道照明能耗过高问题，也可实现采用取之不竭的太阳能代替传统能源为机电系统供电，符合国家及交通运输部"节能减排""绿色交通"和"品质工程"建设的基本国策，可为我国绿色公路建设提供新能源、新技术应用的新思路，如图 5.7 所示。

图 5.7　G4218 雅康高速公路泸定隧道渐进式透光与光伏发电遮光棚

为减少隧道过度照明、增加全隧道的景观效果，改善驾驶员视觉效果和增加舒适性、适应性，节省隧道运营用电及设备养护成本，还可以用储能发光涂料进行隧道墙面涂装，配合自动控制系统，做到"车来灯亮、车离灯暗"效果，如图 5.8 所示。隧道内顶部采用黄色纳米硅涂料及红色诱导标；进口 67 m、出口 52 m 长范围内和紧急停车带全断面壁面采用多功能储能式发光涂料，顶部加当地文化元素符号（发光涂料）；其余洞身段落检修道顶面以上 3 m 弧长范围衬砌边墙壁采用象牙白纳米硅涂料，隧道全断面距检修道 3 m 高位置用 8 cm 横向条状带做分割线；全隧道 3 m 高中间位置采用 30 cm 红色纵向腰线；隧道每处人行通道和车行通道的检修道以上全断面涂装 8 cm 条带（竖条）储能发光环；地面采用发光标线及突起路标、轮廓标、反光环。每公里隧道每年可节省电费约 10 万元，节省灯具维修费 5 万元。

图 5.8　钢波纹板隧道遮光棚

5.9 钢波纹板通道安全屋

当地下结构如煤矿巷道、长隧道内突发如坍方、火灾、地震等紧急状况，施工人员、司乘人员还在隧道中间段距离进出口很远时，他们的生命将受到严重威胁，逃离隧道又不切实际，此时则需要转移至隧道安全屋中保障自身安全并等待救援。在一般长隧道中，安全屋的设置个数较多，设置传统安全小屋施工时间长，造价较高，因此可以研发并推广应用，如图 5.9 所示钢波纹板制作的可移动式隧道安全屋及配套逃生管等。

图 5.9　钢波纹板隧道安全屋

5.10 开展超大跨径钢波纹板复合结构拱桥论证总结与推广应用

青海省玉树市琼龙广场公园桥梁工程项目为钢制波纹板拱桥，采用一跨长 36 m、宽 12 m 钢混板拱桥，桥梁全长 45.58 m。基础采用群桩接实体式台，路线方向与水流方向成 90°。采用该桥型不压缩河道，水流通畅，桥型景观效果好，符合琼龙公园总体设计风格，如图 5.10～图 5.12 所示。

与传统拱桥相比，该桥施工快、工期短，大大减少交通干扰、节省成本。这种桥型应予以认真总结和监测，为后续新建、改建和维修加固工程的设计和验收提供真实可靠的验证数据，可以推广应用于跨越既有高速公路、公路、通道、中小型河流、既有建筑物、军事及民用设施等。

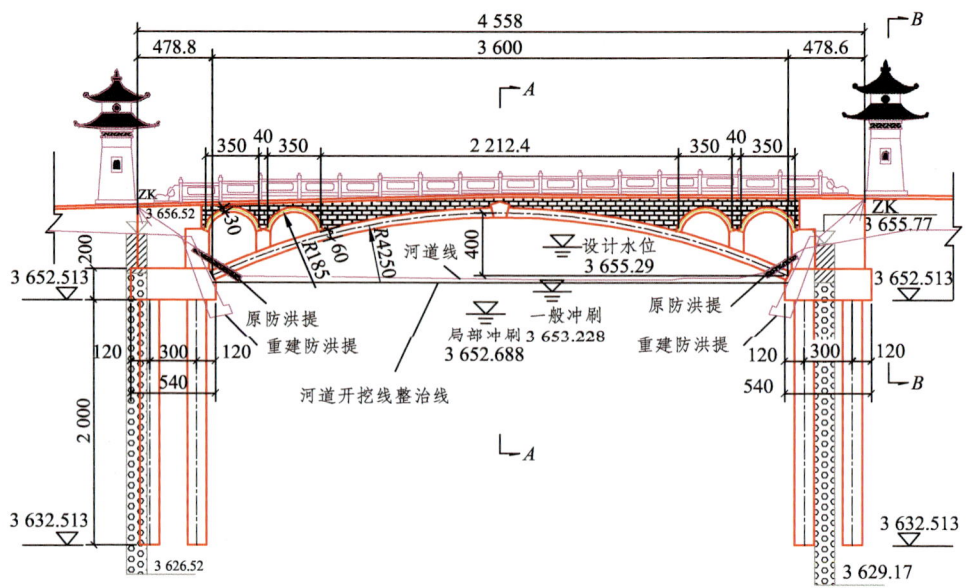

图 5.10 桥梁立面布置图

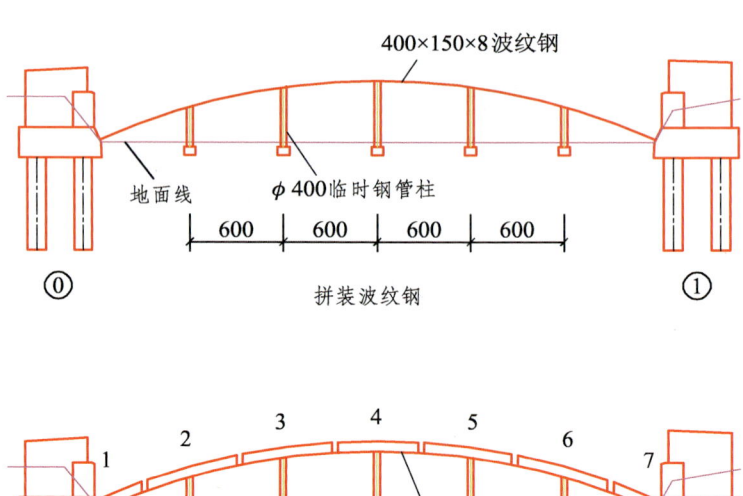

拼装波纹钢

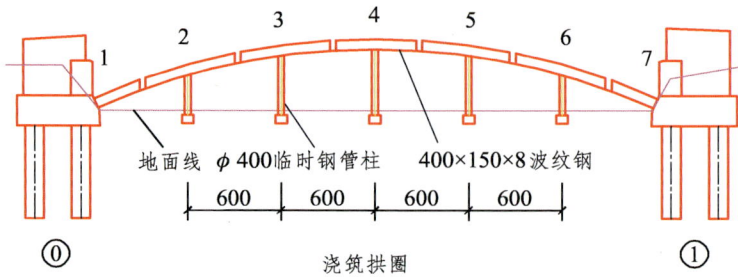

浇筑拱圈

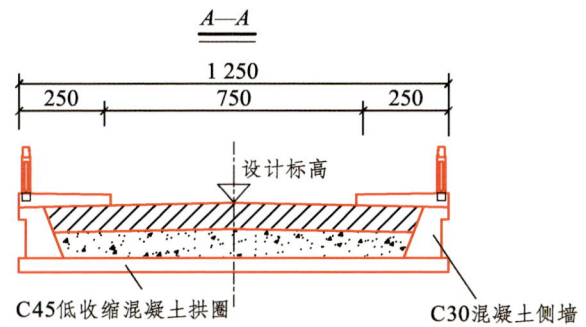

图 5.11 主拱圈施工措施路面（上）及桥梁横断面布置图（下）

图 5.12 在建世界最大跨径钢波纹板复合结构拱桥（青海省玉树市琼龙广场公园桥）

6 结语

钢波纹板及其复合结构技术的应用前景广阔，其在国外已普遍采用，国内已在市政、公路、军事等大基建的各个领域的桥隧、管涵中使用，对于投资人及各参建单位在提高工程质量、加快工程进度、节省大量经费和实现国家减少碳排放承诺等方面做出了很大的贡献，创造了很多优质工程，但仍然需要广大产、学、研、用、投、管等全基建行业的设计、产品生产、施工和运营者在标准、规范、规程等方面进一步论证、研发、总结和完善，以提高波纹板及其复合结构的耐久性和稳定性，为其应用推广提供良好的设计、加工、安装及验收技术标准和市场环境。

参考文献

[1] 刘伯来，李祝龙，汪双杰. 波纹管涵洞力学性能的有限元分析[J]. 西安工业学院学报，2006，26（1）：83-86，94.

[2] 刘保东，尹航，芝茂，王全录. 基于土-钢共同作用模型的覆土波纹钢板拱桥施工过程受力分析[J]. 北京交通大学学报，2009，33（4）：65-68.

[3] 李祝龙. 公路钢波纹管涵洞设计与施工技术[M]. 北京：人民交通出版社，2007.

[4] 骆志红. 大直径钢波纹管涵有限元计算分析[J]. 交通科技，2011，244（1）：40-42.

[5] 蔡事廷，符锌砂，曾彦杰. 波纹钢在路桥加固中的运用[J]. 低温建筑技术，2015，201（3）：35-37.

[6] 冯忠居，乌延玲，等. 钢波纹管涵洞受力与变形特性模拟试验研究[J]. 岩土工程学报，2013，35（1）：187-191.

[7] 李晓勇，梁养辉，李祝龙等. 低路堤荷载作用下钢波纹管涵切向应变现场测试[J]. 公路工程，2013，8（3）：90-93.

[8] 张阳，彭志辉. 高填方波形钢板拱桥优化设计技术研究[J]. 公路工程，2017，42（6）：122-127.

[9] 张阳，宫俊飞，穆程，彭海涛. 高填方大跨双孔钢波纹管涵测试与分析[J]. 公路工程，2017，42（3）：31-36，76.

[10] 穆程，彭海涛. 钢波纹板通涵设计关键技术探讨[J]. 湖南交通科技，2017，43（3）：174-176，204.

[11] 贺文涛、刘保东、撒刚、孙胜玮. 波纹钢-混凝土组合结构在桥梁加固改造中的应用研究[J]. 工程抗震与改造加固，2019，41（1）：104-111.

[12] 李百建，朱良生，李勇，符锌砂，葛婷. 小波形波纹钢加固混凝土管涵的试验研究[J]. 华南理工大学学报（自然科学版），2020，37（3）：58-68.

[13] 李少波. 大跨填土式波形钢板拱桥的受力分析[D]. 长沙：湖南大学，2015.

[14] 余顺新，卢傲. 波纹钢埋置式结构设计施工手册[M]. 北京：人民交通出版社，2014.

[15] 穆程，谭红平，彭海涛. 高填土大跨波纹钢管涵有限元力学性能分析[J]. 公路与汽运，2017，182：172-177.

[16] 穆程. 大孔径钢波纹管涵洞设计中不同计算方法比较研究[J]. 公路工程，2014，39（6）：114-118.

[17] 刘事莲. 波形钢板桥涵结构物的应用设计[J]. 广东公路勘察设计，2007（3）：17-21.

[18] 陈小峰，王兴平，郭春，韩宇. 鹧鸪山特长公路隧道通风平导新型中隔墙技术可行性研究[J]. 隧道建设（中英文版），2020，40（5）：702-710.

[19] 李百建、符锌砂、江孝礼. 钢波纹板——混凝土钢合梁在旧桥加固中的应用技术[J]. 公路，2016，10：77-81.

[20] 湖南省交通规划勘察设计院有限公司. G354（原S312）娄底至涟源公路改建工程设计文件[R]. 2015.

[21] 张世平，王兴平，史玲娜，涂耘，刘贞毅. 光伏太阳能薄膜遮阳棚在公路隧道中的应用研究[J]. 公路交通技术，2018，34（3）：86-89.